Stephan Ellinger, Eva-Maria Hoffart, Gerald Möhrlein (Hgg.)
Ganztagsschule für traumatisierte Kinder und Jugendliche

Lehren und Lernen mit behinderten Menschen

Band 19

Stephan Ellinger, Eva-Maria Hoffart,
Gerald Möhrlein (Hgg.)

Ganztagsschule
für traumatisierte Kinder
und Jugendliche

ATHENA

Umschlagabbildung: Claudia Ellinger

Bibliografische Information der Deutschen Nationalbibliothek

Die Deutsche Nationalbibliothek verzeichnet diese Publikation
in der Deutschen Nationalbibliografie; detaillierte bibliografische Daten
sind im Internet über <http://dnb.d-nb.de> abrufbar.

1. Auflage 2009

Copyright © 2009 by ATHENA-Verlag,
Mellinghofer Straße 126, 46047 Oberhausen
www.athena-verlag.de

Alle Rechte vorbehalten

Druck und Bindung: Difo-Druck GmbH, Bamberg

Gedruckt auf alterungsbeständigem Papier (säurefrei)

Printed in Germany

ISBN 978-3-89896-387-9

# Vorwort
## Zum Wert und Aufbau dieses Buches

Das vorliegende Buch ist mindestens auf drei Ebenen wertvoll. Zum einen beinhaltet es Leben, wie es täglich in dieser gebundenen Ganztagsschule blüht und anzutreffen ist. Hier leben und lernen Kinder in ganz unterschiedlichem Alter und mit ganz unterschiedlichen Begabungen, Interessen, Stärken und Zukunftsvisionen. Die Kinder besuchen das SchulCHEN insbesondere wegen schwieriger Startbedingungen in ihrem persönlichen Leben. Häufig wuchsen die Kinder unter traumatisierenden Bedingungen auf und leiden noch Jahre, vielleicht sogar ihr ganzes Leben lang, unter den Folgen ihrer frühen Kindheit. Im SchulCHEN beginnt für sie ein neuer, heilsamer und hoffnungsvoller Abschnitt. Im vorliegenden Buch begleiten uns die Kinder latent durch die einzelnen Kapitel, weil sie Betroffene sind und die Leserinnen und Leser in den Fachartikeln zu den Phänomenen erkennen, wie wichtig professionelle Hilfe für diese Kinder ist.

Damit ist bereits die zweite wertvolle Ebene des Buches angesprochen: Neben der Anbindung an das wirkliche Leben in dieser Einrichtung besteht das Buch zum großen Teil aus kurzen Fachbeiträgen zu zentralen Phänomenen, die uns die Kinder quasi »mitgebracht« haben. Traumatisierte Kinder erleben einerseits Beeinträchtigungen, die als Folge ihrer schwerwiegenden Erfahrungen zu verstehen sind, und brauchen gezielte Hilfe. Sie bleiben aber in allem Leid auch andererseits »normale« Kinder und durchlaufen auch als solche typische Entwicklungsphasen und Entwicklungsprobleme. Nachdem in Kapitel I erstens ein geschichtlicher Rückblick, zweitens eine Skizze theoretischer Perspektiven auf Lern- und Verhaltensstörungen und drittens die knappe Darstellung wesentlicher Ergebnisse aus der Traumaforschung das Problemfeld abgesteckt haben, widmet sich Kapitel II den abstrahiert und deshalb anonymisierend zusammengestellten fünf Fällen, indem bewusst eine theoretische Perspektive eingenommen wird: Der jeweilige Fall wird in zwei oder drei Unterkapiteln hinsichtlich seiner Kernsymptomatiken fachlich erläutert. Dabei waren die Autorinnen und Autoren bemüht, das betreffende Phänomen sowohl anhand der international gängigen Klassifikationen psychischer Störungen, DSM-IV-TR und ICD-10, zu definieren, als auch auf Verknüpfungen mit anderen Symptomen (Komorbidität) und schließlich auf Erscheinungsformen in der Schule bzw. Interventionsformen dort einzugehen. Die jeweiligen Kapitel sind kurz, aber deshalb nicht weniger informativ.

Die dritte wertvolle Ebene des vorliegenden Buches bezieht sich nun – wie sollte es anders sein – auf Kapitel III. Hier wird deutlich, welche besonderen Rahmenbedingungen eine gebundene Ganztagsschule wie das SchulCHEN für die Betreuung einer besonderen Klientel wie den traumatisierten Kindern und Jugendlichen so besonders tauglich macht. Es handelt sich um Kinder und Jugendliche, die vor ihrem Umzug in das Erich Kästner Kinderdorf überwiegend nicht mehr in der Lage waren, eine Schule zu besuchen, und die jetzt, seit es das SchulCHEN gibt, fast ausnahmslos keinen Schultag mehr versäumen, Rückführung in die Regelschule erleben und beginnen, ihre persönlichen Stärken und Begabungen zu entdecken und auszubauen. Kapitel III erläutert konkret, welche Kooperationsformen zwischen Jugendhilfe und Schule a) allgemein diskutiert werden und b) im Fall SchulCHEN sinnvoll schienen. Es wird deutlich, dass es bei diesem Schulkonzept darum geht, bewusst einen pädagogischen Zugang zum Thema Trauma zu finden und auch bewusst einen pädagogischen Umgang mit den Kindern zu pflegen. Dieser Ansatz bedingt einen fruchtbaren Diskurs zwischen diagnostischen, therapeutischen und psychiatrischen Standpunkten, Erkenntnissen und Fachkräften. In Kapitel III werden die konzeptionellen Bausteine und Besonderheiten des SchulCHENs sowie der Ablauf eines Tages dort inhaltlich erläutert. Zum Abschluss des Kapitels III sollen Daten und Fakten zu Ergebnissen der nunmehr 5-jährigen Laufzeit des SchulCHENs belegen, dass das Modell Kleinstschule in einem Jugendhilfewerk effektive Hilfe leistet.

Zu den gewünschten Leserinnen und Lesern des Buches gehören in erster Linie die Freunde, Begleiter und Förderer des Erich Kästner Kinderdorfes Oberschwarzach und des SchulCHENs in Bimbach. Sie sollen Einblick erhalten in die tägliche Arbeit, aber auch in pädagogisch-fachliche Zusammenhänge. In den letzten Jahren erhielten wir von Einzelspendern und Organisationen größere Geldbeträge, ohne die der Ausbau und die Weiterentwicklung des SchulCHENs so nicht möglich gewesen wäre. Besonders zu nennen sind hier: »Sternstunden« von Bayern 3 und das Investitionsprogramm »Bildung und Betreuung« 2003–2007 (IZBB).

Weiterhin wünschen wir uns, dass die amtlichen Dienststellen und kooperierenden Institutionen professionell über die Arbeit allgemein und speziell über fachliche Details der Arbeit informiert werden. Hier sind natürlich über die konkrete Alltagspädagogik hinaus auch Fragen der Organisationsentwicklung und der Gesamtstruktur des Werkes von besonderem Interesse. Diese werden – so unsere stille Hoffnung – auch Kolleginnen und Kollegen in den Verantwortungsetagen anderer Einrichtungen anregen, einen Blick in unsere Darstellung zu werfen.

Und last but not least gehören die professionellen Pädagoginnen und Pädagogen selbst zur Zielgruppe: Wir würden uns freuen, wenn Erzieherinnen und Erzieher, Sozialpädagoginnen und -pädagogen, Lehrerinnen und Lehrer, Studentinnen und Studenten der Fachrichtungen sowie Praktikantinnen und Praktikanten von der Möglichkeit Gebrauch machten, sich in überschaubarem Rahmen und anhand praktischer und anschaulicher Beispiele zu einzelnen Phänomenen fortbilden zu können.

Im Namen aller Autorinnen und Autoren danken wir Petra Mader und Andrea Winter für ihre wertvolle Unterstützung bei der Bearbeitung und Korrektur der Texte und wünschen allen Leserinnen und Lesern echten Mehrwert durch die Lektüre!

Bimbach und Frankfurt a. M., August 2009

Eva-Maria Hoffart, Gerald Möhrlein und Stephan Ellinger

## Anstelle eines Vorworts vom Erich Kästner Kinderdorf

Ich glaube an Dich und ich glaube an Deine Fähigkeiten.
Ich glaube an Deinen Mut und ich glaube an Deine Tapferkeit.
Ich glaube daran, dass Du leben willst.
Ich glaube daran, dass Du lernen willst.

Ich will Dir Schutz geben –
Ich will Dich führen –
Ich will Dich stützen –
bis Du alleine gehen willst und alleine gehen kannst.

Gunda Fleischhauer, Leiterin des Erich Kästner Kinderdorfes

# Inhalt

## I Traumatisierte Kinder

| | | |
|---|---|---|
| 1 | Das Leben schreibt Schicksale und baut SchulCHEN | 13 |
| 2 | Lern- und Verhaltensstörungen aus der Perspektive verschiedener theoretischer Konzepte | 20 |
| 2.1 | Zum Spannungsfeld zwischen beruflicher Praxis und theoretischen Konzepten | 21 |
| 2.2 | Tiefenpsychologische Perspektive | 23 |
| 2.3 | Lerntheoretische Perspektive | 26 |
| 2.4 | Kognitionstheoretische Perspektive | 28 |
| 2.5 | Systemische Perspektive | 30 |
| 2.6 | Lösungstheoretische Perspektive | 31 |
| 2.7 | Interaktionspädagogische Perspektive | 34 |
| 2.8 | Synoptischer Vergleich der theoretischen Konzepte | 37 |
| 3 | Ergebnisse aus der Traumaforschung | 40 |
| 3.1 | Einleitung | 40 |
| 3.2 | Theoretischer Hintergrund zum Thema »Trauma« | 42 |
| 3.3 | Posttraumatische Belastungsstörungen (PTBS) | 43 |
| 3.4 | Erscheinungsformen in der Schule | 58 |
| 3.5 | Traumatherapie | 62 |

## II Fünf Fälle – Fünf Schicksale

| | | |
|---|---|---|
| 1 | Antonia: Wenn der Schatten mich fängt | 69 |
| 1.1 | Borderline-Störungen | 73 |
| 1.2 | Aggression, Aggressivität und aggressives Verhalten | 84 |
| 1.3 | Selbstverletzendes Verhalten und Suizidalität | 98 |
| 2 | Anton: Am liebsten wär' ich tot | 112 |
| 2.1 | Morbus Hirschsprung | 115 |
| 2.2 | Reizkontrollstörung | 122 |
| 2.3 | Aufmerksamkeitsdefizit- und Hyperaktivitätssyndrom (ADHS) | 128 |

| 3 | Klaus: Hältst Du mich wirklich (aus)? | 143 |
| --- | --- | --- |
| 3.1 | Depressionen | 146 |
| 3.2 | Sprachentwicklungsverzögerung/Stottern | 162 |
| 3.3 | Enuresis | 173 |
| 4 | Monique: Ich bin mal eben weg … | 187 |
| 4.1 | Bindungsstörungen | 190 |
| 4.2 | Lese- und Rechtschreibschwäche | 202 |
| 5 | Sabine: Die Angst in meiner Welt | 213 |
| 5.1 | Gebrauch, Missbrauch und Abhängigkeit von Drogen | 216 |
| 5.2 | Angststörungen | 230 |

## III Förderliche Rahmenbedingungen für erfolgreiches Lernen in der Ganztagsschule

| 1 | Förderliche Organisationsstrukturen einer Ganztagsschule für traumatisierte Kinder und Jugendliche | 249 |
| --- | --- | --- |
| 1.1 | Kooperationsmodelle im Vergleich | 249 |
| 1.2 | Strukturelle Fördermöglichkeiten in einer gebundenen Ganztagsschule | 252 |
| 1.3 | Veränderte Berufsbilder in einer gebundenen Ganztagsschule | 256 |
| 2 | Erfolgreiches Lernen in der Ganztagsschule: Was ist das und wie geht das? | 263 |
| 3 | Ergebnisse und Erfahrungen | 279 |

# I

# Traumatisierte Kinder

Eva-Maria Hoffart und Gerald Möhrlein

# 1 Das Leben schreibt Schicksale und baut SchulCHEN: Entstehungsgeschichte im Überblick

*Zettel schreiben und durch die Klasse schnipsen, reden, aufspringen, Stühle kippen, nicht mitkommen, ins Leere starren, Kaugummi kauen, andere Schüler ärgern, Kraftausdrücke benutzen, Hefte zerreißen, sich prügeln, stehlen, aufsässig sein, mit Stühlen werfen, Unterrichtsmaterial zerstören, Toilettenpapier in der Toilette anzünden, das Klassenzimmer verlassen, stöhnen, kaspern, den Lehrer nicht ernst nehmen, den Lehrer bedrohen, schreien, spucken, andere verletzen, im Unterricht schlafen, ständig dasselbe Wort benutzen, in die Klasse reinbrüllen, sich nicht motivieren lassen, Arbeitsverweigerung, schwänzen, toben ...*

So präsentieren sich unsere Kinder oft in der Schule: als freche unerzogene Kinder, die nichts anderes im Kopf haben, als die Lehrer zu ärgern, den Unterricht zu stören und Lernen unmöglich zu machen. Doch was steckt wirklich dahinter?

Simon kam mit 4 Jahren ins Erich Kästner Kinderdorf. Er war extrem stark verwahrlost. Er konnte nicht laufen, nicht sprechen und verfügte über keine Kaumuskulatur, da er noch nie feste Nahrung zu sich genommen hatte. Er war jahrelang in seinem Laufstall angebunden, hatte keine Wärme oder Zuneigung erfahren, ja nicht einmal die Versorgung mit Essen und Kleidung oder die hygienische Versorgung waren sicher gewährleistet.

Nur ganz langsam ging er erste Schritte, fasste Vertrauen in seine neue Umgebung. Nachts schrie und weinte er laut, an Schlaf war kaum zu denken. Lange Phasen der Einzelbetreuung ermöglichten ihm Entwicklung. Er lernte laufen und ganz langsam konnte er sich seiner Umgebung auch mitteilen. Er lernte Nahrung aufzunehmen und er lernte vor allem Geborgenheit kennen.

Mit sieben Jahren wurde Simon in die Schule zur individuellen Lernförderung eingeschult. Die Busfahrt war eine Tortur für ihn. Regelmäßig kam es zu Auseinandersetzungen. Die Lautstärke und die Hänseleien durch die anderen konnte er nicht ertragen. Entsprechend aufgewühlt kam er in der Schule an. Der Lehrerin, die wirklich sehr bemüht war und um seine leidvolle Biographie wusste, gelang es nicht, ihn in den Unterricht einzubinden. Allein auf dem Stuhl zu sitzen war eine Anforderung, die er nicht erfüllen konnte. Ständige Misserfolge führten zu Aggressionen. Simon wurde auch in der Kinderdorffamilie wieder auffälliger. Er nässte tags und nachts ein und schlug sofort zu, wenn etwas nicht nach seinem Willen verlief. Er schrie oft laut und scheinbar grundlos und konnte nachts kaum schlafen. Vom Kinderdorf aus wurde in Absprache mit der Klassenlehrerin eine Unterrichtsbegleitung zur Verfügung gestellt. So lange diese individuelle Unterstützung zur Verfügung stand gelang es Simon, sich ein Stück weit zu beteiligen. Wurde diese Begleitung wieder eingestellt, rutschte Simon in seine alt bewährten Verhaltensmuster zurück. Manchmal kam schon vor Unterrichtsbeginn der Anruf, dass er wieder abgeholt werden musste, weil er eine Gefahr für sich und andere darstellte. Simon hatte gar keine Möglichkeit sich auf das Lernen einzulassen. Sein System war immer noch auf Überleben programmiert, auf viele Verhaltensweisen, die sich aus der Verzweiflung der Nicht-Versorgung, des Nicht-Geliebtwerdens entwickelt hatten. Wie äußert sich diese Verzweiflung in der Schule? Was davon wissen die Lehrerinnen und Lehrer unserer Kinder?

Nach der Heimaufnahme eines Kindes, das meist unter vielen anderen Problemen erhebliche Schwierigkeiten in der Schule hat, befinden wir uns in einem permanenten Zeitdruck. Wir müssen das Kind zunächst kennen lernen, damit es erste zaghafte Versuche der Kontaktaufnahme zulässt, die Voraussetzungen für die Entstehung einer Beziehung sind. Beziehungsarbeit ist die Grundlage für eine erfolgreiche Heimerziehung.

Schulversagen und Schulangst sind dieselben geblieben. Der Teufelskreis des schwierigen schulischen Verhaltens setzt sich sofort wieder in Bewegung.

Viele Störungen oder emotionale Unausgeglichenheiten bei Kindern im Heim haben außerdem ihre Ursache in nicht erkannten akuten oder chronischen psychischen und physischen Belastungen. Diese sorgen in den empfindlichen Organismen der Kinder für ein hohes Stressniveau und führen zu Erschöpfung und Ermüdung. Die stark eingeschränkte Lern- und Anpassungsfähigkeit dieser Kinder resultiert unbewusst in negativ besetzten Lernerfahrungen, die als zusätzlicher Stressor in vielen Klassenzimmern wirken.

Es sind Kinder, die nicht in der Lage sind, aktiv am Unterricht teilzunehmen. Sie wollen etwas können, stolpern aber aufgrund ihrer massiven Ängste und ihres inneren Mangels immer wieder über sich selbst.

Wie können wir dem 7-jährigen Lasse, der von seinen Eltern schwer körperlich misshandelt wurde, verübeln, dass bereits am 1. Schultag Beschwerden von Seiten der Schule kommen: Er greife andere Kinder an, mache nicht im Unterricht mit etc. Wir verstehen den Jungen. Aber, was können wir tun? Wir sitzen in der Zwickmühle. Einerseits besteht für ihn die allgemeine Schulpflicht, andererseits hat er das Recht, dass auf seine kleine Person mit all seinen schrecklichen Erfahrungen Rücksicht genommen wird. Doch wie soll beispielsweise eine Grundschullehrerin, die weitere 25 Schüler, zum Teil auch nicht einfache Kinder, zu betreuen hat, das leisten?

Die belastenden Faktoren sind mannigfaltig. Unsere Schüler haben alle mehrfach, teilweise über einen langen Zeitraum andauernde Traumatisierungen erlebt. Sie wurden geschlagen, gequält, missbraucht, nicht versorgt, gedemütigt, missachtet, durften nicht die Erfahrung machen, was Schutz und Geborgenheit ist, dass sie geliebt sind und wertvoll. Nicht allen ist alles passiert. Manchmal führen ungünstige Bedingungen dazu, dass sehr engagierte Eltern an die Grenzen ihrer Leistungsfähigkeit stoßen. Dies geschieht insbesondere dann, wenn sie mit einer eigenen Erkrankung oder der ihres Kindes konfrontiert werden.

Den meisten Kindern gelingt ein erfolgreicher Schulbesuch erst, wenn sie nicht mehr durch belastende Faktoren an ihrer Leistungsfähigkeit gehindert werden: wenn sie Sicherheit unter ihren Füßen spüren, wenn sie sich angenommen fühlen, wenn traumatische Erfahrungen verarbeitet sind, wenn sich die psychische Situation stabilisiert hat, wenn die Krise, die zur Heimunterbringung geführt hat, aufgefangen ist, wenn sie den »Schatz in ihrem Innersten« anschauen können.

Gerade im Erich Kästner Kinderdorf, das überwiegend Kinder mit traumatischen Erfahrungen und Gewalterfahrungen betreut, zeigen ca. 2/3 der Kinder Störungen im schulischen Bereich. Mit sehr hohem Aufwand trägt die Jugendhilfe Sondermaßnahmen, um den Besuch in den allgemeinbildenden Schulen zu sichern. Es gibt dennoch eine Gruppe von Kindern, die aufgrund ihrer massiven Vorschädigungen nicht aufgefangen werden können, die wegen ihrer leidvollen Biographien »unbeschulbar« sind.

Was brauchen diese Kinder? Sie brauchen einen besonderen Rahmen. Sie brauchen zunächst Entlastung und eine angstfreie Umgebung. Schule reduzieren um Schule zu ermöglichen.

*Seit langer Zeit haben wir einen gemeinsamen Traum ...*
*... wir träumen von einem Ort, an dem Schüler*
*... wieder lernen, dass Lernen Spaß macht*
*... Zeit haben, ihre Stärken zu finden*
*... lernen, wieder neugierig zu sein!*

Diese Idee wuchs in unseren Köpfen und nahm Gestalt an. Eine enge Verknüpfung zwischen Schule und Jugendhilfe ist Grundlage dieses besonderen Rahmens. Im Rahmen einer Ganztagsbeschulung entwickelten wir ein Konzept, das die Kompetenzen der beiden Fachrichtungen Schule und Jugendhilfe vereint und den besonderen Bedürfnissen dieser Kinder gerecht wird.

Der formale Weg des SchulCHENs

Der positive Bescheid des Kultusministeriums

Den Konzeptentwurf stellten wir mit Unterstützung eines Mitglieds des Landtages (MdL), dem Kultusministerium und dem Sozialministerium vor. Zwei Monate später erhielten wir einen positiven Bescheid durch das Kultusministerium, das die Regierung von Unterfranken beauftragte, die Vorarbeit einzuleiten.

Umbau mit Unterstützung durch »Sternstunden«

Zeitgleich suchten wir nach geeigneten Räumlichkeiten für unser Projekt. Wir fanden in einem kleinen Dorf einen fränkischen Dreiseithof, der unseren Vorstellungen nach Geborgenheit und Sicherheit für die Kinder entsprach. Der Verein Erich Kästner Kinderdorf e. V. erwarb den Hof und dank einer unglaublichen Spende durch Sternstunden konnten wir in den letzten Jahren den Umbau Stück für Stück realisieren.

Kooperationspartner, Tagessatz, Personalkosten

Die Vorarbeit beinhaltete viele Gespräche mit der Regierung und Vertretern von Schulämtern. Die Suche nach einem geeigneten Kooperationspartner gestaltete sich schwierig. In der Diskussion waren ein Förderzentrum, eine Schule zur Erziehungshilfe und die Schule für Kranke. Die Herausforderung bestand darin, die gesetzlichen Rahmenbedingungen der Schule mit unserem flexiblen Konzept zu vereinbaren. Unsere Idee, Schüler zwischen 6 und 16 Jahren aller Schultypen zu beschulen, machte es schwer, von schulischer Seite diesem Klientel gerecht zu werden, da es keinen Schultyp gab, der genau diese Kinder in der Gesamtheit beschult. Im Verlauf der Gespräche kristallisierte sich heraus, dass die Schule für Kranke unserer Schülerschaft am besten gerecht werden kann. Für den zusätzlichen Unterricht brauchten wir ärztliche Atteste über Schulbesuchsunfähigkeit für die Anträge auf zusätzlichen Hausunterricht. Von schulischer Seite ergaben die Verhandlungen folgendes Ergeb-

Abbildung 1: Die Gebäude des SchulCHENs vor und nach der Sanierung

nis: Es wurde eine Lehrkraft mit 20 Unterrichtsstunden seitens der Schulabteilung genehmigt.

Nach 3 Jahren der Kooperation mit der Schule für Kranke wurde mit Hilfe der Regierung von Unterfranken ein neuer Kooperationspartner gesucht. Hintergrund war, dass die Schule für Kranke nach ihrem System arbeiten musste und so vom verwaltungstechnischen Ablauf her eine Krankschreibung für jedes Kind und teilweise Anträge auf Hausunterricht nötig waren. Unsere Kinder sind aber **nicht im medizinischen Sinne »krank«**, sondern in der Regel **von »seelischer Behinderung betroffen oder bedroht«** nach § 35a SGB VIII. Diesen Begriff gibt es innerhalb der Schullandschaft nicht. Um die Flexibilität der Aufnahme zu erhöhen, wurde uns eine Lehrkraft mit anfangs 20 Lehrerstunden/Woche und dann mit 23 Lehrerstunden/Woche über den Mobilen Sonderpädagogischen Dienst (MSD) des Förderzentrums Kitzingen zur Verfügung gestellt. Mittlerweile ist uns eine volle Lehrerstelle über das Sonderpädagogische Förderzentrum Haßfurt zugewiesen.

Auf Seiten der Jugendhilfe beantragten wir einen Tagessatz bei der Regionalen Kinder- und Jugendhilfekommission Franken. Da in der bisherigen Jugendhilfelandschaft kein vergleichbares Konzept vorhanden ist und die Ansichten darüber, inwieweit die Jugendhilfe sich an der Behebung schulischer Schwierigkeiten beteiligt, bei den Verantwortlichen differierten, wurde unser Konzept nicht als eigenständige Jugendhilfemaßnahme genehmigt. Unsere Einrichtung läuft als individuelle Zusatzleistung außerhalb der Leistungsvereinbarung nach dem Rahmenvertrag § 78 SGB VIII. Die Kinder- und Jugendhilfekommission prüfte die Kosten und befand sie für angemessen. Der Kostensatz beinhaltet eine halbe Stelle für eine sozialpädagogische Fachkraft, eine halbe Stelle für eine Ergotherapeutin und einen Leitungsanteil. Das **Mitarbeiterteam besteht für 12 Kinder** derzeit aus folgenden Fachkräften:
- Diplomsozialpädagogin 25 Stunden/Woche
- Sonderschullehrer Vollzeit
- Ergotherapeutin 35 Stunden/Woche
- Heilerziehungspflegerin Vollzeit
- Unterrichtshelfer 23 Stunden/Woche

Die nicht über den Kostensatz gedeckten Personalkosten finanziert der Träger aus Eigenmitteln. Mit diesem Personal betreuen wir derzeit 12 Jungen und Mädchen im Alter zwischen 6 und 16 Jahren, d. h. der Jahrgangsstufen 1–9 aller Schularten, die stationär im Erich Kästner Kinderdorf untergebracht sind. Die heiminterne vorübergehende Beschulungsmaßnahme ist dann angezeigt, wenn die Kinder und Jugendlichen aufgrund ihrer Belastungen und/oder Auffälligkeiten am Regelschulbesuch zu scheitern drohen oder bereits gescheitert sind und/oder der Heilungsprozess durch die aktuelle schulische Situation gefährdet wird. Die Gründe dafür sind vielfältig und bedingen sich teilweise wechselseitig (siehe folgende Aufzählung).

Störungen, die schulisches Scheitern (mit-)verursachen können:
- Traumatische Erfahrungen vor der Aufnahme:
Misshandlung, Missbrauch, Verwahrlosung, mehrfache Beziehungsabbrüche, andere traumatische Erfahrungen wie z. B. Trennung/Krankheit/Tod etc.
- Entwicklungsrückstände
- Aufmerksamkeitsstörungen mit und ohne Hyperaktivität
- Tourette-Syndrom
- Störungen des Sozialverhaltens (oppositionelles, aggressives, dissoziales und regelverletzendes Verhalten)
- Schulangst, Schulphobie, Schulverweigerung
- Teilleistungsstörungen und damit einhergehende sekundäre Begleiterscheinungen
- Störungen der Ausscheidung (Enuresis, Enkopresis)
- Essstörungen
- Reizkontrollstörungen
- Borderlinesyndrom
- Morbus Hirschsprung
- Bindungsstörungen, cerebrale Bewegungsstörungen
- Depressivität
- Posttraumtische Belastungsstörungen

Allen gemeinsam ist, dass die schulische Entwicklung, aber auch die Entwicklung des Kindes insgesamt gefährdet ist. Das Kind/der Jugendliche kann sein Grundrecht auf Bildung nach Artikel 3 GG nicht wahrnehmen. In unserem SchulCHEN leben wir unseren Traum, schenken wir unseren Kindern Sicherheit und Vertrauen, finden wir die »guten« Gründe, warum unsere Schüler sind wie sie sind, (er)finden wir Lösungen, entdecken wir gemeinsam mit unseren Schülern deren Stärken und machen sie ihnen zugänglich, zeigen wir ihnen, dass sie wichtig und wertvoll sind.

Die Kinder bestimmten den Namen des SchulCHENs, wobei »C« für clever, »H« für hochmotiviert, »E« für energiegeladen und »N« für neugierig steht.

Abbildung 2: Saal im SchulCHEN

Tabelle 1: Zeitleiste über die Entwicklung im SchulCHEN

| | |
|---|---|
| 9/2000 | Modellantrag bei den zuständigen Ministerien |
| 09–12/2000 | Renovierung eines Dreiseithofes in Bimbach, ein Unterrichtsraum, Büro und Küche stehen zur Verfügung |
| 12/2000 | Positiver Bescheid durch Kultusministerium, Regierung von Unterfranken wird mit der Ausführung betraut |
| 01/2001 | Die ersten drei Schüler werden unterrichtet, Lehrkraft durch das Kinderdorf finanziert |
| 01–09/2001 | Verhandlungen mit der Regierung über Stundenzahl und Kooperationspartner |
| 9/2001 | Schule für Kranke wird Kooperationspartner, vier Schüler werden unterrichtet mit 20 Wochenstunden, ärztliche Atteste und Anträge auf Hausunterricht sind nötig |
| 12/2001 | Spende von Sternstunden – Bayern 3 – zum Ausbau der Nebengebäude des Dreiseithofes |
| 5/2003 | Beginn der wissenschaftlichen Begleitung |
| 9/2003 | Wechsel des Kooperationspartners: Neuer Partner ist die Erich Kästner Schule in Kitzingen, über einen Stundenpool stehen 20 Lehrerwochenstunden zur Verfügung, eine entsprechende Lehrkraft ist dafür an das SchulCHEN abgeordnet |
| 10/2003 | Ein weiteres Klassenzimmer wird ausgebaut, mittlerweile besuchen 7 Kinder das SchulCHEN |
| 9/2005 | Die Regierung erhöht den Stundenpool auf 23 Lehrerwochenstunden, 9 Schüler besuchen das SchulCHEN |
| 11/2005 | Umzug in das neue Gebäude, Ausbau und Einrichtung sind über Sternstunden und IZBB finanziert |
| 9/2008 | Das Förderzentrum in Haßfurt wird neuer Kooperationspartner, damit verbunden ist die volle Lehrerstelle, die dem SchulCHEN fest zugewiesen wird, 12 Schüler besuchen das SchulCHEN |

Stephan Ellinger

# 2 Lern- und Verhaltensstörungen aus der Perspektive verschiedener theoretischer Konzepte

## 2.1 Zum Spannungsfeld zwischen beruflicher Praxis und theoretischen Konzepten

Wenn es in diesem Buch um die pädagogische Arbeit mit Kindern und Jugendlichen geht, deren Leben durch extrem schlechte Startbedingungen geprägt war und deren schulisches Lernen und alltägliches Verhalten als auffällig bzw. »gestört« bezeichnet wird, liegen in den meisten Fällen psychiatrische Diagnosen vor. Die psychische Entwicklung der Kinder gilt als gestört, die Abweichungen von der altersentsprechenden Vergleichsgruppe sind in verschiedenen Entwicklungsaspekten gravierend. Im pädagogischen Alltag beschreiben wir Fachkräfte (abweichendes) Verhalten oft eher umgangssprachlich und gehen davon aus, dass diese Phänomene »davon kommen, dass ...« oder betrachten das Lernverhalten und kommen zu dem Schluss, dass »der ja nichts dafür kann, weil ...« oder aber stellen fest, »welchen unbewussten Einfluss die Familie immer noch hat, denn ...«. Im kollegialen Gespräch stellen wir mitunter einerseits fest, wie unterschiedlich unsere Attribuierungen (also Zuschreibungen) der Ursachen für Verhalten sind, und andererseits, wie gegensätzlich die Vorstellungen angemessener Interventionsformen diskutiert werden. Das eine folgt aus dem anderen und gemeinsam ist allen geäußerten Standpunkten, dass jeder Betrachter und jede Betrachterin – ob er oder sie sich dessen bewusst ist oder nicht – einer impliziten subjektiven Theorie folgt, wenn er oder sie über Verhalten und Verhaltensänderung nachdenkt. Diese implizite subjektive Theorie legt Interpretationsrahmen fest, setzt Eckdaten dessen, was sein kann oder nicht, und bahnt Vorentscheidungen in Bewertungsprozessen. Menschen lassen sich von ihren Vorabtheorien leiten und orientieren sich auf diese Weise praktisch retrospektiv an den Erlebnissen und Erfahrungen, die sie im Laufe der Jahre gesammelt haben. In ihrem Wertepool, der zur subjektiven Theoriebildung führt, befinden sich also in erster Linie Erfahrungswerte, die mehr oder weniger richtig, mehr oder weniger stark durch die eigene emotionale Befindlichkeit gefärbt und mehr oder weniger reflektiert sind. Im strengen Sinne spricht man hier von erfahrungsgeleitetem oder »bauchgeleitetem«, nicht von theoriegeleitetem Handeln.

Neben diese Erfahrungswerte treten zudem häufig auch umfangreich aufgeschnappte Versatzstücke renommierter theoretischer Konzepte, die in Fachkreisen als

Gesamttheorien diskutiert und weiterentwickelt wurden. Diese wissenschaftlichen Schulen haben sich – dargestellt durch profilierte Vertreterinnen und Vertreter – im Laufe der Jahre durch fachliche Diskussionen, Veröffentlichungen, systematische Untersuchungen und empirische Projekte weiterentwickelt und haben an Plausibilität gewonnen. Solche Konzepte vom menschlichen Lernen und Verhalten, seiner Psyche, seinen Reaktionsweisen, den maßgeblichen Einflussfaktoren, seinen Bezugssystemen, seiner Kindheit und so weiter bilden mittlerweile bei den unterschiedlichen Therapierichtungen, in Interventionsprogrammen, in der Präventionsforschung und auch im Bereich der Beratungskonzepte die Grundlage umfangreicher Materialien, Programme, Hilfsmittel und Handlungsanweisungen. Diese einzelnen theoretischen Perspektiven stellen also jeweils Erklärungsansätze dar, die ein Phänomen schlüssig beleuchten, begrifflich definieren und Handlungsoptionen aufzeigen.

Im Spannungsfeld zwischen der beruflichen Praxis pädagogischer Fachkräfte und den beschriebenen theoretischen Konzepten können nun in drei Richtungen Schieflagen entstehen.

Eine erste Schieflage droht, wenn in der Pädagogik missachtet wird, was auch in anderen Disziplinen zum Alltagswissen gehört: Die beste Praxis ist eine gute Theorie. Praktiker sind gut beraten, wenn sie sich hinsichtlich zentraler erziehungswissenschaftlicher Theorien und Konzepte auskennen und wenn ihre Handlungen und pragmatischen Entscheidungen in diesem Sinne theoriegeleitet sind. Für jeden Arzt, für jeden Busfahrer und für jeden Malermeister gilt, dass er zwar in gewissem Umfang von seiner Berufserfahrung profitiert, indem er »Bauchentscheidungen« trifft, Erfahrungswerte umsetzt und spontan Entscheidungen trifft, über die er nicht lange nachdenkt, weil sie ihm »einfach klar sind«. Genauso gilt aber für die gleichen Personen, dass jeder Arzt theoretisch gründlich über die Arbeitsweisen des Immunsystems, der Busfahrer über die speziellen Gefährdungen durch neu einsetzenden Regen und ein Malermeister über die Kombinierbarkeit verschiedener Farbzusammensetzungen mit entsprechenden Untergründen informiert sein muss. In vielerlei Hinsicht hilft nur die Kenntnis der Theorie, um den Spielraum für gute praktische Entscheidungen zu erwerben. Keine gute Praxis ohne Theorie.

Eine zweite Schieflage im Spannungsfeld zwischen der beruflichen Praxis pädagogischer Fachkräfte und den theoretischen Konzepten entsteht durch die Überbetonung eines einzelnen Theorieansatzes. Die Betrachtung aller alltäglichen Phänomene einzig und allein vor dem Hintergrund immer des gleichen Theoriekonzeptes bildet in der Bewertung und in der Interventionsplanung blinde Flecken aus. In der pädagogischen Praxis zeigt sich, dass die verschiedenen theoretischen Konzepte von den Rezipienten zum einen persönlichkeitsabhängig bevorzugt werden, zum anderen auch unterschiedlich gut auf die betrachteten Phänomene und Problemlagen passen. Wandern wir in Gedanken noch einmal zu unserem oben skizzierten Arzt, so versteht und verordnet er möglicherweise grundsätzlich aus der Perspektive der Naturheilkunde, verschreibt jedoch in besonderen Fällen auch Penicillin. Wird ein theoretischer Bezugsrahmen zu dominant, können möglicherweise wichtige Aspekte, Ansatzpunkte und Perspektiven nicht mehr in die Betrachtung einbezogen werden, die aber für ein wirklichkeitsnahes Verständnis wichtig wären. Keine gute Praxis ohne die Kenntnis verschiedener theoretischer Konzepte.

Hier nun ist vor einer dritten Schieflage zu warnen. Gesetzt den Fall, wir nehmen die Hinweise ernst, dass für eine gute Praxis zum einen die Kenntnis theoretischer Konzepte wichtig ist und zum anderen die enge und ausschließliche Bindung an ein einziges theoretisches Konzept, also eine bestimmte theoretische Perspektive zu einer Engführung und verzerrten Wahrnehmung führt, könnten wir auf den Gedanken kommen, dass die optimale Lösung darin besteht, von möglichst vielen Theoriekonzepten möglichst viele Aspekte in unsere eigene Praxis zu integrieren. Ein solches eklektizistisches Vorgehen stellt allerdings nicht etwa eine Steigerung der Professionalität oder – anders formuliert – der Theoriegeleitetheit dar, sondern sogar das genaue Gegenteil. Durch die unverbindliche und willkürliche Verwendung einzelner Elemente aus unterschiedlichen theoretischen Bezugsrahmen wird nämlich eine bestimmte Bewertungslogik gleichsam von hinten durch die Brust ins Auge wieder zur zentralen Entscheidungsinstanz gemacht: die eigene, emotionale, subjektive, durch biographische Erfahrungen geprägte Vorbeurteilung. Je nach individueller Einschätzung, emotionaler Befindlichkeit, auszugsweiser Kenntnis des Theoriekonzeptes und Neigung zu mehr oder weniger Aufwand während der Handlungsplanung, verhält sich der Praktiker pragmatisch und begründet dies womöglich sogar durch Hinweise auf und Begrifflichkeiten aus einem Theoriekonzept. Quintessenz: Keine gute Praxis ohne klare Schwerpunktsetzung in der theoretischen Orientierung.

In ihrem Studienbuch aus dem Jahr 2003 (2. Auflage 2008) verfolgen Monika A. Vernooij und Manfred Wittrock das Ziel, der Leserschaft anhand eines dokumentierten »Falles« – sie nennen ihn »Klaus« – den Zugang zu einer mehrperspektivischen theoriegeleiteten Sichtweise zu ermöglichen, indem sie renommierte Vertreterinnen und Vertreter unterschiedlicher theoretischer Konzepte einladen, ihre Annahmen zur Ätiologie der Verhaltensstörungen des Schülers »Klaus« und Grundüberlegungen zu notwendigen Interventionen zu beschreiben. Es entstand ein empfehlenswertes Buch, das auf knapp 300 Seiten einen Überblick zu elf aktuell mehr oder weniger breit diskutierten Theoriekonzepten gibt. Inspiriert von diesem Herausgeberband, stellen die kommenden 25 Minuten Lesezeit nun eine Einladung meinerseits dar, über die Eckdaten wenigstens der sechs (gefühlt) wichtigsten Theoriekonzepte nachzudenken. Hintergrund des vorliegenden Buches sind Kinder und Jugendliche mit Lern- und Verhaltensstörungen, die vielfältig und z. T. gravierend sind, aber ebenso wie weniger schwierige Fälle durch die unterschiedlichen Brillen theoretischer Perspektiven betrachtet werden können.

In den folgenden Abschnitten sollen jeweils unabhängig von einem konkreten »Fall« in eigentlich verbotener Kürze sechs Theoriekonzepte so skizziert werden, dass die geneigte Leserin und der geneigte Leser über die Grundannahmen des jeweiligen

Theoretische Perspektiven                                                            23

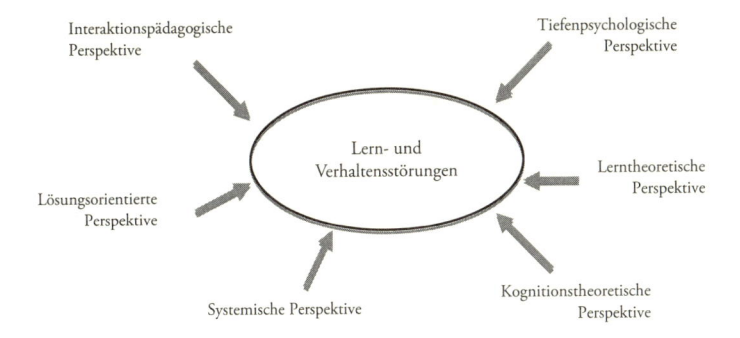

Abbildung 1: Theoretische Perspektiven auf Lern- und Verhaltensstörungen

Konzeptes, über zentrale Begriffe, über Konsequenzen für die Praxis und denkbare Interventionsmaßnahmen und schließlich über weiterführende Literatur informiert wird. Diese Ausführungen sollten streng genommen zur grauen Literatur gezählt werden, weil sie ja nicht wirklich gründlich informieren, sondern eher Appetithappen darstellen und zur weiteren Beschäftigung motivieren sollten. Wenn das der Fall wäre, sind die 23 verbleibenden Leseminuten gut investiert.

## 2.2   Tiefenpsychologische Perspektive

Die namhaftesten tiefenpsychologischen Schulen sind mit dem Konzept der Psychoanalyse auf Sigmund Freud (1915; 1938) und in der Individualpsychologie auf Alfred Adler (1927; 1929; 1933) zurückzuführen.

Als zentrale Grundannahmen der tiefenpsychologischen Schulen sind zwei Grundüberzeugungen zu nennen:

a) Die ersten 4–5 Lebensjahre sind von entscheidender Bedeutung für die Persönlichkeitsentwicklung des Menschen. In dieser Zeit entwickeln sich Grundstrukturen des psychischen Apparates, bzw. findet die »psychische Geburt des Menschen« statt (Freud), und in dieser Zeit entwickeln sich Grunddeterminanten des individuellen Lebensstils (Adler)

und

b) der Mensch wird in seinem Verhalten wesentlich bestimmt durch die unbewussten Anteile in seiner Psyche, die seinen Lebensstil bedingen. Eine Verhaltensänderung ist nur möglich, wenn dem betreffenden Menschen die unbewussten Zusammenhänge und Vorgänge bewusst (gemacht) werden, bzw. wenn er durch ein »Durcharbeiten« der manifesten Probleme, Ängste, Zwänge etc. die Möglichkeit zur Nachreifung der Ich-Strukturen erhält.

Beispielhaft wollen wir uns der tiefenpsychologischen Perspektive nach Alfred Adler (Individualpsychologie) zuwenden. Der »Lebensstil« stellt nach Adler die Art und Weise des einzelnen Menschen dar, sich mit den eigenen Minderwertigkeitsgefühlen und den Anforderungen des Lebens auseinanderzusetzen (Adler 1929, 54 f.). Ergebnis der resultierenden Handlungen ist ein Mensch mit bestimmten Lebenszielen. Die konsistente Bewegung in Richtung eines Zieles wird Lebensstil genannt (Adler 1929, 54). Ausgehend von der Erkenntnis, dass Kinder in ihren ersten Lebensjahren Bilder der verschiedenen relevanten Aspekte ihres Lebens entwickeln, rückt Adler die subjektive Einschätzung des Menschen hinsichtlich vier verschiedener Elemente seines Lebens in den Mittelpunkt der Genese des persönlichen Lebensstils. Durch diverse Lebenserfahrungen, die das Kleinkind von seiner Geburt an bis ins 5./6. Lebensjahr macht, generiert es fest gefügte – wenn auch unbewusste – Vorstellungen, Einstellungen und Grundüberzeugungen. Es sind dies:

*1. Vorstellung vom eigenen Ich:* Der Mensch entwickelt in den ersten Lebensjahren ein subjektives Empfinden davon, wie wertvoll, geliebt und tüchtig er selbst ist (= Selbstwertgefühl). Er sieht sich als geliebte, fähige und liebenswerte Person oder stuft sich unbewusst als nicht-liebenswert und entsprechend ungeliebt und lebensunfähig ein. Diese Überzeugung prägt seine zukünftige Lebenseinstellung maßgeblich. So kann die Person z. B. permanent um ihr grundsätzliches Angenommensein kämpfen. Unbewusst (und womöglich sozial unverträglich?) verteidigt sie ständig ihren Platz in der Gruppe, ringt um ihre Geltung, um ihr Geliebtwerden und entwickelt bisweilen unbewusst »Egoprothesen« wie Macht, Besitz, schlechtes Benehmen, Auffälligkeiten – mit dem (nota bene: stets unbewussten) Ziel, Aufmerksamkeit, Anerkennung und Zuwendung zu erfahren. In diesem Kontext wird klar, dass mitunter Menschen, deren Auftreten von großer Selbstüberschätzung, Arroganz und Machtstreben geprägt zu sein scheint, unbewusst von ihrer Wertlosigkeit und ihrem Ungeliebtsein überzeugt sind. Diese Erkenntnis muss insbesondere in die Reflexion der pädagogischen Interventionen bei Verhaltensstörungen einfließen, denn weitere Demütigungen und Abwertungen würden die Symptomatik verstärken.

*2. Vorstellung von den anderen Menschen*: Im Laufe der frühen Kindheit bildet sich ein Grundgefühl davon, ob die soziale Umgebung – und später die Menschen allgemein – prinzipiell wohlgesonnen, hilfreich und freundlich sind oder ob von den Mitmenschen eine Gefahr, Belästigung oder etwas Furchterregendes ausgeht. Entsprechend dieser Grunderfahrung wird sich das Maß und die Qualität der Begegnung mit anderen Menschen fortan gestalten. Für die eine Person sind Menschen und die Begegnungen mit ihnen spannend, interessant, angenehm und eine Bereicherung. Von der anderen Person werden solche Begegnungen auf ein möglichst geringes Maß gesetzt, weil unbewusst Misstrauen und Ablehnung vorliegen. Hier sind Menschen grundsätzlich nicht vertrauenswürdig.

*3. Vorstellung von der Welt:* Über sich selbst und die Mitmenschen hinaus stuft das kleine Kind aufgrund seiner ersten Lebenserfahrungen auch die Welt als etwas ein, das bedrohlich, unfreundlich und düster ist oder durchaus einen schönen, einladenden und positiven Charakter hat. Dabei ist die Welt als Lebensraum ebenso gemeint wie die Beobachtung sozialer Beziehungen. Je nach Erfahrung geht die Person offenherzig auf Neues, Ungekanntes und Rätselhaftes zu, findet andere Kulturen, Lebensgewohnheiten und Sitten interessant und ist gerne in Bewegung. Oder – im anderen Fall – braucht die Person nichts dringender als Gewohntes, Gleichbleibendes und feste Abläufe, um sich in der an sich bedrohlichen und im Kern verkommenen Welt sicherer zu fühlen.

4. *Vorstellung vom Leben:* Nicht als Quintessenz der übrigen »Erkenntnisse« verstanden, aber doch in übergeordnetem Sinne »stellt« der Mensch früh »fest«, ob das Leben bzw. *sein* Leben grundsätzlich lebenswert, angenehm, vergnüglich und insbesondere zu bewältigen ist oder ob Mühe und Düsteres den Charakter des gefährlichen, unangenehmen und wenig hoffnungsvollen Existierens auf der Erde prägen und ausmachen. Frühkindliche »Lektionen« über das Leben werden die positive und optimistische oder negative und pessimistische Einstellung des Individuums unbewusst und unbemerkt festlegen. Entsprechend stellt das Leben als solches bereits grundsätzlich eine kräftezehrende Belastung und ständige Bedrohung dar oder genießt man unbeschwert und in gewissem Sinne auch unbekümmert, was das Leben so bringt.

Diese früh erworbenen Grundüberzeugungen bilden gemeinsam mit den persönlichen Wahrnehmungsmechanismen und entsprechenden Handlungsweisen ein geschlossenes und plausibles System, das für die betreffende Person logische Alltagsbewertung und folgerichtiges Handeln ermöglicht und von Adler »private Intelligenz« genannt wird (Adler 1933, 33 ff.). Dabei werden die Strukturen und Prinzipielemente anhand aktueller Lebenserfahrungen ständig leicht modifiziert und den real erlebten Erfahrungen angeglichen, ohne dabei allerdings die Meinung vom Ich, von den Menschen, von den anderen oder von der Welt allgemein zu ändern (Adler 1933, 31). Pathologische Entwicklung nimmt die Persönlichkeitsbildung dann, wenn der Lebensstil hinsichtlich seiner Werte und Normen nicht mehr kompatibel mit der Hauptkultur der umgebenden Gesellschaft ist. Adler spricht in diesem Zusammenhang von der »privaten Logik« des betreffenden Menschen – z. B. eines Verbrechers (Adler 1929, 89). Eine private Logik erhält und stabilisiert sich selbst durch selektive Wahrnehmung und verlässt mehr und mehr den Status des Sich-aktiv-mit-der-Umgebung-Auseinandersetzens (mit der Welt, dem Leben, den anderen Menschen und sich selbst).

In einem Schaubild lässt sich das Adlersche Modell vom Lebensstil wie folgt darstellen (vgl. auch Adler 1927, 51 ff.):

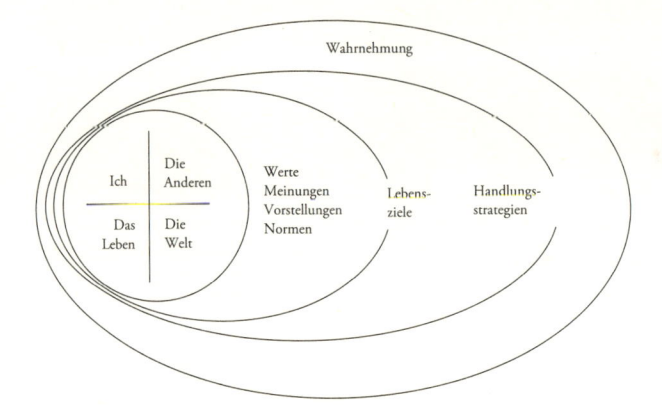

Abbildung 2: Die Entwicklung des individuellen Lebensstils nach Alfred Adler

## 2.3 Lerntheoretische Perspektive

Die lerntheoretische Perspektive auf Verhalten und Lernen geht im Wesentlichen zurück auf die Forschungen und Beschreibungen von John B. Watson (1930; 1972), Edward Thorndike (1911; 1913) und Petrowitsch Pawlow (1919; 1927). Ausführliche Sekundärliteratur findet sich bei Heckhausen/Heckhausen (2009, 120 ff.)

Die Lerntheorie (Behaviorismus) geht davon aus, dass Verhalten grundsätzlich erlernt ist. Konkret: Entweder bewirkt (beim »assoziativen Lernen«) eine zeitlich enge Verbindung von Reiz und Reaktion die Verstärkung des Verhaltens und die Wiederholung des Verhaltens und die Verstärkung und die Wiederholung und die Verstärkung und die Wiederholung etc. – oder die Reizreihenfolge und Reizwiederholung bewirken einen Handlungsablauf bzw. eine Gewöhnung. Schauen wir uns das genauer an. Die Lerntheorie unterscheidet:

a) *Assoziatives Lernen*, wobei hier die zeitliche Verbindung von Reiz und Reaktion entscheidend ist. Assoziatives Lernen erfolgt zunächst im Rahmen der klassischen Konditionierung. In seinen legendären Hunde-Versuchen verknüpfte Pawlow die Reaktion des Speichelflusses auf den Reiz des dargebotenen Futters mit dem unbedingten Reiz der Glocke, die zeitgleich mit der Futtergabe erfolgte. Die klassisch konditionierten Hunde reagierten später auf den Glockenklang auch ohne Futtergabe mit Speichelfluss. Übertragen auf menschliches Lernen wecken einmal auf emotionale Weise z. B. negativ besetzte (Lebens- oder Lern-)Situationen auch ohne gefahrbringenden Stimulus affektiv bedingte Blockaden, Lernhemmungen oder schwerwiegende psychische Beeinträchtigungen. Operante/instrumentelle Konditionierung verstärkt eine zufällig erfolgte Handlung (Operation), so dass die Wahrscheinlichkeit der Wiederholung steigt. Tritt eine solche Verstärkung auf, wird die

Manifestation der Handlung immer wahrscheinlicher. Andererseits haben Watson und Rayner (1924) in ihrem umstrittenen klassischen Konditionierungsvorgang einem elfmonatigen Jungen dadurch unüberwindliche Angst vor einer harmlosen weißen Ratte beigebracht, indem sie immer, wenn der Junge die Ratte sah, ein furchtbares Geräusch erzeugten. Die entstandene Furcht war sehr stabil. Watson wird mit der Äußerung wiedergegeben: »Gebt mir ein kleines Kind und sagt mir, was aus ihm werden soll, und ich werde es dazu machen« (vgl. Watson 1972). In einem anderen Experiment belohnte Thorndike (1911) umherlaufende Mäuse in ihrem Käfig immer dann, wenn sie (versehentlich) einen großen roten Schalter berührten mit einem Futterkorn. Binnen kürzester Zeit hatten die Mäuse gelernt, den roten Schalter regelmäßig zu berühren. Übertragen auf menschliches Lernen erhöhen Verstärkungen wie positive Rückmeldungen der Interaktionspartner bzw. erwünschte Reaktionen jedweder Art die Wiederholungswahrscheinlichkeit. Die regelmäßige Verstärkung einzelner Verhaltensweisen führt letztendlich zur Ausbildung von Verhalten. Dabei wirkt eine intermittierende (nicht regelmäßige, hin und wieder ausbleibende) Verstärkung stabiler als die regelmäßige.

Von b) *nicht-assoziativen Lernen* wird im Rahmen der Lerntheorie gesprochen, wenn Reizreihenfolge und Reizstärke zum erlernten Verhalten oder zur erlernten Gewöhnung führen. Hierunter fallen z. B. Habitualisierung und Sensitivierung – oder anders formuliert: Gewöhnung und Feingefühl. Wenn ein Student in der Stadtwohnung bei offenem Fenster den unglaublichen Straßenlärm nicht mehr hört oder der Autofahrer längst schon alle anfangs angstvoll (mit Vorsagen!) gelernten Abläufe (»Innenspiegel, Außenspiegel, Schulterblick, Blinker, Lenken, Kuppeln, Schalten«) vollautomatisch tätigt, ist durch ausreichende Reizstärke und unendliche Reizabfolge Habitualisierung geschehen. Fährt allerdings vor dem Fenster des Studenten ein Krankenwagen und schreckt ihn mit Martinshorn oder verursacht der Autofahrer in Gedanken versunken einen schweren Unfall, wird der eine sofort hellwach den Straßenlärm hören und der andere noch einige Tage später in seinem neuen Auto ganz bewusst von »Innenspiegel – Außenspiegel – Schulterblick« sprechen: Habitualisierung und Sensitivierung als Folge von nicht-assoziativen Lernprozessen. Bandura (1976) erweiterte die Erkenntnisse zu nicht-assoziativen Lernprozessen, indem er das Modelllernen erforschte und darstellte, dass Verhaltensmodelle für Tiere aber auch für Menschen Lernanreize darstellen, die Verhalten und Verhaltensmuster generieren. Dabei werden die beobachteten Verstärker (z. B. dass ein schlagender junger Mann Ansehen erhält oder seinen Willen durchsetzt) ähnlich wirksam erlebt wie Verstärker bei eigenen Handlungen.

Die lerntheoretisch-behavioristische Sichtweise versteht Verhalten und Verhaltensstörungen als Ergebnisse von Lernprozessen, die im Wesentlichen nach dem Prinzip der Verstärkung oder im Rahmen von Gewöhnung stattfinden. Interventionsmaßnahmen bei sozial unerwünschtem, selbstzerstörerischem oder systemgefährdendem

Verhalten verfahren nach den gleichen Prinzipien bzw. »löschen« Verhalten durch konsequentes Unterlassen jedweder Verstärkung (ausführlich bei Heckhausen/Heckhausen 2009, 122 ff.; Edelmann 2000, 57 ff.).

## 2.4 Kognitionstheoretische Perspektive

Wenn in der Fachwissenschaft von Verhaltensmodifikation die Rede ist, ist in der Regel sowohl die klassische Konditionierung als auch die kognitive Verhaltensänderung gemeint. In Weiterentwicklung der klassischen Konditionierung entwickelte Skinner (1968; 1953) die Erkenntnis, dass das Verhalten einer Person wesentlich auch mit ihrer Erwartung an die Folge zu tun hat. Diese Erwartung geht über die Belohnungserwartung hinaus. Dabei ist zunächst wichtig zu klären, was unter dem Begriff der Kognitionen verstanden werden muss. Unter menschlichen Kognitionen

- werden allgemein Verarbeitungsprozesse alles Erlernten und Unbekannten verstanden,
- werden speziell die Verarbeitungsprozesse der subjektiven Eindrücke und Erlebnisse verstanden,
- wird die regelhaft erleichterte Verarbeitung von Eindrücken durch kognitive Begrenzungen, Hierarchisierungen und planmäßigen Ausblendungen verstanden.

Alltagssprachlich ausgedrückt »greift« unser Gehirn also vor dem Hintergrund seiner Erfahrungen zunehmend aktiv »in die Wahrnehmung ein«, anders formuliert: Unsere Wahrnehmung stellt nicht ein objektives Abbild einer objektiven Welt nach dem linearen Input-Output-Prinzip dar, sondern ist eine höchst subjektive und individuelle Produktion von Orientierungshilfen und Interpretationen, die mehr oder weniger viel mit der Realität zu tun haben. Dabei können uns so genannte »optische Täuschungen« das Phänomen vor Augen führen: Objektiv klar zu interpretierende (z. T. nachmessbare) Abbildungen erregen einen irrigen Eindruck und führen den Betrachter zu einem falschen Schluss. Grund dafür sind »Lerneffekte« unseres Gehirns, das sich über Jahre der Erfahrung schnelle Alltagsorientierung durch Vorstrukturierung und Kategorisierung ermöglicht. Mit Humberto Maturana und Francisco Varel gesprochen empfängt das Nervensystem nicht Informationen, vielmehr »bringt es eine Welt hervor« (Maturana/Varela 1987, 185). Heute sind unzählige verblüffende Beispiele für optische Täuschungen bekannt, die hinsichtlich ihrer Regelhaftigkeit gründlich erforscht werden. Abbildungen 3–6 geben Kostproben (Poensgen 2005):

Die Erleichterung der Alltagsverarbeitung durch erlernte Regeln, die unser Gehirn durch Ausblenden von Reizen, Kategorisierung von Informationen und Zusammenfassung von Merkmalen bewirkt, wird uns mitunter in Form belustigender optischer Täuschungsbilder bewusst. Die Bilder täuschen uns, weil unser Gehirn Orientierungshilfen folgt, die im Alltag in der großen Mehrzahl der Fälle Komplexität wirkungsvoll reduziert. Einige Beispiele:

Theoretische Perspektiven                                                                 29

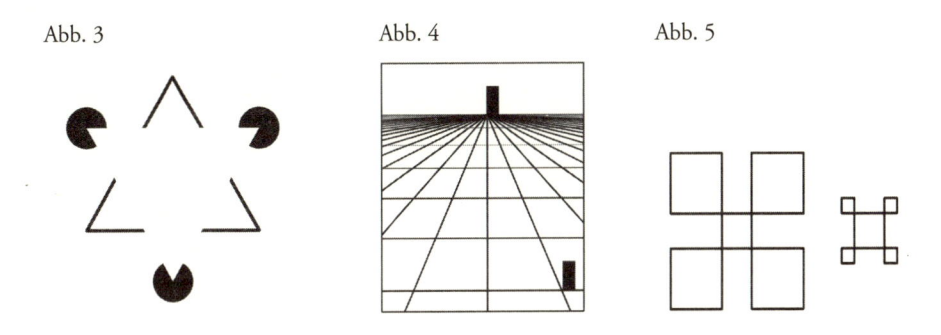

Abb. 3          Abb. 4          Abb. 5

Abbildung 3: Der Betrachter ist versucht, einige Dreiecke zu »erkennen«, obwohl keines davon ausgeführt ist. Sie werden schlicht »ergänzt«.

Abbildung 4: Die beiden Rechtecke sind gleich groß. Weil wir konvergierende Linien als Abbildung einer räumlichen Tiefe interpretieren, halten wir von zwei gleichen Gegenständen den scheinbar weiter entfernten für größer.

Abbildung 5: In der linken Zeichnung wirkt das mittlere Quadrat kleiner als rechts. Als Orientierungshilfe fokussiert das Gehirn auf die umliegenden Quadrate.

A ◀  B ▶  C ◀

Abbildung 6: Die Strecken A-B und B-C sind gleich lang, auch wenn A-B kürzer erscheint. Ein »voller« Raum wirkt kleiner als ein »leerer«.

Verhalten und Verhaltensgewohnheiten können nun, so die Perspektive der Kognitionstheorie, aufgrund unterschiedlicher Einflussfaktoren zum einen entstehen und zum anderen gefestigt werden. Grundsätzlich gehen Kognitionstheoretiker bei schwerwiegenden Verhaltensstörungen (wie z. B. Angststörungen) von einem Teufelskreis der Kognitionen aus. Durch eine verzerrte Wahrnehmung werden Gefahren überbewertet und das jeweils fehlangepasste (z. B. angstgestörte) Verhalten kognitiv verstärkt. In subjektiv empfundenen Bedrohungssituationen entwickeln sich infolge zwei verwandte Arten dysfunktionaler Informationsverarbeitung: Automatische Gedanken, die augenblicklich im Moment einer Assoziation aktiv werden und zum anderen differenzierte Gedankenschemata in Gang setzen, deren Reproduktion verzerrter Wahrnehmungsinhalte wiederkehrend die fehlangepassten Verhaltensweisen verstärken.

Verhalten und Verhaltensstörungen sind aus der Perspektive der Kognitionstheorien nicht das Ergebnis von Konditionierungsvorgängen oder nicht-assoziativen Lernprozessen und ebenfalls nicht das Ergebnis frühkindlicher Prägung und unbewusster Anteile in der Psyche, sondern sind das Ergebnis unrealistischer Wahrnehmungen, die durch Bewusstmachung, rationale Reflexion und z. B. Selbstinstruktion überwunden werden können. Neukäter (2008, 97) schlägt deshalb als ersten Schritt der Intervention vor, folgende Fragen zu stellen:

- Welche internalen kognitiven Ereignisse steuern das Verhalten einer Person, die uns als verhaltensgestört auffällt?
- Welche internalen kognitiven Ereignisse halten die gezeigten Verhaltensweisen aufrecht?
- Welche Umgebungsbedingungen steuern das gezeigte Verhalten z. B. in Form unreflektierter Verstärkung?

## 2.5 Systemische Perspektive

Die Grundannahme der systemischen Perspektive auf Verhalten und Verhaltensstörungen folgt den Erkenntnissen der Systemtheorie (Maturana/Varela 1987; Luhmann 1985; Bertalanffy 1956), die zunächst durch ihre Vertreter nach Gesetzmäßigkeiten suchte, welche für unterschiedliche Wissens- und Praxisgebiete Gültigkeit haben. An solchen verschiedenartigen Systemen sind folgende Merkmale beschreibbar (Vernooij 2007, 58 f.):

- Ein System strebt immer nach einem Gleichgewichtszustand – die *Homöostase* –, der jedoch niemals statisch ist, sondern jeweils nur für einige Zeit gehalten werden kann. Man kann hier von einem dynamischen Gleichgewicht sprechen.
- Die Überprüfung bzw. die Korrektur des jeweiligen Ist-Zustandes erfolgt als *positives* oder *negatives Feedback* im Sinne eines Rückkoppelungsprozesses innerhalb des Systems.
- Die Struktur eines Systems wird gebildet und in der Balance gehalten durch explizite oder implizite (unausgesprochene) *Regeln*. Sie bestimmen und organisieren die Beziehungen der Systemmitglieder untereinander. Regeln können sowohl funktional (also konstruktiv) als auch dysfunktional (destruktiv) wirken. Implizite Regeln (Gesetze, die gelten, obwohl niemals darüber gesprochen wurde) sind nur nach vorheriger Aufdeckung veränderbar.
- Systeme können offen oder geschlossen sein. *Offene Systeme* stehen in ständigem Austausch mit ihrer Umgebung, während sich *geschlossene Systeme* intensiv von ihrer Umwelt abschließen, insbesondere bezogen auf (intrasystemische) Informationen. Völlige Geschlossenheit ist bei lebenden Systemen nicht möglich.
- Die Regulierung der Grenzen wird als *Kalibrierung* bezeichnet. Sie geschieht im Rahmen einer nicht-linearen, stufenmäßigen Entwicklung, teilweise mit diskontinuierlichen Sprüngen, von einem gegebenen Ist-Zustand zu einem subjektiv angestrebten Soll-Zustand. Um sich den durch Entwicklung bedingten Veränderungen anzupassen, werden die Systemgrenzen reguliert, Systemregeln modifiziert und gegebenenfalls (z. B. bei Nicht-Gelingen oder Neu-Kalibrierung) erfolgt eine Symptombildung (Vernooij 2007).

Menschen leben nicht im luftleeren Raum, sondern in den meisten Lebensphasen in verschiedenen Sozialsystemen parallel. So kann die Familie, können Kindergartengruppen, Schulklassen, Vereine, Kirchen und Freundschaftscliquen Systeme sein, in denen ein junger Mensch Systemmitglied ist. Die Regeln und Strukturen der verschiedenen Systeme können dabei mitunter so unterschiedlich sein wie die jeweilige Rolle des betreffenden Menschen im jeweiligen System. Die systemische Perspektive auf Verhalten und Verhaltensstörungen geht nun davon aus, dass individuelles Verhalten und personale Verhaltensauffälligkeiten immer durch das Bezugssystem des Betreffenden ausgelöst und stabilisiert werden, dass also ein Verständnis nur durch Einbeziehen des relevanten Systems möglich ist. Dabei stellt die verhaltensgestörte Person lediglich den »Symptomträger« des Systems dar, welcher durch sein So-Sein und z. B. den entstehenden Gesprächsbedarf in der Familie oder die regelmäßigen Ablenkungen während der Unterrichtszeiten sein Bezugssystem stabilisiert und in den Zustand der *Homöostase* versetzt. Die Person selbst erfüllt also mit ihrer Verhaltensstörung eine Funktion. Problemlösungen müssen demnach immer im Gesamtgefüge des Systems kommunizierbar sein. Eine isolierte Veränderung des ehemaligen Symptomträgers gefährdet mitunter sein Bezugssystem. Und schließlich weist Vernooij (2007, 61) darauf hin, dass sich im systemischen Denken Wirklichkeit nicht konkret in materiell Beschreibbarem abbildet, sondern in zwischenmenschlichen Beziehungen und in Betrachterperspektiven. Es kann also nicht um die Beschreibung einer »Objektivität« gehen, sondern lediglich um die neue Ausrichtung von Relationen.

Wenn nach systemischer Sichtweise Verhalten und Verhaltensstörung ausschließlich im Kontext eines Bezugssystems entstehen und Systeme nach beschreibbaren Prinzipien und Merkmalen organisiert sind, ergeben sich verschiedene Möglichkeiten für Interventionen. Zum einen muss in besonders traumatischen Fällen – wie bei anderen Formen der Gefährdung auch – für das Verlassen des betreffenden Systems Sorge getragen werden.

Weiterhin besteht aus systemischer Perspektive die Möglichkeit, durch planvolle und offene Kommunikation eine Strukturveränderung des Systems herbeizuführen, die zugleich eine Entbindung der Rollenverpflichtung des verhaltensgestörten Kindes mit sich bringt. Weil das System mehr ist als die Summe seiner Elemente (Maturana/Varela 1987), sind die Eigenschaften und Persönlichkeitsmerkmale des Einzelnen zwar bedeutend, sie beschränken aber denkbare Interventionserfolge nicht auf die (defizitären?) z. B. motivationalen oder begabungsspezifischen Voraussetzungen des Kindes/Jugendlichen. Zu Techniken und Methoden der Beratung sowie einem Beispielfall vgl. Vernooij (2007).

## 2.6 Lösungsorientierte Perspektive

Eine lösungsorientierte Perspektive auf Verhalten und Verhaltensstörungen unterscheidet sich von den ursachenorientierten Konzepten wesentlich durch die Fokussierung auf die Logik des Gelingens anstelle der sonst oft beschriebenen und zugleich beklagten Logik des Misslingens. Verhalten, so die Theorie der lösungsorientierten

Perspektive, folgt nicht dem Verursachungsprinzip zur Logik des Misslingens, sondern stellt einen Gelingenskontext dar, der eine Logik beinhaltet, die Ressourcen offenbart und Weiterentwicklung ermöglicht.

Das Konzept geht im Wesentlichen auf Arbeiten des Psychiaters Milton Erickson zur lösungsorientierten Kurztherapie zurück (Erickson 1954). Heute sind unterschiedliche Institute bekannt, an welchen namhafte Forscher das Konzept der Lösungsorientierung in unterschiedlichen Handlungsformen weiterentwickelten und differenzierten (Berg/Miller 1995; Watzlawick 1997; de Shazer 1997; Bamberger 2005; Spiess 2008).

Grundlegend für die lösungsorientierte Perspektive auf menschliches Verhalten sind folgende Annahmen:

a) *Humanistisches Menschenbild:* Der Mensch trägt die Sehnsucht in sich, durch »Selbsttranszendierung« (Luckmann 1993, 81 f.) Ziele, Lebenssinn und Teilhabe an einer positiven Welt zu erleben. Eine positive Welt stellt dabei eine Gemeinschaft, eine Interessensgruppe oder eine Sinnidee dar, die für den einzelnen Menschen sehr wichtig ist und innerhalb derer er seinen Platz finden und sich bewähren will. Dabei verfügt er naturgemäß durch seine Kreativität, Schaffenskraft, seinen Optimismus usw. über große Handlungsressourcen, derer er sich allerdings u. U. in problemdominierten Lebensphasen nicht mehr bewusst ist.

b) *Zirkularität:* Kleine Veränderungen in problemrelevanten Handlungsmustern bewirken einschneidende Prozesse, die zu nicht vorhersehbaren und möglicherweise entscheidenden Veränderungen in komplexen Systemen führen. Das heißt: Eine minimale Beeinflussung (etwa durch den Flügelschlag eines Schmetterlings) kann umfassende Veränderungen (z. B. einen Orkan) verursachen (Reeves 1992). Bereits eine veränderte Zielbeschreibung zieht veränderte Verhaltensweisen aller Beteiligten nach sich.

c) *Konstruktivismus:* Probleme sind – ebenso wie Wirklichkeit überhaupt – subjektive Konstruktionen und werden unter bestimmten Voraussetzungen von den beteiligten Interaktionspartnern sinnvoll erstellt bzw. gesellschaftlich transzendiert. Wirklichkeitskonstruktionen können mittels Versprachlichung abgebildet werden. Es ist jedoch für den Betrachter nicht möglich, »objektiv« festzustellen, wo aus der Sicht bzw. in der Wirklichkeit des Ratsuchenden genau das Problem oder auch seine Lösung liegt.

Die Verhaltensstörung stellt also eine Lösungsform für ein Problem des Betreffenden dar, die zum einen sozial nicht verträglich ist und zum anderen die Ressourcen und Möglichkeiten des Kindes/Jugendlichen nicht optimal nutzt. Ursachenorientierte Betrachtung verbietet sich aus lösungsorientierter Perspektive aufgrund der folgenden fünf Einwände: Zum einen ist der Mensch keine triviale Maschine, deren Input anhand des (fehlerhaften?) Outputs analysiert und korrigiert werden könnte. Während triviale Maschinen nach Feststellung der Ursache eines Defekts adäquat repariert werden können, bleiben zur »Reparatur« des Menschen keine eindeutigen Instrumentarien nach Ursachenanalyse. Zweitens ist eine auch nur annähernd objektive Ursachenbeschreibung aufgrund der subjektiven Konstruktion eines jeden Menschen seiner eigenen Wirklichkeit nicht möglich und drittens wird über dies durch die hartnäckige Suche nach Ursachenzusammenhängen für die Verhaltensstörungen die Hilflosigkeit des Betreffenden immer wieder aufs Neue aktualisiert. Es gelingt also keine Entlastung und keine Neuorientierung auf positive Perspektiven. Und dies, obwohl viertens Problem und Lösung nicht einmal nachweislich zusammen gehören. Häufig wird in pädagogischen Diskussionen zwar mit geschickteren Worten, aber dem Sinn nach denkbar schlicht behauptet, dass wir den Karren gut aus dem Dreck gezogen bekämen, wenn wir nur wüssten, wie er dort hinein gekommen sei. Diese Vermutung entbehrt jeglicher alltagspraktischer und theoretischer Grundlage. Und schließlich fünftens: Bei allem pädagogischen Ringen um Kinder und Jugendliche, deren Verhalten als abweichend und gestört beschrieben wird, soll es doch nicht um eine »Reparatur« des »kaputten Kindes« gehen, sondern immer um die Weiterentwicklung eines Menschen. Probleme sind nicht Reparaturgründe, sondern in gewissem Rahmen normale Stationen im Entwicklungsverlauf eines Menschen. Eine konstruktive Würdigung dieses Sachverhaltes verbietet, von Ursachen zu sprechen, und fordert, den Blick auf eine gelungenere Lösungsphase zu richten.

Bei aller Kürze, die der hier gewählte Rahmen vorgibt, seien noch einige Stichworte zu Interventionsformen aus lösungsorientierter Perspektive erlaubt. Lösungsorientierung will Ansatzpunkte entdecken, wo die betreffende Person durch Lösungsvorstellungen Ressourcen entfalten kann oder wo die betreffende Person eine vergleichbare Situation schon einmal weniger auffällig oder erfolgreicher konstruktiv gelöst hat. Die Pädagogin/der Pädagoge interveniert im Rahmen eines Beratungsprozesses in folgenden Formen (ausführlich bei Ellinger 2005):

*a) Denkprozesse anregen:* Durch die Formulierung der (Wunsch-)Vorstellung einer »besseren« Zukunft bzw. durch die Zielformulierung einzelner Details des gewünschten Zustandes wird die Aktivität und Vorstellungskraft des Klienten angeregt. Die Beschreibung des Soll-Zustandes entwickelt Möglichkeitssinn für Lösungskonstruktionen. Der Blick des Klienten wird auf die Zukunft, auf Ziele und nicht auf vergangene Fehler oder bestehende Probleme gerichtet.

*b) Wahrnehmungsveränderung:* Durch das Gewahrwerden dessen, wo Spuren einer solchen Zukunft bereits in der momentanen Situation oder in der nahen Vergangenheit beschreibbar sind, wird der Blickwinkel des Klienten auf seine gegenwärtige Lage positiv verändert und werden Anknüpfungspunkte für Veränderungen, d. h. werden Entwicklungspotentiale aufgezeigt. Gerade die Erkenntnis, dass es in der problematischen gegenwärtigen Situation Ansatzpunkte für den gewünschten Zielzustand gibt, weil Spuren beschreibbar sind, sensibilisiert für positive Signale. Dabei gilt das Interesse nicht solchen Situationen, in denen das Problem auftrat, sondern solchen, in denen das Problem nicht – oder in abgeschwächter Form – auftrat. Die Umstände dort sind interessant, sie tragen u. a. Eigenschaften, die eine Logik des Gelingens beinhalten.

*c) Anregung eigener Handlungen:* Verhaltensweisen, die näher zum gewünschten Zustand führen, sollen entdeckt und weiterentwickelt werden. Dabei dient die Beratung der Ermutigung, einen Zugang zu den eigenen Handlungsressourcen zu finden und diese zu aktivieren. Jeder Ratsuchende verfügt über Fähigkeiten, Besonderheiten und Stärken, derer er sich möglicherweise in akuten Problemsituationen nicht bewusst ist. Er muss ein Bewusstsein von Selbstwirksamkeit entwickeln und kann entdecken, dass bereits unbedeutend wirkende Handlungen zu einschneidenden Systemveränderungen führen können. Wenn der Klient erkennt, wie er mit kleinen Veränderungen beginnen kann, wird er Zugang zu wirkungsvollen Lösungen finden.

*d) Entwicklung neuer Handlungsressourcen:* Durch die Rezeption von Problemen als etwas Normales kann sich der Klient in der Übertragung erlangter Problemlösefähigkeit auf andere Lebensbereiche üben. Richtig (d. h. nicht über-)bewertete Probleme weisen Krisen als Wachstumszonen aus. Die Ermutigung zu kleinen Schritten führt so letztendlich zum gestärkten Selbstbewusstsein. Es darf nicht nur darum gehen, dem Ratsuchenden eine momentane Lösung, eine generell verbesserte Lösungskompetenz für die Zukunft oder gar eine gänzlich neue Wahrnehmungsperspektive zu vermitteln. Die lösungsorientierte Beratung konstruiert für den Klienten vielmehr eine grundsätzlich neue Realität: Eine Realität mit Zugriff auf Lösungsmuster.

## 2.7  Interaktionspädagogische Perspektive

Grundlegend für den interaktionspädagogischen Ansatz (Fritz 1975; 1985; Myschker 2005; 2008) ist die Erkenntnis, dass jeder einzelne Mensch nicht »an sich ist«, sondern in komplexen Beziehungen lebt. Dies bedeutet, dass er alltäglich und unablässig Erwartungen signalisiert und erlebt, Regeln aushandelt, Symbole austauscht und Konflikte erlebt oder ihnen ausweicht (Interaktion: lat.: Wechselspiel, Wechselbeziehung). Jeder einzelne Mensch ist ständig den Einschätzungen durch andere ausgesetzt und zugleich seiner eigenen Selbsteinschätzung verpflichtet. Dabei entwickelt sich die Identität des Menschen in den vielfältigen Interaktionen und impliziten Beziehungsdefinitionen.

Dieses Drama wurde insbesondere im Konzept des symbolischen Interaktionismus von Herbert Mead (1913) ausformuliert: Der Mensch entwickelt gemäß seiner Selbsteinschätzung dessen, was er kann und ist, was er denkt und fühlt und welchen moralischen Maßstäben er gerecht wird, ein I (das persönliche ICH). Daneben entwickelt sich eine Version der Persönlichkeit, die den gesellschaftlichen Ansprüchen, den Anforderungen der sozialen Umwelt und den Werten verschiedener Gruppen und Institutionen entspricht – oder wenigstens in gewisser Hinsicht entspricht –

und in dieser Rolle in Erscheinung tritt: das ME (eine Art soziales ICH, die soziale Identität). Abweichendes Verhalten bzw. eine Verhaltensstörung entsteht dort, wo »bestimmte gesellschaftliche Gruppen abweichendes Verhalten dadurch schaffen, dass sie Regeln aufstellen, deren Verletzung abweichendes Verhalten konstituieren ,und dass sie diese Regeln auf bestimmte Menschen anwenden, die sie dadurch zu Außenseitern stempeln« (Becker 1973, 8). Die durch die Umwelt erfolgte Typisierung bringt dann gemäß der sich selbst erfüllenden Prophezeiung (Smale 1983) mit hoher Wahrscheinlichkeit einen verhaltensgestörten Menschen hervor. Mit Watzlawick et al. (1969) gesprochen, lässt sich dann binnen kürzester Zeit die Interpunktion nicht mehr nachvollziehen: Was war zuerst – das Delikt?, die Missbilligung?, die Verweigerung der Besserung?, die weitere Zuschreibung und Strafe? Im Kontext pädagogischer Interaktion entstehen auf diese Weise sehr schnell auf beiden Seiten Erwartungshaltungen, die wiederum beide Interaktionspartner in ein vorhersehbares Rollenverhalten drängen und damit einen unheilvollen Prozess in Gang setzen.

Myschker (2005) zeichnet das fiktive Verlaufsmodell eines Jugendlichen in die Delinquenz nach, das den schleichenden Prozess der gegenseitigen Bedingtheit von Zuschreibung, Annahme, erneuter Zuschreibung eines »verschärften« ME und wiederum Annahme desselben aufweist. Aus der Perspektive des Symbolischen Interaktionismus verdeutlicht die *Etikettierungstheorie* bzw. die Theorie des *Labeling Approach* diese Problematik. Primäre Devianz in Form von Abweichungen im Verhalten von alltäglichen Normen entwickelt sich über gesellschaftliche Reaktionen zu einer negativen Selbstdefinition und zu einer devianten Karriere. Wie sich auf diese Weise abweichende und störende Verhaltensweisen steigern, in das Selbstbild eingehen und sich im Sinne der selbsterfüllenden Prophezeiungen festigen können, sollen die skizzierten acht Phasen nach Myschker (2005, 46 f.) verdeutlichen:

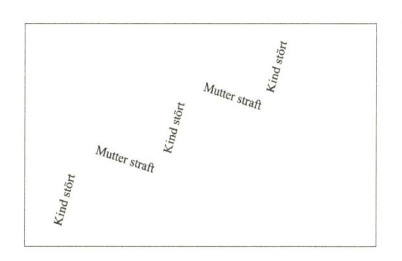

Abbildung 7: Interpunktion und Interaktionsprobleme (Myschker 2005, 49).

*1. Phase:* Ein Jugendlicher begeht ein kleines Delikt zur Lösung eines kleinen Problems (Ladendiebstahl).
*2. Phase:* Der Jugendliche hat kein Glück: Es kommt zu keiner Problemlösung, vielmehr zu einer Bestrafung.
*3. Phase:* Das Problem wird größer. Der Jugendliche soll »Wiedergutmachung« leisten, kommt dieser Forderung aber aus verschiedenen persönlichen Gründen nicht nach. Die Ablehnung der Umwelt wächst. Der Jugendliche sucht nach Selbstbestätigung bei gleichgesinnten Jugendlichen. Er lehnt schließlich die Bestrafung als »Ungerechtigkeit« ab.
*4. Phase:* Ein weiteres Delikt (Getränkediebstahl im Blick auf einen Abend mit den neuen Freunden) wird als »Rückfall« interpretiert und bringt eine weitere

Strafe. Der Aufschaukelungsprozess nimmt seinen Lauf: Das delinquente Verhalten und die Bestrafungen verstärken sich bereits gegenseitig.

5. Phase: Der Jugendliche wird als Delinquent definiert. Er wird aktenkundig und behandlungsbedürftig (Jugendarrest, Heim). Er übernimmt die Definition »Delinquenter« in sein Selbstbild: Die Schwelle zum Verbotenen wird niedriger, die ungelöste Problematik wird größer.

6. Phase: Der Jugendliche wird zum Außenseiter. Techniken delinquenter Problembewältigung verfestigen sich, werden zur Typisierung im Sinne »schädlicher Neigungen« (der aggressive Schläger, der Wegläufer, der Manipulator, der Rocker, der Süchtige). Mit der Übernahme der delinquenten Rolle zeichnet sich eine delinquente Karriere ab.

7. Phase: Der Jugendliche kommt in die Strafanstalt. Mit der nunmehr eindeutigen Rollenfestlegung ist eine deutliche Problemverstärkung verbunden.

8. Phase: Nach der Entlassung ist der Jugendliche ein Vorbestrafter. Verwiesen auf das Milieu Gleichartiger ist für den Jugendlichen ein Rückfall naheliegend. Der Rückfall führt zu härterer Bestrafung. Es kommt zu einem Teufelskreis, zu einem hochschaukelnden Interaktionsprozess zwischen dem Jugendlichen und seiner sozialen Umwelt.

Verhaltensstörungen stellen also aus interaktionspädagogischer Perspektive das Ergebnis eines Prozesses dar, in dem einem Individuum nicht die Möglichkeit gegeben wird, das persönliche Ich (das I) zu entwickeln, zu entdecken und ernsthaft auszuleben, sondern in dem ein soziales Ich (das ME) angetragen, modifiziert erneut angetragen und schließlich zur Annahme aufgedrängt wird, nachdem dieses ME deutliche Hinweise auf eine negative Selbstdefinition der Person enthält. Der betreffende Jugendliche hat letztendlich nur die Möglichkeit, auf angetragene negative Interpretationen seines Verhaltens zu reagieren – und in vielen Fällen so zu reagieren, dass seine Handlung wiederum zur nächsten Verstärkung in Richtung Negativetikettierung führt. Den Konflikt zwischen I und ME generiert und entscheidet also ein für Missverständnisse höchst anfälliges Szenario: die persönliche Interaktion zwischen Menschen, deren Voraburteile häufig bereits feststehen.

Diese Prozesse sind in sämtlichen Settings und bereits in wesentlich kleineren Schritten zu beobachten. So kann ein Lehrer beispielsweise unrichtige Antworten eines Schülers erwarten und schnell mit entsprechendem Gesichtsausdruck einen Redebeitrag bereits begleiten, anstatt seinen Abschluss zunächst positiv zu erwarten. Oder ein Erzieher, der für den Nachmittag oder als Bedingung für eine bestimmte Erlaubnis Anforderungen stellt, die kaum zu erfüllen sind, und dadurch Lösungsstrategien seitens des Jugendlichen erzwingt, die er schon erwartet hat und derentwegen er die Auflagen als Erziehungsmaßnahmen überhaupt formulierte. Oder die Einleitung der Mutter »brauchst jetzt gar nicht schnippisch zu reagieren, aber ...«, die eine schnippische Antwort der Tochter geradezu herausfordert. Solche Schlaglichter stellen eine Sequenz der Interaktion dar, die letztendlich zum abgelehnten Verhalten führen kann. **Intervention muss in der Unterbrechung dieses Hin und Her der Interpretation und Re-Interpretation stattfinden.** Dies kann geschehen durch:

- offene, ehrliche, vertrauenswürdige Kommunikationsformen, die idealerweise institutionalisiert, also in regelmäßigen Sitzungen stattfinden
- Metakommunikation: »Was ist jetzt grade bei unserm Gespräch abgegangen? Warum hast du so reagiert?«
- Interaktionsspiele, Rollenspiele
- Mototherapie, Musiktherapie, Spieltherapie, Ergotherapie, Gestalttherapie
- erlebnispädagogische Maßnahmen, die nicht auf kurzfristiges Happening, sondern auf einen längeren Prozess der Grenzerweiterung und Vertrauensbildung angelegt sind
- Theater-AG, Kunstwerkstatt, Musik-Projekte etc.

Zum besseren Überblick sollen die referierten theoretischen Perspektiven noch einmal in sehr knapper Zuspitzung tabellarisch dargestellt werden.

## 2.8 Synoptischer Vergleich der theoretischen Konzepte

Tabelle 1: Theoriekonzepte in Stichworten

| Theoriekonzept | Grundverständnis Verhaltensstörungen | Sinnvolle Interventionen |
|---|---|---|
| Tiefenpsychologische Perspektive | Verhalten wird durch unbewusste Anteile und Prozesse in der Psyche gesteuert, die in der frühen Kindheit aufgebaut wurden. | Bewusstmachung und Neubesetzung der unbewussten Anteile. »Durcharbeiten« der problematischen Bereiche, um »Nachreifung der Ich-Strukturen« zu ermöglichen. |
| Lerntheoretische Perspektive | Verhalten wird durch Konditionierung geprägt (assoziatives Lernen) oder durch nicht-assoziatives Lernen erzeugt. | Löschung vorhandener Konditionierung, neue Konditionierung oder Sensitivierung. |
| Kognitionstheoretische Perspektive | Fehlleitende Kognitionen, Automatismen und Gedankenschemata: Insgesamt fehlleitende Wahrnehmung führt zu »logischen« (aber evtl. sozial abweichenden) Handlungsweisen. | Aufklärung, Wahrnehmungsveränderung, Selbstinstruktionstraining, Konfrontation. |
| Systemische Perspektive | Jeder Mensch lebt in verschiedenen Bezugssystemen. Die verhaltensgestörte Person ist der Symptomträger eines Systems, das durch seine Symptome wieder ausgeglichen existieren kann. | Aufdecken verdeckter Regeln, Reframing, offene Kommunikation mit den Systemmitgliedern. |

| Theoriekonzept | Grundverständnis Verhaltensstörungen | Sinnvolle Interventionen |
|---|---|---|
| Lösungsorientierte Perspektive | Verhalten stellt einen (evtl. misslungenen) Lösungsversuch der Person dar. Die Person hat aus den Augen verloren, dass sie ohne Weiteres einen sozial verträglichen Lösungsplan entwickeln könnte, weil sie bemerkenswerte Ressourcen hat. | Es geht darum, die Logik gelungener Situationen, in denen das Problem weniger gravierend oder gar nicht auftrat (»Logik des Gelingens«), zu erkennen und aus den erhobenen Ressourcen der betreffenden Person Lösungsstrategien zu entwickeln. |
| Interaktionspädagogische Perspektive | Verhaltensstörung schaukelt sich auf zwischen dem sozial angetragenen ME und dem selbst entwickelten I. Erwartungen und Interpretationen der Umwelt »erzeugen« ein entsprechendes Verhalten des Menschen. | Metakommunikation über die empfundene Spannung und die erlebte Etikettierung, die in ihrer Form nur negative und festschreibende Interpretationen zulässt. Rollenspiele, Sport, Theater. |

# Literatur

Adler, A. (1920): Praxis und Theorie der Individualpsychologie. Nachdruck 1979. Frankfurt a. M.
Adler, A. (1927): Menschenkenntnis. Nachdruck 1988. Frankfurt a. M.
Adler, A. (1929): Lebenskenntnis. Nachdruck 1997. Frankfurt a. M.
Adler, A. (1933): Der Sinn des Lebens. Nachdruck 1996. Frankfurt a. M.
Bamberger, G. G. (2007): Lösungsorientierte Beratung. In: Diouani-Streek, M./Ellinger, S. (Hg.): Beratungskonzepte in sonderpädagogischen Handlungsfeldern. Oberhausen, 89–109.
Bamberger, G. G. (2005): Lösungsorientierte Beratung. Weinheim.
Bandura, A. (1976): Lernen am Modell: Ansätze zu einer sozial-kognitiven Lerntheorie. Stuttgart.
Becker, H. S. (1973): Außenseiter – Zur Soziologie abweichenden Verhaltens. Stuttgart.
Berg, I. K./Miller, S. D. (1995): Kurzzeittherapie bei Alkoholproblemen: Ein Lösungsorientiertes Arbeitsbuch. 2. Auflage. Dortmund.
de Shazer, S. (1997): Lösungsorientierte Kurztherapie. Ein neuer Akzent der Psychotherapie. In: Hesse, J. (Hg.): Systemisch-lösungsorinetierte Kurztherapie. Göttingen, 55–73.
Edelmann, W. (2000): Lernpsychologie. 6. Auflage. Weinheim.
Ellinger, S. (2005): Lösungsorientierte Elternarbeit. In: Ellinger, S./Wittrock, M. (Hg.): Sonderpädagogik in der Regelschule. Stuttgart, 231–253.
Erickson, M. (1954): Special Techniques of Brief Hypnotherapy. In: Journal of Clinical and Experimental Hypnosis 2, 109–129.
Fritz, J. (1975): Interaktionspädagogik. Methoden und Modelle. München.
Fritz, J. (1983): Interaktionserziehung. In: Lenzen, D. (Hg.): Enzyklopädie der Erziehungswissenschaft Band 8: Erziehung im Jugendalter – Sekundarstufe I. Stuttgart, 458–461.
Freud, S. (1915): Triebe und Triebschicksale. In: Gesammelte Werke Band X. Nachdruck 1999. Frankfurt a. M., 209–232.
Freud, S. (1938): Abriss der Psychoanalyse. In: Gesammelte Werke Band XVII. Nachdruck 1999. Frankfurt a. M., 63–138.
Heckhausen, J./Heckhausen, H. (2009): Motivation und Handeln. 3. Auflage, unveränderter Nachdruck. Heidelberg.
Luckmann, T. (1993): Die unsichtbare Religion. 2. Auflage. Frankfurt a. M.

Maturana, H./Varela, F. (1987): Der Baum der Erkenntnis. München.
Mead, H. (1913): Social identity. In: Journal of Philosophy 10, 374–380.
Mead, H. (1968): Geist, Identität und Gesellschaft. Original 1934. Frankfurt a. M.
Myschker, N. (2005): Diagnose und Intervention bei Verhaltensstörungen nach dem interaktionistischen Ansatz. In: Ellinger, S./Wittrock, M. (Hg.): Sonderpädagogik in der Regelschule. Stuttgart, 39–58.
Myschker, N. (2008): Interaktionspädagogischer Ansatz. In: Vernooij, M. A./Wittrock, M. (Hg.): Verhaltensgestört?! Paderborn, 61–81.
Neukäter, H. (2009): Ansatz der kognitiven Verhaltensmodifikation. In: Vernooij, M. A./Wittrock, M. (Hg.): Verhaltensgestört?! Paderborn, 83–99.
Pawlow, I. P. (1919): Psychology from the standpoint of a Behaviorist. Nachdruck 1998. Routledges, London.
Pawlow, I. P. (1926): Die höchste Nerventätigkeit (das Verhalten) von Tieren. Nachdruck 2006. München.
Pawlow, I. P. (1927): Conditioned reflexes. London.
Poensgen, V. (2005): Das Management Development Institut in der DGFP e. V. In: www.poensgen-Stiftung.de/html, 22.03.2005.
Reeves, H. (1992): Schmetterlinge und Galaxien. München.
Sanders, S. (1978): Die behavioristische Revolution in der Psychologie. Salzburg.
Schlippe, A. von (2003): Grundlage systemischer Beratung. In: Zander, B./Knorr, M. (Hg.): Systemische Praxis der Erziehungs- und Familienberatung. Göttingen, 30–54.
Schlippe, A. von/Schweitzer, J. (1999): Lehrbuch der systemischen Therapie und Beratung. Göttingen.
Skinner, B. F. (1968): The technology of teaching. New York.
Watson, J. B./Rayner, R. (1924): Conditioned emotional reactions. In: Journal of Experimental Psychology 3, 1–14.
Spiess, W. (2008): Das konstruktivistisch lösungs- und entwicklungsorientierte Denk- und Handlungsmodell – oder: Wie Menschen zu besseren Problemlösern werden. In: Gasteiger-Klicpera, B./Julius, H./Klicpera, C. (Hg.): Sonderpädagogik der sozialen und emotionalen Entwicklung. Handbuch Sonderpädagogik Band 3. Göttingen, 555–569.
Spiess, W. (2001): Beratung: Definitionen, Klassifikationen, Modelle … In: Ders. (Hg.): Die Logik des Gelingens: Lösungs- und entwicklungsorientierte Beratung im Kontext von Pädagogik. Dortmund, 193–234.
Thorndike, E. L. (1911): Animal intelligence. New York.
Thorndike, E. L. (1913): Educational psychology. New York.
Vernooij, M. A. (2007): Beratung unter systemischem Aspekt. In: Diouani-Streek, M./Ellinger, S. (Hg.): Beratungskonzepte in sonderpädagogischen Handlungsfeldern. Oberhausen, 51–69.
Vernooij, M. A./Winkler, U. (2008): Systemische Konzepte am Beispiel der Familientherapie. In: Vernooij, M. A./Wittrock, M. (Hg.): Verhaltensgestört?! Paderborn, 199–218.
Watson, J. B. (1930): Psychische Erziehung im frühen Kindesalter. Nachdruck 1968. Leipzig.
Watson, J. B. (1972): Smiling, cooing, and the Game. Merrill-Palmer Quarterly 18, 323–339.
Watzlawick, P. (1997): In Systemen denken, handeln und behandeln. In: Hesse, J. (Hg.): Systemisch-lösungsorientierte Kurztherapie. Göttingen, 21–47.
Weiner, B. (1994): Motivationspsychologie. 3. Auflage. Weinheim.

Isolde Simon

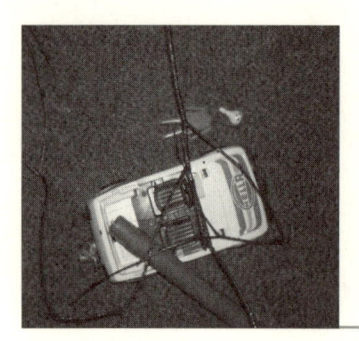

# 3 Ergebnisse aus der Traumaforschung

## 3.1 Einleitung

Die Folgen psychischer und physischer Traumatisierung als Ursache für psychische Erkrankungen finden in jüngerer Zeit in psychotherapeutischen Fachkreisen zunehmendes Interesse. Dabei werden gegenwärtig im psychoanalytischen Diskurs vor allem neurobiologische, entwicklungspsychologische und behandlungstechnische Fragestellungen untersucht. Eric Kandel (1999), der international führende Neurobiologe, Psychiater und Medizin-Nobelpreisträger des Jahres 2000, hat mit seinem Plädoyer für eine Intensivierung des Dialogs zwischen Psychoanalyse und den Neurowissenschaften großes Aufsehen erregt (vgl. Leuzinger-Bohlender et al. 2007, 4). Der Austausch zwischen diesen beiden Disziplinen hat sich in den letzten Jahren so sehr intensiviert, dass im Freud-Jahr 2006 der Eindruck entstand, dieser Dialog bilde für die heutige Psychoanalyse das wichtigste Fenster zur Welt der aktuellen wissenschaftlichen Diskurse. So scheinen zunehmend viele Forschergruppen weltweit zu realisieren, dass sich Neurowissenschaften und Psychoanalyse gut ergänzen könnten. Die Neurowissenschaften verfügen inzwischen zunehmend über objektivierende und exakte Methoden zur Prüfung anspruchsvoller Hypothesen über menschliches Verhalten, während die Psychoanalyse aufgrund ihrer reichen Erfahrung mit Patienten die notwendige Konkretion und das Anschauungsmaterial in Bezug auf menschliches Verhalten beizutragen und dadurch genaue Fragen an Biowissenschaften zu stellen vermag (vgl. ebd.). Der interdisziplinäre Dialog richtete sich in Richtung »Trauma«, da es wissenschaftlich ein hohes Interesse, angesichts des Entwicklungsstands der Theoriebildung und des empirischen Kenntnisstandes, genießt. Um psychische Traumata verstehen und adäquat behandeln zu können, braucht es das Wissen verschiedener Disziplinen sowie die Kooperation von deren Experten. Weiter ist zu erwähnen, dass professionelles, transdisziplinäres Wissen über Psychotraumata und ihrer Behandlung eine hohe Relevanz und Aktualität besitzt. Ein Trauma, insbesondere frühkindliche komplexe Traumatisierung, kann Folgen in den unterschiedlichsten Lebensbereichen haben, z. B. im psychischen und körperlichen Bereich, in zwischenmenschlichen Beziehungen, der Sicht der Welt und sich selbst. Auch die Unterstützung von Gewaltopfern erfolgt auf vielfältigen Ebenen, z. B. in Psychotherapie, Medizin und Psychosomatik, Zivil-/Strafrecht und polizeilicher Gefahrenabwehr, Hilfen von FreundInnen und LebensgefährtInnen, betreutem Wohnen oder Hilfe beim Ausstieg aus destruktiven Gewaltbeziehungen (vgl. ebd.). In den letzten Jahren sind die Erkenntnisse der Traumaforschung und die Praxiserfahrungen bei der Unterstützung traumatisierter Menschen erfreulich angewachsen.

## 3.2 Theoretischer Hintergrund zum Thema »Trauma«

Definition

> »Unter ›(Psycho-)Trauma‹ wird eine psychosomatische Verwundung verstanden, die auf ein Ereignis (oder auf deren mehrere) zurückgeht, bei dem im Zustand von extremer Angst (Todesangst) und Hilflosigkeit die Verarbeitungsmöglichkeiten des betroffenen Individuums überfordert waren« (Seidler 2002, 7).

Der Autor hält den Traumabegriff, entsprechend dem Trend der aktuellen Traumaforschung und der Definition in ICD-10 (World Health Organization, 2004) und DSM-IV (American Psychiatric Association 1994), bewusst eng. In diesem Rahmen rechtfertigen Entbehrungen, Demütigungen und Entwertungen in der Frühgenese die Kennzeichnung eines Menschen nicht als traumatisiert (vgl. ebd.).

Dialektik des Traumas

> »Psychisches Trauma ist das Leid der Ohnmächtigen. Das Trauma entsteht in dem Augenblick, wo das Opfer von einer überwältigenden Macht hilflos gemacht wird […]. Traumatische Ereignisse sind nicht deshalb außergewöhnlich, weil sie selten sind, sondern weil sie die normalen Anpassungsstrategien des Menschen überfordern« (Herman 1993, 54).

Eine Traumatisierung stellt einen Prozess dar, für den die Merkmale Kontrollverlust sowie Erstarren und peritraumatische Dissoziation typisch sind. Nach einem Trauma entsteht, so Steiner/Krippner (2006), zwischen den beiden gegensätzlichen Reaktionsmustern der Intrusion und der Konstriktion ein oszillierender Rhythmus (vgl. 61). Die Dialektik gegensätzlicher psychischer Zustände scheint das eindeutigste Merkmal des psychotraumatischen Belastungssyndroms zu sein. Weder die intrusiven noch die konstriktiven Symptome erlauben, so die Autoren, eine Integration des traumatischen Ereignisses. Traumatisierte sind gefangen zwischen zwei Extremen: zwischen Gedächtnisverlust oder Wiedererleben des Traumas, zwischen dem Überwältigtwerden von intensiven Gefühlen und absoluter Gefühllosigkeit, zwischen gereizter, impulsiver Aktion und totaler Blockade jeglichen Handelns (vgl. ebd.). Die Autoren betonen weiter, dass ein Verlust der Ich-Stabilität, verursacht durch das periodische Schwanken, das Gefühl der Unvorhersagbarkeit und Ohnmacht verschlimmern würde. Die Dialektik des Traumas durchläuft eine gewisse Entwicklung. Am Anfang dominiert das intrusive Wiedererleben des traumatischen Ereignisses (höchst erregte Verfassung und Alarmbereitschaft – das Opfer ist auf neue Bedrohungen gefasst). Intrusive Symptome, so Steiner/Krippner (2006), treten in den ersten Tagen und Wochen nach dem traumatischen Ereignis besonders deutlich in Erscheinung (vgl. 61). Innerhalb von drei bis sechs Monaten würden sie abklingen und allmählich immer schwächer werden. Es wird betont, dass spezifische, mit dem Trauma in Zusammenhang stehende Symptome sich offenbar im Laufe der Zeit abschwächen, aber selbst noch Jahre nach dem Ereignis auftreten können, wenn das Opfer an das ursprüngliche Trauma erinnert wird. Wenn die intrusiven Symptome abklingen, treten nach Meinung von Herman (1989) lähmende oder konstriktive Symptome stärker in den Vordergrund (vgl. Steiner/Krippner 2006, 61). Traumatisierte Menschen wirken unter Umständen nicht mehr verängstigt und können, so wird betont, ihr früheres Leben wieder aufnehmen. Die Auflösung des Zusammenhangs zwischen Ereignis und Bedeutung und die verzerrte Realitätswahrnehmung bestehen fort (vgl. ebd.).

Die Autoren beschreiben dies wie folgt: »*Viele absolvieren ihre alltägliche Routine, als beobachten sie alle Ereignisse aus großer Distanz*« (62).

Trauma-Klassifikationen

Maercker (2003) schlägt eine Unterteilung des Traumabegriffs in die Dimensionen der Ursache und des zeitlichen Verlaufes vor (vgl. 5):

Differenzierung hinsichtlich der Ursache des Traumas

- Menschlich verursachte Traumata (»man made disasters«), wie etwa sexuelle/körperliche Misshandlungen in der Kindheit, kriminelle und familiäre Gewalt, Vergewaltigungen, Kriegserlebnisse, zivile Gewalterlebnisse (Geiselnahmen), Folter und politische Inhaftierung.
- Katastrophen-, berufsbedingte und Unfalltraumata, wie technische Katastrophen, berufsbedingte Katastrophen (z. B. Militär, Polizei, Feuerwehr), Arbeits- und Verkehrsunfälle.

Differenzierung hinsichtlich des zeitlichen Verlaufs

- Kurz dauernde traumatische Ereignisse (Typ I-Traumata) sind gekennzeichnet durch akute Lebensgefahr, Plötzlichkeit und Überraschung. Diese Bedingungen finden sich beispielsweise bei Naturkatastrophen, Unfällen, technischen Katastrophen und kriminellen Gewalterfahrungen.
- Länger dauernde, wiederholte Traumata (Typ II-Traumata) können Geiselhaft, mehrfache Folter, Kriegsgefangenschaft, Haft in einem Konzentrationslager oder wiederholte Gewalterfahrungen in Form von Missbrauch und Misshandlung als Ursache beinhalten. Typisch für diese Art des Traumas ist, dass es aus verschiedenen Einzelereignissen besteht und sich der weitere Verlauf durch eine geringe Vorhersagbarkeit auszeichnet.

Differenzierung in primäre und sekundäre Traumatisierung

Diese weitere Unterscheidung bezieht sich auf die Perspektive des Traumatisierten:

- Primäre Traumatisierung beschreibt das eigene Erleben eines Traumas.
- Sekundäre Traumatisierung findet sich bei Beobachtern von Bedrohung, Verletzung oder Tötung Dritter (z. B. bei Zeugen, Helfern).

## 3.3 Posttraumatische Belastungsstörung (PTBS)

Hintergrund

Mit dem Erscheinen der dritten Ausgabe des Diagnostischen und Statistischen Manuals Psychischer Störungen (DSM-III; American Psychiatric Association [APA] 1980), so Liebermann et al. (2004), wurde die Diagnose *Posttraumatische Belastungsstörung* eingeführt (vgl. 15). Damit wurde auf die Symptome aus dem Vietnam-Krieg heimgekehrten Veteranen reagiert, die über Albträume, Flashbacks und Übererregbarkeit klagten. Die Vorstellung, dass traumatische Erfahrungen psychische Folgeerscheinungen nach sich ziehen, entwickelte sich nach Meinung der Autoren im späten 19. Jahrhundert. Doch werden bereits in früheren Berichten oder Erzählungen Reaktionen nach bedrohlichen Ereignissen beschrieben, die wir heute der Posttraumatischen Belastungsstörung zuordnen würden (vgl. 15). In diesem Zusammenhang erwähnen die Autoren den Großbrand in London im Jahre 1666, von dem Samuel Pepys (1980) in seinen Tagebuchaufzeichnungen über das Auftreten wirrer Träume, Einschlafstörungen, Furcht nach Meldungen über Brände in deren Gegenden berichtete. Des Weiteren wird erwähnt, dass 200 Jahre später von Erichsen (1866) in England die psychischen Folgen von Eisenbahnunfällen beschrieben werden. Die mit dem »Railway Spine Syndrom« verbundenen Symptome wie Angst, Gedächtnis- und Konzentrationsstörungen, Schlafstörungen, belastende Träume, Irritierbarkeit und eine Vielzahl somatischer Erscheinungen erklärte er als Folge einer Rückenmarksschädigung durch die unfallbedingte Erschütterung. Im Gegensatz dazu, so die Autoren, sah Page (1885) beim »Railway Spine« keine organische Ursache und kennzeichnete die Symptome als »traumatische Hysterie« (vgl. ebd.). Es wird betont, dass Hermann Oppenheim (1889) als erster den Begriff »traumatische Neurose« benutzte. Er beschrieb Desorientiertheit, Aphasie, Unfähigkeit zu stehen sowie Schlafstörungen nach Eisenbahn- und Autounfällen. Auf die Belastungen durch die Kampfhandlungen im ersten Weltkrieg reagierten die Soldaten mit vielfältigen Symptomen. Die »Kriegszitterer«, so die Autoren, wurden seitens der Psychiatrie nicht ernst genommen (vgl. 16). Die Betroffenen wurden als Simulanten und Drückeberger verurteilt. Nach Ende des Krieges wurden sie als Rentenneurotiker abqualifiziert. Liebermann et al. (2004) betonen, trotz der vielfältigen Erfahrungen mit den Folgen von Krieg und Zerstörung in den beiden Weltkriegen sowie den Auswirkungen nationalsozialistischen Terrors dauerte es bis in die sechziger Jahre, bis in Deutschland das Konzept der konstitutionellen Schwäche als angebliche Ursache für psychisches Leid nach Extrembelastung seine Bedeutung verlor (vgl. ebd.).

Definition nach ICD-10 und DSM-IV

Im ICD-10 wird die Posttraumatische Belastungsstörung (F43.1) wie folgt klassifiziert (vgl. Dilling et al. 2004, 121):

| | ICD-10 (F43.1) |
|---|---|
| A. | Die Betroffenen waren einem kurz oder lang anhaltenden Ereignis oder Geschehen von außergewöhnlicher Bedrohung oder mit katastrophalem Ausmaß ausgesetzt, das nahezu bei jedem tiefgreifende Verzweiflung auslösen würde. |
| B. | Anhaltende Erinnerungen oder Wiedererleben der Belastung durch aufdringliche Nachhallerinnerungen (Flashbacks), lebendige Erinnerungen, sich wiederholende Träume oder durch innere Bedrängnis in Situationen, die der Belastung ähneln oder mit ihr in Zusammenhang stehen. |
| C. | Umstände, die der Belastung ähneln oder mit ihr in Zusammenhang stehen, werden tatsächlich oder möglichst vermieden. Dieses Verhalten bestand nicht vor dem belastenden Erlebnis. |
| D. | Entweder 1. oder 2. |
| 1. | Teilweise oder vollständige Unfähigkeit, sich an einige wichtige Aspekte der Belastung zu erinnern. |
| 2. | Anhaltende Symptome einer erhöhten psychischen Sensitivität und Erregung (nicht vorhanden vor der Belastung) mit zwei der folgenden Merkmale:<br>a. Ein- und Durchschlafstörungen<br>b. Reizbarkeit<br>c. Konzentrationsschwierigkeiten<br>d. Hypervigilanz<br>e. Erhöhte Schreckhaftigkeit |
| E. | Die Kriterien B., C. und D. treten innerhalb von sechs Monaten nach dem Belastungsereignis oder nach Ende einer Belastungsperiode auf. (Aus bestimmten Gründen, z. B. wissenschaftliche Untersuchungen, kann ein späterer Beginn berücksichtigt werden, dies sollte aber gesondert angegeben werden). |

Abbildung 1: PTBS – Symptome nach ICD-10

Im DSM-IV-TR (309.81) werden folgende diagnostische Kriterien der Posttraumatischen Belastungsstörung aufgeführt (vgl. Liebermann et al. 2004, 21):

| | DSM-IV-TR (309.81) |
|---|---|
| A. | Die Person wurde mit einem traumatischen Ereignis konfrontiert, bei dem die beiden folgenden Kriterien vorhanden waren: |
| 1. | Die Person erlebte, beobachtete oder war mit einem oder mehreren Ereignissen konfrontiert, die tatsächlichen oder drohenden Tod oder ernsthafte Verletzungen oder eine Gefahr der körperlichen Unversehrtheit der eigenen Person beinhalteten. (Erlebnisse kriegerischer Auseinandersetzungen, gewalttätige Angriffe auf die eigene Person, Entführung, Geiselnahme, Terroranschlag, Folterung, Kriegsgefangenschaft, Gefangenschaft in einem Konzentrationslager, Natur- oder durch Menschen verursachte Katastrophen, schwere Autounfälle oder die Diagnose einer lebensbedrohlichen Krankheit). |
| 2. | Die Reaktion der Person umfasste intensive Furcht, Hilflosigkeit oder Entsetzen. |
| B. | Das traumatische Ereignis wird beharrlich auf mindestens eine der folgenden Weisen wiedererlebt: |
| 1. | Wiederkehrende und eindringliche belastende Erinnerungen an das Ereignis, die Bilder, Gedanken oder Wahrnehmung umfassen können. |
| 2. | Wiederkehrende, belastende Träume von dem Ereignis. |
| 3. | Handeln oder Fühlen, als ob das traumatische Ereignis wiederkehrt (beinhaltet das Gefühl, das Ereignis wiederzuerleben, Illusionen, Halluzinationen und dissoziative Flashback-Episoden, einschließlich solcher, die beim Aufwachen oder bei Intoxikationen auftreten). |
| 4. | Intensive psychische Belastung bei der Konfrontation mit internalen oder externalen Hinweisreizen, die einen Aspekt des traumatischen Ereignisses symbolisieren oder Aspekte desselben erinnern. |
| 5. | Körperliche Reaktionen bei der Konfrontation mit internalen oder externalen Hinweisreizen, die einen Aspekt des traumatischen Ereignisses symbolisieren oder Aspekte desselben erinnern. |

Ergebnisse aus der Traumaforschung

| | DSM-IV-TR (309.81) |
|---|---|
| C. | Anhaltende Vermeidung von Reizen, die mit dem Trauma verbunden sind, oder eine Abflachung der allgemeinen Reagibilität (vor dem Trauma nicht vorhanden). Mindestens drei der folgenden Symptome liegen vor:<br>1. Bewusstes Vermeiden von Gedanken, Gefühlen oder Gesprächen, die mit dem Trauma in Verbindung stehen.<br>2. Bewusstes Vermeiden von Aktivitäten, Orten oder Menschen, die Erinnerung an das Trauma wachrufen.<br>3. Unfähigkeit, einen wichtigen Aspekt des Traumas zu erinnern.<br>4. Deutlich vermindertes Interesse oder verminderte Teilnahme an wichtigen Aktivitäten.<br>5. Gefühl der Losgelöstheit oder Entfremdung von anderen.<br>6. Eingeschränkte Bandbreite des Affekts (z. B. Unfähigkeit, zärtliche Gefühle zu empfinden).<br>7. Gefühl einer eingeschränkten Zukunft (z. B. erwartet nicht, Karriere, Ehe, Kinder oder normal langes Leben zu haben). |
| D. | Anhaltende Symptome erhöhten Arousals (vor dem Trauma nicht vorhanden). Mindestens zwei der folgenden Symptome liegen vor:<br>1. Schwierigkeiten ein- oder durchzuschlafen<br>2. Reizbarkeit oder Wutausbrüche<br>3. Konzentrationsschwierigkeiten<br>4. übermäßige Wachsamkeit (Hypervigilanz)<br>5. übertriebene Schreckreaktion |
| E. | Das Störungsbild (Symptome unter Kriterium B., C. und D.) dauert länger als einen Monat. |
| F. | Das Störungsbild verursacht in klinisch bedeutsamer Weise Leiden oder Beeinträchtigungen in ozialen, beruflichen oder anderen wichtigen Funktionsbereichen. |

Abbildung 2: PTBS – Symptome nach DSM-IV-TR

Im Folgenden eine tabellarische Gegenüberstellung der diagnostischen Kriterien der PTBS nach DSM-IV-TR und ICD-10:

| Kriterien zu | DSM-IV-TR (309.81) | ICD-10 (F43.1) |
|---|---|---|
| Traumatisierung | A 1: Ereignis, das schwere körperliche Verletzung, tatsächlichen oder möglichen Tod oder eine Bedrohung der physischen Integrität der eigenen Person oder anderer Personen beinhaltet.<br>A 2: Subjektive Reaktion mit intensiver Furcht, Hilflosigkeit oder Entsetzen. | Belastendes Ereignis oder eine Situation außergewöhnlicher Bedrohung oder katastrophenartigen Ausmaßes. Bedingung ist, dass das Ereignis bei fast jedem eine tiefe Verstörung hervorrufen würde. |
| Hinreichenden Symptomen | Vorliegen von Symptomen aus den Bereichen:<br>B: Intrusion (mind. 1)<br>C: Vermeidung/emotionale Taubheit (mind. 3)<br>D: Autonome Übererregung (mind. 2) | Wiederholte, unausweichliche Erinnerungen oder Wiederinszenierung des Ereignisses in Gedächtnis, Tagträumen oder Träumen in Zusammenhang mit einem traumatischen Ereignis. |
| Beginn der Störung | E1: Keine Beschränkung<br>Spezifikation des verzögerten Beginns, wenn die Symptomatik ab 6 Monate nach dem Trauma einsetzt. | innerhalb von 6 Monaten nach dem Trauma |
| Dauer der Störung | E2: Mindestens 4 Wochen | keine Angaben |
| Beeinträchtigung durch Störung | F: Durch Symptomatik bedingte klinisch bedeutsame Beeinträchtigung in wichtigen Lebensbereichen. | keine Angaben |

Abbildung 3: Gegenüberstellung der diagnostischen Kriterien der PTBS nach DSM-IV-TR und ICD-10

Hauptkategorien der Symptome

*a) Übererregung:* Das Symptom der Übererregung spiegelt die ständige Erwartung einer Gefahr wider. Das Selbstschutzsystem des Menschen befindet sich in ständiger Alarmbereitschaft und deshalb ist der physiologische Erregungszustand permanent erhöht. Traumatisierte Menschen reagieren häufig extrem schreckhaft auf unerwartete und vor allem auf spezifische Reize, die mit dem Trauma assoziiert sind. Da die erhöhte Erregung auch im Schlaf anhält, sind oft massive Schlafstörungen die Folge. Die Betroffenen sind stets überwach und immer auf der Hut. Sie wirken, als sei eine ständige Aufmerksamkeit erforderlich, um einer weiteren Traumatisierung zu entgehen (vgl. Wöller 2006, 113).

*b) Intrusion:* Intrusion bezeichnet ungewollt sich aufdrängende Erinnerungen und Gedanken an das traumatische Ereignis. Lange nachdem das belastende Ereignis vorüber ist, erleben Personen das Ereignis immer wieder so, als ob es gerade geschähe. Sie finden nicht mehr in ihr normales Leben zurück, weil das Trauma (bzw. die abnorm gespeicherte Erinnerung daran) sie immer wieder herausreißt. Selbst scheinbar bedeutungslose Reize können sehr lebensnahe und emotional starke Erinnerungen an das vergangene Leid wecken. Weitere Formen von Intrusionen sind Träume, Flashbacks und psychische sowie körperliche Reaktionen, die einen Aspekt des traumatischen Ereignisses symbolisieren. Verbale, zusammenhängende Erzählungen fehlen bei traumatischen Erinnerungen. Sie sind stattdessen, nach Meinung von Hinckeldey/Fischer (2002), als intensive Gefühle und als Bilder gespeichert. Zwischen dem Erleben traumatischer und nicht-traumatischer Erinnerungen gibt es einen prinzipiellen Unterschied: Traumatische Ereignisse hinterlassen voneinander dissoziierte »*mental inprints*« (vgl. van der Kolk/Fisler 1995, 505) und manifestieren sich als intrusive Erinnerungen oder Flashbacks. Nicht-traumatische Eindrücke werden dagegen als kontextualisiertes, persönliches Narrativ ausgearbeitet und können intendierbar erinnert werden. Diese traumaspezifische Informationsverarbeitung wird als »*the very core of the pathology of PTSD*« gesehen (vgl. 523).

*c) Vermeidung:* Reize, die an das traumatische Erlebnis erinnern (z. B. Situationen oder Personen), werden als sehr belastend erlebt und rufen starke körperliche Reaktionen hervor. Sie werden ebenso wie das Sprechen über das Ereignis vermieden. Nach Meinung von Ehlers (1999) versuchen Betroffene, Erinnerungen an das Erlebnis zu verdrängen und nicht an die schlimmsten Momente des Traumas zu denken.

*d) Emotionale Taubheit (emotional numbing):* Zu Beginn werden häufig verstärkt Angst- und Hoffnungslosigkeitsgefühle erlebt, die jedoch in distanzierte Teilnahmslosigkeit oder Anhedonie (Lustlosigkeit) übergehen können. Oft treten auch Derealisations- und Depersonalisationserlebnisse auf.

> »Patienten berichten dann von einem allgemeinen Gefühl des Losgelöst-Seins von der Umwelt, Ohnmachtsgefühlen und dem Gefühl der Lähmung gegenüber lebenspraktischen Herausforderungen, von Selbstbezichtigungen und dem Gefühl stigmatisiert

zu sein. Zukunftserwartungen bezüglich der beruflichen Karriere, Kinder oder Partnerschaft gehen verloren« (Brunnhuber 2001, 98).

Epidemiologie

Die Häufigkeit der Posttraumatischen Belastungsstörung ist nach Meinung von Flatten et al. (2004) von der Art des Traumas abhängig (vgl. 4):
- ca. 50% Prävalenz nach Vergewaltigung
- ca. 25% Prävalenz nach anderen Gewaltverbrechen
- ca. 20% bei Kriegsopfern
- ca. 15% bei Verkehrsunfallopfern
- ca. 15% bei schweren Organerkrankungen (Herzinfarkt; Malignome)

Die Lebenszeitprävalenz für PTBS in der Allgemeinbevölkerung liegt nach Meinung der Autoren zwischen 2% und 7% (vgl. ebd.). Die Prävalenz subsyndromaler Störungsbilder sei wesentlich höher und es bestehe eine hohe Chronifizierungsneigung.

Komorbidität

*a) Trauma und psychische Störung:* Erlebnisbedingte Traumatisierungen üben nachhaltige Einflüsse auf die Selbstregulation und Persönlichkeitsentwicklung des Kindes aus – daran besteht grundsätzlich kein Zweifel. Die Bedeutung des Traumas für die Entstehung psychischer Störungen wird je nach Blickwinkel unterschiedlich hervorgehoben:
- Betrachtet man die Auswirkung kritischer Lebensereignisse auf psychische Gesundheit oder psychische Krankheit im Allgemeinen, dann kann nicht mehr als 10% der Varianz von Indikatoren der psychischen Gesundheit durch eine Kumulation kritischer Lebensereignisse erklärt werden.
- Demgegenüber zeigen die Konzepte der posttraumatischen Belastungsstörung sowie der akuten Belastungsreaktion, dass ein empirischer Zusammenhang zwischen überfordernden Erlebnissen und psychischen Störungen nicht zu leugnen ist (vgl. Resch et al. 2005, 89).

Die Diskussion der Bedeutung des Traumas für den Entwicklungsprozess beginnt mit der Definition traumatischer Einflüsse. Kindern und Jugendlichen mit frühen Traumatisierungen in der Entwicklung fehlt ein integriertes Selbst-/Objektkonzept. Sie haben kein kontinuierliches und vorhersehbares Gefühl von sich selbst und von anderen. Sie geraten in unterschiedliche Zustände, treten als unterschiedliche Personen (Alter Ego) auf oder bewegen sich auf unterschiedlichen Entwicklungsebenen. Es handelt sich nach Meinung von Resch et al. (2005) hierbei um dissoziative Prozesse (Sanders/Giolas 1991; Putnam 1997), die mit einem Aufbrechen bisher integrierter Abläufe verbunden sind (vgl. 96). Über lange Zeit wurde die Bedeutung des Traumas, so betonen die Autoren, bei der Entstehung psychischer Störungen vernachlässigt. Die Folgen traumatischer Belastungen seien lediglich in der diagnostischen Zuordnung der akuten Belastungsreaktion (F43.0) oder posttraumatischen Belastungsreaktion (F43.1) zu suchen. Nicht berücksichtigt wurde, welche

Bedeutung Traumatisierungen auf die Entwicklungsprozesse bei Kindern und Jugendlichen haben. Unter Umständen können sich komplexe Störungen nicht nur in der psychischen, sondern auch der kognitiven und sensomotorischen Entwicklung manifestieren, die den Lebensweg dieser Kinder und Jugendlichen ungünstig beeinflussen. Bei einer Tendenz zur Reinszenierung des Traumas (vgl. Freud, 1940: Wiederholungszwang) kann eine maligne Entwicklung eines Lebens im Trauma die Folge sein (vgl. ebd.). Gerade in der Kindheit und Adoleszenz erfolgen diesbezüglich Weichenstellungen. Das Wissen über die Ursachen psychischer Störungen ist bisher weniger entwickelt als der Erkenntnisstand über deren Verbreitung (vgl. Ihle et al. 2005, 104). Die Forschung befindet sich derzeit noch in einem Stadium, in dem vor allem Zusammenhänge zwischen globalen psychischen Störungen und unspezifischen Risikofaktoren untersucht werden.

Die Autoren nennen in diesem Zusammenhang folgende Risikofaktoren:
- psychische Störungen der Eltern
- chronische Disharmonie in der Familie
- Misshandlung und Vernachlässigung
- belastende Lebensereignisse
- niedriger sozioökonomischer Status

Diese Risikofaktoren als Korrelation und Prädiktoren ungünstiger Entwicklungsverläufe sind recht gut belegt. Bei Kindern und Jugendlichen mit psychischen Störungen tritt daher sehr häufig eine Kumulation von psychosozialen Risikofaktoren auf (vgl. ebd.).

*b) Akute und komplexe Traumafolgestörungen:* Die in ICD-10 und DSM-IV formulierten Kriterien der PTSD decken bei Weitem nicht das Spektrum traumabedingter Störungen ab (vgl. Wöller et al. 2004, 29). Sieht man von den nach wenigen Tagen einsetzenden und spontan remittierenden akuten Belastungsreaktionen ab, so finden sich noch eine beträchtliche Zahl an Störungsbildern, die im Zusammenhang mit traumatischen Einwirkungen entstehen können. In jedem Fall ist festzustellen, dass die vorwiegend aus den umschriebenen Ereignissen, wie z. B. Krieg, Naturkatastrophen und Vergewaltigung, erarbeiteten PTBS-Kriterien die vielgestaltigen Folgen und tiefgreifenden Persönlichkeitsstörungen im Gefolge schwerer lang anhaltender personaler Traumatisierungen nur unzureichend erfassen. Aus diesem Grund wurde verschiedentlich Kritik an dem eng gefassten PTSD-Konzept in ICD-10 und DSM-IV geübt (vgl. ebd.). Die Kritik versucht dem Umstand Rechnung zu tragen, dass die Langzeitfolgen nach Traumatisierungen in Kindheit und Jugend, Folter oder Konzentrationslagerhaft weit über die ICD-10 und DSM-IV definierte Symptomatik hinausgehen und die Persönlichkeit des betroffenen Individuums in nachhaltiger und umfassender Weise verändern können und das keineswegs, so betonen die Autoren, alle Opfer realer Traumatisierungen die Kernsymptomatik der PTSD entwickeln, sondern andere Symptombildungen im Vordergrund des klinischen Bildes stehen können (vgl. ebd.).

Mindestens die folgenden Störungsbilder können – neben oder anstelle von PTBS – mit traumatischen Einwirkungen in Verbindung stehen (vgl. Wöller et al. 2004, 30):
1. akute posttraumatische Belastungsreaktion
2. depressive Störungen
3. dissoziative Störungen
4. Somatisierungsstörungen bzw. Konversionsstörungen, insbesondere somatoforme Schmerzstörungen
5. Persönlichkeitsstörungen, insbesondere die Borderline-Persönlichkeitsstörung
6. Essstörungen, insbesondere Bulimia nervosa
7. Angsterkrankungen
8. Substanzmissbrauch
9. körperliche Erkrankungen

Die Störungsbilder unterscheiden sich hinsichtlich ihrer Schwere, hinsichtlich ihrer Chronizität und im Hinblick auf die Art der Traumatisierung. Akute posttraumatische Belastungsreaktionen, dissoziative Zustände, posttraumatische Depressionen, Angstsymptome und Somatisierungsstörungen können bei allen Arten der Traumatisierung, also nach Typ-I- und Typ-II-Traumata vorkommen, mit Ausnahme der akuten Belastungsreaktionen können sie als akute und als chronische Störungsbilder auftreten (vgl. ebd.).

*c) Das Konzept der »Komplexen Posttraumatischen Belastungsstörung«:* Herman (1992a) hat den Begriff der »Komplexen Posttraumatischen Belastungsstörung« (complex PTSD) vorgeschlagen. Hierdurch werden typische Störungen beschrieben, die infolge personaler Traumatisierung auftreten: Affektregulation, Bewusstseinsstörungen in Form von Dissoziation und Amnesie, Somatisierungsstörungen, gestörte Wahrnehmung der eigenen Person und des Täters sowie die Störungen des persönlichen Wertesystems (vgl. Wöller et al. 2004, 34). Durch die Arbeitsgruppe, die mit der Entwicklung der DSM-IV-Kriterien der PTBS befasst war (vgl. Davidson/Foa 1991), wurde der Versuch gemacht, Kriterien für eine umfassendere Definition der PTBS zu entwickeln (vgl. ebd.). Als Ergebnis, so die Autoren, wurden Kriterien für »Störungen durch extremen Stress, die nicht anderweitig spezifiziert sind« (DESNOS = disorders of extreme stress not otherwise specified) formuliert, die in einem eigenen Abschnitt als »assoziierte Merkmale und Störungen« in die DSM-IV aufgenommen wurden (vgl. ebd.).

Die Validität der DESNOS-Kriterien konnten nach Zlotnick et al. (1996b) bei 74 sexuell traumatisierten Frauen demonstriert werden, die – im Vergleich zu Frauen ohne Vorgeschichte von sexualisierter Gewalt – hinsichtlich aller DESNOS-Symptome eine erhöhte Belastung aufwiesen (vgl. ebd.).

Störungen durch extremen Stress, die nicht anderweitig spezifiziert sind (DESNOS; nach American Psychiatric Association 1996) (vgl. Wöller et al. 2004, 35):

| A. | Störungen der Regulierung des affektiven Erregungsniveaus |
|---|---|
| 1. | Chronische Affektdysregulation |
| 2. | Schwierigkeit, Ärger zu modulieren |
| 3. | Selbstdestruktives und suizidales Verhalten |
| 4. | Schwierigkeit, sexuelles Kontaktverhalten zu modulieren |
| 5. | Impulsive und risikoreiche Verhaltensweisen |
| B. | Störungen der Aufmerksamkeit und des Bewusstseins |
| 1. | Amnesie |
| 2. | Dissoziation |
| C. | Somatisierung |
| D. | Chronische Persönlichkeitsveränderung |
| 1. | Änderung in der Selbstwahrnehmung: chronische Schuldgefühle, Selbstvorwürfe; Gefühle, nichts bewirken zu können, fortgesetzt geschädigt zu werden. |
| 2. | Änderungen in der Wahrnehmung des Schädigers: verzerrte Einstellungen und Idealisierungen des Schädigers. |
| 3. | Veränderung der Beziehung zu anderen Menschen:<br>a) Unfähigkeit zu vertrauen und Beziehungen mit anderen aufrecht zu erhalten<br>b) die Tendenz, erneut Opfer zu werden<br>c) die Tendenz, andere zum Opfer zu machen |
| E. | Veränderungen in Bedeutungssystemen |
| 1. | Verzweiflung und Hoffnungslosigkeit |
| 2. | Verlust der bisherigen Lebensüberzeugungen |

Abbildung 4: Störungen durch extremen Stress, die nicht anderweitig spezifiziert sind

*d) Akute Posttraumatische Belastungsreaktion:* Akute Belastungsreaktionen können innerhalb von Minuten bis Tagen nach Traumatisierungen aller Art auftreten, typischerweise nach Ereignissen wie schweren Unfällen, Naturkatastrophen, Vergewaltigungen, aber auch nach allen anderen physischen oder psychischen Gewalteinwirkungen. Das Hauptmerkmal akuter Belastungsreaktionen ist, so betonen Wöller et al. (2004), ihre vorübergehende Natur und ihr spontanes Abklingen innerhalb weniger Tage (vgl. 31). Die psychischen Reaktionen während der Einwirkungsphase eines traumatischen Ereignisses wurden auch als »peritraumatische« Reaktion bezeichnet (vgl. Marmar et al. 1994). Die diagnostisch-klassifikatorischen Systeme ICD-10 und DSM-IV unterscheiden sich in ihren Definitionen der akuten Belastungsreaktion insofern, als in der DSM-IV-Definition der Akzent auf der dissoziativen Reaktion in Verbindung mit vorübergehenden PTBS-Phänomenen liegt, während in der ICD-10-Definition mehr die polymorphe Art der Symptome, der schnelle Symptomwechsel und die Bedeutung von Angst und Depression hervorgehoben werden. Nach DSM-IV wird gefordert, dass die Symptome mindestens zwei Tage, jedoch nicht länger als vier Wochen andauern. Bei einer Symptomdauer von mehr als vier Wochen ist die Diagnose einer PTBS zu stellen (vgl. ebd.). In der ICD-10 wird angegeben, dass die Symptomatik bei fortbestehender Belastung nach wenigen Tagen abgeklungen sein sollte. Es ist nicht klar, so die Autoren, welche Diagnose nach

ICD-10 zu stellen ist, wenn die Symptomatik mehrere Wochen andauert (vgl. ebd.). Zur akuten Belastungsstörung liegen nach Meinung von Solomon et al. (1996) zwar zahlreiche klinische Erfahrungsberichte, aber – besonders im Vergleich zu der umfangreichen empirischen Befundlage zur PTBS – nur wenige empirische Befunde vor (vgl. ebd.). Die verfügbare empirische Literatur zeigt indessen, dass die akute Belastungsreaktion als eine unabhängige klinische Einheit aufzufassen ist, deren charakteristisches Merkmal ihr polymorphes und variables Erscheinungsbild ist. Die Phänomenologie der akuten Belastungsreaktion wurde in letzter Zeit am Beispiel der Kriegsbelastungsreaktionen dargestellt.

Diese umfasst nach Solomon (1993) folgende Symptome:
- Unruhe
- Reizbarkeit
- psychomotorische Agitiertheit
- psychomotorische Verlangsamung
- Apathie
- Rückzug
- Schreckreaktionen
- Angst
- Depressionen
- eingeengter Affekt
- Verwirrtheitszustände
- Schmerzsymptome
- funktionale gastrointestinale Beschwerden
- aggressive und feindselige Reaktionen bis hin zu paranoiden Reaktionen

Die Symptome sind universell und wurden bei verschiedenen Kriegen, zu verschiedenen Zeiten und in unterschiedlichen Kulturen beobachtet (Wöller et al. 2004, 32). Ähnliche Symptombilder werden, so die Autoren, nach Vergewaltigungen beschrieben. Von besonderem Interesse ist die Frage, welche Symptome oder Symptommuster der akuten Belastungsreaktionen als prädiktiv für die Entwicklung einer späteren PTBS gelten können. Das häufige Vorkommen dieser Symptome an den Tagen nach dem Trauma mindert, so die Autoren, ihre prädiktive Wertigkeit. Eine PTBS manifestiert sich in der auf das Trauma folgenden Woche durch stärkere Intrusionen, Vermeidung, Depressionen und Angst.

*e) Störungen der Affektregulation und posttraumatische Depressionen:* Umfassende Störungen der Affektregulation sind eine weitere typische Folge lang anhaltender personaler Traumatisierungen. Damit verbunden ist die verminderte Fähigkeit, die Intensität von Affekten zu regulieren (vgl. Wöller et al. 2004, 36).

Die verminderte Affektregulation kann sich auf verschiedene Art äußern:
- als Verlust der Fähigkeit, die Aufmerksamkeit zu fokussieren
- als Störung der Impulskontrolle

Die affektiven Zustände können abrupt wechseln und zu raschen und unvorhersagbaren Veränderungen der Stimmungslage führen. Typischerweise kommt es zur Wiederbelebung traumatischer Affekte im täglichen Leben, wobei äußere Stimuli assoziativ die ursprünglichen traumatogenen Affekte, insbesondere Gefühle der Verlassenheit und Hilflosigkeit, wachrufen können. Die während der Zustände massiver autonomer Erregung gespeicherten Erinnerungen steuern die späteren Interpretationen von Ereignissen, so dass die aus der traumatischen Situation stammenden Gefühle der aktuellen Situation zugeordnet werden und Alltagssituationen eine traumatische Qualität erhalten (vgl. ebd.). Reaktionen in projektiven Tests zeigen, dass betroffene Personen auf ein breites Spektrum von Stimuli, die nur entfernt an das Trauma selbst erinnern, so reagieren, als sei das Trauma wiedergekehrt. Die Störungen der Affektregulation und der Impulskontrolle haben weitreichende Auswirkungen auf das Selbstbild und die Gestaltung der interpersonellen Beziehungen. Depressive Symptome gelten nach Meinung von Wöller et al. (2004) als die häufigsten Symptome bei Missbrauchsopfern. Ein negatives Selbstbild und geringes Selbstwertgefühl (vgl. Herman 1981), Gefühle der Isolation, Stigmatisierung, Suizidversuche und Suizidgedanken sind bei traumatisierten Patienten deutlich stärker ausgeprägt als in der Kontrollgruppe (vgl. Briere 1990) (vgl. ebd.). Chronische, medikamentös kaum beeinflussbare Depressivität sowie anhaltende Dysphorie und Freudlosigkeit gehören zu den vielfach gesicherten Befunden bei KZ-Überlebenden (vgl. Chodoff 1980; Krystal 1991) und bei Opfern von Kindesmisshandlung und sexualisierter Gewalt (vgl. Briere/Runtz 1990; Kiser et al. 1991) (vgl. ebd.). Neben Depressivität und Angstbereitschaft werden Zustände diffuser Spannung, aber auch erhöhter Aggressivität erwähnt, vor allem bei Opfern von physischer Misshandlung (vgl. Briere/Runtz 1990), aber auch bei Holocaust-Überlebenden (vgl. Hoppe 1968) (vgl. ebd.). Quälende Schuldgefühle finden sich mit großer Regelmäßigkeit bei Opfern von Konzentrationslagerhaft (vgl. Niederland 1966), bei Folteropfern (vgl. Amanti 1977) und bei Opfern von sexualisierter Gewalt (vgl. Hirsch 1987) (vgl. ebd.). Weiterhin ist empirisch gut belegt, dass selbstverletzende Handlungen regelmäßig im Gefolge lang anhaltender Traumatisierungen in Kindheit und Jugend auftreten. Die Autoren betonen, dass Favazza et al. (1989) bei 62% der von ihnen untersuchten Patienten mit Selbstverletzungshandlungen traumatische Erfahrungen in der Anamnese fanden. Weiterhin wird festgestellt, dass auf Zusammenhänge zwischen Depersonalisierung und Selbstschädigungshandlungen in letzter Zeit vermehrt hingewiesen wurde. Es lässt sich bei Primaten zeigen, dass selbstverletzendes Verhalten eine Reaktion auf Isolation und Angst ist (vgl. Kraemer 1985 zit. n. ebd.). Eine ähnliche Bewältigungsfunktion muss für selbst induziertes Erbrechen bei Patienten mit Bulimia nervosa angenommen werden, für die ebenfalls hohe Prävalenzraten sexualisierter Traumatisierung gefunden wurden (vgl. ebd.).

*f) Dissoziative Störungen:* Der Zusammenhang zwischen Trauma und Dissoziation gilt ebenfalls als empirisch gut belegt. Bei der Dissoziation handelt es sich um eine strukturierte Separation mentaler Prozesse. Der Kern der Störung ist ein teilweiser oder völliger Verlust der integrativen Funktionen des Bewusstseins, des Gedächtnisses und der personalen Identität. Die Störung äußert sich in einem überraschenden Wechsel im Zugang zu Erinnerungen an die Vergangenheit, unterschiedlichen Fähigkeiten und unterschiedlichem Wissen, Störungen der Selbstwahrnehmung und der Wahrnehmung der Umwelt, tranceartige Zustände, stuporöse Zustände, Sensibilitäts- und Empfindungsstörungen und Verlust über die Kontrolle von Körperbewegungen, die sich in Form von Anfällen oder Lähmungen äußern können (vgl. Brunner/Resch 2005, 21).

»In seiner weitesten Bedeutung steht der Begriff ›Dissoziation‹ für eine Auffassung, nach der zwei oder mehr mentale Prozesse oder Inhalte offensichtlich nicht miteinander assoziiert sind, obwohl diese Teilbereiche normalerweise in das Bewusstsein, Gedächtnis oder Selbstbild integriert sein sollten« (Fiedler 2001, 55).

Zwei Subtypen werden bei der Einteilung der dissoziativen Störungen unterschieden (vgl. Brunner/Resch 2005, 21):

1. Der Bewusstseinstyp: Charakterisiert durch Störungen wie die der dissoziativen Identitätsstörung (multiple Persönlichkeitsstörungen) oder Depersonalisations- und Derealisationsstörung.
2. Der körpersymptomatische Typus: Beinhaltet charakteristische Störungen wie Bewegungsstörungen in Form von Lähmungen oder Krampfanfällen.

Nach heutiger Auffassung kommt dem Mechanismus der Dissoziation in der ursprünglichen traumatisierenden Situation eine protektive Funktion im Sinne einer psychophysiologischen Fluchtmöglichkeit zu, um die begleitenden Affekte von Angst, Wut und Schmerz zu bewältigen. Im späteren Leben wirkt dieser Mechanismus sich jedoch maladaptiv aus – insofern, als er die Kontinuität und Kohärenz des Selbsterlebens bedroht und die kognitive Leistungsfähigkeit vermindert (vgl. Wöller et al. 2004, 38). Schließlich können dissoziative Mechanismen die bei Gewaltopfern ohnehin große Gefahr der Reviktimisierung weiter erhöhen, indem Warnsignale und Hinweise auf mögliche weitere Traumatisierungen ignoriert oder bagatellisiert werden (vgl. ebd.). Bei länger anhaltenden Reaktionen können die dissoziativen Symptome einen klinisch relevanten Beeinträchtigungsgrad im Sinne einer dissoziativen Störung erreichen. Die Kategorisierung der verschiedenen dissoziativen Störungsbilder wird im DSM-IV und in der ICD-10 unterschiedlich gehandhabt. Eine Synthese beider Systeme wird von Dell (2001a, b, 2002), so die Autoren, in einer Neukonzeptualisierung vorgeschlagen, in der eine klinisch relevante Unterscheidung zwischen einfachen dissoziativen Störungen vorgenommen wird (vgl. ebd.). Unter den einfachen dissoziativen Störungen werden alle diejenigen subsumiert, bei denen klinisch relevantes dissoziatives Funktionieren im Bereich des Gedächtnisses und/ oder der Wahrnehmung vorliegt. Es treten Gedächtnisprobleme, Depersonalisation, Derealisation, Trancezustände sowie somatoforme Dissoziation auf. Bei den komplexen dissoziativen Störungen ist neben dem Gedächtnis und der Wahrnehmung auch das Selbsterleben vom dissoziativen Funktionieren betroffen. Hierbei werden unterschiedlich schwere Ausprägungen der Dissoziation in Form von teil-abgespaltenen oder voll-abgespaltenen Selbstzuständen unterschieden. Das Bewusstwerden des traumatischen Ereignisses kann durch eine Vielzahl von Situationen wieder ins Bewusstsein dringen und dies, so wird betont, muss verhindert werden (vgl. ebd.).

*g) Somatisierungsstörungen:* Auch Somatisierungsstörungen werden vielfach im Gefolge traumatischer Einwirkungen gefunden. Sie gehören zu den typischen Langzeitfolgen schwerer, insbesondere personaler Traumatisierungen. Die Untersuchungen an Holocaust-Überlebenden zeigen, so Wöller et al. (2004), dass so gut wie alle unter psychosomatischen Symptombildungen litten (vgl. Niederland 1961; Hoppe 1968; Krystal/Niederland 1968; Eitinger 1980/de Loos 1990). Zahlreiche Studien beschreiben eine Anamnese sexualisierter Gewalt bei Patienten mit Somatisierungsstörungen, besonders auch bei Patienten mit somatoformen Schmerzstörungen (Egle 1992; Saxe et al. 1994). Die Autoren stellten fest, dass sich bei Patienten mit funktionellen Abdominalbeschwerden im Vergleich zu den Patienten einer somatischen Kontrollgruppe signifikant häufiger eine Vorgeschichte mit sexueller Traumatisierung und körperlicher Misshandlung (Drossmann 1995) nachweisen ließ. Körperliche Misshandlungen und sexuelle Traumatisierungen waren häufiger in der Anamnese von Patienten mit Rückenschmerzen ohne somatischen Befund im Vergleich zu einer somatischen Kontrollgruppe (Schoffermann et al. 2003) auffindbar. Psychogene (»hysterische«) Krampfanfälle finden sich gehäuft nach Inzesterfahrungen in Kindheit und Jugend (Goodwin 1989; Bowman/Markand 1999; Wyllie et al. 1999). Typisch sind Übergangsformen und Kombinationen von Symptomen.

Die chronische Übererregtheit und die intrusiven Symptome der PTBS können gemeinsam mit den depressiven Erscheinungen und den psychosomatischen Reaktionsbildungen ein klinisches Bild ergeben, dass Niederland (1981), so die Autoren, die »Trias der Überlebenden« genannt hat:
- Schlaflosigkeit
- Albträume
- psychosomatische Beschwerden

Die dissoziativen Symptome verbinden sich in additiver Wirkung mit den Konzentrationsstörungen der Depression, die für Opfer chronischer Traumatisierungen typische Lähmung und Initiativlosigkeit mit der depressiven Apathie, die traumabedingten Bindungsstörungen mit den Symptomen des depressiven Rückzugs (vgl. Herman 1992b).

*h) Persönlichkeitsveränderungen nach lang anhaltenden Traumatisierungen:* Die Tatsache schwerwiegender Persönlichkeitsveränderungen nach langer Zeit einwirkenden Traumatisierungen wurde wiederholt beschrieben. Aufgrund der Vielfalt der Symptomatik und der schweren Persönlichkeitsveränderungen, die bei Opfern von

Konzentrationslagerhaft gesehen wurde (vgl. Eissler 1968), besteht weitgehend Einigkeit, dass das ältere Konzept der traumatischen Neurose (vgl. Kardiner 1941) der Vielzahl und Schwere der klinischen Manifestation nicht gerecht werden kann (vgl. Wöller et al. 2004, 43). Horowitz (1986), so betonen die Autoren, sprach in diesem Zusammenhang von »posttraumatischer Charakterstörung«. Störungen des Selbstwertgefühls gehören zu den gesicherten Langzeitfolgen von körperlicher und sexualisierter Gewalt (Finkelhor, 1986). Sie wurden bei Opfern von Konzentrationslagerhaft (vgl. Eissler 1968) und auch bei Vergewaltigungsopfern (vgl. Kretschmann, 1993) beschrieben (vgl. ebd.). Das Selbstwertgefühl, so die Autoren, wird weiter belastet durch eine niedrige Selbstwirksamkeitserwartung (Schwarzer 1987). Die bei Traumaopfern häufigen Störungen der Affekt- und Impulskontrolle steigern vielfach das Gefühl des Ausgeliefertseins und der Hilflosigkeit. Das Erleben umfassender Demütigung, Entsubjektivierung und Instrumentalisierung führt zu der Überzeugung, als Person wertlos, moralisch minderwertig und schuldig zu sein, insbesondere auch zu der Überzeugung, für die Traumatisierung oder die Gefangenschaft selbst verantwortlich zu sein (vgl. ebd.). Traumatisches Erleben kann die Grundüberzeugung von Sicherheit und Geborgenheit zerstören, aber auch die Überzeugung, dass das Leben einer sinnvollen Ordnung folgt (vgl. 42). Mit der gestörten Selbstwahrnehmung korrespondiert typischerweise eine verzerrte Wahrnehmung des Schädigers. Bei Opfern von traumatischer Gewalt in Kindheit und Jugend wird beobachtet, wie sie die Täter verteidigen oder idealisieren und die Schuld für die Traumatisierung auf sich nehmen (Steele 1980). Lang anhaltende personale Traumatisierungen führen regelmäßig zur Modifikation des Bindungsverhaltens und zu Störungen der Beziehungsfähigkeit. Bindungstheoretisch orientierte Untersuchungen zeigen, so die Autoren, dass bis zu 80% der körperlich oder sexuell traumatisierten Kinder unsichere Bindungen an ihre primären Bezugspersonen aufweisen (vgl. Egeland/Sroufe 1981; Crittenden et al. 1991). Charakteristisch für traumatisierte Kinder sind Bindungsmuster vom desorganisierten/desorientierten Typ. Eine klare Bindungsstrategie kann nicht entwickelt werden, da die Bindungsfigur gleichzeitig die Quelle der Angst ist. Die Folge ist ein wechselndes Annäherungs- und Vermeidungsverhalten gegenüber wichtigen Personen, wie z. B. ihren Müttern (vgl. Lyons-Ruth, 1991), und der Verlust der Fähigkeit, Vertrauen in andere Menschen zu setzen (vgl. ebd.). Neuere Forschungen zur Neurobiologie belegen eindrucksvoll, dass das kindliche Gehirn in seinem Wachstum auf die frühe Bezugsperson als externen psychobiologischen Regulator angewiesen ist. Vor allem das limbische Stress-Regulationssystem ist in seiner Reifung erfahrungsunabhängig (vgl. Schore, 1996 zit. n. Wöller et al. 2004, 44). Unterbrechungen von Bindungsbeziehungen führen besonders in den kritischen Phasen ihrer Entwicklung zu einem regulatorischen Versagen und zu einer gestörten Homöostase von limbischer Aktivität sowie hypothalamischer und autonomer Funktionen (vgl. Reite/Capitanio, 1985). Frühe Traumatisierungen beeinträchtigen offenbar die Entwicklung der rechten Gehirnhälfte und damit die Verarbeitung sozioemotionaler und bindungsrelevanter Informationen oder Körperzustände, was sich in der Beeinträchtigung der Fähigkeit zur Stressbewältigung niederschlägt (vgl. Wittling/Schweiger 1993).

*i) Persönlichkeitsstörungen:* Persönlichkeitsstörungen können zumindest teilweise als Traumafolgestörungen angesehen werden. In Abgrenzung zu traumabedingten Persönlichkeitsveränderungen werden unter Persönlichkeitsstörungen tiefverwurzelte und langjährig stabile Verhaltensmuster verstanden, die sich durch charakteristische Eigenheit im Wahrnehmen, Denken, Fühlen und in der Beziehungsgestaltung auszeichnen und die soziale Funktions- und Leistungsfähigkeit nachhaltig beeinträchtigen. Im Gegensatz zu Persönlichkeitsveränderungen, die in jedem Alter auftreten können, entstehen Persönlichkeitsstörungen per Definitionen in der Kindheit oder der Adoleszenz und manifestieren sich dann im Erwachsenenalter (vgl. WHO, 1995; Langenbach et al. 2002 zit. n. Wöller et al. 2004, 47). Bei Patienten mit der Diagnose einer Persönlichkeitsstörung finden sich zu einem hohen Prozentsatz Misshandlungs- und Missbrauchserfahrungen in der Vorgeschichte (vgl. Herman et al. 1989; Zanarini et al. 1989; Ogata et al. 1990 u. a. zit. n. ebd.). In den letzten Jahren wurde auf die hohe Prävalenz realer Traumatisierungen in der Anamnese von Patienten mit emotional instabiler Persönlichkeitsstörung (Borderline-Persönlichkeitsstörung) hingewiesen, insbesondere die hohe Prävalenz von körperlichen und sexuellen, aber auch emotionalen Traumatisierungen. Vor dem Hintergrund, dass die Kernsymptomatik der Borderline-Persönlichkeitsstörung – die emotionale Instabilität mit der Neigung zu plötzlich auftretenden affektiven Dysregulationen in Form von Wutausbrüchen und depressiven Einbrüchen – in vieler Hinsicht mit der Symptomatik nach schweren und lang anhaltenden Traumatisierungen identisch ist, wurde diskutiert, ob die Borderline-Pathologie möglicherweise als eine Traumafolge konzeptualisiert werden sollte (vgl. Wöller et al. 2004, 47). Erste psychoendokrinologische und bildgebende Studien sprechen offenbar für eine teilweise gemeinsame Pathogenese der Störungsbilder PTBS und Borderline-Persönlichkeitsstörung (Driessen et al. 2003.). Allerdings, so betonen die Autoren, sind Traumatisierungen in der Kindheit lediglich *ein* wichtiger Risikofaktor neben anderen für die Entwicklung von Persönlichkeitsstörungen. In der Regel findet sich eine komplexe Interaktion von konstitutionellen Faktoren, belastenden Umweltfaktoren und protektiven Faktoren (vgl. 48). Ob eine spezifische Korrelation zwischen sexuellem Missbrauch und dem Auftreten einer Borderline-Persönlichkeitsstörung besteht, ist nach Meinung der Autoren immer noch offen. Neben der Borderline-Persönlichkeitsstörung finden sich vor allem bei der paranoiden, der dependenten und der antisozialen Persönlichkeitsstörung signifikante Häufungen psychischer Traumatisierungen in der Vorgeschichte (vgl. Luntz/Widom 1994; Modestin et al. 1996; Zanarini/Frankenburg, 1997). Die neuere Studie von Yen et al. (2002) fand die zweithöchste Rate an Traumatisierungen – nach Borderline-Persönlichkeitsstörung – bei der schizoiden Persönlichkeitsstörung. Demgegenüber scheinen psychische Traumatisierungen bei der ängstlich-vermeidenden und bei der anankastischen Persönlichkeitsstörung eher gering zu sein (vgl. ebd.).

*j) Essstörungen:* Essstörungen können ebenfalls häufig Traumafolgestörungen sein, wobei Traumatisierungen lediglich ein Faktor innerhalb einer multifaktoriellen Ätiologie sind, bei der auch genetische und soziokulturelle Faktoren eine Rolle spielen (vgl. Wöller et al. 2004, 48). Im Vergleich zu Kontrollpersonen, so die Autoren, finden sich bei Frauen mit Essstörungen häufiger Traumatisierungen in der Kindheit, und es gibt Hinweise, dass sexueller Missbrauch bei Frauen mit Bulimie häufiger ist als bei Frauen mit Anorexia nervosa (vgl. Welch/Fairburn, 1994; Wonderlich et al 1997). In einer repräsentativen Studie berichten Frauen mit Bulimie über eine höhere Prävalenz von Vergewaltigungen und sexuellen Übergriffen als Frauen ohne Essstörungen (vgl. Dansky et al. 1997 zit. n. Wöller et al. 2004, 48). Unter den von Gleaves et al. (1998) untersuchten stationären Patienten mit Essstörungen hatten 74% eine traumatische Vorgeschichte, bei 52% fand sich gleichzeitig eine PTBS. Selbstinduziertes Erbrechen kann – ähnlich wie Fressanfälle – Spannungen reduzieren und dissoziative Zustände mindern (vgl. Rorty/Yager 1996). Vor Fressattacken und während selbst induzierten Erbrechens werden dysphorische Zustände berichtet. Unmittelbar nach dem selbst induzierten Erbrechen wird überwiegend eine Besserung des Befindens angegeben, auch wenn negative Gefühle bald danach wieder einsetzen. Essstörungen stellen auch eine Bewältigungsform für Probleme des Selbstwertgefühls dar, so Wöller et al. (2004), und können ein Organisator von Bedeutung und Identität sein (zit. n. Rorty/Yager 1996; Swirsky/Mitchell 1996).

*k) Angsterkrankungen:* Stein et al. (1996) fanden, dass physische Misshandlung bei Männern und Frauen mit Angststörungen gegenüber Kontrollpersonen signifikant häufiger vorkamen (vgl. Wöller et al. 2004, 49). Sexuelle Traumatisierungen waren bei Frauen mit Angststörungen höher als bei Frauen einer Vergleichsgruppe. Bei Frauen mit Panikstörungen fand sich signifikant häufiger eine Vorgeschichte mit sexueller Traumatisierung als bei Frauen mit anderen Angststörungen. In der Studie von Kulka et al. (1991) hatten 38% aller untersuchten weiblichen Patienten mit PTBS gleichzeitig eine generalisierte Angsterkrankung. Bei männlichen Patienten mit PTBS lag die Rate einer gleichzeitig bestehenden generalisierten Angsterkrankung zwischen 7% und 20% (vgl. ebd.).

*l) Substanzmissbrauch:* Traumatisierte Patienten zeigen im Vergleich zu nicht traumatisierten Patienten eine signifikant erhöhte Neigung zu Alkohohl-, Medikamenten- und Drogenmissbrauch, offensichtlich im Zusammenhang mit der Symptomatik einer PTBS (vgl. 49). Traumatisierte Patienten berichten, dass Alkohol und Heroin günstig auf intrusive und Hyperarousal-Symptome wirken und dass Benzodiazepine und Marihuana Hyperarousal-Symptome bessern können (vgl. Bermner et al 1996). Felitti et al. (1998) fanden eine signifikante Beziehung, so betonen die Autoren, zwischen Kindheitsbelastungen und einem erhöhten Risiko für Alkoholismus und

Medikamentenmissbrauch. Für Personen mit PTBS war die Lebenszeitprävalenz von Alkohohl- und Medikamentenmissbrauch gegenüber Personen ohne PTBS signifikant erhöht (vgl. 50). Wie weit ein Kindheitstrauma das Risiko einer Substanzabhängigkeit auch unabhängig von der Entwicklung einer PTBS erhöht, ist noch nicht hinreichend geklärt. Die Autoren stellen fest, dass prospektive Studien bisher einen solchen Zusammenhang nicht sicher belegen konnten (vgl. Widom et al. 1999).

*m) Körperliche Erkrankungen:* Traumatisierungen haben beträchtliche Auswirkungen auf die körperliche Gesundheit. Traumaopfer weisen erhöhte Morbiditäts- und Mortalitätsraten auf, vor allem wenn die Symptomatik einer PTBS vorliegt (vgl. Wöller et al. 2004, 50). Golding (1994) fand, dass Frauen mit einer Vorgeschichte sexueller Übergriffe in ihrem Leben über mehr körperliche Symptome berichteten als Frauen ohne eine solche Vorgeschichte. Dies gilt vor allem für gastrointestinale Symptome, Schmerzsymptome, kardiopulmonale, neurologische und Sexualstörungen (vgl. ebd.). Die Wahrscheinlichkeit, unter sechs oder mehr Symptomen zu leiden, war bei Opfern sexueller Übergriffe um mehr als das Dreifache erhöht. Bemerkenswerterweise waren diese Unterschiede für medizinisch erklärbare wie für medizinisch nicht erklärbare Symptome gleichermaßen ausgeprägt. Auch in der Studie von McCauly et al. (1997) war die Prävalenz körperlicher Symptome bei Frauen mit einer Vorgeschichte von Traumatisierungen im Kindes- oder Jugendalter weitaus höher als bei Frauen ohne eine solche Vorgeschichte (vgl. ebd.). Felitti et al. (1998) fanden in einer groß angelegten Studie an über 17000 Patienten, dass die Anzahl der untersuchten Belastungsfaktoren in der Kindheit in direkter Beziehung zu der Häufigkeit von ischämischen Herzerkrankungen, Krebserkrankungen, chronischen Lungerkrankungen, Knochenfrakturen und Lebererkrankungen stand (vgl. ebd.). Die Autoren nennen in diesem Zusammenhang auch die epidemiologische Studie von Romans et al. (2002), in der Störungsbilder wie ein chronisches Erschöpfungssyndrom, Blasenstörungen, Kopfschmerzen einschließlich Migräne, Asthma, Diabetes und Herzprobleme bei Frauen mit Traumatisierungen in der Kindheit und im Jugendalter signifikant häufiger vorkamen (vgl. ebd.)

## 3.4  Erscheinungsformen in der Schule

Einen Großteil ihrer Zeit verbringen Kinder und Jugendliche in der Schule. Als Sozialisationsinstanz bietet sie ihnen die Möglichkeit gesellschaftlicher Teilhabe. Die Bedeutung, die die Schule für die seelische Entwicklung von Kindern und Jugendlichen hat, wird nach Meinung von Streeck-Fischer (2006) in der Regel unterschätzt. Für die Adoleszenzentwicklung kann es entscheidend wichtig sein, in welchem Verhältnis der Jugendliche zu Lehrern steht, ob Lernen und Lernerfahrungen positiv besetzt sind und Fantasie- und Entwicklungsräume bereitgestellt werden können, um Neuerfahrungen zu ermöglichen. Kinder und Jugendliche, die in der Schule durchweg schlechte Erfahrungen machen, scheitern und denjenigen, denen narzisstische Bestätigung im Lern- und Leistungsbereich anhaltend versagt bleibt, tragen in der Regel narzisstische Wunden davon, die gar nicht oder erst spät ausheilen und unter Umständen ihren gesamten Lebensweg bis hin zur gesellschaftlichen Ausgrenzung prägen (vgl. 132).

Durch schlechte Entwicklungsbedingungen und Traumatisierungen werden kindliche Entwicklungsprozesse gestört und zerstört. Viele der Schäden erscheinen als irreversibel, weil bei einigen Kindern und Jugendlichen das Vertrauen in die Umwelt so stark geschädigt wurde, dass auch die Helfer von ihnen als gefährlich und unberechenbar empfunden werden. Die Aggressivität und Abwehrhaltung, mit denen Kinder dann auf Hilfsangebote reagieren, wird ihnen von der Umwelt als Uneinsichtigkeit vorgehalten. Besonders in der Schule, aber auch in anderen Lebensbereichen, die ein hohes Maß an sozialer Fähigkeit erfordern, sind traumatisierte Kinder häufig überfordert. Es entsteht ein Teufelskreis, bei dem das Kind mehr und mehr als »schwierig« und »böse« stigmatisiert wird. Daraus baut sich langsam eine Spirale an Problemen auf, die durch eine frühzeitige sachkundige Intervention möglicherweise hätte vermieden oder wenigstens reduziert werden können. Soziale Erfahrungen müssen von den Kindern wieder erlernt und das Vertrauen zu den Mitmenschen muss neu entwickelt werden. Kinder und Jugendliche, die in ihrer Entwicklung traumatische Erfahrungen gemacht haben, zeigen häufig ausgeprägte Lernprobleme. In Leistungstests können sie zwar, so die Autorin, durchschnittliche bis überdurchschnittliche Werte erbringen, trotzdem scheitern sie und durchlaufen zum Teil desaströse Schulkarrieren, indem sie sitzen bleiben, vom Gymnasium abgehen und am Ende, nach einigen Zwischenspielen an anderen Schulen, in der Hauptschule landen bzw. die Schule ohne Perspektive abbrechen. Der Jugendliche gibt sich auf und wandert nicht selten in die ihn weiter schädigende Subkultur ab.

Streeck-Fischer (2006) stellt fest, dass die Bedeutung von Stresserfahrungen für die Entwicklung von Lern- und Leistungsfähigkeiten in den gängigen Lern- und Lehrplänen wenig oder kaum berücksichtigt wird. Es wird selten darüber nachgedacht, was Gewaltspiralen, die oftmals auch den schulischen Alltag bestimmen, für das Lernen bedeuten. Aufgrund ihrer oft multiplen traumatischen Belastungen, treten bei traumatisierten Kindern und Jugendlichen oftmals Konzentrationsbeschwerden auf. Sie können häufig nicht bei der Sache bleiben, weil anderes und wichtigeres sie belastet. Sie haben Aufmerksamkeitsprobleme, weil sie nicht in der Lage sind, zwischen relevanter und irrelevanter Information zu unterscheiden. Sie neigen dazu, unwichtige Reize als traumatisch zu missdeuten oder sie überhaupt nicht wahrzunehmen. Da sie gelernt haben, auf traumabezogene Reize zu achten, haben sie Schwierigkeiten beim Lernen alltäglicher Erfahrungen. Die Autorin nennt verschiedene Untersuchungen, die langfristige affektive und kognitive Störungen in allen Altersgruppen aufzeigen und somit als Folgen traumatischer Belastungen auf das Lern- und Leistungsverhalten anzusehen sind (Bower/Sivers 1998 et al.). Traumatisierte Kinder und Jugendliche zeigten schlechtere Ergebnisse in den verbalen Fähigkeiten (Carrey et al. 1995) oder insgesamt niedrige schulische Fähigkeiten (Wildin et al. 1991). Untersuchungen von Berenbaum (1999) an College-Studenten – einer Population, die klinisch nicht auffällig wurde – verweisen darauf, dass Misshandlungserfahrungen in der Lebensgeschichte zu Störungen in der Wahrnehmungsorganisation führen. Brown et al. (2000) haben vor allem bei Jugendlichen mit Substanzmittelmissbrauch kognitive Defizite festgestellt, wobei sie offen lassen, ob die Ergebnisse Folge des Drogenmissbrauchs sind oder traumatische Belastungen im Vorfeld reflektieren. Yang und Clum (2000) führen ebenfalls kognitive Defizite (Defizite bei der Problembewältigung) auf traumatisierende Life-Events zurück. Putnam (1997) hat bei traumatisierten Kindern Störungen in der Aufmerksamkeitsregulation und Reizdiskriminierung beobachtet. Dass bei Borderline-Störungen im Kindes- und Jugendalter kognitive Defizite die Regel sind, ist nach Meinung von Streeck-Fischer (2006) lange bekannt. Trotz ihrer häufig überdurchschnittlichen Begabungsausstattung sind die früh traumatisierten Kinder und Jugendlichen in der Regel aus der Schule ausgestiegen oder haben, so die Autorin, eine Karriere schulischen Abstiegs hinter sich (vgl. 135). Die Diskrepanzen in den verschiedenen Bereichen sind zum Teil statistisch hoch signifikant. Solche Ergebnisse haben eine wichtige Bedeutung für die Therapie, weil ein Ansatz, der ausschließlich die psychischen Belastungen des Jugendlichen aufgreift, nach Meinung der Autorin nicht ausreicht. Insgesamt sind in der Betreuung und Unterstützung von traumatisierten Kindern und Jugendlichen immer die Faktoren *Unsicherheit* und *Instabilität* so gering wie möglich zu halten, da sie einen massiven Vertrauensbruch erlebt haben, den sie verarbeiten müssen. Je stabiler und verlässlicher eine Beziehung für diese Kinder und Jugendlichen erlebbar ist, desto höher sind die Chancen, diesen erlebten Vertrauensbruch zu überwinden.

Auswirkungen langfristig zurückliegender psychischer Schädigungen sind nach Meinung von Sachsse (2004) schwierig zu objektivieren (vgl. 404). Es wird betont, dass verschiedene Autoren zur Feststellung der realen Belastung die Abwägung des Einflusses von Risikofaktoren und protektiven Faktoren vorschlagen (Huck/Behmer 2000). Die Korrelationen zwischen Traumatisierung und Folgen sind nicht immer leicht herzustellen. Wie Traumatisierungen bewältigt werden, so Sachsse (2004), hängt vom Temperament des Kindes bzw. Jugendlichen, seiner kognitiven Ausstattung und seinen frühen protektiven Bedingungen ab, wie beispielsweise eine hinreichend gute Bemutterung (Laucht et al. 2002). Liegen hilfreiche familiäre Stützpunkte vor oder gibt es günstige Angebote durch soziale Stützpunkte, kann das Ausmaß der traumatischen Belastungsfolgen reduziert werden. Kinder und Jugendliche aus dysfunktionalen Familien finden in der Regel keine Hilfe von ihren Eltern (vgl. ebd.). Mitunter können LehrerInnen solche Funktionen partiell übernehmen.

Die Integration von Kenntnissen der Psychotraumatologie des Kindes- und Jugendalters in den Schulalltag hat eine große Bedeutung. Das angeeignete Fachwissen befähigt LehrerInnen dazu, die posttraumatische Symptomatik nicht als bizarres Verhalten zu verstehen, sondern als mangelhafte Versuche der SchülerInnen,

Kontrolle und Sicherheit über ihren Alltag zu gewinnen. Unter Berücksichtigung der Erfahrungen der Kinder und Jugendlichen sollten zunächst die primären pädagogischen Ziele der Stabilisierung, des Vertrauensaufbaus und der Kontinuität im Vordergrund stehen. Die Verwirklichung dieser Ziele kann durch Rituale und transparente Tagesraster unterstützt werden. Diese geben den Schülern das Gefühl, dem Schulalltag nicht hilflos ausgeliefert zu sein, und können Erfahrungen von unberechenbaren Bezugspersonen korrigieren. Aus lerntheoretischer Sicht wirken Lehrer so als alternative Lernmodelle. Van der Kolk (1998) betont, dass ein Mangel an sozialer Sicherheit und Misstrauen ein Teil traumatischer Ereignisse darstellt und somit die Vorhersagbarkeit und Strukturierung des Alltags der Kinder und Jugendlichen essentiell ist. Die Bereitstellung von »Spielräumen« zur Selbstfindung durch Probehandeln, Lösungsstrategien und Rollenspiele gibt den Kindern und Jugendlichen die Möglichkeit, die eigene Geschichte neu zu ordnen und selbst aktiv zu werden. Dabei kann der Lehrer unterstützend, aber in keinem Falle autoritär bei der Korrektur behindernder Selbstbilder und Verhaltensweisen wirken. Besonders im Umgang mit jüngeren Kindern ist spielerisches Vorgehen empfehlenswert. Das kindliche Spiel ermöglicht das Ausprobieren sozialer Rollen und deren Konsequenzen, die Erfahrung der Welt aus einer anderen Perspektive sowie die Ausbildung von Kontrolle und Kompetenz im Umgang mit Gefühlen, Situationen und Personen. Dies ist auch dahingehend von Bedeutung, als misshandelte und missbrauchte Kinder und Jugendliche aufgrund der traumaspezifischen Mechanismen des Speicherns und Erinnerns oft Schwierigkeiten haben, Emotionen in Worte zu fassen. Mit Hilfe vieler spielerischer Elemente, so Weiß (2006), kann möglicherweise auch der sozialen Isolation der Kinder und Jugendlichen entgegengewirkt und eine Stigmatisierung durch das soziale Umfeld verhindert werden. Dabei ist es für LehrerInnen nicht leicht, angemessene Handlungsstrategien zu finden, da traumatisierte Kinder und Jugendliche häufig deren Vertrauenswürdigkeit durch Grenzüberschreitungen testen. Weiß (2006) betont, dass ablehnende und tadelnde Reaktionen des Lehrers das Gefühl des Schülers verstärken, dass die Lehrkraft nicht vertrauenswürdig sei und somit das gestörte Bindungsverhalten manifestieren kann. Psychotraumatologische Kenntnisse schützen LehrerInnen außerdem vor Fehleinschätzungen des Kindes oder Jugendlichen und einem diskriminierenden Urteil seines Verhaltens als krankhaft, anstelle des Verständnisses der posttraumatischen Symptomatik als normale Reaktion auf eine Extrembelastung. Da traumatisierte Kinder und Jugendliche im Unterricht häufig massive Lern- und Konzentrationsschwierigkeiten zeigen und durch aggressives und störendes Verhalten auffallen können, besteht eine oberflächliche Ähnlichkeit der posttraumatischen Symptomatik mit dem Aufmerksamkeitsdefizitsyndrom (ADS). Es besteht also die Gefahr, dass die PTBS als solche verkannt wird oder das Kind oder der Jugendliche als manisch-depressiv eingeschätzt wird. Auf der anderen Seite kann die Unkenntnis der Symptomatik auch dazu führen, dass dem Schüler lediglich eine störende Verhaltensauffälligkeit attestiert wird. Schepker

(1997) stellt fest, dass LehrerInnen in solchen Fällen häufig mit mahnendem und strafendem Verhalten reagieren, obwohl Verständnis und alternative Handlungsstrategien angebracht wären.

Für die erfolgreiche, d. h. vertrauensvolle und dialogische Beziehung mit traumatisierten Kindern und Jugendlichen sind zusammenfassend (Erfahrungs-)Wissen, Empathie und Einfühlungsvermögen notwendig sowie Sensibilität für die Schwierigkeiten betroffener Kinder und Jugendlicher und alternative Handlungsmöglichkeiten im Schulalltag.

## 3.5 Traumatherapie

Posttraumatische Störungen konfrontieren mit einer erheblichen Behandlungskomplexität. Begründet ist dies zum einen in der Vielschichtigkeit der Symptomatik auf biologischer, psychischer und sozialer Ebene. Zum anderen ergeben sich durch Art, Schwere, Alter und sozialen Kontext der Traumatisierung störungsspezifische, kulturspezifische und personenabhängige Besonderheiten. Während die Vereinheitlichung und phänomenologische Zusammenfassung der vielfältigen ätiologischen Bedingungen und Krankheitssymptome zu einem syndromalen Störungsbild für die wissenschaftliche und gesellschaftspolitische Diskussion einen hohen Stellenwert hat, ergibt sich für die therapeutischen Strategien weiterer Differenzierungsbedarf. In Anlehnung an die unterschiedlichen pathogenetischen Modellvorstellungen werden aktuell vielfältige Therapiemethoden in der Behandlung eingesetzt und erprobt. Seit etwa 15 Jahren liegen erste wissenschaftliche Evaluierungen in Form von Vergleichs- und Kontrollstudien vor. Mit Blick auf den erheblichen Forschungsbedarf auf diesem Feld hat eine kritische Sichtung dieser Studien inzwischen zu Empfehlungen geführt, mit denen »gold standards« (vgl. Foa/Meadows, 1997) für Stichprobenzusammensetzung, Methodik, Vergleichbarkeit und Kontrollbedingungen bei Traumatherapiestudien formuliert werden (vgl. Flatten et al. 2004, 103).

*a) Psychodynamische Therapieverfahren:* Die Bezeichnung psychodynamische Therapie beschreibt eine Reihe tiefenpsychologisch fundierter und psychodynamisch orientierter supportiver Behandlungsstrategien. Als gemeinsame Wurzel ist jedoch das in der analytischen Theorie vorgegebene Verständnis der Symptombildung zu verstehen. Obwohl mit der traumatischen Erfahrung etwas »Fremdes« in die Psyche eindringt, ist die posttraumatische Symptombildung als reaktiver Anpassungs- und Kompromissbildungsprozess auf das traumatische Ereignis zu werten. Das individualisierte Vorgehen psychodynamischer Therapieansätze spiegelt sich in einer Vielfalt publizierter Fallberichte bei nur unzureichender Evaluation in kontrolliertem Studiendesign (vgl. Flatten et al. 2004, 104).

*b) Imaginative Verfahren:* Die Arbeit mit Erinnerungs- und Vorstellungsbildern verbindet tiefenpsychologische Fundierung und verhaltenstherapeutische Praxis. Imaginative Techniken sind Bestandteil der meisten traumabearbeitenden Verfahren. Ihr besonderer Stellenwert ergibt sich durch die Erfahrung, dass traumatische Ereignisse dazu neigen, in sensorischen Eindrücken und Bildern fixiert zu bleiben, ohne versprachlicht werden zu können. Die neurobiologische Forschung legt nahe, dass die in traumadominierten neuronalen Netzwerken repräsentierten traumatischen Erinnerungen durch imaginative Aktivierung verändert werden können. Wesentliche Bedeutung dabei haben jedoch die veränderten emotionalen Kontextbedingungen, die mit einem Gefühl der Sicherheit und Kontrolle verbunden sein müssen, um eine Retraumatisierungsdynamik zu vermeiden. Anwendungsbeispiele sind die Reizkonfrontation in sensu in der behavioralen Therapie oder die Screen-Technik als Modifikation einer Desensibilisierung in sensu (vgl. Flatten et al. 2004, 106). Geführte Imaginationen finden aber auch Anwendung zur Ressourcenorientierung und Konfrontation, am besten bekannt im Rahmen hypnotherapeutischer Techniken oder in der Symbolkonfrontation bei der Katathym Imaginativen Psychotherapie (KIP).

*c) Kognitiv-behaviorale Therapieverfahren:* Verhaltensorientierte Lernprogramme haben zum Ziel, kombiniert mit optimaler Informationsvermittlung einen autonomeren Umgang mit traumainduzierten Veränderungen zu unterstützen und die Entscheidungs- bzw. Handlungskompetenz der Betroffenen zu erhöhen. Desensibilisierungstechniken bemühen sich, über eine gestufte oder überflutende (Flooding) Reizkonfrontation (in vivo oder in sensu) eine psychische und körperliche Adaption an das traumatische Erleben und Wiedererleben zu ermöglichen. Mit dem Ziel der Habituation werden sie angewandt, wenn unangemessenes Vermeidungsverhalten besteht und die Behandlung auf eine Aktivierung und Modifikation der Angststrukturen abzielt (vgl. Foa et al 1999 zit. n. Flatten et al. 2004, 106). Die Indikation für Verfahren z. B. zur Angstbewältigung ist gegeben, wenn die Angst das alltägliche Leben beherrscht. Ziel ist es, so betonen die Autoren, den Patienten Strategien zur Angstkontrolle an die Hand zu geben und damit das Angstniveau zu reduzieren.

*d) EMDR (Eye Movement Desensitization and Reprocessing):* EMDR wurde als neue Behandlungstechnik für Traumastörungen erstmals 1989 von Shapiro beschrieben und mittlerweile zu einem manualisierten Behandlungsverfahren weiterentwickelt (vgl. Flatten et al. 2004, 108). Basierend auf der Erfahrung, dass belastende (traumatische) Erinnerungen mit Unterstützung von sakkadischen Augenbewegungen einem entlastenden Veränderungsprozess unterliegen, entstand die Hypothese einer durch bilaterale Reize anzuregenden Informationsverarbeitung. Diskutiert wird in diesem Zusammenhang eine Verwandtschaft zu physiologischen informationsverarbeitenden Prozessen, wie sie auch für den REM-Schlaf vermutete werden. Nachgewiesen werden konnte auch, dass mit der sakkadischen Augenbewegung eine physiologische Entspannungsinduktion verbunden ist. Als Hintergrund dient ein Netzwerkmodell der Informationsverarbeitung in traumadominierten und ressourcenorientierten neuronalen Netzen. Als komplexe Behandlungsmethode integriert EMDR eine Reihe der zuvor genannten psychodynamischen, imaginativen und kognitiv-behavioralen Behandlungselemente (vgl. ebd.).

*e) Hypnotherapeutische Techniken:* Die sich aus dem Mesmerismus des 18. Jahrhunderts entwickelnde Hypnose erfuhr in der Therapie psychischer und auch posttraumatischer Störungen breite Anwendung. Prominente Beispiele sind die Behandlung hysterischer Störungen im ausgehenden 19. Jahrhundert in der französischen Schule der Pariser Salpetriere und zu Beginn des 20. Jahrhunderts bei der Behandlung kriegsbedingter Traumastörungen (Kriegszitterer) (vgl. Flatten et al. 2004, 108). Die zunehmende Entwicklung von Psychoanalyse, psychodynamischen Verfahren und Verhaltenstherapie drängte den Stellenwert suggestiver Techniken als allgemeine Psychotherapieverfahren deutlich zurück und auch in der Traumabearbeitung wird ihre Bedeutung heute kontrovers diskutiert (Brown et al. 1989; Turner et al. 1996; Tumani 1998; Spiegel/Cardena 1990). Die theoretischen Überlegungen zur Wirksamkeit hypnotischer Techniken orientierten sich traditionsgemäß vor allem am Dissoziationskonzept und den sich daraus ableitenden psychodynamischen und neurobiologischen Überlegungen. Auch eine vermehrte Hypnotherapie beinhaltet heute vielfach imaginative Techniken und wird sowohl in Kombination mit psychodynamischen oder kognitiv-behavioralen Verfahren als auch zur Ressourcenorientierung und Stabilisierung empfohlen (Phillips/Frederick 2003). Als besonderer Wert hypnotischer Traumabehandlung wird die fehlende bis geringe affektive Belastung angegeben, die mit einer im Trancezustand erfolgenden Traumabearbeitung verbunden ist (vgl. Cardena et al. 2000).

*f) Gruppentherapie:* Die Indikation zu gruppentherapeutischem Vorgehen wird von verschiedenen Autoren gestellt, wenn aufgrund der Art (Vergewaltigung, Kriegstraumatisierung) oder des Umfangs des Traumas (Großunfälle, Naturkatastrophen) eine kollektive Auseinandersetzung innerhalb einer Gruppe gleichartig Betroffener (Peer-Group) hilfreich scheint. Beschrieben ist die Integration sowohl in psychodynamischen als auch in kognitiv-behavioralen Behandlungssettings, aber auch die Indikationsstellung als supportive Gruppentherapie (vgl. Flatten et al. 2004, 109). Häufig geht es dabei um die Behandlung akuter traumatischer Reaktionen, jedoch hat sich insbesondere eine Kombination aus psychodynamischem Verständnis und supportiver, imaginativer Arbeit auch in der Behandlung von komplex traumatisierten Patienten klinisch bewährt (vgl. Reddemann 2004). Neben der Betreuung von Opfern wird ein gruppentherapeutisches Vorgehen auch als social support für traumatisierte Helfer eingesetzt. Vom Setting her sind begrenzte thematisch fokussiert arbeitende Kurzzeit-Gruppen (z. B. Affektmanagement) von thematisch unstrukturierten Langzeitangeboten zu unterscheiden.

*g) Pharmakotherapie:* Die vielfältigen neurobiologischen und psychophysiologischen Befunde bei Patienten mit Posttraumatischer Belastungsstörung haben ebenso wie die hohe Komorbidität zu Depressionen und Angststörungen eine Reihe pharmakotherapeutischer Behandlungsansätze angeregt. Diskutiert werden vor allem eine noradrenerge und serotonerge Dysregulation in Neurotransmittersystemen sowie auffällige Befunde der Cortisol- und Opiodregulation (vgl. Flatten et al. 2004, 110). Getestet werden unter anderem trizyklische Antidepressiva, MAO-Hemmer, Serotonin-Reuptake-Hemmer; ß-Rezeptoren-Blocker, das heißt Substanzgruppen mit meist gut bekannter Pharmakosynamik und klinisch relevantem Wirkungsprofil (vgl. ebd.).

*h) Körpertherapie, künstlerische Therapie:* Körperliche Traumatisierung, aber auch schwere wiederholte, primär nicht körperliche Traumatisierung verändert in typischer Weise das Körpererleben und die Gefühlswahrnehmung der Betroffenen, sei es im Sinne eines Nicht-mehr-wahrnehmen-Könnens, einer Abspaltung und Ausgrenzung traumatisierter Körperregionen oder im Sinne eines Somatisierungsprozesses. In besonderer Weise trifft dies sicherlich auf Folteropfer zu (vgl. Graessner, 1996), jedoch ist auch mit einer klinisch bislang unterschätzten Inzidenz solcher Körperstörungen als Folge von sexualisierter Gewalterfahrung zu rechnen (vgl. Flatten et al. 2004, 111). Die Arbeit an der Körper- und Gefühlswahrnehmung unterstützt die durch verbale Techniken oft nur schwer zureichende Reintegration des beschädigten Körpers in die Gesamtperson des »Überlebenden«. Die Autoren betonen weiter, dass nach Meinung von Reichel und Schmitz (2000) über positive Erfahrungen bei traumatisierten Patienten mit der Technik der Konzentrativen Bewegungstherapie (KBT) in der stationären Psychotherapie berichtet wird; Reddemann (2001) beschreibt den Wert des Qi Gong in der stationären Behandlung und Lücke (2001) den Einsatz von Gestalttherapie im stationären Rahmen (vgl. ebd.).

# Literatur

Brunner, R./Resch, F. (2005): »Neurobiologische Mechanismen dissoziativer Störungen«. In: Kursbuch für integrative Kinder- und Jugendpsychotherapie. Schwerpunkt: Dissoziation und Trauma. Weinheim u. Basel.
Brunnhuber, S. (2001): Affekt und Symptombildung. Würzburg.
Dilling H./Mombour ,W./Schmidt, H. (2004): Internationale Klassifikation psychischer Störungen ICD-10. Kapitel V (F) Klinisch-diagnostische Leitlinien. 3. korrigierte Auflage. Bern.
Ehlers, A. (1999): Posttraumatische Belastungsstörung. Göttingen.
Fiedler, P. (2001): Dissoziative Störungen und Konservationen. Weinheim.
Flatten, G./Redddemann, L./Wöller, W./Hofmann, A. (2004): »Therapie der posttraumatischen Belastungsstörung« In: Posttraumatische Belastungsstörung. Rudolf, G./Eich, W. (Hg.). 2. Auflage. Stuttgart/New York.
Herman, J. (1993): Die Narben der Gewalt. Traumatische Erfahrungen verstehen und überwinden. München.
Hinckeldey, S./Fischer, G. (2002): Psychotraumatologie der Gedächtnisleistung. München.
Ihle, W./Jahnke, D./Esser, G. (2005): »Vulnerabilitäts-Stress-Modelle der Entstehung von Angst-, posttraumatische Belastungs- und depressiven Störungen«. In: Kursbuch für integra-

tive Kinder- und Jugendpsychotherapie. Schwerpunkt: Dissoziation und Trauma. Resch, F./ Schulte-Markwort, M. (2005) (Hg.). 1. Auflage. Weinheim/Basel.
Leuzinger-Bohlender, M./Roth, G./Buchheim, A. (2007): Psychoanalyse – Neurobiologie – Trauma. Stuttgart.
Liebermann, P./Wöller, W./Siol, T./Reddemann, L. (2004): »Quellentext zur Leitlinie Posttraumatische Belastungsstörung«. In: Posttraumatische Belastungsstörung. G. Rudolf/W. Eich (Hg.). 2. Auflage. Stuttgart/New York.
Maercker, A. (2003): »Erscheinungsbild, Erklärungsansätze und Therapieforschung. Therapie der posttraumatischen Belastungsstörung.« In: A. Maercker (Hg.): Therapie der posttraumatischen Belastungsstörungen. Heidelberg.
Resch, F./Schulte-Markwort, M. (2005): Kursbuch für integrative Kinder- und Jugendpsychotherapie. Schwerpunkt: Dissoziation und Trauma. 1. Auflage. Weinheim/Basel.
Resch, F./Brunner, R. (2003): »Posttraumatische Belastungsstörung, Anpassungsstörungen und Selbstschädigungserkrankungen«. In: Psychiatrie und Psychotherapie des Kindes- und Jugendalters. Eggers, C./ Fegert, J./ Resch, F. (Hg.). Berlin.
Sachsse, U. (2004): Traumazentrierte Psychotherapie: Theorie, Klinik und Praxis. Stuttgart.
Schepker, R. (1997): Posttraumatische Belastungsstörungen im Kindesalter – Diagnose, Verlaufsprädikatoren und therapeutische Strategien. Zeitschrift für Kinder- und Jugendpsychiatrie und Psychotherapie, 25, 46–57.
Seidler, G. H. (2002): Aktuelle Therapieansätze in der Psychotraumatologie. Zeitschrift für psychosomatische Medizin und Psychotherapie, 6–27.
Steiner, B./Krippner, K. (2006): Psychotraumatherapie. Tiefenpsychologische-imaginative Behandlung von traumatisierten Patienten. Stuttgart.
Streeck-Fischer, A. (2006): Trauma und Entwicklung. Frühe Traumatisierungen und ihre Folgen in der Adoleszenz. Stuttgart.
Van der Kolk, B. A. (1998): »Zur Psychologie und Psychobiologie von Kindheitstraumata.« Praxis der Kinderpsychologie und Kinderpsychiatrie, 47, 19–35.
Van der Kolk, B. A./Fisler, R. (1995): Dissociation and the fragmentary nature of traumatic memories. Journal of Traumatic Stress, 505–525.
Weiß, W. (2006): Philipp sucht sein Ich. Zum pädagogischen Umgang mit Traumata in den Erziehungshilfen. Weinheim.
Wöller, W. (2006): Trauma und Persönlichkeitsstörungen. Psychodynamisch-integrative Therapie. Stuttgart.
Wöller, W./Gast, U./Reddemann, L./Siol, T./Liebermann; P. (2004): Akute und komplexe Traumafolgestörungen«. In: Posttraumatische Belastungsstörung. Rudolf; G./Eich, W. (2004) (Hg.) 2. Auflage. Stuttgart/New York.

# II
# Fünf Fälle – Fünf Schicksale

Eva-Maria Hoffart und Gerald Möhrlein

# 1 Antonia –
# Wenn der Schatten mich fängt ...

Auszüge aus dem Klassenbuch/*Gedanken des Lehrers*:

15.01.
Die neue Schülerin Antonia arbeitet nicht mit.
*Sie hat einen Platz in der letzten Ecke des Klassenzimmers eingenommen und mich nicht einmal richtig begrüßt. Ihre Haare hängen ihr tief ins Gesicht und sie schaut niemandem in die Augen. Sie wirkt, als wäre sie weit weg, als möchte sie gar nicht hier sein. Sie macht einen sehr traurigen Eindruck.*

23.01.
Antonia ist sehr unruhig.
*Der erste gute Tag für Antonia. Sie kam mit einer tollen Frisur ins Klassenzimmer und begrüßte mich, als wäre ich ihre beste Freundin. Sie machte Witze und sprühte regelrecht vor Freude. Im Verlauf des Tages war sie so aufgedreht, dass ich sie ein wenig bremsen musste. Vielleicht waren es ja nur Anfangsschwierigkeiten.*

25.01.
Antonia arbeitet unkonzentriert. Ihre Leistungen liegen unter dem Durchschnitt.
*Unser Vertrauensverhältnis wächst. Antonia öffnet sich mir und berichtet Erschütterndes: Sie habe nur noch wenige Monate zu leben. Kein Wunder, dass sie so sprunghaft ist. Ein starkes Mädchen. Ihre Haare würden wohl bald ausfallen. Sie mache eine Chemotherapie, sagt sie.*

28.01.
Antonia verweigert den Unterricht.
*Antonia sieht richtig krank aus. Sie hat sich die Haare völlig abrasiert, da sie nun büschelweise ausfielen. Sie ist sehr traurig und schließt sich in der Toilette ein. Weint dort stundenlang. Nach gutem Zureden lässt sie sich überzeugen, herauszukommen. An Unterricht war heute nicht zu denken.*

31.01.
Antonia beschimpft die Lehrkraft.
*Antonia ist doch nicht krank. Nach dem Kontakt mit dem Heim stellt sich heraus, dass sie die Geschichte erfunden hat. Bin schockiert, aber auch ein wenig sauer. Dachte, sie*

*vertraut mir. Heute war sie erst sehr aufgedreht, dann plötzlich total ablehnend. Hat mich beschimpft.*

01.02.
Antonia wird gewalttätig. Sie erhält einen Verweis.
*Antonia ist heute im Unterricht vollkommen ausgerastet. Ein Schüler hat sie wegen ihrer abrasierten Haare gehänselt und sie hat sich auf ihn gestürzt. Er fiel hin und sie hat auf ihn eingetreten, als er am Boden lag. Ich bin dazwischen. Sie hat mir auch in den Bauch getreten. Muss ihr einen Verweis geben. So geht es nicht. Ein sehr schwieriges Mädchen. Warum ist sie nur so schwer einschätzbar und so wechselhaft?*

02.02.
Antonia animiert Mitschüler zu sexualisiertem Verhalten.
*Antonia zeigt sich plötzlich schockierend offensiv. Habe versucht mit ihr zu sprechen, aber sie hat abgeblockt. Von einem weiteren Verweis sehe ich ab, so lange es nicht noch mal vorkommt. Es war abstoßend, wie sie sich ihren Mitschülern gegenüber verhalten hat.*

03.02.
Antonia arbeitet gut mit.
*Antonia ist sehr fröhlich, fast aufgedreht. Sie hat den Verweis akzeptiert und unsere Beziehung scheint wieder besser zu werden. Sie sucht meine Nähe und redet den ganzen Tag mit mir. Sie erledigt kleine Aufgaben für mich. Vielleicht war ich ja doch zu streng zu ihr. Sie scheint ein ganz vernünftiges Mädchen zu sein. Meine Gespräche mit ihr zeigen doch Wirkung.*

12.02.
*Heute spricht mich eine Mitschülerin von Antonia an. Antonia hat ihr erzählt, sie sei per Anhalter gefahren und von mehreren Jungs mitgenommen worden. Die hätten sie gezwungen, Drogen zu nehmen. Ihre Mitschülerin ist ganz verstört und hat Angst. Ich rede mit Antonia und sie sagt, das habe sie nie erzählt.*

13.02.
Antonia verweigert den Unterricht und verletzt sich selbst. Sie beschimpft die Lehrkraft und verlässt unerlaubt das Schulgelände.
*Antonia wirkt immer düsterer, als würde ein Schatten über ihr liegen. Sie starrt vor sich hin und ist kaum ansprechbar. Sie ritzt sich mit dem Zirkel, nicht tief, aber sichtbar. Ich bin schockiert, nehme ihr den Zirkel ab. Sie beschimpft mich vor der ganzen Klasse und ist kaum zu bremsen. Ich bringe sie zur Schulleitung. Auf dem Weg rennt sie davon und aus der Schule weg. Mitarbeiter des Heimes finden sie nach zwei Stunden.*

17.02.
Antonia erscheint nicht zum Unterricht.
*Hoffe es geht ihr gut. Vielleicht ist sie noch sauer auf mich wegen gestern. Manchmal ist sie so nett und offen und dann wieder behandelt sie mich, als wäre ich ihr größter Feind.*

18.02.
Antonia erscheint nicht zum Unterricht.
*Antonia wurde entführt. Das Heim hat angerufen. Es gibt eine Lösegeldforderung. Die Polizei ist eingeschaltet. Mache mir große Sorgen.*
20.02.
Antonia erscheint nicht zum Unterricht.
*Die Polizei hat Antonia gefunden. Sie hat alles nur inszeniert, es war ihre Idee. Was geht nur in ihrem Kopf vor? Ich verstehe dieses Mädchen nicht. Mal himmelhoch jauchzend und dann wieder zu Tode betrübt. Erfindet Geschichten und merkt gar nicht, wie verletzend ihr Verhalten für andere ist. Sie ist wie gefangen von düsteren Schatten.*
21.02.
Antonia ist in die Kinder- und Jugendpsychiatrie eingewiesen worden und vom Unterricht entschuldigt.

Antonias Geschichte:
Antonia ist das älteste von zehn Kindern. Ihre Geschwister stammen insgesamt von drei verschiedenen Vätern ab. Antonia wächst mit ihrem Stiefvater auf. Noch vor ihrer Geburt heiratet ihre Mutter den neuen Partner. Antonias Mutter ist eine psychisch sehr labile Frau mit einer Borderline-Persönlichkeit. Sie ist kaum der Herausforderung gewachsen, ihre Kinder zu versorgen. Fast in jährlichem Abstand folgen die Geschwisterkinder. Versorgt wird immer das jüngste Kind. Die anderen verwahrlosen zusehends, vor allem an Liebe und Geborgenheit mangelt es. Der Stiefvater ist ein sehr gewalttätiger Mensch. Er ist alkoholkrank und Antonia erlebt von klein auf massive Gewaltausbrüche mit. Ihre Mutter flüchtet immer wieder für einige Tage ins Frauenhaus. Sie kehrt aber jedes Mal freiwillig zurück. Der Manipulation durch ihren Ehemann kann sie nichts entgegensetzen. Die Übergriffe auf die Kinder nehmen zu. Der Stiefvater quält sie teilweise regelrecht und im Kindergarten werden Verletzungen registriert. Das Jugendamt wird informiert und eine Familienhelferin soll die Familie unterstützen. Im Alter von fünf Jahren wird Antonia mehrfach von ihrem Stiefvater missbraucht. Ihre Mutter ist nicht in der Lage, sie oder ihre Geschwister zu schützen. Die Familienhelferin erkennt die akute Gefährdung und drei der inzwischen vier Kinder werden in Obhut genommen und an Pflegefamilien vermittelt.

Antonia kommt in eine gut situierte Pflegefamilie, die einen leiblichen Sohn hat. Bei Antonia wird eine Störung des Sozialverhaltens bei fehlenden sozialen Beziehungen (F91.1) diagnostiziert. Sie zeigt ambivalentes Bindungsverhalten, ihre Palette reicht von totaler Ablehnung bis hin zu absoluter Distanzlosigkeit. Mit sehr viel Geduld und Förderung gelingt es der Pflegemutter, Antonias Entwicklung positiv zu stützen. Ihre schulische Entwicklung verläuft zunächst erfolgreich. Antonia wird zu einer guten Schülerin, die sich im schulischen Alltag angepasst verhält. Doch nach einiger Zeit nehmen nicht nur im häuslichen Rahmen die aggressiv-dissozialen Verhaltensweisen von Antonia zu, dabei ist auffällig, dass sie insbesondere in der

Gruppe der Gleichaltrigen kaum Freunde hat. Antonia wechselt an die Realschule. Nach einigen Wochen kommt es zu einem massiven Einbruch, sowohl bei den Leistungen als auch im Verhalten. Antonia wirkt verschlossen, teilweise depressiv. In der Schülerakte ist neben der Störung des Sozialverhaltens auch eine leichte Borderline-Störung vermerkt, die ein Kinderpsychiater feststellt. Sie verweigert die Mitarbeit im Unterricht, erscheint an manchen Tagen gar nicht in der Schule. Zu Hause zeigt sie massive Wutausbrüche, zerstört Gegenstände, schließt sich stundenlang in ihrem Zimmer ein und weint, läuft wiederholt weg und wird von der Polizei nach Hause gebracht, erste Selbstverletzungen treten auf, bspw. an den Unterarmen mit einer Rasierklinge. Zweimal wird sie ins Krankenhaus eingeliefert, mit tiefen Einschnitten. Suizidale Gedanken bei Antonia treten verstärkt auf. Die Pflegefamilie ist nach einigen Monaten am Ende ihrer Möglichkeiten und weist Antonia in die Psychiatrie ein. Dort stabilisiert sich ihre Persönlichkeit langsam. Es stellt sich heraus, dass ihr Pflegevater sie über einen Zeitraum von mehreren Monaten sexuell missbraucht hat. Er wird rechtskräftig verurteilt. Eine Rückkehr in die Pflegefamilie ist nicht möglich.

Antonia kommt mit dreizehn Jahren direkt aus der Psychiatrie ins Heim.

Pierre Walther

## 1.1 Borderline-Störungen

### 1.1.1 Definitionen/Symptomatik

Die verbatime Übersetzung von Borderline bedeutet Grenzlinie. Dieser Begriff resultiert aus einem Störungsbild, welches einen Zustand zwischen einer Psychose und einer Neurose umschreibt (Davison et al. 2002). Zugleich steht dieser Terminus aber auch sinnbildlich Pate für ein zentrales Merkmal der Störung, nämlich den oszillierenden Charakter der dichotomen Denkmuster der Personen. Mit anderen Worten, die betroffenen Personen schwanken zwischen Idealisierung und Entwertung des Selbst und anderer Personen, was gemeinhin als das offensichtliche »Schwarz-Weiß-Denken« beschrieben wird.

Historisch gesehen war die Borderline-Störung eine eher verwirrende Sammelbezeichnung für schwierige Patienten/innen. So lassen sich verschiedene Entwicklungslinien identifizieren, welche die Borderline-Störung als subschizophrene oder subaffektive Störung, als Impulskontrollstörung oder als Posttraumatische Belastungsstörung einordnen (Herpertz/Saß 2001). In der neueren Klassifikation im ICD-10 wird der Borderline-Typ (F60.31) unter den emotional instabilen Persönlichkeitsstörungen (F60.3), welche wiederum den spezifischen Persönlichkeitsstörungen (F60) zugeordnet sind, gruppiert (Dilling et al. 2008). Etwas widersprüchlich zum Titel dieses Buches, welches Kinder und Jugendliche fokussiert, ist, dass Persönlichkeitsstörungen vor Abschluss der mittleren Adoleszenz, also etwa vor dem 14. Lebensjahr nicht ausreichend sicher zu stellen sind (AWMF 2009). Das ICD-10 sieht die Diagnosestellung gar vor einem Alter von 16–17 Jahren als unangemessen an (Dilling et al. 2008). Gleichwohl dieser Einschränkung ist es unumstritten, dass die Symptomatiken von Persönlichkeitsstörungen bereits in jüngeren Jahren sichtbar sind und folgerichtig auch klassifiziert werden. Allerdings ist hier besonderer Fokus auf die zeitliche Überdauerung der Symptomatik zu legen, was bedeutet, dass die Persönlichkeitszüge bereits in der Kindheit und settingsunspezifisch aufgetreten sind, insbesondere um Borderline-Störungen von etwaigen adoleszenzbedingten Identitätsproblemen abzugrenzen.

Neben den allgemeinen diagnostischen Leitlinien für Persönlichkeitsstörungen (siehe Symptomtabelle am Ende des Kapitels) wird der Borderline-Typus im ICD-10 wie folgt beschrieben: »Einige Kennzeichen emotionaler Instabilität sind vorhanden, zusätzlich sind oft das eigene Selbstbild, Ziele und ›innere Präferenzen‹ (einschließlich der sexuellen) unklar und gestört. Meist besteht ein chronisches Gefühl innerer Leere. Die Neigung zu intensiven, aber unbeständigen Beziehungen kann zu wiederholten emotionalen Krisen führen mit übermäßigen Anstrengungen, nicht verlassen zu werden, und mit Suiziddrohungen oder selbstschädigenden Handlungen (diese können auch ohne deutliche Auslöser vorkommen).« (Dilling et al. 2008)

Die Kriterien des DSM ähneln der Klassifikation des ICD, sind allerdings etwas differenzierter. Von den neun Kriterien (siehe Tabelle 1, S. 81) müssen fünf erfüllt sein. Zu beachten ist außerdem, dass die Kriterien 1 und 4 unabhängig von den suizidalen Handlungen, Suizidandrohungen oder selbstverletzendem Verhalten (Kriterium 5) erfüllt sein müssen (Saß et al. 2003). Trotz einer umfangreichen Kriterienliste lassen sich die Kernsymptome der Borderline-Störung auf Basis empirischer Untersuchung auf »instabile Beziehungsmuster, instabile Affektivität sowie gestörte Identität« zentrieren (Benecke/Dammann 2004).

### 1.1.2    Epidemiologie/Prävalenzen

Prävalenzuntersuchungen zu Borderline-Störungen gehen von 0,8%–2% mit einem unausgewogenen Geschlechtervergleich aus (70% weiblich). Dieser Unterschied wird durch die Vermutung erklärt, dass sich männliche Betroffene eher durch Fremd- als Selbstaggression kennzeichnen und daher eher im Strafvollzug oder forensischen Abteilungen zu finden sind (AWMF 2009). In Einrichtungen der stationären Heimerziehung sind die Prävalenzen weitaus höher und betreffen laut Myschker bis zu 60% (Myschker 2008).

Die Borderline-Störung wurde über lange Zeit als sehr resistent gesehen, allerdings ist die Remissionsrate weitaus besser als zunächst angenommen. Nach Grilo et al. (2004) behalten 44% der Probanden nach zwei Jahren die Baseline-Diagnose bei (64% weiterhin die Klassifikation), was die Autoren zu dem Schluss führt, dass es sich bei Persönlichkeitsstörungen im Allgemeinen um weitgehend stabile Merkmale handelt, die allerdings über die Zeit in Schweregrad und Ausprägung variieren können (Grilo et al. 2004). Im Umkehrschluss bedeutet dies allerdings auch, dass 46% der Fälle nicht mehr die Kriterien der Klassifikation erfüllen. Zu ähnlichen Ergebnissen kommen Zanari et al. (2007) in einer 10-jährigen Längsschnittstudie, die eine Remissionsrate von 88% nach 10 Jahren feststellen (Zanarini et al. 2006). Interessant an der Untersuchung von Zanari et al. ist zudem der differenzierte Vergleich der Symptomatiken der Borderline-Patienten im Langzeitverlauf. Von den 24 erhobenen Symptomen erwies sich die Hälfte als weitgehend stabil (bspw. chronischer Ärger, chronische Leere/Einsamkeit zeigen erst nach 8–10 Jahren eine Remissionsrate von > 50%) während neun Symptome bereits nach vier Jahren nicht mehr festzustellen sind (bspw. manipulierende Suizidversuche, Substanzmissbrauch/-abhängigkeit) (Zanarini et al. 2007). Nach Gunderson et al. (2006) ist eine negative Prognosestellung, also die Wahrscheinlichkeit einer zeitlichen Überdauerung der Störung, insbesondere von dem Schwergrad der Störung und mit frühen Missbrauchs- und Vernachlässigungserfahrungen assoziiert (Gunderson et al. 2006).

### 1.1.3 Komorbidität

Bemerkenswert an Borderline-Störungen ist die große Bandbreite an komorbiden Störungen – sowohl qualitativ als auch quantitativ. Eindrucksvoll belegt wird dies durch eine Studie von Swartz et al. (1990), die feststellten, dass bei als Borderline klassifizierten Personen in 48,4% der Fälle vier und mehr unterschiedliche Diagnosen gestellt wurden (Dulz 2001). Bei den häufigsten Störungen handelte es sich um allgemeine Angsterkrankungen (56,4% der Fälle), einfache Phobien (41,1%) und Depressionen (40,7%) sowie Sozialphobien (34,6%) und posttraumatische Stresserkrankungen (34,4%) (Dulz 2001). Angst scheint daher ein Leitphänomen der Symptomatik zu sein. Allerdings ist die Variation groß, so dass chronische, diffuse und frei flottierende Ängste von einer Mehrzahl der Autoren beschrieben werden (Hoffmann 2001). Wie häufig bei internalisierenden Störungen feststellbar, gibt es einen signifikanten Zusammenhang zwischen Borderline-Störungen und Alkohol- und Substanzmissbrauch (Trull et al. 2004). Ebenso ist eine stark erhöhte suizidale Neigung feststellbar; nahezu 50% der selbstmordgefährdeten Personen eines klinischen Samples waren Borderline-Patienten (Kjellander et al. 1998). Umgekehrt finden sich Suizidraten bei Borderline erkrankten Patienten von 4%–10%. Damit weist die Borderline-Störung zusammen mit der narzisstischen und der dissozialen Persönlichkeitsstörung das höchste Suizidrisiko auf (AWMF 2009), was allerdings auch damit zusammenhängen mag, dass suizidale Handlungen/Drohungen ein Diagnosekriterium der Störung sind. Neben den psychiatrischen Auffälligkeiten treten bei Borderline-Patienten vermehrt unsichere und desorganisierte Bindungsmuster auf. In Untersuchungen von Fonagy et al. (Fonagy et al. 1996) und Patrick et al. (Patrick et al. 1994) finden sich nahezu ausschließlich Patienten/innen mit unsicher-verstricktem (äquivalent zu ambivalenter Bindung im Kindesalter) oder unverarbeitetem Bindungsstatus (äquivalent zu Desorganisation). Dieser Zusammenhang ist nicht verwunderlich, gibt es doch eine hohe Übereinstimmung zwischen den Kriterien einer Borderline-Störung und zentralen Merkmalen ambivalenter Bindung. So kennzeichnen Bierhoff/Grau (1999) Erwachsene mit diesem Bindungstyp als sich ständig mit Partnerschaft beschäftigend, einem extremen Suchen nach Nähe, ein Erleben eines Durcheinander von Gefühlen, Eifersucht und klammernd, als den Partner idealisierend und gleichzeitig wenig vertrauend (Bierhoff/Grau 1999) (siehe hierzu auch das Kapitel Bindungsstörungen).

Betrachtet man die Vorgeschichte von Borderline-Patienten/innen, so finden sich Anzeichen, dass die Eltern von Menschen mit Borderline-Störungen überdurchschnittlich häufig selbst von affektiven Störungen betroffen waren. Ebenso ist die Borderline-Störung fünfmal häufiger bei erstgradigen biologischen Verwandten zu finden (Saß et al. 2003); Nigg/Goldsmith (1994) finden in einer Metaanalyse von sechs Familienstudien, dass in 11,5% der Borderline-Fälle (N > 300) die Eltern selbst von einer Borderline-Störung betroffen sind/waren (Nigg/Goldsmith 1994). Sicherlich ist dies kein Beweis für eine genetische Disposition, allerdings konnte in einer

Zwillingsstudie gezeigt werden, dass eineiige Zwillinge im Unterschied zu zweieiigen ein deutlich erhöhtes Risiko aufweisen eine Borderline-Störung zu entwickeln, wenn der andere Zwilling betroffen ist (Torgersen 2000). Interessante Erkenntnisse liefern auch die Neurowissenschaften. So konnten beispielsweise Buchheim et al. (Buchheim et al. 2008) Unterschiede zwischen Borderline-Patienten und einer Kontrollgruppe (KG) feststellen. Borderline-Patienten zeigten im Vergleich zur KG erhöhte Aktivität im dorsolateralen präfrontalen Cortex (welcher an der Regulation emotionaler Prozesse beteiligt ist) sowie dem superioren temporalen Sulcus und verringerte Aktivität im parahippocampalen Gyrus bei Konfrontation mit bindungsrelevanten Stimuli (in diesem Fall Bilder aus dem Adult-Attachment-Projective). Donegan et al. (2003) konnten zudem eine im Vergleich erhöhte Aktivität der linken Amygdala beim Erkennen von Gesichtsausdrücken feststellen (Donegan et al. 2003).

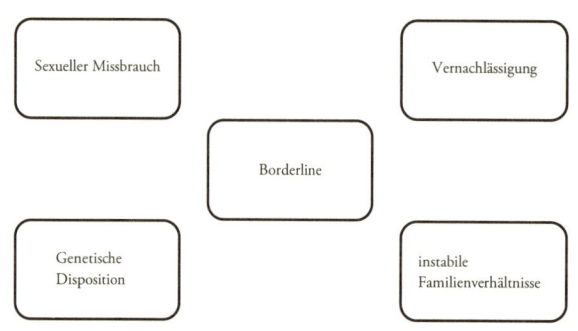

Abbildung 1: Mögliche Wirkfaktoren bei Borderline-Störungen

Eine durchaus beachtliche empirische Basis gibt es zur Verbindung von Borderline und negativen Erfahrungen mit den primären Bezugspersonen bis hin zu sexuellem Missbrauch. In einer Studie von Zanari et al. (1997) an einem Sample von 358 Borderline-Patienten gaben 27,4% innerfamiliären sexuellen Missbrauch und 55,9% sexuellen Missbrauch durch andere Personen an. 92,2% haben Erfahrungen der Vernachlässigung (emotional oder physisch), 58,9% sind physisch, 72,6% emotional misshandelt worden (Zanarini et al. 1997). Zusammenfassend ist festzuhalten, dass Borderline zwar oft mit sexuellem Missbrauch assoziiert wird, die empirische Basis allerdings verdeutlicht, dass es zwar eine bedingende, aber keine notwendige Variable ist. Die hohen Prävalenzen für Beziehungstraumata im Allgemeinen sind allerdings nicht zu negieren, so dass die Borderline-Störung im Kern auch als eine Bindungs-/Beziehungsstörung zu verstehen ist.

1.1.4    Entstehungsmodelle

Die erste wissenschaftliche Auseinandersetzung mit der Borderline-Störung erfolgte durch die Psychoanalyse. Zu den bekanntesten Erklärungsmodellen der Borderline-Störung gehört *Kernbergs Borderline-Konzeption*. Nach Kernberg werden Selbst- und

Objektrepräsentanzen aus einer Vielzahl von Interaktionserfahrungen, so genannten Selbst-Objekt-Einheiten, gebildet (Kind 2001). Selbst und Objekt werden in der dem Säugling einzig möglichen Dichotomie angenehm/unangenehm polarisiert, was es ermöglicht, vier Repräsentanzen aufzubauen (Selbst + Objekt; je positiv oder negativ). In einer normalen Entwicklung steht am Ende des Prozesses der Spaltung die Ich-Identität und Objektkonstanz. Die Ursache der Borderline-Pathologie wird in dem Zeitraum gesehen, in dem das Selbst zwar als Selbst identifiziert, die Ich-Identität und Objektkonstanz allerdings nicht verinnerlicht ist. Die Verharrung in diesem Zustand erklärt sich Kernberg durch stärker als üblich mit Aggression besetzte Selbst- und Objektbilder, was eine stärkere Idealisierung der um den libidinösen Affektpol organisierten Repräsentanzen erfordert (Kind 2001). Zusammengefasst kann man die Borderline-Störung aus psychoanalytischer Sicht als präödipale Entwicklungsstörung mit mangelnder Selbst- und Objektkonstanz begreifen. Fonagy et al. (2000) sehen die Borderline-Störung in einem engen Zusammenhang mit Bindung und führen die Borderline-Störungen auf eine *eingeschränkte Mentalisierungsfähigkeit* zurück. Individuen, die frühe Traumata erfahren, könnten in der Entwicklung der Mentalisierungsfähigkeit verzögert werden und einige Charakteristika von Persönlichkeitsstörungen ihre Wurzeln in dieser Verzögerung haben (Fonagy et al. 2000).

Ein *biosoziales Modell* vertritt Linehan, die eine Borderline-Störung als eine Störung der Emotionsregulation versteht, welche aus dem Zusammenspiel zwischen biologisch vulnerablen Individuen und Umwelteinflüssen erwächst (Crowell et al. 2009). So wird die Störung der Emotionsregulation auf eine erhöhte Sensitivität auf emotionsauslösende Reize zurückgeführt, woraus wiederum maladaptive Verhaltensweisen wie selbstschädigendes Verhalten erwächst. Gestützt wird Linehans Theorie durch das Modell der Emotionalen Kaskade (Selby et al. 2008), welches davon ausgeht, dass das intensive Nachdenken über eine negative Emotion die Emotion selbst potenziert, was wiederum dazu führt, dass es dem Individuum zunehmend schwerer fällt, die Aufmerksamkeit von der Emotion wegzulenken. Selby et al. (2009) konnten hier Unterschiede zwischen Borderline-Patienten und einer Vergleichsgruppe identifizieren (Selby et al. 2009).

### 1.1.5 Interventionen bei Borderline-Störungen

Medikation bei Borderline-Störungen ist umstritten. Zwar liegen zahlreiche Studien zum Einsatz von Antidepressiva (bspw. Fluxetin), Antipsychotika (bspw. Olanzapin) und Mood Stabilizern (bspw. Topiramat) vor, allerdings ist die Beurteilung der Wirksamkeit auch aufgrund der symptomatologischen Fluktuation bereits bei natürlichem Verlauf schwierig zu beurteilen. Ein gutes Beispiel hierfür ist eine Untersuchung von Schulz et al. (2008) zur Wirksamkeit von Olanzapin. In der Versuchsgruppe treten hier zwar deutliche (und signifikante) Verbesserungen der Symptomatik auf, allerdings gilt dies ebenso für die Placebo-Kontrollgruppe, so dass sich die beiden Gruppen nicht signifikant voneinander unterscheiden (Schulz et al. 2008). Dies hat zur Folge, dass Medikation bei Borderline mehr zur Behandlung von komorbiden Störungen (bspw. Depressionen), als zur Behandlung der Borderline selbst indiziert scheint.

Mittel der Wahl der Intervention bei Borderline-Störungen ist daher psychotherapeutische Behandlung. Hier liegen vier evidenzbasierte Manuale vor. Die *Dialektisch-Behaviorale-Therapie (DBT)* nach Marsha Linehan umfasst Einzel- & Gruppentherapie, Telefonberatung und Supervision und integriert Verhaltens-, Hypno- & Gestalttherapie sowie kognitive Therapie. Sie fußt auf dem Grundverständnis der Validierung eines Verhaltens, sofern es sich um einen kreativen Lösungsweg handelt, aber auch des Insistierens auf dessen Veränderung, weil es dysfunktional ist (Brücher/Laudien 2002). Neben einer Vorbereitungsphase umfasst die Therapie drei Behandlungsphasen, vorrangig die Verbesserung schwerer Probleme auf der Verhaltensebene (Phase 1), wie Überlebensstrategien, Therapiecompliance, Lebensqualität und Verhaltensfertigkeiten. In der zweiten Phase sollen die Folgen von traumatischen Erfahrungen aufgearbeitet werden, also die Verbesserung von Symptomatiken im Rahmen eines posttraumatischen Stresssyndroms und die Revision trauma-assoziierter Schemata erreicht werden. Die dritte Phase dient der Integration des Gelernten (Bohus 2002). Dies geschieht weitgehend im Rahmen der Einzeltherapie. Bei dem Gruppentraining handelt es sich um ein speziell auf die Bedürfnisse von Borderline-Patienten angepasstes Fertigkeitentraining, welches darauf abzielt, Stresstoleranz, Emotionsmodulation, zwischenmenschliche Fertigkeiten und innere Achtsamkeit zu fördern (Bohus 2002). Auch bei der *mentalisierungsbasierten Therapie* handelt es sich um eine Kombination aus Einzel- und Gruppentraining. Fonagy et al. (2000) verweisen darauf, dass bestehende Therapiekonzepte auch allesamt darauf abzielen, eine Bindungsbeziehung zum Patienten aufzubauen, diese zu nutzen, um einen interpersonalen Kontext zu generieren, in dem mentale Zustände in den Fokus gerückt werden, und versuchen eine Situation nachzubilden, in der das Selbst vom Therapeuten erkannt und vom Patienten wahrgenommen wird (Fonagy et al. 2000). Basis der Therapie, die Defizite in der Mentalisierungsfähigkeit als Auslöser der Borderline-Störung sieht, ist folgerichtig die Psychoanalyse und Bindungstheorie (AWMF 2009). Die Behandlung versucht das Erleben des Patienten im Hier-und-Jetzt und seine Wahrnehmung des Erlebens Anderer in den Mittelpunkt zu stellen und die auftauchenden Emotionen in einen Verstehenszusammenhang zu setzen (AWMF 2009). Behandlungsstrategien sind daher unter anderem die Verbesserung der Mentalisierungsfähigkeit, Überbrücken der Unterschiede zwischen affektiver Erfahrung und der symbolischen Repräsentation, Übertragung & Gegenübertragung, Arbeiten mit aktuellen mentalen Zuständen ebenso wie mit Erinnerungen (Bateman/Fonagy 2004). Die *Schematherapie* (Young et al. 2006) geht von einem Modell aus, dass sich frühe ungünstige Kindheitserlebnisse in maladaptiven Schemata manifestieren, die als Ursache von Persönlichkeitsstörungen gesehen werden. In der Therapie werden eben jene negativen Erfahrungen identifiziert und versucht, die Schemata mittels verhaltenstherapeutischen Techniken zu verändern. In der *Übertragungsfokussierten Psychotherapie* setzt man an der Aktivierung der verzerrten Selbst- und Objektbilder des Patienten an. Innerhalb des Schutzraumes der Therapie ist es dem Patienten möglich die Vergangenheit und Gegenwart zu reflektieren, um eine Veränderung der primitiven Objektrepräsentanzen zu erreichen (Clarkin et al. 2006). Zu den Strategien der Übertragungsfokussierten Psychotherapie gehören die Definition der dominierenden Objektbeziehungen, die Beobachtung und Interpretation der Rollenumkehr des Patienten sowie die Verbindung zwischen gegensätzlichen dyadischen Objektbeziehungen und die Erarbeitung der Fähigkeit des Patienten, andere Beziehungserfahrungen zu machen (Clarkin et al. 2006).

### 1.1.6 Borderline und Schule

Aufgrund der hohen Komorbiditätsraten und Symptomdeckungen der Borderline mit anderen Störungen ist von einer »Laiendiagnostik« ohne Zuhilfenahme externer Professioneller abzuraten. Selbstverletzendes Verhalten wie suizidale Neigungen können beispielsweise auch in Zusammenhang mit einer Depression, Beziehungsproblematiken mit einer Bindungsstörung und Störungen der Impulskontrolle mit ADHS stehen, um nur einige Beispiele zu nennen. Trotzdem sind die extremen Stimmungsschwankungen, insbesondere in Bezug auf leichte Trennungssituationen, und die dichotomen Denkmuster (gemeinhin als »Schwarz-Weiß-Denken« bezeichnet), die zur Folge haben, dass Bezugspersonen extrem idealisiert und zugleich entwertet werden, ebenso auffällig wie ein unklares Selbstbild, welches von Entwertung bis Größenwahn reicht, und häufig wechselnde Partnerschaftsbeziehungen. Fasst man diese Symptomatiken zusammen, so ist wohl die Wechselhaftigkeit des Verhaltens der kleinste gemeinsame Nenner, der eine Laienidentifizierung von Schüler/innen mit Borderline-Störung in Ansätzen ermöglicht und dazu auffordern sollte, professionelle Hilfe einzufordern. Auffälligstes Merkmal, welches allerdings ebenso für viele andere Störungen steht, sind wohl Suizidandrohungen und -andeutungen sowie selbstverletzendes Verhalten (bspw. Ritzen). Insbesondere bei Letzterem muss allerdings beachtet werden, dass dies nicht immer offensichtlich ist. So kann dies beispielsweise auch durch das Tragen langer Kleidung im Sommer oder durch die schlichte Verweigerung an der Teilnahme am Schwimmunterricht verdeckt werden.

Interventionen im schulischen Setting bei Borderline-Störungen sind – beachtet man die Inhalte der einschlägigen Psychotherapiemanuale – auf zwei Ebenen anzusiedeln. Erstens aufgrund der hohen Prävalenz von unsicher-ambivalenten Bindungsmustern und maladaptiven Beziehungserfahrungen auf Bindungsebene und zweitens als verhaltensmodifikatorische Maßnahmen (am Besten in Absprache mit dem Therapeuten). Aufgrund der Symptom- und Ursachenvielfalt von Borderline-Störungen sind pädagogische Interventionen im Setting Schule allerdings nicht nur kindzentriert, sondern auch auf Ebene der Lehrkräfte und der Eltern zu planen. Aufgrund der notwendigen Kürze dieser Ausarbeitung wird hinsichtlich bindungstheoretisch orientierter Interventionen lediglich auf das Kapitel Bindungsstörungen verwiesen und im Folgenden verhaltensmodifikatorische Möglichkeiten skizziert. Ansatzpunkte hierfür sind die Stärkung des Selbstwerts, adaptiver Attributionsstile, Angstabbau (siehe Beitrag Angststörungen) und Förderung der Impulskontrolle und Ärgerregulation (siehe Beitrag Aggression). Geeignet für den Einsatz in der Schule ist Grünkes (2003) Unterrichtsreihe auf Basis der rational-emotiven Erziehung (Grünke 2003). Diese fußt auf der Überzeugung, dass Gefühle aus Gedanken entstehen und wenn man mit Gedanken übertreibt, man folgerichtig auch mit Gefühlen übertreibt. Hier zeigt sich eine gewisse Ähnlichkeit zum bereits angesprochenen Modell der Emotionalen Kaskade (Selby et al. 2008). In Grünkes Unterrichtsreihe soll anhand von 12 Aktivitäten ein adäquater Umgang mit Gefühlen gelernt werden, indem beispielsweise der Zusammenhang zwischen Gedanken und Gefühlen, die Möglichkeiten des eigenen Einflusses auf Gedanken und Gefühle sowie die Überzeugung, dass rationales Denken lernbar ist, vermittelt werden (Grünke 2003). Adaptive Attributionsstile möchte das Trainingsprogramm »Resilienzförderung bei Risikokindern« (Julius/Goetze 1998) vermitteln. Attributionsstile beschreiben die Interpretation von Ereignissen, die auf das Individuum einwirken. So kann beispielsweise eine Vernachlässigung durch Bezugspersonen – adaptiv – external attribuiert werden, indem das Kind sich dies durch potentielle Überlastung der Eltern etc. erklärt oder – maladaptiv – internal, indem das Kind sich selbst als nicht wert wahrnimmt und deshalb die Vernachlässigung durch die Eltern als eine logische Konsequenz eigenen Fehlverhaltens sieht. Der Aufbau von adaptiven Attributionsstilen scheint für von Borderline betroffenen oder gefährdeten Schüler/innen aufgrund verzerrter Wahrnehmungsmuster besonders geeignet. Zur Förderung der Impulskontrolle sind Elemente aus ADHS-Trainingsprogrammen, wie beispielsweise dem Training mit aufmerksamkeitsgestörten Kindern (Lauth/Schlottke 2002), denkbar (für eine Übersicht siehe Walther/Ellinger 2008). Interessant ist auch das Training mit Jugendlichen (Petermann/Petermann 2000), welches unter anderem eine Verbesserung der Selbst- und Fremdwahrnehmung anstrebt sowie Selbstsicherheit und ein stabiles Selbstbild durch Einzel- und Gruppentrainings fördern möchte.

Sicherlich von Wert für die Planung des eigenen Lehrer/Erzieherverhaltens sind die Vorstellungen/Wünsche von Borderline-Patienten von einem guten Therapeuten (wenngleich dies natürlich nicht das Gleiche ist). Um nur einige Attribute zu nennen: Einfühlsam, verständnisvoll, klar und ehrlich, unterstützend, zuverlässig, beständig und im Kontrast dazu ignorant, desinteressiert, egoistisch, schleimig und kurz angebunden als das, was sich Borderline-Patienten nicht als Therapeuten wünschen (Dulz/Knauerhase 2005). In Übertragung auf das Setting Schule gewinnt dadurch der Aufbau einer vertrauensvollen Lehrkraft-Kind-Beziehung für Borderline Prä- und Intervention zunehmend an Bedeutung.

## 1.1.7 Symptomtabelle Borderline-Störungen

Tabelle 1: Diagnostische Kriterien Borderline-Störungen

| Diagnostische Leitlinien nach ICD-10 spezifische Persönlichkeitsstörungen | Diagnostische Kriterien nach DSM-IV-TR |
|---|---|
| 1. Deutliche Unausgeglichenheit in den Einstellungen und im Verhalten in mehreren Funktionsbereichen wie Affektivität, Antrieb, Impulskontrolle, Wahrnehmen und Denken sowie in den Beziehungen zu anderen.<br>2. Das auffällige Verhaltensmuster ist andauernd und gleichförmig und nicht auf Episoden psychischer Krankheiten begrenzt.<br>3. Das auffällige Verhaltensmuster ist tiefgreifend und in vielen persönlichen und sozialen Situationen eindeutig unpassend.<br>4. Die Störungen beginnen immer in der Kindheit oder Jugend und manifestieren sich auf Dauer im Erwachsenenalter.<br>5. Die Störung führt zu deutlichem subjektiven Leiden, manchmal jedoch erst im späteren Verlauf.<br>6. Die Störung ist meistens, aber nicht stets, mit deutlichen Einschränkungen der beruflichen und sozialen Leistungsfähigkeit verbunden. | 1. Verzweifeltes Bemühen, tatsächliches oder vermutetes Verlassenwerden zu vermeiden.<br>2. Ein Muster instabiler, aber intensiver zwischenmenschlicher Beziehungen, das durch einen Wechsel zwischen den Extremen der Idealisierung und Entwertung gekennzeichnet ist.<br>3. Identitätsstörung: Ausgeprägte und andauernde Instabilität des Selbstbildes oder der Selbstwahrnehmung.<br>4. Impulsivität in mindestens zwei potentiell selbstschädigenden Bereichen (Geldausgaben, Sexualität, Substanzmissbrauch, rücksichtsloses Fahren, »Fressanfälle«).<br>5. Wiederholte suizidale Handlungen, Selbstmordandeutungen oder -drohungen oder Selbstverletzungsverhalten.<br>6. Affektive Instabilität infolge einer ausgeprägten Reaktivität der Stimmung (z. B. hochgradig episodische Dysphorie, Reizbarkeit oder Angst, wobei diese Verstimmungen gewöhnlich einige Stunden und nur selten mehr als einige Tage andauern).<br>7. Chronisches Gefühl von Leere.<br>8. Unangemessene, heftige Wut oder Schwierigkeiten, die Wut zu kontrollieren (z. B. häufige Wutausbrüche, andauernde Wut, wiederholte körperliche Auseinandersetzungen).<br>9. Vorübergehende, durch Belastungen ausgelöste paranoide Vorstellungen oder schwere dissoziative Symptome. |

Zusammenfassend lässt sich als Borderline-typisch die Instabilität der Persönlichkeit und das damit verbundene gestörte Selbst- und Fremdbild sowie die Wechselhaftigkeit des Verhaltens charakterisieren. Die diagnostischen Kriterien des ICD sind nur in Kombination mit der unter Punkt 1.1.1 angeführten Definition vollständig, dann allerdings den Kriterien des DSM sehr ähnlich. Der besondere Fokus auf den aktiven Versuch potentielles Verlassenwerden zu vermeiden (Kriterium 1 im DSM) findet sich im ICD nicht, bekommt indes aufgrund der hohen Prävalenzen unsicher-ambivalenter Bindungsmuster bei Borderline-Patienten, für die dieses Verhalten typisch ist, eine besondere Bedeutung. Aus diesem Grund scheint die Klassifizierung nach DSM der Borderline-Beziehungsdynamik gerechter zu werden.

## Literatur

AWMF (2009): Persönlichkeitsstörungen. In: Leitlinien der Arbeitsgemeinschaft der Wissenschaftlichen Medizinischen Fachgesellschaften. http://www.awmf.org Stand: 26.06.2009.

Bateman, A./Fonagy, P. (2004): Psychotherapy for borderline personality disorder. Mentalization-based treatment. New York.

Benecke, C./Dammann, G. (2004): Nonverbales Verhalten von Patientinnen mit Borderline-Persönlichkeitsstörung. In: Hermer, M./Klinzing, H. G.: Nonverbale Prozesse in der Psychotherapie. Tübingen, 261–272.

Bierhoff, H. W./Grau, I. (1999): Romantische Beziehungen. Bern.

Bohus, M. (2002): Borderline-Störung. Göttingen.

Brücher, K./Laudien, D. (2002): Dialektisch-behaviorale Psychotherapie nach Marsha Linehan. In: Psychotherapeut. 3, 138–139.

Buchheim, A./Erk, S./George, C./Kächele, H./Kircher, T./Martius, P./Pokorny, D./Ruchsow, M./Spitzer, M./Walter, H. (2008): Neural correlates of attachment trauma in borderline personality disorder: A functional magnetic resonance imaging study. In: Psychiatry Research: Neuroimaging. 163, 223–235.

Clarkin, J. F./Yeomans, F. E./Kernberg, O. F. (2006): Psychotherapy for Borderline Personality. Focusing on Object Relations. Arlington.

Crowell, S. E./Beauchaine, T. P./Linehan, M. M. (2009): A Biosocial Developmental Model of Borderline Personality: Elaborating and Extending Linehan's Theory. In: Psychological Bulletin. 135 (3), 495–510.

Davison, G. C./Neale, J. M./Hautzinger, M. (2002): Klinische Psychologie. Weinheim.

Dilling, H./Mombour, W./Schmidt, M. H. (2008): Internationale Klassifikation psychischer Störungen ICD-10 Kapitel V (F). Bern.

Donegan, N. H./Sanislow, C. A./Blumberg, H. P./Fulbright, R. K./Lacadie, C./Skudlarski, P./Gore, J. C./Olson, I. R./McGlashan, T. H./Wexler, B. E. (2003): Amygdala hyperreactivity in borderline personality disorder: Implications for emotional dysregulation. In: Biological Psychiatry. 54 (11), 1284–1293.

Dulz, B. (2001): Der Formenkreis der Borderline-Störungen: Versuch einer deskriptiven Systematik. In: Kernberg, O. F./Dulz, B./Sachsse, U.: Handbuch der Borderline-Störungen. Stuttgart, New York, 57–74.

Dulz, B./Knauerhase, N. (2005): Borderline-Struktur und professionelle Helfer. In: Kernberg, O. F./Dulz, B./Eckert, J.: Wir: Psychotherapeuten über sich und ihren »unmöglichen« Beruf. Stuttgart, 181–191.

Fonagy, P./Leigh, T./Steele, M./Howard, S./Kennedy, R./Gretta, M. (1996): The Relation of Attachment Status, Psychiatric Classification, and Response to Psychotherapy. In: Jornal of Consulting and Clinical Psychology. 64 (1), 22–31.

Fonagy, P./Target, M./Gergely, G. (2000): Attachment and Borderline Personality Disorder. A Theory and Some Evidence. In: The Psychiatric Clinics of North America. 23 (1), 103–122.

Grilo, C. M./Shea, T. M./Sanislow, C. A./E., S. A./Gunderson, J. G./Stout, R. L./Pagano, M. E./Yen, S./Morey, L. C./Zanarini, M. C./McGlshan, T. H. (2004): Two-Year Stability and Change of Schizotypal, Borderline, Avoidant, and Obsessive-Compulsive Personality Disorders. In: Journal of Consulting and Clinical Psychology. 72 (5), 767–775.

Grünke, M. (2003): Eine Unterrichtsreihe zur Resilienzförderung auf Basis der rational emotiven Erziehung (REE) bei lernbeeinträchtigten Kindern. In: Behindertenpädagogik. 42 (1/2), 19–28.

Gunderson, J. G./Daversa, M. T./Grilo, C. M./McGlashan, T. H./Zanarini, M. C./Shea, T. M./Skodol, A. E./Yen, S./Sanislow, C. A./Bender, D. S./Dyck, I. R./Morey, L. C./Stout, R. L. (2006): Predictors od 2-Year Outcome dor Patients With Borderline Personality Disorder. In: American Journal of Psychiatry. 163, 822–826.

Herpertz, S./Saß, H. (2001): Die Borderline-Persönlichkeitsstörung in der historischen und aktuellen psychiatrischen Klassifikation. In: Kernberg, O. F./Dulz, B./Ulrich, S.: Handbuch der Borderline-Störungen. Stuttgart/New York, 115–123.

Hoffmann, S. O. (2001): Angst – zentrales Phänomen in der Psychodynamik und Symptomatologie des Borderline-Patienten. In: Kernberg, O. F./Dulz, B./Sachsse, U.: Handbuch der Borderline-Störungen. Stuttgart/New York, 227–236.

Julius, H./Goetze, H. (1998): Resilienzförderung bei Risikokindern. Ein Trainingsprogramm zur Veränderung maladaptiver Attributionsmuster. Potsdam.

Kind, J. (2001): Zur Entwicklung psychoanalytischer Borderline-Konzepte seit Freud. In: Kernberg, O. F./Dulz, B./Sachsse, U.: Handbuch der Borderline-Störungen. Stuttgart/New York, 27–44.

Kjellander, C./Bongar, B./King, A. (1998): Suicidality in Borderline Personality Disorder. In: Crisis. 19 (3), 125–135.

Lauth, G. W./Schlottke, P. F. (2002): Training mit aufmerksamkeitsgestörten Kindern. Weinheim.

Myschker, N. (2008): Verhaltensstörungen bei Kindern und Jugendlichen. Erscheinungsformen – Ursachen – Hilfreiche Maßnahmen. Stuttgart.

Nigg, J. T./Goldsmith, H. H. (1994): Genetics of Personality Disorders: Perspectives From Personality and Psychopathology Research. In: Psychological Bulletin. 115 (3), 346–380.

Patrick, M./Hobson, R. P./Castle, D./Howard, R./Maughan, B. (1994): Personality disorder and the mental representation of early social experience. In: Develomental Psychology. 6, 375–388.

Petermann, F./Petermann, U. (2000): Training mit Jugendlichen. Förderung von Arbeits- und Sozialverhalten. Göttingen.

Saß, H./Wittchen, H.-U./Zaudig, M. (2003): Diagnostisches und Statistisches Manual Psychischer Störungen. (DSM-IV-TR): Textrevision. Göttingen.

Schulz, S. C./Zanarini, M. C./Bateman, A./Bohus, M./Detke, H. C./Trzaskorna, Q./Tanaka, Y./Lin, D./Deberdt, W./Crorya, S. (2008): Olanzapine for the treatment of borderline personality disorder: variable dose 12-week randomised double-blind placebo-controlled study. In: British Journal of Psychiatry. 193, 485–492.

Selby, E. A./Anestis, M. D./Bender, T. W./Joiner, T. E. (2009): An Exploration of the Emotional Cascade Model in Borderline Personality Disorder. In: Journal of Abnormal Psychology. 118 (2), 375–387.

Selby, E. A./Anestis, M. D./Joiner, T. E. (2008): Understanding the relationship between emotional and behavioral dysregulation: Emotional cascades. In: Behaviour Research and Therapy. 46, 593–611.

Torgersen, S. (2000): Genetics of patients with borderline personality disorder. In: Psychiatric Clinics of North America. 23 (1), 1–9.

Trull, T. J./Waudby, C. J./Sher, K. J. (2004): Alcohol. Tobacco, and Drug Use Disorders and Personal Disorder Symptoms. In: Experimental and Clinical Psychopharmacology. 12 (1), 65–75.

Walther, P./Ellinger, S. (2008): Effektivität von Förderprogrammen bei Aufmerksamkeitsstörung und Hyperaktivität (ADS/ADHS). In: Fingerle, M./Ellinger, S.: Sonderpädagogische Förderprogramme im Vergleich. Orientierungshilfen für die Praxis. Stuttgart, 157–192.

Young, J. E./Klosko, J. S./Weishaar, M. E. (2006): Schematherapie. Ein praxisorientiertes Handbuch. Paderborn.

Zanarini, M. C./Frankenburg, F. R./Hennen, J./Reich, D. B./Silk, K. R. (2006): Prediction of the 10-year Course of Borderline Personality Disorder. In: American Journal of Psychiatry. 163, 827–832.

Zanarini, M. C./Frankenburg, F. R./Reich, D. B./Silk, K. R./Hudson, J. I./McSweeney, L. B. (2007): The Subsyndromal Phenomenology of Borderline Personality Disorder: A 10-Year Follow-Up Study. In: American Journal of Psychiatry. 164, 929–935.

Zanarini, M. C./Williams, A. A./Lewis, R. E./Reich, R. B./Vera, S. C./Marino, M. F./Levin, A./Yong, L./Frankenburg, F. R. (1997): Reported Pathological Childhood Expereinces Associated With the Development of Borderline Personality Disorder. In: The American Journal of Psychiatry. 154 (8), 1101–1106.

Laura Villalba y Weinberg und Hannah Schott

## 1.2 Aggression, Aggressivität und aggressives Verhalten

### 1.2.1 Definition des Phänomens nach ICD-10 und DSM-IV

Die begriffliche Definition von Aggression und Aggressivität ist umstritten, so wird Aggression als (feindseliges) Angriffsverhalten verstanden, Aggressivität hingegen als Persönlichkeitseigenschaft. Im Kindesalter lassen sich verschiedene Arten ›natürlicher‹ Aggressionen beobachten. Dabei wird im Folgenden auf die *spielerische Aggression, Aggression auf Frustration* und *Aggression als Mittel zum Auskundschaften des sozialen Verhaltensspielraums* eingegangen (vgl. Hassenstein 2001, 85 ff.). Bei der spielerischen Aggression handelt es sich um kämpferische Verhaltensweisen des Kindes, die ins Spielverhalten integriert werden, ohne dass dabei feindliche Stimmungen des Kindes vorliegen. Bspw. Kampfspiele sind gewöhnlicher Bestandteil vom kindlichen Gruppenspiel. »Man hat dabei den Eindruck, der Motor für das spielerische Angreifen sei der Drang zum Spielen selbst« (Hassenstein 2001, 85). Des Weiteren lassen sich Aggressionen auch im Zusammenhang mit verhinderter Bedürfnisbefriedigung beobachten. Bei Nichterfüllung eines Bedürfnisses oder Wunsches bzw. bei Frustration, gilt aggressives Verhalten als eine natürliche Reaktion von Kindern wie von Erwachsenen. Dabei ist diese Eigenschaft unterschiedlich stark ausgeprägt. Zudem lässt sich im Kindesalter eine »aggressiv soziale Exploration« beobachten (vgl. Hassenstein 2001, 86). Diese Art der Aggression ist nicht auf die Nichterfüllung von Bedürfnissen zurückzuführen, vielmehr dient sie den Kindern zur Erkundung der Grenzen ihrer sozialen Umwelt. »Das anscheinend motivlose Neinsagen und Bockigsein der Kinder ist so kennzeichnend, dass man von einem ›Trotzalter‹ spricht« (Hassenstein 2001, 86). Dabei testen Kinder nicht nur aus, wie weit sie gehen können, sondern verfolgen auch das Ziel, eine höhere Rangstufe in der Spielgemeinschaft oder der Familie zu erringen.

Neben den bisher aufgeführten ›natürlichen‹ Aggressionsformen, die der kindlichen Entwicklung zugrunde liegen, lassen sich auch ›krankhafte‹ aggressive Verhaltensweisen beschreiben. Aggression als Störung beschreibt ein Verhalten, das darauf ausgerichtet ist, jemandem direkt oder indirekt Schaden zuzufügen (vgl. Scheithauer/Petermann 2002, 188). Die Problematik des aggressiven Verhaltens kann aus verschiedenen Blickwinkeln beleuchtet werden: Die Störung zeigt sich in *oppositionellem, aggressivem (antisozialem)* und *delinquentem Verhalten* (vgl. Petermann et al. 2007a, 1). So meint oppositionelles Verhalten eine generelle Trotzhaltung, aggressives bzw. antisoziales Verhalten bezieht sich auf den Regelverstoß gegen vorherrschende Normen und Werte der Gesellschaft und delinquentes Verhalten beinhaltet die juristische Perspektive.

Weiterhin sind bestimmte Aggressionsformen typisch für Entwicklungsphasen. So ist das oppositionelle Trotzverhalten charakteristisch für das Kindesalter, das dissoziale oder delinquente Verhalten hingegen für das Jugendalter (vgl. Petermann et al. 2007a, 2). Moffitt (1990) unterscheidet zusätzlich zwischen persistenter Delinquenz mit Beginn im Kindesalter und der Jugenddelinquenz, die auf diese Lebensphase beschränkt bleibt und meistens auf einen Zeitraum von wenigen Jahren begrenzt ist (vgl. auch Loeber et al. 1999). Aggressiv-dissoziales Verhalten von Kindern und Jugendlichen zeigt ein sehr heterogenes Erscheinungsbild. Eine Unterscheidung verschiedener Ausdrucksformen erscheint daher notwendig. Dabei hängen die Formen aggressiven Verhaltens entscheidend vom Alter und Geschlecht des Kindes oder Jugendlichen ab. So zeigen Jungen eher offen-direkte sowie körperliche Aggressionen und Mädchen hingegen hinterhältig-verdeckte und verbale Formen aggressiven Verhaltens (vgl. Petermann/Petermann 2008, 5).

Tabelle 1: Ausdrucksformen aggressiven Verhaltens (vgl. Vitello/Stoff 1997)

| Ausdrucksformen | Erläuterungen |
| --- | --- |
| feindselig vs. instrumentell | • mit dem Ziel, direkt Schaden zuzufügen<br>• mit dem Ziel, indirekt etwas Bestimmtes zu erreichen |
| offen-direkt vs. hinterhältig-verdeckt | • feindselig und trotzig, eher impulsiv<br>• versteckt, instrumentell und eher kontrolliert |
| aktiv vs. reaktiv | • aggressive Handlung wird ausgeführt, mit dem Ziel etwas Bestimmtes zu erreichen<br>• aggressive Handlung als Reaktion auf eine wahrgenommene Bedrohung |
| affektiv vs. räuberisch | • ungeplantes, unkontrolliertes Verhalten<br>• zielorientierte geplante und eher versteckte Form von aggressivem Verhalten |

Um die Problemverhaltensweisen als klinisch-relevant einzustufen, rücken Intensität und Stabilität des aggressiven Verhaltens in den Vordergrund (vgl. Scheithauer/Petermann 2002, 188). Die Problemverhaltensweise muss von ›normalen‹, zeitlich begrenzten und entwicklungsbedingten Phänomenen abgrenzbar sein (vgl. Scheithauer/Petermann 2002, 188).

In den Klassifikationssystemen zur Beschreibung psychischer Störungen ICD-10 und DSM-IV wird die Störung des Sozialverhaltens wie folgt eingeordnet:

Unter den *Verhaltens- und emotionalen Störungen mit Beginn in der Kindheit und Jugend* wird aggressives Verhalten in der ICD-10 als *Störung des Sozialverhaltens* klassifiziert. Das ICD-10 differenziert nach Typen der Störung des Sozialverhaltens unter Berücksichtigung der Umgebung, der betroffenen sozialen Bereiche und des Auftretens anderer Störungen (vgl. Tabelle 2). Im ICD-10 ist die Störung des Sozialverhaltens mit oppositionellem Verhalten (F91.3) eine Subkategorie der Störungen des Sozialverhaltens. Die Symptomkriterien unterscheiden sich nur unwesentlich von denen im DSM-IV.

Im DSM-IV werden zwei aggressive Störungen unterschieden. Demnach lassen sich die *Störung des Sozialverhaltens* und die *Störung mit oppositionellem (Trotz-) Verhalten* klassifizieren. Dabei ist die Störung mit oppositionellem Trotzverhalten als weniger schwerwiegend einzuordnen. Hauptmerkmal der *Störung des Sozialverhaltens* ist ein sich wiederholendes Verhaltensmuster, das die grundlegenden Rechte anderer verletzt sowie wichtige, altersrelevante Normen und Regeln nicht beachtet. Symptome für diese Form aggressiven Verhaltens müssen in einem Zeitraum von mindestens einem halben Jahr auftreten (vgl. Tabelle 2). Dabei muss ein Symptom aus der Symptomliste konstant während der letzten sechs Monate und mindestens drei weitere über einen Zeitraum von zwölf Monaten auftreten (vgl. Scheithauer/ Petermann 2002, 189). Des Weiteren sollte eine Beeinträchtigung im schulischen, beruflichen oder sozialen Bereich vorliegen. Abhängig von diesen Kriterien (Art, Anzahl und Intensität der Problemverhaltensweisen) unterscheidet man den Grad der Störung. Zudem werden im DSM-IV zwei Subtypen der Störung des Sozialverhaltens, abhängig vom Alter beim Störungsbeginn, unterschieden (APA, 1996): Typus mit Beginn in der Kindheit und Typus mit Beginn in der Adoleszenz.

Kennzeichen für die *Störung des Sozialverhaltens mit oppositionellem Trotzverhalten* sind Verhaltensweisen, die wiederkehrend, trotzig, ungehorsam und feindselig auftreten und sich meist gegen Autoritätspersonen richten (vgl. Tabelle 2) (vgl. Scheithauer/Petermann 2002, 189). Aus der Symptomliste müssen mindestens vier Kriterien auftreten, und das über einen Zeitraum von mindestens sechs Monaten. Dabei ist die Intensität der Verhaltensweisen entscheidend, ebenso das fast ausschließliche Auftreten im häuslichen Umfeld.

### 1.2.2 Epidemiologie, Komorbidität, Verlauf

»Die Prävalenz aggressiven Verhaltens in der Allgemeinbevölkerung variiert in epidemiologischen Studien sehr« (Scheithauer/Petermann 2002, 191). 8% der Kinder und Jugendlichen sind von der Störung des Sozialverhaltens betroffen (vgl. Petermann et al. 2007a, 8). Festgemacht wird eine kritische Entwicklungsphase zwischen dem dritten und vierten Lebensjahr, dabei bewegen sich die Prävalenzraten zwischen 7,3% und 13,2%, ab dem fünften Lebensjahr hingegen bei 10% (vgl. Petermann et al. 2007b, 1). Die Störung des Sozialverhaltens mit oppositionellem Trotzverhalten zeigt ähnliche Zahlen und Verteilungen. Wobei die Störung mit oppositionellem Trotzverhalten oft als Vorläuferstörung für die Störung des Sozialverhaltens betrachtet wird (vgl. Petermann et al. 2007a, 8). Die Trends in den epidemiologischen Studien lassen sich wie folgt zusammenfassen (vgl. Scheithauer/Petermann 2002, 191 f.):
- Die Symptomatik erweist sich als geschlechtsabhängig. So zeigen Jungen eher direkte und ernstere aggressive und delinquente Verhaltensweisen, Mädchen hin-

gegen nutzen indirekte Formen (vgl. Petermann et al. 2007a, 9). Dabei tritt die Störung bei Jungen (6%–16%) und Mädchen (2%–9%) unterschiedlich oft auf. Eine vorübergehende Angleichung der Prävalenz bei Jungen und Mädchen ist während der Adoleszenz gegeben (vgl. Petermann et al 2007b, 1).
- »Generell ist ein kontinuierlicher Anstieg in der Auftretensrate dissozialer Auffälligkeiten vom Kindes- und Jugendalter und ein deutlicher Rückgang nach dem Heranwachsendenalter (ab dem 21. Lebensjahr) zu verzeichnen« (Petermann et al. 2007a, 9).
- Informanteneffekte sind zu beobachten: »Eltern berichten häufiger von einer Störung mit oppositionellem Trotzverhalten bei ihren Kindern als ihre Kinder selbst, jedoch im geringerem Umfang von einer Störung des Sozialverhaltens« (Scheithauer/Petermann 2002, 191). Dies lässt sich durch die verdeckten Symptome der Störung des Sozialverhaltens erklären, die dem elterlichen Blick vorenthalten bleiben.
- Es sind starke Schwankungen bezüglich der Auftretensrate aggressiven Verhaltens zu verzeichnen. Das lässt sich auf die methodischen Unterschiede in epidemiologischen Studien zurückführen, bspw. bezüglich der Erfassungszeiträume (Punkt-, Perioden- und Lebenszeitprävalenz) oder der unterschiedlichen Diagnosekriterien zur Falldefinition (vgl. Scheithauer/Petermann 2002, 191).

Die Betrachtung der Komorbidität ist nicht nur für die Entstehung und Klassifikation bedeutend, sondern auch für den Störungs- und Behandlungsverlauf (vgl. Scheithauer/Petermann 2002, 192). »Aggressives Verhalten geht häufig mit einer Reihe weiterer psychischer Störungen einher« (Petermann et al. 2007a, 12). Aus den Ergebnissen zur Komorbidität aggressiven Verhaltens von Scheithauer/Petermann lassen sich folgende Trends formulieren (Scheithauer/Petermann 2002, 192 f., für eine ausführlichere Erläuterung ebd.):

1. Aggressive und Aufmerksamkeitsstörungen treten häufig komorbid auf.
2. Die Störung des Sozialverhaltens und die Störung mit oppositionellem Trotzverhalten treten häufig komorbid auf.
3. Aggressive Störungen und Depressionen treten häufig komorbid auf.

Ist bei Kindern die Komorbidität von aggressiver und Aufmerksamkeitsstörung gegeben, so berichten diese von stärker ausgeprägten psychosozialen Beeinträchtigungen sowie Funktionsdefiziten (vgl. Scheithauer/Petermann 2002, 193). Dabei ist der Störungsverlauf stabiler und es liegt ein erhöhtes Risiko für weitere psychische Erkrankungen vor. Weisen Kinder komorbid aggressive und depressive Störungen auf, so ist auch hier mit schwerwiegenden psychosozialen Beeinträchtigungen zu rechnen, wie bspw. mit Suizidgefahr. Das Risiko für andere psychische Störungen ist ebenfalls ausgeprägter (vgl. Scheithauer/Petermann 2002, 194).

Tabelle 2: Klassifikation und Symptome von aggressiv-dissozialem Verhalten im Vergleich der Klassifikationssysteme ICD-10 und DSM-IV (vgl. APA 1996; Saß et al. 2003, 127 ff.; Dilling et al. 2008)

| ICD-10 | Subtypen | Symptome | DSM-IV | Symptome |
|---|---|---|---|---|
| Typen der Störung des Sozialverhaltens (F91.-) | F91.0 Auf den familiären Rahmen beschränkte Störung des Sozialverhaltens | Aggressiv-dissoziales Verhalten auf den häuslichen Rahmen bezogen | F91.0/1/2 Übersteigt oppositionelles oder trotziges Verhalten — Symptomliste für die Störung des Sozialverhaltens | Aggress. Verhalten gegenüber Menschen/Tieren:<br>• bedroht oder schüchtert andere häufig ein<br>• beginnt häufig Schlägereien<br>• hat schon Waffen benutzt, die anderen schweren körperlichen Schaden zufügen können (z. B. Schlagstöcke, Ziegelsteine, zerbrochene Flaschen, Messer, Gewehre)<br>• ist körperlich grausam zu Menschen<br>• quält Tiere<br>• hat in Konfrontation mit dem Opfer gestohlen (z. B. Überfall, Taschendiebstahl, Erpressung, bewaffneter Raubüberfall)<br>• zwingt andere zu sexuellen Handlungen<br>Zerstörung von Eigentum:<br>• begeht vorsätzliche Brandstiftung mit der Absicht, schweren Schaden zu verursachen<br>• zerstört vorsätzlich fremdes Eigentum (jedoch nicht durch Brandstiftung)<br>Betrug und Diebstahl:<br>• bricht in fremde Wohnungen, Gebäude oder Autos ein<br>• lügt häufig, um sich Güter oder Vorteile zu verschaffen oder um Verpflichtungen zu entgehen (d. h. »legt andere herein«)<br>• stiehlt Gegenstände von erheblichem Wert ohne Konfrontation mit dem Opfer (z. B. Ladendiebstahl, jedoch ohne Einbruch, sowie Fälschungen)<br>Schwere Regelverstöße:<br>• bleibt schon vor dem 13. Lebensjahr trotz elterlicher Verbote häufig über Nacht weg<br>• läuft mindestens zweimal über Nacht von zu Hause weg, während er noch bei den Eltern oder bei einer anderen Bezugsperson wohnt (oder nur einmal mit Rückkehr erst nach längerer Zeit)<br>• schwänzt schon vor dem 13. Lebensjahr häufig die Schule |
| | F91.1 Störung des Sozialverhaltens bei fehlenden sozialen Bindungen | Einhergehend mit andauernder Beeinträchtigung der Beziehung des Kindes zu anderen Personen (insbesondere zur Gruppe der Gleichaltrigen) | | |
| | F91.2 Störung des Sozialverhaltens bei vorhandenen sozialen Bindungen | Aggressives Verhalten mit guter sozialer Einbindung | | |
| | F91.3 Störung des Sozialverhaltens mit oppositionellem, aufsässigem Verhalten | Ungehorsames und trotziges Verhalten bei Fehlen schwerer delinquenter oder aggressiver Verhaltensweisen, das typischerweise vor dem neunten Lebensjahr auftritt. | Symptomliste für oppositionelles Trotzverhalten | • wird schnell ärgerlich<br>• streitet sich häufig mit Erwachsenen<br>• widersetzt sich häufig aktiv den Anweisungen oder Regeln von Erwachsenen oder weigert sich, diese zu befolgen<br>• verärgert andere häufig absichtlich<br>• schiebt häufig die Schuld für eigene Fehler oder eigenes Fehlverhalten auf andere<br>• ist häufig empfindlich oder lässt sich von anderen leicht verärgern<br>• ist häufig wütend und beleidigt<br>• ist häufig boshaft und nachtragend |

| ICD-10 | Subtypen | Symptome | DSM-IV | Symptome |
|---|---|---|---|---|
| Typen der Störung des Sozialverhaltens (F91.-) | 91.8/F91.9 Andere bzw. nicht näher bezeichnete Störung des Sozialverhaltens | Störungstyp, bei dem die Kriterien einer Störung des Sozialverhaltens erfüllt werden, eine Zuordnung zu einer Subgruppe aber nicht möglich ist. | kein Äquivalent | |
| | F92 Kombinierte Störung des Sozialverhaltens und der Emotionen | Störung des Sozialverhaltens, die in Kombination mit einer emotionalen Störung (z. B. Depression oder Zwangsgedanken) auftritt. | | |

Der Zeitpunkt des Beginns der Störung ist entscheidend für das Aufweisen anderer Komorbiditäten: »Bei einem frühen Beginn treten delinquente Handlungen, Substanzmissbrauch, Stehlen, Unterbringung außerhalb des Elternhauses und vermehrte offene Aggressionen auf; ein späterer Beginn führt zu einer geringeren Zahl von Beeinträchtigungen und einer günstigeren Prognose« (Petermann et al. 2007a, 5).

Der Verlauf dissozial-aggressiven Verhaltens ist sehr stabil »und geht mit vielfältigen psychosozialen Beeinträchtigungen einher« (Petermann et al. 2007a, 9). So lassen sich vier Faktoren festmachen, die eine Stabilität aggressiv-dissozialen Verhaltens verstärken, dabei handelt es sich um voneinander unabhängigen Faktoren (vgl. Petermann et al. 2007a, 10):
- früher Beginn in der Kindheit
- häufiges Auftreten
- viele Verhaltensbereiche betreffend
- bezogen auf viele Lebensbereiche (Peers, Familie, Schule etc.)

Diese Annahmen werden durch Längsschnittstudien belegt (vgl. Petermann/Petermann 2008, 12).

Es lassen sich zwei Entwicklungspfade beschreiben, die durch unterschiedlichen Beginn der Störung charakterisiert werden (vgl. Moffitt 1993, 677; Petermann/Petermann 2008, 12 ff.; Scheithauer/Petermann 2002, 196).

*Über den Lebenslauf stabiler Entwicklungspfad:*
Kennzeichnend ist ein früher Störungsbeginn. Dieser begünstigt eine mangelnde soziale und schulische Anpassung, wie auch die Stabilität aggressiver Verhaltensweisen und weiterer psychischer Störungen. Die ungünstigen Verhaltensmuster entwickeln sich überwiegend in der Vorschulzeit und im familiären Kontext.

*Auf das Jugendalter begrenzter Entwicklungspfad:*
Beginn ist die späte Kindheit oder das frühe Jugendalter. Dabei spielt der Einfluss durch Gleichaltrige eine bedeutende Rolle. Die aggressiven Verhaltensweisen sind von vorübergehender Erscheinung und werden spätestens im Übergang zum Erwachsenenalter abgelegt.

Ersterer Entwicklungsverlauf weist die deutlich schlechteren Prognosen auf. Patterson/Bank (1989) veranschaulichen den Verlauf einer Störung des Sozialverhaltens. Sie unterteilen die Entwicklung aggressiven Verhaltens in vier Stufen: Auf der ersten Stufe begünstigt eine Störung der Eltern-Kind-Interaktion aggressives Verhalten. Das Kind überträgt dann auf der nächsten Stufe die aggressiven Verhaltensweisen auf seine soziale Umwelt. Das Problemverhalten belastet zunächst bestehende und entstehende Sozialkontakte des Kindes und wird durch die meist ablehnenden Reaktionen der Umwelt verstärkt. Auf der dritten Stufe reagiert das Kind auf die soziale Ablehnung mit Zuflucht zu Gleichaltrigengruppen, die diese Verhaltensweisen akzeptieren, wodurch das aggressive Verhalten weiter verstärkt wird. In der letzten Stufe folgt auf das Problemverhalten die gesellschaftliche Sanktionierung.

### 1.2.3 Ansätze zur Erklärung aggressiven Verhaltens

Aggressionen weisen zunächst, wie man an molekulargenetischen, Zwillings- und Adoptionsstudien feststellen kann, Hinweise auf genetische Einflüsse auf, die jedoch aufgrund des heterogenen Erscheinungsbildes keine eindeutigen Befunde darstellen (vgl. Carey/Goldman 1997). Man kann hier davon ausgehen, dass Genabschnitte indirekt zur Entstehung von Aggressionen beitragen können, indem sie über eine Disposition zu impulsivem Verhalten wirken.

Dem genetischen Modell zur Erklärung der Genese von Aggression stehen vor allem lerntheoretische Ansätze gegenüber. Diesen liegt die Annahme zugrunde, dass aggressives Verhalten bereits im Kindesalter erlernt und unter verschiedenen Bedingungen aufrechterhalten wird (vgl. Eron 1997). In diesem Rahmen soll aggressives Verhalten durch positive und negative Verstärkung erlernt werden (das Kind erreicht durch aggressives Verhalten ein intendiertes Ziel bzw. erreicht es durch aggressives Verhalten, ungewollte Situationen vermeiden zu können), durch Duldung des Verhaltens oder durch Modelllernen (z. B. Eltern oder Medien). Es ist allgemein davon auszugehen, dass genetische und Umweltfaktoren einander wechselseitig beeinflussen, indem sie die Wahrscheinlichkeit einer Entwicklung von aggressivem Verhalten erhöhen oder senken. Hier stößt man auf das Modell der Risikofaktoren. Risikofaktoren stellen keine ursächlichen Faktoren dar, sondern erhöhen die Wahrscheinlichkeit, dass sich eine aggressive Verhaltensstörung entwickeln bzw. aufrecht erhalten werden kann (vgl. Scheithauer/Petermann 2002). In bestimmten Konstellationen und unter Anhäufung verschiedener risikoerhöhender Faktoren weisen Kinder mit höherer Wahrscheinlichkeit stabiles aggressives Verhalten auf. Risikofaktoren können zunächst auf biologischer Ebene angesiedelt sein. Hier wurde festgestellt, dass aggressives Verhalten mit einem geringen Aktivationsniveau verbunden ist (vgl. Raine 1997). Außerdem können differenziertere Zusammenhänge gezeigt werden, indem z. B. impulsiv-aggressives Verhalten mit verschiedenen Erregungszeichen des vegetativen Nervensystems in Verbindung gebracht werden kann (vgl. Blanz 1998). Weiterhin verweist die Forschung auf frühe Verhaltensfaktoren, die risikoerhöhend wirken können. Dazu werden laut Scheithauer/Petermann (2002, 198) ein schwieriges Temperament und frühes impulsives Verhalten gezählt, welche direkt mit aggressivem Verhalten in Zusammenhang stehen oder vermittelnd durch entsprechende elterliche Reaktionen begünstigt werden können. An dieser Stelle ist auf den Einfluss von Bindungsmustern zu verweisen. Nach Van Ijzendoorn (1997) steht aggressives Verhalten im Schulalter im Zusammenhang mit unsicheren und desorganisierten Bindungsstilen. Ungünstiges elterliches Erziehungsverhalten stellt einen weiteren risikoerhöhenden Faktor dar. Nicht nur Duldung, Verstärkung oder Lernen am Modell, wie sie im Rahmen lerntheoretischer Erklärungsmodelle dargestellt wurden, sondern auch Desinteresse, Inkonsistenz, überkontrollierendes und strenges Erziehungsverhalten oder widersprüchliche Anweisungen können als risikoerhöhende Erziehungsstile betrachtet werden (vgl. Scheithauer/Petermann 2002, 202). Im Rahmen familiärer Risikofaktoren sind außerdem psychische Störungen der Eltern, Vernachlässigung und Misshandlung ein ungünstiges Problemlöseverhalten der Eltern sowie ein niedriger sozioökonomischer Status zu nennen, die dann vermittelnd aggressives Verhalten begünstigen. Neben biologischen, frühen Verhaltensfaktoren und familiären Faktoren verweisen Scheithauer/Petermann (2002) auf den Einfluss kognitiver und sozial-kognitiver Faktoren für das Entstehen aggressiven Verhaltens. Hier weisen geringe kognitive Fertigkeiten Zusammenhänge mit früh auftretendem aggressivem Verhalten auf (vgl. Loeber/Hay 1997). Insbesondere dem verbalen IQ wird hier eine tragende Bedeutung zugesprochen. Dodge/Schwartz (1997) zeigen zudem anhand eines sozial-kognitiven Verarbeitungsmodells Defizite auf verschiedenen Stufen auf, welche die Kodierung von Schlüsselreizen, die Reizinterpretation, die Zielklärung, die Antwortsuche, die Antwortentscheidung und die Ausführung betreffen. Im Rahmen sozialer Faktoren ist schließlich auf den Einfluss von Peers hinzuweisen, der insbesondere im Jugendalter stark an Bedeutung zunimmt. Cairns et al. (1997) fassen zusammen, dass aggressive Kinder von Peers in der Regel als unbeliebt eingestuft werden, während sie enge Beziehungen zu anderen aggressiven Kindern aufweisen. Bedeutsam ist hier, dass die Anbindung an eine dissoziale Gruppe mit der Stabilität des aggressiven Verhaltens einhergeht.

### 1.2.4 Aggressives Verhalten in der Schule

Aggressives Verhalten zeigt sich als sehr heterogenes Erscheinungsbild, das in ganz unterschiedlicher Weise in der Schule in Erscheinung treten kann. Haupt- und Sonderschulen sind am häufigsten von Aggressivität bzw. von Gewalt betroffen, aber auch in der Grundschule sind diese Phänomene nicht selten anzutreffen (aus Petermann/Natzke 2008).

Wie bereits beschrieben wurde, kann nach der Unterteilung aggressiven Verhaltens in vier dichotome Typen von Ausdrucksformen nach Vitiello/Stoff dieses als *feindseliges, instrumentelles, offenes, verdecktes, reaktives, aktives, affektives* und *räuberisches* Verhalten auftreten. Nach dieser Kategorisierung fallen am meisten impulsive, offene und feindselige Aggressionen in pädagogischen settings ins Auge. Impulsive und oppositionelle Formen aggressiven Verhaltens können dabei schnell mit hyperaktiven Verhaltensweisen verwechselt werden. Instrumentelle und verdeckte Formen der Aggressivität fallen im Unterricht weniger schnell ins Auge (vgl. unten). Für aggressive Mädchen beispielsweise sind eher indirekte, weniger offensichtliche Verhaltensweisen (vgl. Östermann et al. 1998) wie Mobbing, verbale Aggression oder selbstgefährdendes Verhalten typisch, die dann schnell übersehen oder nicht als aggressives Verhalten interpretiert werden. Bei Jungen, die eher direkte und physische Gewalt anwenden, wird aggressives Verhalten daher weitaus häufiger festgestellt. In letzter Zeit kann man in Schulen in besonders starker Ausprägung Mobbing (= Bullying) beobachten: Bei dieser direkt oder indirekt ausagierten Form aggressiven Verhaltens besteht ein psychisches oder physisches Ungleichgewicht »zwischen Schülern, die andere schikanieren (bully), und denen, die viktimisiert werden (victim)« (Petermann/Natzke 2008, 534). Da Bullying meistens im Rahmen einer stabilen Gruppe auftritt, bestehen für die Opfer schlechte Möglichkeiten, sich vor den Übergriffen zu schützen. Studien zu Gewalt an Schulen in Deutschland zeigen aber auch, dass diese eine diesbezügliche moderate Zunahme aufweisen. Dabei sollen relativ wenige strafrechtlich relevante Delikte auftreten, wohingegen leichte Formen von Gewalt häufig anzutreffen sind. Auch ist neben Vandalismus verbale Gewalt am häufigsten registriert. Der Anteil auffälliger Gewalttäter wird dabei auf 3% geschätzt (in Petermann/Natzke 2008).

Wie ebenfalls in Punkt 1 erwähnt wurde, tritt aggressives Verhalten außerdem in alterstypischen Formen auf. So sind für jüngere Kinder oppositionelle und trotzige Verhaltensweisen typisch, während Bedrohungen, gesetzliche Regelverstöße und körperliche Gewalt eher von Jugendlichen praktiziert werden (vgl. Rutter 1997). Im Unterrichtsgeschehen fallen oppositionelle Verhaltensweisen in besonderer Weise auf, da sie den gesamten Ablauf stören können. Sie können sich z. B. in verweigerndem Verhalten zeigen. Verstöße gegen gesetzliche Normen und Regeln wie Diebstähle, Sachbeschädigung oder Drogengebrauch fallen dagegen weniger im Unterrichtsgeschehen auf, stellen Pädagogen aber schnell unter Handlungszwang, sobald sie offensichtlich werden.

Typisch für aggressive Kinder und Jugendliche ist die Ablehnung durch Gleichaltrige. Aggressive Kinder werden in der Regel als unbeliebt eingestuft. Die dabei erlebte Ausgrenzung der betroffenen Kinder kann vor allem bei Jugendlichen zur Folge haben, dass eine Anbindung an deviante/delinquente Gruppen verfolgt wird, in deren Rahmen der Betreffende die Möglichkeit hat, das zu erfahren, was er sonst nicht erfährt: sozialen Austausch, Zuwendung und Anerkennung.

Aggressive Kinder haben ein höheres Risiko für weitere psychische Störungen, für Substanzkonsum und Delinquenz. Im Bereich Schule weist die Forschung außerdem darauf hin, dass aggressives Verhalten bei Kindern und Jugendlichen nicht nur die emotionale und soziale Entwicklung, sondern auch den schulischen Bereich beeinträchtigt. Es werden hier schlechtere Schulleistungen (vgl. Masten et al. 2005) und vorzeitige Schulabbrüche (vgl. Kokko et al. 2006) registriert. Umgekehrt stellen aggressive Kinder selbst ein Risiko für Mitschüler dar, aggressive Verhaltensweisen zu entwickeln: Das Ausmaß der Aggressivität in der Klasse gilt als Risikofaktor für die Entwicklung aggressiven Schülerverhaltens (vgl. Petermann/Natzke 2008, 535). Daher sollten nicht nur entsprechende Formen der Intervention, sondern auch frühzeitig präventive Maßnahmen eingesetzt werden.

### 1.2.5 Prävention und Intervention bei aggressivem Verhalten

Präventive Maßnahmen unterteilen sich in drei grundlegende Kategorien. Hier stehen universelle Maßnahmen, die sich an unspezifische Bevölkerungsgruppen wenden, den sog. selektiven Maßnahmen gegenüber, die sich spezifisch an Risikogruppen richten. Indizierte Maßnahmen versuchen dagegen, Gruppen anzusprechen, die bereits entsprechende Störungsmerkmale aufzeigen. Allen Maßnahmen liegen eine Vielzahl an Förder- und Präventionsansätzen zugrunde (vgl. Beelmann 2008, 127).

Eine große Anzahl schulischer Präventionsprogramme baut auf die Förderung der sozialkognitiven Informationsverarbeitung und sozial-emotionaler Kompetenzen, wobei das Ausmaß nachhaltiger Effekte als begrenzt eingeschätzt wird. In diesen Bereich fällt z. B. das universell-präventive und für Schulen und Kindergärten konzipierte Programm *Faustlos* (Schick/Cierpka 2003), das EFFEKT-Kindertraining (Jaursch/Beelmann 2008) oder das entwicklungsorientierte *Projekt Prima!* (vgl. in Petermann/Natzke 2008, 539), das neben kindzentrierten auch kontextorientierte Programmkomponenten enthält und auch bereits auffällige Schüler ansprechen möchte. Solche Programme, die auf die Förderung sozial-emotionaler Kompetenzen zielen, beinhalten in der Regel Verhaltenstrainings und können auf verschiedene Altersgruppen ausgerichtet sein, wie das *Verhaltenstraining im Kindergarten* (vgl. Petermann/Koglin 2006), das *Verhaltenstraining für Schulanfänger* (vgl. Petermann et al. 2006) und das *Verhaltenstraining in der Grundschule* (vgl. Petermann et al. 2007c). Es existiert eine Vielzahl an sozialen Trainingsprogrammen, die sich nicht wesentlich unterscheiden und viele gemeinsame Förderelemente beinhalten (vgl. Beelmann 2008, 128). Solche Programme sollten möglichst frühzeitig angesetzt und bis ins Jugendalter weitergeführt werden. Die Effektivität kann nach Petermann/Natzke (2008) gesteigert werden, wenn die Inhalte der Förderung altersspezifisch umgesetzt werden und die Förderung wiederholt wird. Die Effekte universeller Programme sind anderen Programmen überlegen: Der Nachteil an selektiven und indizierten Präventionsmaßnahmen liegt nämlich in einem Phänomen, das als »soziale Ansteckung« bezeichnet werden kann (vgl. Lochman 2006). Beispiele für selektive und indizierte Präventionsprogramme sind der *Triple P-Ansatz* (vgl. Sanders et al. 2003) und das *Präventionsprogramm für Expansives Problemverhalten (PEP)* nach Plück et al. (2006). Programme wie Triple-P (vgl. Sanders et al. 2003) oder das EFFEKT-Elterntraining (Beelmann 2007) richten sich an die Eltern als bedeutende Sozialisationsinstanz und zielen auf die Förderung elterlichen Erziehungsverhaltens (vgl. Beelmann 2008, 129). Beelmann zählt die Elterntrainings zu den empirisch bewährten Ansätzen, dabei gilt zu betonen, dass diese im Durchschnitt hohe Wirkung erzielen, zum Teil höhere als soziale Trainingsprogramme (vgl. die ausführliche Erläuterung zur Wirksamkeit von Förderprogrammen bei Beelmann 2008).

Die indizierte Prävention befindet sich bereits an der Schnittstelle zur Intervention. Hier soll beispielhaft ein Trainingsprogramm vorgestellt werden – das *Training mit aggressiven Kindern* nach Petermann/Petermann 2008. Es handelt sich bei diesem Programm um ein zielorientiertes und lerntheoretisch begründetes Kompakttraining, das Veränderungen bei aggressiven Kindern und deren Familien bewirken soll. In diesem Training bearbeitet das Kind mit Hilfe des Therapeuten verschiedene Materialien und übt in einer Gruppe neue Verhaltensweisen ein. Es geht dabei im Kern darum, dem Kind Verhaltensalternativen zu vermitteln, die aggressives Verhalten überflüssig machen, indem es lernt, seine zwischenmenschlichen Bedürfnisse nach Zuwendung, Anerkennung oder Selbstbehauptung über adaptive Verhaltensweisen zu befriedigen. Das Programm beinhaltet außerdem Beratungsgespräche mit Eltern und Familie und deckt mit dieser Kombination einen entscheidenden Anspruch: Wirksam sind intervenierende Programme nämlich vor allem dann, wenn sie unterschiedliche Lebensbereiche (z. B. Schule, Familie, Freizeitbereich) und verschiedene Interventionsebenen umfassen (z. B. Kind, Eltern). Nach den Autoren Petermann/Petermann ist der Einsatz des Programms ab der dritten Grundschulklasse bis zum Alter von 13 Jahren auch im Förderschulbereich geeignet. Die Bearbeitung des Programms kann dabei frontal, in Einzel-, Partner- oder Gruppenarbeit erfolgen und ist darin variabel, ob sie in Form von Unterrichtseinheiten oder spontan zur Konfliktregelung erfolgt. Auf ein weiteres *Training für Jugendliche* ab 13 Jahren kann an dieser Stelle lediglich verwiesen werden: Hier soll die Zielgruppe Arbeits- und Sozialverhalten lernen, die verschiedene Lebensbereiche wie Ausbildung, Beruf, Partnerschaft und Freizeit betreffen (Petermann 2007d).

Im Umgang mit Aggressionen werden weiterhin Entspannungsverfahren eingesetzt, die auch innerhalb des Unterrichts gut durchgeführt werden können. Es bietet sich hier an, ritualisierte Entspannungsphasen einzubauen, in denen dann durch die Lehrkraft geleitete Entspannungsübungen stattfinden können. Hier eignen sich sensorische und imaginative Entspannungstrainings, während rein kognitive Übungen für Kinder unter 10 Jahren eher ungeeignet sind und bei Jugendlichen schwer Akzeptanz finden. Bezüglich der sensorischen Entspannungsverfahren liegt z. B. das *Schildkröten-Phantasie-Verfahren* vor (vgl. Petermann 2007e, 92). Es handelt sich dabei um eine bewegungsorientierte Übung für Kinder im Kindergarten- und Grundschulalter, die auch in größeren Gruppen durchführbar ist. Hier wird in verschiedenen Schritten der Charakter des Tieres erarbeitet und unter Instruktionen imitiert. Die Kinder werden dabei u. a. angewiesen, sich »in ihren Panzer zurück zu ziehen«, wenn sie von anderen Kindern gestört werden. In Bezug auf für Jugendliche geeignete Entspannungsverfahren ist die *Progressive Muskelentspannung* nach Jacobson (1990) zu erwähnen. Dieses Training ist ein körperbezogenes und aktives Verfahren, das durch gezieltes Anspannen und Lockern einzelner Muskelgruppen einen Kontrasteffekt in den betreffenden Muskelpartien erlebbar macht. Jugendliche tun sich u. a. aufgrund von Scham häufig schwer, Entspannungsverfahren zu akzeptieren (vgl. Petermann 2007c, 98 f.). Es kann daher sinnvoll sein, diese in kleineren Gruppen wie AGs oder als Einzeltrainings anzubieten.

Schule eignet sich weiterhin als ein Umfeld, das Integration von aggressiven Kindern in Gruppen anbahnen kann, die über adaptivere Verhaltensweisen verfügen. Auf der Basis informellen Lernens können aggressive Kinder dann sozial adaptive Verhaltensweisen durch den Umgang mit anderen Kindern erlernen. Daher erscheint es wichtig, genügend Raum im schulischen Zeitplan zu schaffen, der das Entstehen von Beziehungen zwischen den Schülern ermöglicht. Freizeitaktivitäten wie Gruppenspiele, Ausflüge und sportliche Angebote schaffen nicht nur einen entspannten Rahmen, sondern können auf natürliche Weise das Anbahnen von positiven Gruppenprozessen verfolgen (z. B. indem Teamgeist und gegenseitige Unterstützung gefordert ist). Zudem können sich solche Angebote als Lebensbereiche darstellen, in denen auch aggressive Kinder Erfolge und Wertschätzung durch andere erleben können. Informelles Lernen ist auch die Grundlage der so genannten *Mentorenprojekte*, die sich u. a. an sozial benachteiligte Kinder wenden. In Mentorenprojekten verbringen meist ehrenamtlich arbeitende Erwachsene in regelmäßigen Abständen Zeit mit diesen Kindern und unterstützen sie in ihrer sozialen, emotionalen oder kognitiven Entwicklung (vgl. Beitrag zum Thema Drogenmissbrauch in diesem Buch). Evaluationen zeigen verschiedentlich, dass Mentorenprojekte vor allem bei Kindern im Grundschulalter positive Veränderungen auf deren Sozialverhalten bewirken können (vgl. Tierney et al. 2000; Esch et al. 2007).

Schließlich können Pädagogen Beratungen durchführen, die an die Jugendlichen selbst oder an Eltern gerichtet sein können. Während es im zweiten Fall um die Reflexion des Erziehungsverhaltens geht, kann die Beratung von Jugendlichen selbst bestimmte Schwerpunkte setzen, so z. B. bei eventuellen gesetzlichen Verstößen bzw. juristischen Problemen. Von grundlegender Bedeutung ist dabei immer das Wahren einer wertschätzenden und neutralen Haltung, um Gesprächsbereitschaft und Kooperation zu erreichen.

## Literatur

American Psychiatric Association (APA) (1996). Diagnostisches und Statistisches Manual Psychischer Störungen (DSM -IV). Göttingen.

Beelmann, A. (2008): Aggressivität, Gewalt, Delinquenz. In: Fingerle, M./Ellinger, S.(Hg.): Sonderpädagogische Förderprogramme im Vergleich. Orientierungshilfen für die Praxis. Stuttgart, 127–140.

Beelmann, A. (2007): Förderung von Erziehungskompetenzen bei Eltern: Konzeption und Beschreibung eines Elterntrainings zur Prävention von Verhaltensstörungen bei Vor- und

Grundschulkindern. In: Roehrle (Hg.): Prävention und Gesundheitsförderung bei Kindern und Jugendlichen. Tübingen, 277–294.

Blanz, B. (1998): Biologische Korrelate aggressiven Verhaltens. In: Zeitschrift für Kinder- und Jugendpsychiatrie und Psychotherapie 26, 43–52.

Cairns, R. B./Cadwallader, T. W./Estell, D./Neckerman, H. J. (1997): Groups to gangs: Developmental and criminological perspectives and relevance for prevention. In: Stoff, D. M./Breiling, J./Maser, J. D. (Hg.): Handbook of antisocial behavior. New York, 194–204.

Carey, G./Goldman, D. (1997): The genetics of antisocial behavior. In: Stoff, D. M./Breiling, J./Maser, J. D. (Hg.): Handbook of antisocial behavior. New York, 243–254.

Dilling, H./Mombour, W./Schmidt, M. H. (Hg.) (2008): Internationale Klassifikation psychischer Störungen. ICD-10 Kapitel V (F). Klinisch diagnostische Leitlinien. Weltgesundheitsorganisation (WHO). Bern.

Dodge, K. A./Schwartz, D. (1997): Social information processing mechanisms in aggressive behavior. In: Stoff, D. M./Breiling, J. Maser, J. D. (Hg.): Handbook of antisocial behavior. New York, 171–180.

Eron, L. D. (1997): The development of antisocial behavior from a learning perspective. In: Stoff, D. M./Breiling, J./Maser, J. D. (Hg.): Handbook of antisocial behavior. New York, 140–147.

Esch, D./Müller-Kohlenberg, H./Siebolds, M./Szczesny, M. (2007): Balu und Du. Ein Mentorenprojekt für benachteiligte Kinder im Grundschulalter. In: Heinzel, F./Garlichs, A./Pietzsch, S. (Hg.): Lernbegleitung und Patenschaften. Reflexive Fallarbeit in der universitären Lehrerausbildung. Bad Heilbrunn, 132–145.

Hassenstein, B. (2001): Aggressivität im Kindes- und Jugendalter. In: Verhaltensbiologie des Kindes. Heidelberg/Berlin. 85–96.

Jaursch, S./Beelmann, A. (2008): Förderung soziales Kompetenzen bei Vorschulkindern: Ein sozial-kognitives Trainingsprogramm zur Prävention kindlicher Verhaltensprobleme. In: Malti, T./Perren, S. (Hg.): Entwicklung und Förderung sozialer Kompetenzen in Kindheit und Adoleszenz. Stuttgart.

Jacobson, E. (1990): Entspannung als Therapie. Progressive Relaxation in Theorie und Praxis. München.

Kokko, K./Termblay, R. E./Lacourse, E./Nagin, D. S./Vitaro, F. (2006): Trajectories of prosocial behaviour and physical aggression in middle childhood. In: Journal of Research on Adolescence 16, 403–428.

Loeber, R./Hay, D. (1997): Key issues in the development of aggression and violence from childhood to early adulthood. In: Annual Review in Psychology 48, 371–410.

Loeber, R./Stouthamer-Loeber, M./Raskin White, H. (1999): Developmental aspects of delinquency and internalizing problems and their association with persistant juvenile substance use between ages 7 to 18. Journal of Clinical Child Psychology. Vol. 28, 322–332.

Lochman, J. E. (2006): National institutes of Health State-of-the-Science, Conference Statement, Preventing Violence and Related Health-Risking, Social Behaviors in Adolescents, October 13–15, 2004. In: Journal of Abnormal Child Psychology 34, 457–470.

Masten et al. (2005): Developmental cascades: Linking academic achievement and externalizing and internalizing symptoms over 20 Years. In: Developmental Psychology 41, 733–746.

Moffitt, T. E. (1990): Juvenile delinquency and attentiondeficit disorder: Development trajectories from age 3 to age 15. Child development, 61, 839–910.

Moffitt, T. E. (1993): »Life-course persistent« vs. »adolescent-limited« antisocial behavior: A developmental taxonomy. Psychological Review, 100, No. 4, 672–701.

Östermann, K./Björkwist, K./Lagerspetz, K.M.J./Kaukiainen, A./Landau, S. F./Fraczek, A./ Caprara, G. V. (1998): Cross-cultural evidence of female indirect aggression. In: Aggressive behavior 24, 1–8.

Patterson, G. R./Bank, L. (1989): Some amplyfying menchanisms for pathologic processes in families. In: Gunnar, M. R./Thelen: Systems and development. The Minnesota symposium on child psychology, Vol. 22, 167–209.

Petermann, F./Petermann, U. (2008): Training mit aggressiven Kindern. 12., vollständig korrigierte Auflage, Weinheim/Basel.

Petermann, F./Natzke, H. (2008): Aggressives Verhalten in der Schule. In: Zeitschrift für Pädagogik 4, 532–554.

Petermann, F./Döpfner, M./Schmidt, M. (2007a): Aggressiv-dissoziale Störungen. Göttingen.

Petermann, U./Nitkowski, D./Polchow, D./Pätel, J./Roos, S./Kanz, F.-J./Petermann, F. (2007b): Therapiestudie. Langfristige Effekte des Trainings mit aggressiven Kindern. In: Kindheit und Entwicklung, Heft 16 (3): 143–151.

Petermann, F./Koglin, U./Natzke, H./Marées, N. (2007c): Verhaltenstraining in der Grundschule. Göttingen.

Petermann, F./Petermann, U. (2007d): Training mit Jugendlichen. Göttingen.

Petermann, U. (2007e): Entspannungstechniken für Kinder und Jugendliche. Ein Praxisbuch. 5. Auflage. Weinheim/Basel

Petermann, F./Koglin, U. (2006): Verhaltenstraining im Kindergarten. Göttingen.

Petermann, F./Natzke, H./Gerken, N./Walter, H.-J. (2006): Verhaltenstraining für Schulanfänger. Göttingen.

Plück, J./Wieczorrek, E./Wolff Metternich, T./Döpfner, M. (2006): Präventionsprogramm für expansives Problemverhalten. Ein Manual für Eltern- und Erziehergruppen. Göttingen.

Raine, A. (1997): Antisocial behavior and psychophysiology. In: Stoff, D. M./Breiling, J./Maser, J. D. (Hg.): Handbook of antisocial behavior. New York, 289–304.

Rutter, M. (1997): Antisocial behavior: Developmental psychopathology perspectives. In: Stoff, D. M./Breiling, J./Maser, J. D. (Hg.): Handbook of antisocial behavior. New York, 115–124.

Sanders, M. R./Cann, W./Markie-Dadds, C. (2003). The Triple P–Positive Parenting Programm An universal population-level approach to the prevention of child abuse. Child abuse review, 12, 155–171.

Saß, H./Wittchen, H.-U./Zaudig, M./Houben, I. (2003): Diagnostisches und Statistisches Manual Psychischer Störungen -Textrevision- (DSM-IV-TR). Göttingen u. a.

Scheithauer, H./Petermann, F. (2002): Aggression. In: Petermann, F. (Hg.): Lehrbuch der klinischen Kinderpsychologie und Kinderpsychotherapie. 5. korr. Aufl. Göttingen u. a., 187–226.

Schick, A./Cierpka, M. (2003): Faustlos. Evaluation eines Curriculums zur Förderung sozialemotionaler Kompetenzen und zur Gewaltprävention in der Grundschule. In: Kindheit und Entwicklung 12, 100–1010.

Tierney, J. P./Grossman, J. B./Resch, N. L. (2000): Making a Difference. An Impact Study of Big Brothers Big Sisters. Onlinepublication: http://www.ppv.org/ppv/publications/assets/111_publication.pdf.

Van Ijzendoorn, M. H. (1997): Attachment, emergent morality and aggression: Toward a developmental socioemotional model of antisocial behaviour. In: International Journal of Behaviroral Development 21, 703–727.

Vitiello, B./Stoff, D. M. (1997): Subtypes of aggression and their relevance to child psychiatry. In: Journal of the American Academy of Child and Adolescent Psychiatry 36, 307–315.

Hannah Schott

1.3   Selbstverletzendes Verhalten und Suizidalität

1.3.1   Klassifikation der Phänomene Selbstverletzendes Verhalten und Suizidalität

*Selbstverletzendes Verhalten* ist nach Petermann/Winkel gleichbedeutend mit einer »funktionell motivierten Verletzung oder Beschädigung des eigenen Körpers, die in direkter und offener Form geschieht, sozial nicht akzeptiert ist und nicht mit suizidalen Absichten einhergeht« (Petermann/Winkel 2009, 23). Die klinische Praxis zeigt, dass Selbstverletzendes Verhalten sowohl bei Kindern als auch bei Jugendlichen zu beobachten ist und hier in unterschiedlichsten Formen erscheinen kann. Hier wird z. B. die Haut mit scharfen Gegenständen geritzt oder aufgeschnitten. Bei Kindern und Jugendlichen sind Selbstverletzungen in der Regel eher oberflächlich. Selbstverletzendes Verhalten kann auf verschiedene Weise praktiziert werden und alle Körperteile betreffen (vgl. Favazza 1992). Am häufigsten werden Verletzungen der Haut (71%) und an den Gliedmaßen vorgenommen. Weniger verbreitet sind Selbstverletzungen anderer Körperregionen wie der Brüste oder Genitalien. Selbstverletzungen beinhalten außerdem nicht nur das Schneiden der Haut, sondern auch das Brechen von Knochen, das Beißen, Ausreißen von Haaren oder Verbrennungen. Zur Durchführung werden verschiedene Instrumente eingesetzt. Dabei ist zu berücksichtigen, dass hier nicht nur offensichtliche Instrumente wie Scherben, Rasierklingen oder Messer eingesetzt werden können, sondern auch weniger offensichtliche Instrumente wie Schmuck oder Stifte. Das Austreten von Blut scheint eine bedeutsame Rolle zu spielen, da es als Beweis für die Wirksamkeit der Handlung wahrgenommen wird. Typisch für viele Betroffene ist außerdem, dass von einem fehlenden oder eingeschränkten Schmerzempfinden während der selbstverletzenden Handlungen berichtet wird. Dieses Phänomen kann mit der Produktion körpereigener Opiate erklärt werden, die in Stressreaktionen ausgeschüttet werden. Das Schmerzempfinden tritt dann nach Abklingen der Endorphinwirkung ein. Alternativ zu dieser Erklärung steht die Annahme, dass Betroffene sich während der Handlung in einem dissoziierten Zustand befinden, in dem sie keine Empfindungen wahrnehmen. Eine kleinere Zahl an Betroffenen berichtet außerdem über die unangenehme Wahrnehmung von Schmerzen, die aber in Anbetracht der Tatsache, dass sie tauglich sind, seelisches Leiden zu verdrängen, in Kauf genommen werden (vgl. Petermann/Winkel 2009, 27). Selbstverletzendes Verhalten unterscheidet sich in Schweregrad, Dauer und Häufung. Es kann einmalig, wiederholt oder automatisiert auftreten. Einmalige Selbstverletzungen treten zum Beispiel bei Psychosen auf, die dann als besonders schwerwiegende Selbstverletzungen beobachtet werden können. Wiederholte Selbstverletzungen treten eher im Rahmen von Persönlichkeitsstörungen auf. In automatisierter Form liegt das Verhalten insbesondere bei Kindern mit geistiger Behinderung, tiefgreifenden Entwicklungsstörungen oder genetischem Syndrom vor. Bei diesen

Kindern werden am häufigsten Kopfschlagen, Beißen und das Schlagen in Gesicht und Augen beobachtet (vgl. DGKJP 2007). Selbstverletzendes Verhalten wird im Kontext unterschiedlicher spezifischer Störungen als Symptom betrachtet und ist innerhalb der Klassifikationssysteme nicht als eigene psychische Störung definiert. Aktuell kann es daher nach ICD-10 lediglich der *nicht näher bezeichneten abnormen Gewohnheit und Störung der Impulskontrolle* (F63.9) zugeordnet werden, so die Autoren Petermann/Winkel (2009). Diese Einordnung entspricht der Kodierung 312.30 im DSM-IV. Davon sind u. a. die nach F98.4 klassifizierten *Stereotypen Bewegungsstörungen* abzugrenzen, die auch Selbstbeschädigung beinhalten können.

*Suizidalität* wird häufig mit Selbstverletzendem Verhalten gleich gesetzt. Unter Suizid wird eine »[...] gewollte Handlung oder intendierte Unterlassung einer Handlung eines Menschen (definiert), durch die sein Leben beendet wird« (Colla-Müller 1984, 15). Tatsächlich weisen diese Phänomene gemeinsame Merkmale auf. Man muss hier aber eine Abgrenzung vornehmen, da die Störungsbilder qualitativ unterschiedlich sind und sich daher auch therapeutische Interventionen maßgeblich voneinander unterscheiden. Gemeinsamkeiten Selbstverletzenden Verhaltens und der Suizidalität liegen bereits auf physiologischer Ebene vor, indem gemeinsame neurophysiologische Veränderungen festgestellt werden können. Hier liegt eine Serotonin-Unterversorgung vor, die auch mit impulsivem Verhalten in Zusammenhang zu stehen scheint (vgl. Herpertz et al. 1997). Verschiedentlich wird Selbstverletzendes Verhalten daher als *fokaler* oder *larvierter Selbstmord* bezeichnet (vgl. Paggen 2003). Wenn auch Suizidversuche Gemeinsamkeiten mit Selbstverletzendem Verhalten aufweisen, zeigen nach Petermann/Winkel (2009) klinische Erfahrungen, dass diese sowohl aus Sicht der Betroffenen als auch auf Symptomebene zwei qualitativ verschiedene Phänomene darstellen. Der bedeutsamste Unterschied liegt darin, dass Selbstverletzendes Verhalten mit der Absicht praktiziert wird, seelische Belastungen besser zu ertragen, während Suizidversuche mit dem Ziel des Sterbens durchgeführt werden. Suizidversuche und Suizid werden in den Klassifikationssystemen nicht als eigene Diagnose aufgeführt. In der ICD-10 können sie lediglich unter den *Äußeren Ursachen von Morbidität und Mortalität* der *Vorsätzlichen Selbstbeschädigung* (X60–X84) zugeordnet werden. Hier wird expliziert, dass diese Diagnose auch die Selbsttötung und den Selbsttötungsversuch beinhaltet (DIMDI 2008). Es liegt keine Entsprechung dieser Einordnung im DSM-IV vor.

Fast ein Drittel aller Suizidversucher wiederholen einen solchen innerhalb eines Jahres, wobei bei jedem weiteren Versuch die Gefahr eines tödlichen Ausgangs steigt. Bis zu 15% aller Personen, die wegen Suizidversuchs in Behandlung sind, tragen damit das Risiko eines tödlichen Ausgangs. Parasuizidales Verhalten ist damit der beste Prädiktor für Suizid.

Neben Suizid und Suizidversuchen beschäftigt sich die Suizidforschung auch mit dem Phänomen der *Suizidgedanken*. Darunter sind nach Rossmann/Reicher verbale und nichtverbale Anzeichen zu verstehen, die eine direkte oder indirekte Beschäftigung mit Suizidideen anzeigen (ebd., 276). Verschiedentlich besteht die Annahme, dass es sich bei Suiziden, Suizidversuchen und Suizidgedanken um keine kategorisch verschiedenen Phänomene handelt, sondern dass diese vielmehr auf einem Kontinuum anzusiedeln sind, in dem sie fließende Übergänge aufweisen. Im Kindes- und Jugendalter ist schließlich immer auf entwicklungsbedingte Phänomene zu verweisen. Sowohl Suizidgedanken als auch Suizidankündigungen können nach Schwalm (2005) eine entwicklungsbedingte Beschäftigung mit dem Tod bedeuten (vgl. Schwalm 2005, 24).

### 1.3.2 Epidemiologie und Komorbidität

Aussagen zur Prävalenz von Selbstverletzendem Verhalten im Kindes- und Jugendalter sind aufgrund der Unsicherheit durch terminologische Unklarheiten und einer vermutlichen Dunkelziffer kaum zu treffen. Selbstverletzungen werden häufig versteckt oder mit angeblichen Unfällen erklärt, so dass selbst Schätzungen von Forschern weit auseinander gehen. Sicher ist, dass Selbstverletzendes Verhalten nur vereinzelt bei Kindern unter 12 Jahren auftritt und überwiegend bei Jugendlichen ab 14 zu beobachten ist. Die häufigste Form, in der Selbstverletzendes Verhalten bei Jugendlichen auftritt, ist dabei die Form der Manifestation einer Impulskontrollstörung. Insgesamt kann angenommen werden, dass 2% aller 15 bis 35-jährigen selbstverletzende Verhaltensweisen zeigen (vgl. Herpertz/Saß 1994). Es liegen dabei jedoch Studien vor, die als Hinweis darauf zu sehen sind, dass die geschätzten Zahlen vor allem für das Jugendalter höher liegen (vgl. Muehlenkamp/Gutierrez 2004). Eine deutschsprachige Studie (vgl. Brunner et al. 2007) zeigte weiterhin, dass Mädchen zweimal (gelegentliches Selbstverletzendes Verhalten) bzw. dreimal (repetitives Selbstverletzendes Verhalten) häufiger als Jungen Selbstverletzendes Verhalten zeigen. Bei diesen wurden außerdem ein niedriger Body-Maß-Index, Suizidversuche, Angst- und depressive Störungen und schlechte Schulleistungen als Risikofaktoren für Selbstverletzendes Verhalten festgestellt. Auch andere Studien zeigen für Mädchen höhere Prävalenzraten auf als für Jungen, allerdings bei nicht einheitlichen Ergebnissen (vgl. Petermann/Winkel 2009, 52). Prävalenzstudien, die sich auf erwachsene Betroffene beziehen, zeigen eine Rate von 0,4%–1,4% für die Allgemeinbevölkerung an (vgl. Favazza 1998), wobei neuere Studien z. T. auf höhere Raten kommen. Petermann/Winkel folgern daher, dass die Prävalenz in der Allgemeinbevölkerung zwischen 1%–4% anzusiedeln ist (vgl. Petermann/Winkel 2009, 50).

Am häufigsten tritt Selbstverletzendes Verhalten in Kombination mit einer *Störung des Sozialverhaltens* auf. Diese Rate liegt nach Nock et al. (2006) bei 49,4%. Ähnlich hohe Werte erreicht nach den Autoren die Kopplung mit einer *Störung mit oppositionellem Trotzverhalten* (44,9%) und mit einer *Major Depression* (41,6%). Im Rahmen einer Untersuchung von Persönlichkeitsstörungen wurden außerdem Komorbiditäten bei *Borderline-Störungen* mit 51,7% und *paranoiden Persönlichkeitsstörungen* mit 20,7% festgestellt (vgl. Petermann/Winkel 2009, 54). Verschiedentlich wurde schließlich gezeigt, das Selbstverletzendes Verhalten häufig bei Menschen auftritt, deren Persönlichkeit sich durch Impulsivität kennzeichnet. In den Leitlinien der DGKJP (2007) wird angenommen, dass Selbstverletzendes Verhalten als Manifestationsform einer *Impulskontrollstörung* betrachtet werden kann. Wie im vorangehenden Punkt bereits erläutert, wird Selbstverletzendes Verhalten aber in der Regel eher als Symptom betrachtet, weshalb in Frage zu stellen ist, ob man diesbezüglich überhaupt von Komorbiditäten sprechen kann.

*Suizide* sind in Europa die zweithäufigste Todesursache von Jugendlichen (WHO 2005). Das Risiko eines Selbstmords korreliert stark mit dem Lebensalter, indem die Suizidraten im Alter der 15 bis 24-jährigen bei 13:100.000 liegen, während in der Altersgruppe der 5 bis 14-Jährigen nur 1 Suizid auf diese Anzahl kommt. Fast überall steigen die Suizidraten mit dem Alter an. Jungen und junge Männer begehen viermal häufiger als Mädchen und junge Frauen Suizid, während rund zwei Drittel der Suizidversuche von weiblichen Betroffenen begangen wird. Dabei erreichen Frauen der Altersgruppe von 15–24 Jahren eine Suizidversuchsrate von 283:100.000 pro Jahr. Auf die Lebenszeit hochgerechnet bedeutet dies, dass ca. 3% der Frauen einmal im Leben in medizinische Behandlung aufgrund eines Suizidversuchs kommen. Jungen und Mädchen unterscheiden sich hier nicht nur hinsichtlich der Häufigkeit, sondern auch in den Methoden der Durchführung. Während bei Mädchen eher Ingestionen von Medikamenten und toxischen Substanzen im Vordergrund stehen, praktizieren Jungen eher so genannte harte Methoden wie den Sprung aus der Höhe, das Erschießen, das Ertränken oder das Werfen vor Verkehrsmittel (vgl. Knölker et al. 2003, 407). Allgemein ist davon auszugehen, dass eine bedeutsame Dunkelziffer bei der Erfassung von Suiziden und Suizidversuchen besteht.

Man kann davon ausgehen, dass bei den meisten Personen, die einen Suizid begehen, Depressionen oder depressive Symptome vorlagen. Auch das gleichzeitige Auftreten von Substanzmissbrauch ist hier ein häufiges Phänomen. Zum Zusammenhang Selbstverletzenden Verhaltens und Suizidalität ist festzuhalten, dass bei rund der Hälfte aller Personen mit Selbstverletzendem Verhalten auch Suizidalität auftritt. Selbstverletzendes Verhalten gilt daher als wichtiger Risikofaktor bzw. als Prädiktor für suizidales Verhalten.

1.3.3 Ansätze zur Erklärung von Selbstverletzendem Verhalten und Suizidalität

Um das Phänomen Selbstverletzenden Verhaltens erklären zu können, möchte ich zunächst auf die Funktionen dieses Verhaltens eingehen. Menschen, die sich selbst verletzen, verfolgen damit eine Absicht. Nach Briere/Gil (1998) kann diese in einer Selbstbestrafung liegen, im Ablenken von schmerzhaften Emotionen, im Bewältigen von Stress und der Verminderung von Anspannung. Abgesehen von diesen Funktionen muss danach gefragt werden, warum die betroffenen Personen auf die Anwendung solcher Strategien angewiesen sind. Es bestehen verschiedene Versuche, die

Ursachen für Selbstverletzendes Verhalten zu erklären, die als Ansatzpunkte dafür dienen können, Selbstverletzendes Verhalten zu verstehen.

Physiologisch argumentierende Ansätze liegen z. B. in Form eines *hirnorganischen Erklärungsansatzes* vor. Hier liegt die Annahme vor, dass es sich bei den Betroffenen um eine Funktionsstörung der Basalganglien handelt, die in fast allen Fällen nachgewiesen werden kann. Durch die Tatsache, dass Selbstverletzendes Verhalten in der Regel in Kombination mit anderen Störungen wie kognitiven Defiziten auftritt, wird die Annahme einer solchen Funktionsstörung gestützt, da diese gleichermaßen als Ursache für kognitive Störungen und Bewegungsstörungen bekannt ist. Physiologische Ansätze zur Erklärung Selbstverletzenden Verhaltens greifen m. E. zu kurz, um dieses umfassend erklären zu können, da sie umgebungsbezogene Faktoren nicht ausreichend berücksichtigen.

*Lerntheoretische Ansätze* tragen diesen eher Rechnung, indem sie umgebungsbezogenen Faktoren einen höheren Stellenwert beimessen. Diese gehen von der Annahme aus, dass Selbstverletzendes Verhalten (im sozialen Kontext) erlernt wird. Dieser Prozess kann zunächst durch positives und negatives Verstärkungslernen erfolgen, indem durch die Handlung positive oder negative Effekte erlebt werden, die verstärkende Wirkung haben. Hier ist vor allem die negative Verstärkung von Bedeutung, im Rahmen derer unangenehmes Erleben (z. B. Anspannungen) herabgesetzt werden kann. Positiv verstärkt wird Selbstverletzendes Verhalten aber auch, indem dieses mit angenehm erlebten Effekten belohnt wird, die mit der Freisetzung körpereigener Opiate zusammenhängen. In den Rahmen der Lerntheorien ist auch das Lernen am Modell (Bandura 1977) einzuordnen, das in besonderer Weise die Bedeutung des sozialen Kontextes betont. Nach diesem Ansatz findet Selbstverletzendes Verhalten durch die Beobachtung anderer Personen im Umfeld statt. In diesen Bereich fällt auch das Phänomen der Ansteckung, das insbesondere im Jugendalter bedeutsam werden kann.

*Psychoanalytische bzw. psychodynamische Ansätze* argumentieren mit negativen frühen Kindheitserfahrungen als Ursache für Selbstverletzendes Verhalten. In diesen Bereich fallen vor allem einschneidende und traumatisierende Ereignisse wie der Verlust einer bedeutsamen Bezugsperson. Solche Erlebnisse von Trennung sollen dazu führen, dass aggressive Reaktionen gegen das geliebte Objekt entstehen, die aber nicht gegen dieses ausagiert werden können, da dies für das Subjekt das vollständige Aufgeben der Bindung an das Objekt bedeuten würde und da Schuldgefühle gegenüber diesem bestehen. Verluste im späteren Leben, die vergleichbare Emotionen auslösen, sollen dann als Auslöser für Selbstverletzungen fungieren, indem sie Bedeutung als selbstbestrafende, selbstbeschuldigende und selbstverachtende Handlungen erhalten. Zur Erläuterung der psychodynamischen Ansätze möchte ich auf die Ausführungen von Tameling/Sachsse (1996) verweisen.

Das dichteste Erklärungsmodell bietet nach meiner Ansicht die *entwicklungspsychopathologische Sichtweise* an. Dieses Modell ist ein geeigneter Erklärungsansatz, da er empirisch bestätigte Entwicklungsaufgaben und Risikofaktoren integriert. Ein entwicklungspsychopathologisches Konzept von Yates (2004) erklärt Selbstverletzendes Verhalten mit traumatisierenden Erfahrungen in der Kindheit. Zu diesen zählen beispielsweise sexueller Missbrauch oder Misshandlung. Als Folge dieser Ereignisse soll es zu einer unzureichenden Entwicklung der instrumentellen, emotionalen und sozialen Kompetenzen kommen. Daraus entsteht langfristig ein Defizit bzgl. adaptiver Verhaltensweisen und der Bewältigung von Entwicklungsaufgaben. Als Folge müssen dann Regulationsstrategien eingesetzt werden, die kompensatorische Funktion haben. Im Rahmen der Risikoforschung werden immer wieder Risikofaktoren isoliert, die biologischer, kognitiver, emotionaler und sozialer Natur sein können. Folgende Tabelle soll einen Überblick über die von Petermann/Winkel (2009, 82 ff.) genannten Risikofaktoren geben. Diese Darstellung der Autoren halte ich in besonderer Weise für geeignet, da hier die Kategorien *Trauma und Missbrauch* und *Psychische Störungen* als gesonderte Kategorien von Risikofaktoren betrachtet werden.

Tabelle 1: Risikofaktoren für Selbstverletzendes Verhalten nach Petermann/Winkel (2009)

| Biologische Faktoren | Kognitive Faktoren | Emotionale Faktoren | Soziale Faktoren | Trauma und Missbrauch | Psychische Störungen |
|---|---|---|---|---|---|
| Serotonergene Unterfunktion | Mangel an kognitiver Flexibilität | Störung der Emotionswahrnehmung | Familiäre Faktoren | Indirekte Traumatisierung | Persönlichkeitsstörungen<br>• Borderline-Persönlichkeitsstörung<br>• Persönlichkeitsstörungen mit und ohne Selbstverletzungen |
| Hormonelle Faktoren | Eingeschränktes Urteilsvermögen | Starke emotionale Reaktivität | Emotionale Invalidierung | Multiple Traumatisierung | |
| | Ausfälle im logischen Denken | Störung der Emotionsregulation | Probleme mit Gleichaltrigen | Misshandlung | |
| | Defizit in Bewältigungsmechanismen | Vorliegen spezifischer negativer Emotionen | Konflikte mit Eltern | Missbrauch | Störungen der Impulskontrolle |
| | Ungünstige Bewältigungsstrategien | Scham- und Schuldgefühle<br>• als Folge sexuellen Missbrauchs<br>• als Folge mangelnder Akzeptanz der eigenen Emotionen | Belastende soziale Bedingungen | | Substanzmissbrauch |
| | Defizit in Problemlösefertigkeiten | | Modelllernen und Ansteckung | | Essstörungen |
| | Einschätzung geringer Kontrollmöglichkeiten | | | | Affektive Störungen<br>• Depression<br>• Posttraumatische Belastungsstörung |
| | Geringes Selbstbewusstsein | | | | |
| | Automatisierte Gedanken | | | | Dissoziative Störungen<br>• Dissoziation<br>• Dissoziation und sexueller Missbrauch |

Risikofaktoren allein beanspruchen keine Ursachenerklärung für sich. Durch Häufung dieser steigt aber die Wahrscheinlichkeit, dass Personen Selbstverletzendes Verhalten entwickeln. Petermann/Winkel (2009) haben auf Basis dieser Faktoren außerdem verschiedene Modelle zur Entstehung der Störung entwickelt, auf die ich an dieser Stelle verweisen möchte (vgl. ebd., 107 ff.).

Theorien zur Erklärung von *Suizid* fallen ebenfalls sehr unterschiedlich aus. Neben *psychoanalytischen, medizinisch-psychiatrischen, familientherapeutischen* und *lerntheoretischen* Konzeptionen (vgl. Schwalm 2005, 94 ff.) besteht die Auffassung, dass suizidales Verhalten einen Prozess darstellt, »an dem viele Aspekte beteiligt sind und an dessen Ende sich die Betroffenen in einer für sie unerträglichen, psychisch schmerzhaften Situation erleben und keine andere Möglichkeit sehen, ihre Situation zu verändern oder ihren Schmerz zu mindern« (Rossmann/Reicher 2008, 278). Der Prozess, der in diesen Ausgang führt, kann sich dabei auf vielfältige Weise gestalten. Auch hier möchte ich auf die entwicklungspsychopathologische Sichtweise verweisen, in der sich dieser Prozess als Zusammenspiel verschiedener Risiko- und Belastungsfaktoren, Schutz- und Moderatorvariablen abbildet. Somit können Personen, je nach Art der Faktorenkonstellation, unterschiedlich hohe Risiken für suizidales Verhalten aufweisen. Befriedigende Aussagen zur Konstellation bzw. zur Abfolge solcher Risikofaktoren liegen nicht vor. Allerdings sind bestimmte Variablen beschreibbar, die vermutlich an der Entwicklung suizidalen Verhaltens beteiligt sind. Dazu gehören u. a. *Auslöser*, die in der Regel in Form von Ereignissen auftreten, die als Niederlage bzw. als Angriff auf den Selbstwert erlebt werden. Wenn die in dieser Situation ausgelösten aggressiven Impulse nicht nach außen gerichtet werden können, richtet das Individuum diese dann gegen sich selbst. Knölker et al. verweisen schließlich auf den Umstand, dass das Pubertätsalter mit seinen Spannungsfeldern, Identitäts- und Autoritätskonflikten, den sexuellen Reifungsprozessen, den Problemen der Anpassung, Selbstfindung usw. in besonderer Weise für das Entstehen von Suizidgedanken prädisponiert (vgl. Knölker et al. 2003, 409).

Sowohl bei selbstverletzenden als auch bei suizidalen Verhaltensweisen ist eine möglichst frühzeitige Intervention erforderlich. Daher kommt präventiven Maßnahmen hier eine besondere Bedeutung zu.

1.3.4 Prävention, Intervention und Postvention

Da Selbstverletzendes Verhalten häufig auf Ursachen in der Kindheit zurückzuführen ist, sollten präventive Maßnahmen möglichst frühzeitig angesetzt werden. Im Rahmen der selektiven Prävention wendet man sich an gefährdete Gruppen (Risikogruppen), indem man versucht, vorliegende Risikofaktoren zu reduzieren. Eine solche Gruppe sind in Hinblick auf das diskutierte Störungsbild z. B. *Kinder und Jugendliche, die psychische Störungen aufweisen.* In dieser Gruppe sollte besonders aufmerksam auf erste Anzeichen Selbstverletzenden Verhaltens geachtet werden.

Ein Indiz für ein solches Verhalten kann z. B. das häufige Angeben von Unfällen als Begründung von Verletzungen oder das Tragen langer Kleidung bei zu warmen Temperaturen sein. Bei Bekanntwerden eines Falls von Selbstverletzendem Verhalten in der Klasse sollte die Lehrkraft Sorge dafür tragen, dass dieser Fall kein Imitationsverhalten durch weitere Schüler auslöst. Präventiv sollten aber bereits *vor* einem Vorfall Maßnahmen ergriffen werden, indem z. B. bei Kindern und Jugendlichen mit psychischen Störungen eine Vermittlung in eine Therapie angebahnt wird. Hier kann für Lehrkräfte der Schulpsychologe ein erster Ansprechpartner sein, der dann weitere Interventionen einleitet.

Eine weitere Möglichkeit der selektiven Prävention ist der Ansatz durch *Förderung kommunikativer und sozial-emotionaler Kompetenzen*. Hier geht es um den Erwerb von Problemlösestrategien, um Strategien zur Emotionsregulation und um Selbstwirksamkeitsüberzeugungen. Eine solche Förderung kann im Rahmen von spezifischen Trainings erfolgen (vgl. Petermann/Wiedebusch 2008), aber auch auf informeller Ebene. Durch Angebote, in denen Kinder und Jugendliche Erfolgserfahrungen machen können, werden z. B. Selbstwirksamkeitsüberzeugungen und Motivation gefördert. Hier spielen Herausforderungen eine Rolle, die aber für die Betreffenden gut zu bewältigen sein müssen, damit subjektiv Erfolge erlebt werden können. Um geeignete Settings für solche Erfahrungen zu schaffen, bieten sich in der Regel freizeitorientierte Angebote an, die so ausgewählt werden können, dass sie auf natürliche Weise Herausforderungen enthalten, den Gruppenzusammenhalt stärken und außerdem positives Erleben verschaffen (vgl. Schott 2009 im vorliegenden Band).

Da *Misshandlung und sexueller Missbrauch* zu den bedeutsamsten Risikofaktoren für Selbstverletzende Verhaltensweisen zählen, ist auf diese Risikofaktoren ein besonderes Augenmerk zu legen. Nach Blattmann (2004) kann u. a. die *Aufklärung* von Kindern einen Beitrag zur Herabsetzung dieses Risikofaktors leisten. Kinder müssen in diesem Rahmen über ihr Recht aufgeklärt werden, sich in solchen Fällen verweigern und andere Personen um Hilfe bitten zu können. Lehrkräfte können hier zudem eine Vertrauensperson für Kinder sein, die in diesem Fall aufgesucht werden und erste intervenierende Schritte einleiten kann. Bezüglich einer Intervention bei sexuellem Missbrauch wird in der Literatur immer wieder der Aspekt der *Vernetzung* gefordert. Schubbe (2003) verweist hierbei zunächst auf den achtsamen Umgang mit eigenen emotionalen Reaktionen, von denen maßgeblich die Wirkung einer jeden Hilfeleistung abhängen soll: Die Arbeit mit sexuell traumatisierten Kindern bringt helfende Personen immer wieder an deren persönliche Grenzen. Eine solche Überforderung kann zum Rückzug aus der helfenden Beziehung führen, was für das traumatisierte Kind, das gegenüber Verlusten besonders verletzlich ist, eine zusätzliche Belastung bedeutet. Daher benötigen Helfer nach Schubbe selbst die gezielte Unterstützung durch ein Helfersystem, innerhalb dessen fachlicher Austausch und persönliche Betroffenheit angesprochen werden können. »Erst wenn sich aus einzelnen helfenden Laien und professionellen Helfern ein arbeitsfähiges Netzwerk gebildet hat, wird die Frage nach den pädagogischen, sozialtherapeutischen, kriminalistischen und juristischen Möglichkeiten wichtig« (Schubbe 2003, 152). In vier Interventionsphasen der Aufdeckung, des Schutzes, der Therapie und der Heilung kommt es dann stets zu einer Neuorganisation des Helfersystems.

Tabelle 2: Veränderung des Helfersystems im Verlauf der Interventionsphasen nach Schubbe (2003, 153)

| Veränderung des Helfersystems im Verlauf der Interventionsphasen | | | | |
|---|---|---|---|---|
| Phase/Helfer | Aufdeckung | Schutz | Therapie | Heilung |
| Familie | | X | X | X |
| Freunde | | | | |
| Mitbetroffene | X | X | X | X |
| Pädagogen | X | X | X | X |
| Sozialarbeiter | X | X | X | |
| Vertrauensperson | X | X | | |
| Kriminalisten | X | X | | |
| Helfende Zeugen | X | | | |
| Gutachter | X | | | |
| Juristen | | X | | |
| Therapeuten | | | X | X |
| Journalisten | X | | | |

Wie aus der Tabelle ersichtlich ist, bleibt die Präsenz des Pädagogen über alle Phasen hinweg bestehen.

Die Aufklärung eines sexuellen Missbrauchs hängt maßgeblich von der Qualität der kindlichen Aussage ab, das unter starkem emotionalem Druck steht und dem gegebenenfalls Begrifflichkeiten zur Beschreibung der Handlungen fehlen. Daher ist das Kind in besonderer Weise auf die Empathie einer erwachsenen Person angewiesen, die den Zustand erkennt und angemessen handelt. Viele Kinder tendieren dazu, die Reaktionen von Erwachsenen vorsichtig »auszutesten«, indem sie z. B. erst einmal Bruchstücke ihrer Erfahrungen offenbaren. Hat ein sexuell traumatisiertes Kind den Schritt geschafft, sich mitzuteilen, muss der Ansprechpartner unter allen Umständen verfügbar bleiben und sollte die Angaben des Kindes dokumentieren. Erst nach Rücksprache mit dem Kind kann er den nächsten Schritt gehen, weitere Personen einzuschalten. Die Ansprechpartner sollten genau darauf achten, Aussagen einzuhalten und für das Kind verfügbar zu sein. Sie tragen eine sehr bedeutsame stabilisierende Funktion für das Kind, das möglicherweise weitere traumatische Erfahrungen erlebt, bis entsprechende Maßnahmen eingeleitet sind (ebd., 153 f.). Schutz von sexuell traumatisierten Kindern bedeutet die Kontrolle oder Unterbrechung des Kontakts zum Täter, die Verhütung einer Reinszenierung von Gewalterfahrungen und vor der Stigmatisierung durch das Umfeld. Während Jugendamt und Justiz den Täterkontakt regeln, ist bezüglich des Schutzes vor Reinszenierungs- und Stigmatisierungserfahrungen das gesamte Helferteam gefordert. Durch den professionellen Umgang mit diesem Risikofaktor kann ein wichtiger Beitrag zur Prävention von Selbstverletzendem Verhalten geleistet werden.

Die *Behandlung* von Kindern und Jugendlichen mit Selbstverletzendem Verhalten macht eine frühzeitige Intervention und die Zusammenarbeit mit Therapeuten erforderlich. In der Regel müssen hier verschiedene Therapieformen kombiniert werden, um dem komplexen Störungsbild gerecht werden zu können. Die Arbeit mit Jugendlichen, die Selbstverletzende Verhaltensweisen zeigen, stellt die betroffenen Betreuer und Therapeuten vor eine beträchtliche emotionale Herausforderung. Spezielle Schulungen über das Störungsbild, regelmäßige Supervisionen und ein regelmäßiger Austausch sollten als Voraussetzung für die Arbeit mit dieser Zielgruppe betrachtet werden. Für Pflegekräfte, die stationär mit dieser Zielgruppe arbeiten, schlagen Clarke/Whittaker (1998) spezifische Verhaltenslinien vor, die zur Kontrolle des eigenen Verhaltens dienen sollen und die auch in andere Kontexte übertragen werden können (vgl. Clarke/Whittaker 1998).

Therapeutische Maßnahmen können als Einzel- und Gruppenmaßnahmen, ambulant und stationär durchgeführt werden. In der Therapie haben sich *Verhaltenstherapeutische Maßnahmen* als erfolgreich gezeigt, in denen es um die Modifizierung der Selbstverletzenden Verhaltensweisen geht, indem auslösende und aufrechterhaltende Bedingungen kontrolliert und alternative Verhaltensweisen aufgebaut werden. Verhaltenstherapeutische Maßnahmen können weitgehend auch von Pädagogen ohne gezielte therapeutische Ausbildung durchgeführt werden. Hier ist z. B. der Aspekt der *Stimuluskontrolle* zu nennen. Bei kontinuierlichem Selbstverletzenden Verhalten kann bereits der Anblick von Instrumenten wie Messern oder Rasierklingen das entsprechende Verhalten auslösen. Entsprechend sollte der Zugang zu diesen Instrumenten erschwert werden, indem z. B. dafür Sorge getragen wird, dass diese Instrumente nicht in Blickweite des betroffenen Jugendlichen liegen. Weiterhin können Pädagogen mit verstärkenden Maßnahmen arbeiten. Hier können sie z. B. zur Löschung des Verhaltens beitragen, indem sie dem Betroffenen nach einer vollzogenen Selbstverletzung keine zusätzliche Aufmerksamkeit schenken. Sowohl positive als auch negative Aufmerksamkeit kann dabei dazu beitragen, dass dieses Verhalten verstärkt wird. Ebenso können betreuende Pädagogen Umfeldeinflüsse kontrollieren, indem dafür Sorge getragen wird, dass der Betroffene auch durch Gleichaltrige keine Verstärkung erhält. Im Rahmen positiv verstärkender Maßnahmen können außerdem alternative Verhaltensweisen verstärkt werden, z. B. wenn es um die Bewältigung von Belastungen oder Herausforderungen geht. Hierzu kann eine sinnvolle Strategie darin liegen, mit dem Jugendlichen im Vorhinein eine Liste alternativer Verhaltensweisen zusammen zu schreiben, die ihm angenehmes Empfinden verschaffen und auf die er in kritischen Situationen zurückgreifen kann. Die Anwendung dieser kann dann protokolliert und anschließend belohnt werden. Von sanktionierenden Maßnahmen sollte eher abgesehen werden, da die Betroffenen in der Regel starken emotionalen

Belastungen ausgesetzt sind. Zusätzliche Belastungen könnten das Verhalten dann verstärken.

Häufig werden bei Selbstverletzendem Verhalten auch *psychoanalytische* bzw. *tiefenpsychologische Therapien* durchgeführt (vgl. z. B. Connors 2000). Geeignet ist diese Therapieform insbesondere dann, wenn die auslösenden Mechanismen unbewusst sind. Andere therapeutische Interventionen können z. B. in Form von *Kommunikations- und Kompetenztrainings* erfolgen, wie sie bereits im Bereich der Prävention angesprochen wurden, als *Dialektisch-Behaviorale Therapie* (vgl. Petermann/Winkel 2009, 194 ff.) oder mit *pharmakologischer Unterstützung* erfolgen (vgl. ebd., 206 ff.). Im Kontext Schule kann immer auch die *Beratung* der Betroffenen eine unterstützende Maßnahme darstellen, die von Lehrern oder anderen Fachkräften angeboten werden kann.

Hinsichtlich *suizidalen Verhaltens* sind in pädagogischen Settings besondere präventive Maßnahmen angezeigt. Während Ansätze zur Suizidprävention an Schulen in Deutschland noch keine weite Verbreitung gefunden haben, sind aus dem angloamerikanischen Raum bereits zahlreiche Präventionsprogramme entwickelt und veröffentlicht worden (vgl. King 2001; Shaffer/Gould 2000; Weber/Webb 1998). Diese lassen sich in drei verschiedene Ansätze kategorisieren: In *psychoedukative Aufklärungsprogramme*, in *Screeningmethoden*, um direkte Fälle identifizieren zu können, und in *Gruppeninterventionen*, in denen Problemlösetrainings, Entspannungsverfahren und Stressbewältigung eine Rolle spielen.

Prävention kann dabei in Form universeller Prävention stattfinden, die an allgemeinen Gruppen ansetzt, als selektive Prävention, indem sie Risikogruppen adressiert, oder als indizierte Prävention, die bei besonders hohen Risiken bzw. bei ersten Vorfällen (z. B. Suizidversuch) eingesetzt wird. In den meist universell durchgeführten *psychoedukativen Programmen* werden Informationen durch Vorträge und Diskussionen vermittelt. Konkret geht es hier um die Darstellung des Suizidproblems an sich, wodurch eine Sensibilisierung für Warnsignale erreicht werden soll. Aufklärende Prävention gilt in ihren Auswirkungen als umstritten. Verschiedene Studien stellen hier nicht nur die Wirksamkeit in Frage, sondern vermuten auch ungünstige Auswirkungen, indem das Suizidrisiko von Teilnehmern dieser Programme erhöht wird (vgl. zusammenfassend Rossmann/Reicher 2008, 285). Da es zudem aufgrund der niedrigen Grundrate im Prinzip nicht möglich ist, eine Aussage zur Wirksamkeit universeller Maßnahmen zu treffen, versprechen präventive Maßnahmen, die an bestehenden Risikofaktoren ansetzen, größeren Erfolg. Diese sollen ihre Wirkung entfalten, indem sie die bestehenden Risikofaktoren reduzieren (vgl. Pfeffer 2001). Rossmann/Reicher führen hier als wichtige hilfreiche Intervention u. a. die *Vermittlung in entsprechende Therapieangebote beim Vorliegen psychischer Störungen* an (vgl. Rossmann/Reicher 2008, 284). Andere Faktoren könnten eine Intervention in familiäre Verhältnisse sein wie z. B. bei Misshandlung oder Missbrauch. Die Schwierigkeit bei schulischen Präventionsprogrammen dieser Art liegt darin, dass solche

Hochrisikogruppen sich häufig bereits aus den schulischen Bezügen ausgeklinkt haben (vgl. Rossmann/Reicher 2008, 284).

Wenn es möglich ist *Screeningverfahren* einzusetzen, können diese zur Ermittlung der Behandlungsbedürftigkeit in verschiedenen Stufenfolgen durchgeführt werden (vgl. Hemminger/Warnke 2002). Lehrkräfte sollten diese Verfahren jedoch mit dem Schulpsychologen absprechen und in gemeinsamer Absprache entsprechend kombinieren.

Bei identifiziertem Risiko können dann zunächst durch *kognitiv-behaviorale Interventionen* Veränderungen ungünstiger Kognitionen (z. B. Hoffnungslosigkeit) sowie Problemlöse- und Stressbewältigungsfertigkeiten sowie soziale Fertigkeiten gezielt gefördert werden.

Nach einem erfolgten Suizidversuch bzw. einem erfolgten Suizid muss eine professionelle Intervention bzw. eine Postvention erfolgen. Während die Postvention bei erfolgtem Suizidversuch sich auf den Betroffenen selbst richtet, bezieht sich die Postvention nach Suizid maßgeblich auf das Umfeld der betroffenen Person. Wenn eine Lehrkraft von einem Suizidversuch erfährt, sollte sie, unabhängig davon, ob eine tatsächliche Tötungsabsicht vermutet werden kann, diesen unbedingt ernst nehmen und darauf reagieren. Der größte Fehler, der hier geschehen kann, ist eine Bagatellisierung des Problems. Bei Bekanntwerden eines Suizidversuchs sollte unter allen Umständen der Schulpsychologe aufgesucht werden. Gegebenfalls kann die Lehrkraft hier vermittelnde Funktion haben, indem sie den Kontakt zwischen Schulpsychologe und Betroffenem herstellt. Dieser kann dann eine weitere Diagnostik vornehmen, in der auch das Vorliegen von Störungen wie Depressionen überprüft werden kann, und weitere therapeutische Maßnahmen anordnen, die gegebenenfalls auch in eine stationäre Unterbringung führen müssen. Eine besondere Bedeutung kommt im alltäglichen Umgang mit suizidalen Jugendlichen der pädagogischen *hilfreichen Beziehung* zu. Jugendliche mit suizidalem Verhalten fühlen sich häufig von der Außenwelt unverstanden und tendieren daher auch eher dazu, sozialen Kontakt zu vermeiden. Anderseits ergaben Befragungen von suizidalen Jugendlichen, dass diese tendenziell den Wunsch haben, sich mit nahestehenden Personen austauschen zu können, dass sie sich von diesen Anerkennung und Zuwendung wünschen und hier Akzeptanz erfahren möchten (vgl. Knölker et al. 2003, 411). Neben den auf Gleichaltrige bezogenen beziehungsförderlichen und freizeitpädagogischen Angeboten, wie sie in Bezug auf das Selbstverletzende Verhalten bereits beschrieben wurden, kann daher eine vertrauensvolle Beziehung zur Lehrkraft eine große Unterstützung für Betroffene sein. Eine hilfreiche Beziehung sollte sich nach Schwalm (2003) auf den subjektiven Sinnzusammenhang des Betroffenen richten. Damit ist gemeint, dass dessen Lebensgeschichte »mit ihren individuellen Denk-, Emotions- und Verhaltensabläufen, aber auch die mit den ausschließlich aus dieser Biografie zu verstehenden Entscheidungsstrukturen« (Schwalm 2003, 231) nachzuvollziehen sind. Für ein solches Verständnis kann die theoretische Auseinandersetzung mit dem Phänomen hilfreich sein, es sollte aber immer ein hohes Maß an Offenheit gegenüber dem individuellem Empfinden des Schülers gewahrt werden. Dabei gilt es, stets eine professionelle Balance zwischen erforderlicher Nähe und notwendiger Distanz zu erreichen, die kontinuierlich der Reflexion unterzogen werden sollte.

Die Postvention nach erfolgtem Suizid hat vor allem das Ziel, ungünstige Entwicklungen im Umfeld zu verhindern. Besonders wichtig in der Postvention ist das Bereitstellen von Hilfeangeboten an Angehörige und Mitschüler. Angehörigen kann beispielsweise geholfen werden, indem Gespräche angeboten werden oder eine Vermittlung in ein beraterisches oder therapeutisches Setting erfolgt, in dessen Rahmen das Ereignis aufgearbeitet werden kann. In Bezug auf die Mitschüler geht es dagegen vorwiegend darum, Nachahmungseffekte in der Klasse zu vermeiden. Nach einem vollzogenen Suizid sollte dieser daher im Rahmen von Klassengesprächen zum Thema gemacht und aufgearbeitet werden. Verschiedene Anregungen finden sich hierzu bei King (1999), McEvoy/McEvoy (2000) oder Shaffer/Gould (2000). Nach Rossmann/Reicher sollte der Plan für ein postventives Vorgehen bereits im Vorhinein ausgearbeitet werden, nämlich dann, wenn die Gefahr eines Suizides bekannt ist. Die Autoren schlagen hier die Einrichtung eines Krisenstabs mit genauer Aufteilung vor sowie eine Checkliste mit den wichtigsten durchzuführenden Maßnahmen. Dabei sollte bereits klar sein, wer die Eltern und Mitschüler bei einem Vorfall informieren soll und welche besonderen Hilfemaßnahmen z. B. für nahe Freunde des Betreffenden bereitgestellt werden können.

## Literatur

Bandura, A. (1977): Social learning theory. Englewood Cliffs.

Blattmann, S. (2004): Prävention bei Mädchen und Jungen im Vor- und Grundschulalter. In: Körner, W./Lenz, A. (Hg.): Sexueller Missbrauch. Band 1: Grundlagen und Konzepte. Göttingen.

Briere, J./Gil, E. (1998): Self-mutilation in clinical and general population samples. In: American Journal of Orthopsychiatry 68, 609–620.

Brunner, R./Parzer, E./Haffner, J./Stehen, R./Roos, J./Klett, M./Resch, F. (2007): Prevalence and psychological correlates of occasional and repetitive deliberate self-harm in adolescents. In: Archievs of Pediatrics and Adolescent Medicine 161, 641–649.

Clarke, L./Whittaker, M. (1998): Self-mutilation: Culture, contexts and nursing responses. In: Journal of Clinical Nursing 7, 129–137.

Colla-Müller, H. E. (1984): Suizidales Verhalten bei Schülern und Jugendlichen. In: Faust, V./Wolfersdorf, M. (Hg.): Suizidgefahr. Häufigkeit – Ursachen – Motive – Prävention – Therapie. Stuttgart, 14–24.

Connors, R. E. (2000): Self-injury in trauma survivors: 1. Functions and meanings. In: American Journal of Orthopsychiatry 66, 197–206.

DGKJP (Hg.) (2007): Leitlinien zur Diagnostik und Therapie von psychischen Störungen im Säuglings-, Kindes- und Jugendalter. 3. Auflage, Köln.

Deutsches Institut für Medizinische Dokumentation und Information (DIMDI) (Hg.) (2008): ICD-10. Internationale Klassifikation der Krankheiten und verwandter Gesundheitsprobleme. Köln.

Favazza, A. R. (1998): The coming of age of self-mutilation. In: The Journal of Nervous and Mental Disease 186, 259–268.

Favazza, A. R. (1992): Bodies under siege. Self-mutilation and body modification in culture and psychiatry. Baltimore.

Hemminger, U./Warnke, A. (2002): Psychotherapie der Suizidalität von Kindern und Jugendlichen. In: Bronisch, T. (Hg.): Psychotherapie der Suizidalität. Stuttgart, 66–83.

Herpertz, S. C./Saß, H./Favazza, A. (1997): Impulsivity in self-mutilative behavior – psychometric and biological findings. In: Journal of Psychiatric Research 31, 451–465.

Herpertz, S./Saß, H. (1994): Offene Selbstbeschädigung. In: Der Nervenarzt 65, 296–306.

King, K. A. (2001): Developing a comprehensive school suicide prevention program. In: Journal of School Health 71, 132–137.

McEvoy, M. L./McEvoy, A. W. (2000): Preventing Youth suicide. Holmes Beach: Learning Publications.

Muehlenkamp, J. J./Gutierrez, P. M. (2004): An investigation of differences between self-injurious behavior and suicide attempts in a sample of adolescents. In: Suicide and Life Threatening Behavior 34, 12–2.

Nock, M. K./Joiner, T. E./Gordon, K. H./Lloyd-Richardson, E. E./Prinstein, M. J. (2006): Non-suicidal self-injury among adolescents. In: Psychiatry Research 144, 65–72.

Paggen, U. (2003): Suizidalität und Automutilationen während der stationären Behandlung jugendpsychiatrischer Patienten. Dissertation, München.

Petermann, F./Winkel, S. (2009): Selbstverletzendes Verhalten. 2. Auflage, Göttingen.

Petermann, F./Wiedebusch, S. (2008): Emotionale Kompetenz bei Kindern. 2. Auflage, Göttingen.

Pfeffer, C. R. (2001): Youth suicide: Prevention through risk management. In: Clinical Neuroscience Research 1, 362–265.

Rossmann, P./Reicher, H. (2008): Suizidales Verhalten. In: Gasteiger-Klicpera, B./Klicpera, C. (Hg.): Sonderpädagogik der sozialen und emotionalen Entwicklung. Göttingen/Bern u. a., 276–290.

Schott, H. (2009): Gebrauch, Missbrauch und Abhängigkeit von Drogen (im vorliegenden Band).

Schubbe, O. (2003): Was hilft sexuell traumatisierten Kindern? In: May, A./Remus, N. (Hg.): Traumatisierte Kinder. Schriftenreihe gegen sexualisierte Gewalt. Bd. 4, Berlin, 151–158.

Schwalm, P. (2005): Suizidalität von Jugendlichen. Marburg.

Shaffer, D./Gould, M. (2000): Suicide prevention in schools. In: Hawton, K./Van Heeringen, K. (Hg.): The international handbook of suicide and attempted suicide. Chichester, 675–697.

Tameling, A./Sachsse, U. (1996): Symptomkomplex, Traumaprävalenz und Körperbild von psychisch Kranken mit selbstverletzendem Verhalten. In: Psychotherapie, Psychosomatik, medizinische Psychologie 46, 61–67.

WHO (2005): Suicide prevention. Online publikation in: http://www.who.int/mental_health/media/en/426.pdf.

Yates, T. M. (2004): The developmental psychopathology of self-injurious behavior: Compensatory regulation in posttraumatic adaption. Clinical Psychology Review 24, 35–74.

Eva-Maria Hoffart und Gerald Möhrlein

## 2 Anton –
## Am liebsten wär' ich tot!

Ausschnitt aus der Klassenkonferenz vom 17.12.
Die Klassenkonferenz wird von einem Schüler eröffnet. Die Beschwerden werden als erstes diskutiert. Heute gibt es viele Beschwerden über Anton. Der sitzt etwas abseits vom Tisch auf einem Stuhl und zappelt unruhig hin und her. Er weiß wohl, dass die Woche nicht so gut gelaufen ist. Er wirkt sehr angespannt und macht ein grimmiges Gesicht. Die erste Beschwerde wird vorgetragen und sie betrifft natürlich Anton:
»Anton hat mich geschlagen, als ich im Weg stand und zu mir gesagt ›Fick dich!‹, dann hat er mich geschubst.«
Antons Miene verfinstert sich, er ist fast schon auf 180 und schreit: »Ja wenn die nicht aus dem Weg geht …«. Er hält sich an seinem Stuhl fest. Seine Anspannung steigt weiter an. Sein Gesicht wirkt wie versteinert. Die nächste Beschwerde folgt:
»Anton hat mir den Hammer aus der Hand gerissen und dann auf ein Brett gehauen, mit dem ich gerade gebastelt habe.« Der nächste Schüler mischt sich gleich ein: »Und mir hat er den Akkubohrer weggenommen und mich getreten«.
Anton hält die Beschuldigungen nicht mehr aus. Er springt auf, schmeißt seinen Stuhl dabei um und sein Gesicht ist wutverzerrt. Sein gesamter Körper steht unter einer extremen Anspannung: »Immer ich! Immer bin ich das Arschloch!«, schreit er sehr laut und hebt seine Faust, um seinen Nebenmann, der ihn beschuldigt hat, zu boxen. Anton wird vom Lehrer aufgehalten. Daraufhin rennt er los, aus dem Zimmer hinaus, dabei schmeißt er einen Blumenstock um und läuft den Gang entlang. Der Lehrer rennt ihm hinterher. Anton ist schon mehrfach vom Schulgelände abgehauen und der Lehrer ahnt, dass er Richtung Haupteingang unterwegs ist. Kurz vor der Tür bekommt er ihn zu fassen. Anton wehrt sich und schreit und weint laut. Er versucht zu treten, zu beißen und zu kratzen. Als ihm dies nicht gelingt, haut er sich selber auf den Kopf und drückt mit seinen Daumen die Augäpfel in seine Augenhöhlen. Der Lehrer muss Anton zu seinem eigenen Schutz so festhalten, dass er weder Arme noch Beine einsetzen kann, um sich zu verletzen. Anton weint fürchterlich. Er schreit »Am liebsten wäre ich tot«. »Ich bin zu blöd für diese Welt«. Für ein Gespräch ist er nicht zugänglich. Er tobt 45 Minuten lang. Die Klasse wurde in dieser Zeit vom herbeigeholten Schulleiter übernommen. Nach dem Ausbruch ist Anton völlig erschöpft. Sein Körper erschlafft und er sieht sehr mitgenommen aus.

Nun ist er in der Lage zuzuhören. Mit erstaunlich gutem Reflektionsvermögen betrachtet er die Situation. Zwischendurch wird er immer ein bisschen lauter, da er sich ungerecht behandelt fühlt. Insgesamt ist er aber in der Lage zu erkennen, dass er außer Kontrolle geraten ist. Er beschreibt, dass es dann Klick in seinem Gehirn macht und er nicht mehr in der Lage ist zu denken. Er macht dann einfach und kann sich nicht bremsen. Er weiß, dass sein Verhalten nicht angemessen war, und entschuldigt sich. Er verspricht zu versuchen, es besser zu machen. Anton hat zu diesem Zeitpunkt täglich drei bis vier solche »Ausraster« und ohne Steuerung von außen ist er nicht in der Lage, den »Klick« im Kopf zu verhindern.

Antons Geschichte:
Anton wächst in einer Beamtenfamilie auf. Er ist das einzige leibliche Kind. Vor Antons Geburt haben seine Eltern ein Kind adoptiert, weil sie dachten, keine eigenen Kinder bekommen zu können. Antons Adoptivbruder ist ein Jahr alt als Anton zur Welt kommt. Die Eltern freuen sich sehr, haben Antons Geburt aber nicht geplant.

Schon als Säugling fordert Anton seine Eltern stark. Er schreit viel und lange. Er hat große Probleme mit dem Stuhlgang. Nach mehreren Tagen entlädt sich der Darm explosionsartig. Für Stillkinder nicht ungewöhnlich. Seine Mutter probiert alles was möglich ist, aber Anton lässt sich oft durch nichts beruhigen. Anton entwickelt sich zunehmend zum Schreikind. Die Nerven in der Familie liegen häufig blank. Als Anton drei ist, haben er und seine Eltern Unmengen an Arztbesuchen hinter sich. Sie waren bei Therapeuten und der Erziehungsberatungsstelle. Meist wird ihnen nahegelegt ihre Erziehungsstrategien zu überdenken und Anton sei eben ein Schreikind. Antons Entwicklung ist geprägt von Blähungen, Leibschmerzen und auffälligem Stuhlverhalten. Mit drei Jahren ist er noch nicht sauber.

Anton kommt in den Kindergarten. Dort wird er schnell zum Außenseiter, weil andere ihn durch seinen Geruch abstoßend finden. Er erlebt leidvolle Ausgrenzungen. Anton hat Wahrnehmungsprobleme und zeigt sich motorisch ungeschickt. Er reagiert unangemessen auf Provokationen und Aggressionen anderer. Er schlägt und tritt Erwachsene und Kinder. Anton leidet unter häufigen Stimmungsschwankungen, insbesondere bei Frustrationen, hat massive Wutausbrüche, kann Konflikte nicht lösen. Schon im Kleinkindalter beobachten die Eltern Autoaggressionen. Anton schlägt seinen Kopf gegen die Wand oder schlägt sich selbst. Anton zeigt Schwankungen in der Wahrnehmungsfähigkeit, er stürzt häufig, hat Erregungszustände, in denen er schrill schreit, entwickelt Stereotypien und hat durchgehend eine erhöhte motorische Unruhe sowie eine ausgesprochene Impulsivität. Wenn er ausgeglichen ist, verhält sich Anton aufgeweckt und liebevoll. Er hat ein gutes Erinnerungsvermögen und experimentiert gerne.

Mit vier Jahren wird Anton operiert, die Diagnose lautet Morbus Hirschsprung. Die Geruchsproblematik und die Schwierigkeiten bei der Verdauung bleiben nach der OP bestehen.

Anton wird mit sechs Jahren eingeschult. Am Unterricht nimmt er nur teil, wenn es ihn interessiert. Er verfügt über gute Fähigkeiten, nutzt sie aber selten. Krankheitsbedingte Verdauungsprobleme sind ein zusätzliches Handicap. Anton schlägt andere Kinder, schreit laut herum und beschimpft Lehrer wie auch Mitschüler. Schulisch gipfelt sein Verhalten eines Tages in einem Gewaltausbruch gegenüber einem Mitschüler. Eine Aussprache führt dazu, dass er einen Stuhl durchs Klassenzimmer schmeißt und die Lehrkraft dabei leicht verletzt. Die Schule sieht keine Möglichkeit mehr, da alle Ordnungsmaßnahmen bisher keine Wirkung gezeigt haben, und schließt Anton in der ersten Klasse für eine Woche vom Unterricht aus.

Zeitgleich eskaliert die Situation zu Hause zunehmend. Anton verhält sich seinem Bruder gegenüber häufig aggressiv. Insgesamt ist er kaum zu bremsen. Wenn er sich etwas in den Kopf gesetzt hat, muss er es umsetzen, ohne Rücksicht auf Gefahren. Er begeht kleinere Diebstähle in den umliegenden Geschäften. Eines Tages bringt ihn die Polizei nach Hause, weil sie ihn erwischt haben, als er eine Zeitung in einem Müllcontainer angezündet hat. Ein größerer Brand konnte noch verhindert werden.

Die Eltern weisen Anton stationär in die Psychiatrie ein. Sie sehen keine Möglichkeit mehr, ihren Sohn zu Hause weiter zu betreuen, und sind am Ende ihrer Kräfte.

Mit knapp sieben Jahren kommt Anton nach einem halbjährigen Psychiatrieaufenthalt mit dem Einverständnis seiner Eltern ins Heim.

Bernhard Klostermann

## 2.1 Morbus Hirschsprung

### 2.1.1 Definition

ICD 10-Q 43: Morbus Hirschsprung zählt zur Klassifikation der Fehlbildungen des Verdauungssystems. Es handelt sich um eine Erkrankung des Dickdarms, die zur Gruppe der Aganglionosen gezählt wird. Diese Krankheit umfasst einen Mangel an Ganglienzellen im Bereich des Plexus submucosus bzw. myentericus (Auerbach-Plexus).

Die Folge ist eine Hyperplasie der vorgeschalteten Nervenzellen mit vermehrter Acetylcholin-Ausschüttung.

Exkurs: Interview mit einer Mutter – Die Diagnose wurde zu spät gestellt und die Behandlung zu spät eingeleitet.

> L. wurde in einer schon zuvor für die Mutter belastenden Situation geboren. Nicht nur die eigentliche Geburt (frühzeitiges Platzen der Fruchtblase), sondern auch die familiäre Situation war außerordentlich angespannt. Kurz vor der Geburt trennte sich die Mutter von ihrem Lebenspartner, der als alkoholkranker Mann eine zusätzliche Last darstellte. Auch in ihrer Mutter, bei der sie lebte, erfuhr sie keinerlei Hilfe, da diese schon seit einiger Zeit durch die Pflege ihres durch einen Schlaganfall schwerbehinderten Mannes überfordert war. Bald nach der Geburt wurde das ständige Schreiverhalten des Mädchens, ihr unstillbarer Hunger und der geblähte Bauch mit schwer gängigem Stuhlgang auffällig. Zunehmend wurde die Verstopfung für L. und ihre Familie zum alles beherrschenden Thema. Zeitweise reagierte ihr ganzer Körper mit krampfartiger Anspannung, geballten Fäusten, verkrampften Zehen, Zehenspitzengang, Schreiverhalten und Selbstverletzungen auf die durch die Verstopfung verursachten Schmerzen. Kurzzeitige Entlastungen gab es durch Abführmittel und die Diagnose Verstopfung wurde von der Diagnose Durchfall abgelöst. Da sich neben der festen Kotsäule flüssiger Stuhl zum Ausgang drängte (Überlaufenkopresis), wirkte die Ausscheidung zeitweise wie ein Durchfall. Die festen, oftmals steinharten Kotteile mussten von der Mutter teilweise manuell aus dem Darm herausgeholt werden. Inzwischen hatte sich ein Enddarmsack gebildet, in dem sich der Kot immer wieder sammelte, immer härter und größer wurde und beim Ausscheiden den Afterschließmuskel schmerzhaft verletzte. L. entwickelte Panik vor diesen Schmerzen und konzentrierte sich nur noch darauf, die eigene Körperwahrnehmung zu kontrollieren und mit aller Kraft so gut es ging die Schmerzen auszublenden und in den Griff zu bekommen. Immer wieder waren die Schmerzen und der Ausscheidungsvorgang für L. nicht auszuhalten und viele nächtliche Aktionen zu Notärzten und Klinikaufenthalte waren durch lebensbedrohliche Situationen entstanden.

Auch die notwendigen immer wieder erfolgten Einläufe durch die Mutter werte L. heftig ab. Sie rannte davon, versteckte sich und schrie vor Entsetzen, wenn ihre Mutter ihr helfen wollte. Als L. drei Jahre alt war, war die eigentliche Krankheit immer noch nicht diagnostiziert worden. Ihre Mutter hatte eine neue Beziehung zu einem Lebenspartner aufgenommen und war mit ihrem zweiten Kind schwanger. Die belastete familiäre Situation wirkt sich von Anfang an auf L.'s Bruder aus und seine Reaktionen auf Lautstärke und Stress führen ebenfalls wie bei L. zu anhaltendem Schreiverhalten.

Mit etwa vier Jahren wurde L. an den Polypen operiert. Sie war so stark entkräftet, dass ihr Gesundheitszustand akut lebensbedrohlich wurde. Bei diesem Krankenhausaufenthalt kam zum ersten Mal die Diagnose »Morbus Hirschsprung« ins Gespräch. Nach eingehender und belastender späterer Untersuchung konnte dieser Verdacht bestätigt werden. Bis zur Darmoperation und dem Einrichten eines künstlichen Darmausgangs verging noch ein halbes Jahr, das für L. und ihren Bruder zur Tortur wurde. Teilweise gelang es ihr, sich schmerzunempfindlich zu machen. Dann wieder richtete sie ihre Verzweiflung gegen sich selbst und verletzte sich oder auch ihren Bruder.

Kurze Zeit nach der Darmoperation erfolgte in einem dritten Eingriff die Rückverlegung des Darmausgangs. Für eine Woche musste L. in ein künstliches Koma gelegt werden. In dieser Zeit war L.'s Mutter mit ihrem dritten Kind schwanger und fühlte sich während des dramatisch laufenden Heilungsprozesses (die Nasensonde zog sie ständig heraus) bis an ihre Grenzen belastet. Auch die Pflege des künstlichen Ausganges und nach der Rückverlegung der Beginn des Funktionstrainings stellten für L. und die Mutter eine angstbesetzte Prozedur dar.

Beim Interview mit der Mutter erklärte diese selbst, dass eine liebevolle Bindung zu ihrer Tochter L. nicht entstehen konnte. L.'s harter Überlebenskampf, ihre dauernden Ängste, Schmerzen und Wutausbrüche haben alle Kräfte aufgezehrt.

Bei L. haben sich die erfahrene Hilflosigkeit und die Ratlosigkeit der umgebenden Erwachsenen so tief eingebrannt, dass sie wenig Selbstbewusstsein und Selbstwert besitzt. So schimpft sie schnell mit sich und erklärt sich für wertlos und unfähig. Ängstlich achtet sie auf alle Körpersensationen und fürchtet Schmerzen und peinliches Einkoten. Gerade wenn sie aufgeregt ist, achtet sie nicht so genau auf sich und dann passiert es manchmal, dass sie, ohne es zu merken, wieder einkotet. Das nach der Operation erfolgte Darmfunktionstraining war nicht sicher erfolgreich und die Mutter war nicht mehr in der Lage, im häuslichen Rahmen für L. zu sorgen. Als L. fünf Jahre alt war, kam sie ins Heim und hat eine neue und für sie entscheidende Heimat gefunden.

Mutter und Tochter fangen nun an, eine unbelastete Beziehung kennen zu lernen und im Rahmen dieser neuen Möglichkeiten Wertschätzung füreinander zu entdecken.

An dem Stand ihrer heutigen Entwicklung lassen sich die furchtbaren Auswirkungen und Folgen der Krankheiten für L.'s Persönlichkeitsentwicklung erfahren. So fehlen ihr viele intuitive soziale Fähigkeiten und der Umgang mit Regeln und Normen. Sie weiß einfach nicht, wie sie sich in sozialen Gemeinschaften angemessen verhalten kann. Ihre meist spontanen, ausschließlich auf die aktuelle Situation bezogenen Handlungen beziehen keine früheren Erfahrungen mit ein. Soziales Lernen, das längerfristiges Beobachten, Nachahmung und Belohnung benötigt, hat sie lange Zeit nicht in ihr Leben integrieren können. Alle komplexeren Forderungen, die ja diese Grundlagen voraussetzen, sind damit für sie nicht leistbar. Deshalb fragt sie ständig oder wartet auf Anweisungen. Dankbar nimmt sie präzise Verhaltensanweisungen an. Diese müssen detailliert, plastisch und entschieden sein, denn der Zusammenhang von zeitlichen, räumlichen und emotionalen Informationen überfordert sie regelmäßig. L. sitzt beispielsweise im fahrenden Bus und wird geärgert (»Du stinkst!«). Die Wut steigt in ihr auf und zwangsläufig geht sie zur Autotür, um den Bus während der Fahrt zu verlassen. Auch Verhaltensketten zur Lösung von Aufgaben und das Verständnis sinnstiftender Zusammenhänge sind ihr fremd. Sie benötigt ein einfach strukturiertes, durch Grenzen und Rituale organisiertes Lebensumfeld, das ohne diffizile Vorerfahrungen auskommt. Hier kann sie durch starke und sichere Personen gelenkt und geführt werden. Unter diesen Bedingungen kommt ihr gestresstes, ständig angstvolles persönliches System so weit zur Ruhe, dass ihre guten kognitiven Fähigkeiten entwickelt werden. Sie helfen ihr am Rande der geschützten Gemeinschaft in Schule und Heim einen definierten Platz einzunehmen. Missverständnisse, Überforderungen, unübersehbare soziale Abläufe oder pubertäre Irritationen bewirken Panik und Orientierungslosigkeit. Die Erregung steigt dann mit unglaublicher Geschwindigkeit und eine ziellose Wut und unbegrenzte Bedürfnisse brechen aus ihr heraus. Dann ist sie froh, wenn sie die Situation ohne Schaden verlassen und sich in ihre Hütte zurückziehen kann. Hier hämmert sie und baut sich eine überschaubare geschützte eigene Welt.

2.1.2 Epidemiologie

Bei ca. 12% der Säuglinge mit Down-Syndrom kann Morbus Hirschsprung diagnostiziert werden. Die Krankheit ist angeboren und wird heute schon bei Neugeborenen diagnostiziert. Bei 4000 Geburten kommt es zu einer Erkrankung. Jungen überwiegen dabei. Bei 25% der mitteleuropäischen Bevölkerung besteht eine spezielle Genvariante, die diese Erkrankung bei Jungen bis sechsfach und bei Mädchen bis zweifach häufiger ausbrechen lässt als in der Gesamtbevölkerung. Durch die fehlenden Nervenzellen in der Darmwand kommt es zum Überschuss der Aktivierung der Muskulatur und die Darmwand kann sich in dem betroffenen Abschnitt nicht ausweiten. Es entsteht eine dauerhafte Engstelle (Steuose). Der davor liegende Darmteil wird durch den Stau der Passage sehr weit ausgedehnt. Der Kot sammelt sich vor der Engstelle. Neben der Steuose bildet sich auch hier eine Transportstörung. Die Darmentleerung kann nicht mehr regelrecht erfolgen, wodurch eine schwere Obstipation (Verstopfung) entsteht. Vor dem verengten Segment wird der Druck immer größer und es entstehen Blähungen, Erbrechen und oft Appetitlosigkeit. Durch die Ansammlung des Kots, kann es zu Überlaufenkopresis kommen. Neben dem Kotstopfen (Megadickdarm) wird dünnflüssiger Kot unkontrolliert ausgeschieden. In einigen Fällen, wenn z. B. die Krankheit nicht erkannt wird, entwickelt sich das Bild eines Megacolons. Diese dauerhafte Verstopfung führt zu Schmerzen, Lustlosigkeit und häufig Überreizbarkeit mit dauerhafter übler Laune.

Je nach Belastung für das betroffene Kind wird die Störung zum immer größer werdenden und zentralen Lebensinhalt. Das gesamte Lebensgefühl wird durch die Schmerzen und die Angst vor ihnen so stark beeinträchtigt, dass viele andere Gefühle, Interessen und Fähigkeiten kaum noch entwickelt werden und in den Hintergrund treten.

Schreiverhalten, verzweifelte Wutausbrüche und apathische Rückzüge zeigen an, wie schwerwiegend die Belastungen für die Person sind.

Wie stark sich die Entwicklung des Säuglings und Kleinkindes durch diese Krankheit verändern kann, lässt sich erahnen, wenn man bedenkt, dass der Darm als einziges Organ ein eigenes Nervensystem ist, das Reflexe ohne Teilnahme das Gehirns oder Rückenmarks weitervermitteln kann.

Allein im Dünndarm des Menschen gibt es über 100 Millionen Nervenzellen, ungefähr ebenso viele wie im Rückenmark. Im enteralen Nervensystem (das Gehirn im Darm) sind alle Gruppen von Neurotransmittern vertreten, die auch im Gehirn vorkommen. Nur ein- bis zweitausend Nervenfasern verbinden das Gehirn mit den 100 Millionen Nervenzellen im Dünndarm. Diese arbeiten ohne Einschränkung autonom weiter, selbst dann, wenn keine Verknüpfungen zum Gehirn bestehen. Diese Unabhängigkeit macht das enterische Nervensystem zum sog. »Second-Brain«. Es steuert die Verdauungstätigkeit und wird für intuitive Entscheidungen verantwortlich gemacht. Morbus Hirschsprung ist somit die Modellerkrankung des enterischen Nervensystems (Universitätsklinik für Kinder- und Jugendmedizin Tübingen – Internetseite 2009). Beziehen sich bei länger anhaltenden Erkrankung immer mehr Entwicklungsabschnitte auf diese Krankheit und ihre Auswirkungen, so kann sich keine dem Leben zugewandte Normalentwicklung einstellen.

### 2.1.3 Komorbidität

Das diese Grunderkrankung auf vielen Ebenen für den Säugling und seine spätere Kompetenz enorme Folgen hat, ist direkt einsehbar. Allein die aufwendige Pflege beim mehrmals täglichem Absetzen und der oftmals größeren Kotmenge in der Unterwäsche wie auch der Versuch des Kindes, die Symptome zu verstecken oder zu leugnen, ist für den Betroffenen und die Angehörigen immer wieder mit Stress und

Ekel verbunden. Steinhausen (2006) berichtet, dass zumindest in klinischen Serien häufig ausgeprägte emotionale Störungen und Störungen des Sozialverhaltens und zusätzlich hyperkinetische Störungen diagnostiziert werden. Generell werden von Schönau et al. (2004) bei 44% der Kinder mit dieser Grundstörung psychische Begleitstörungen als eigenständiges Krankheitsbild mit ursächlichem Zusammenhang benannt. Bei Kindern mit Enkopresis (Einkoten) beschreibt H. C. Steinhausen eine um das vierfach erhöhte Komorbiditätsrate. Dabei wirken nach seinen Schilderungen (Schönau et al. 2004, 245) diese Kinder ungewöhnlich oft »aggressiv-gehemmt, passiv, kontaktgestört, emotional retardiert sowie ängstlich unsicher«. Oft liegen weiterhin chronische Bauchschmerzen sowie Ess- und Appetitsstörungen vor.

Bei den Eltern dieser Kinder können Störungen des elterlichen Verhaltens beobachtet werden (Steinhausen 2006, 245). Ihre Sorgen und Nöte um das Kindeswohl führen sie entweder zu ängstlich überprotektivem Verhalten bis zu andererseits aggressiv ablehnender Haltung gegenüber ihrem Kind. Steinhausen weist auch auf die Folgen für die gesamte Familie und das Erziehungsklima hin. »Die Problematik kann von Partnerstörungen der Eltern, erzieherischer Distanz der Väter [...] und einem allgemeinen disharmonischem Familienklima überlagert sein. Diese Muster pathologisch familiärer Strukturen und Interaktionen sind nicht spezifisch für Enkopresis, sondern gelten für viele kinder- und jugendpsychiatrische Störungen.«

Die physiologischen Faktoren der Krankheit werden durch psychologische Faktoren ergänzt und wirken wahrscheinlich langfristig bedeutsamer. Neben der körperlich erhöhten Vulnerabilität erfolgt im Verlauf der Sauberkeitserziehung oft eine Überforderung des Kindes und seiner Erziehungsmöglichkeiten. Die emotionale Bindung an die Eltern steht unter langfristigem Stress mit der Folge einer dauernden Überaktivation und Stresssensibilisierung. Daraus entsteht eine Kumulierung der Stresssituationen bis zu einer neurologischen Prägung und dem Krankheitsbild: Posttraumatische Belastungsstörung mit abweichendem Bindungsverhalten.

Manchmal erfährt das Kind, bedingt durch die Krankheit, zusätzliche Belastungen der Trennungserfahrung und intensive emotionale Krisen durch die eigene soziale Umgebung wie auch bei operativen Eingriffen. Hier finden wir oft Auslöser für extrem gestörte Verhaltensweisen und pathologische Entwicklungen.

### 2.1.4 Erscheinungsformen in der Schule

Die eigentliche Krankheit »Morbus Hirschsprung« wird mit dem operativen Eingriff beseitigt. Die Folgen der Krankheit bestehen oft weiter und lassen sich an Entwicklungsdefiziten, an den posttraumatischen Störungen, dem deformierten Selbst- und Weltbild und an der allgemein veränderten Wahrnehmung erkennen. Besonders belastend ist die Enkopresis und die damit verbundene Stigmatisierung.

### 2.1.5 Verschiedene Therapieansätze

Die Kinderchirurgie Jena (2009) verweist darauf, dass es zu Beginn einer Behandlung einer gründlichen Diagnose bedarf. Dazu sind meist mehrere Untersuchungen nötig:
- Druckmessung im Enddarm (Sonde)
- Röntgenkontrastuntersuchung
- Probeentnahme ocusoler Darmwand

Wird die Diagnose »Morbus Hirschsprung« gestellt, muss wohl immer eine Operation erfolgen. Folgende Eingriffe werden von der Kinderchirurgie Jena genannt:
- Im Notfall bei Neugeborenen ein Anus praeter (künstlicher Darmausgang; dieser ist immer später rückgängig zu machen, rettet dem Kind aber das Leben).
- Bei sehr kurzstreckigen Formen eine so genannte Sphinkteromyektomie nach Lynn (kurzzeitiges Einkerben der Darmwand).
- Resektion = Entfernen des erkrankten Darmabschnittes und Bildung einer Anastomose (verbinden zwischen den beiden entstehenden Darmabschnitten).

Sind die physiologischen Faktoren der Verstopfung abgeklärt und behandelt worden, bleibt oft eine Obstipation. Um diese anzugehen sollte man nach ernährungsbedingten und psychologischen Ursachen forschen. Zur Reduktion der Schuld- und Schamgefühle muss eine unterstützende Atmosphäre für das Kind geschaffen werden. Dazu gehören die folgenden Grundsätze:
- Einkoten ist nicht beabsichtigt. Das Kind merkt nichts, bis es passiert ist.
- Das Kind ist nicht anormal! Die psychischen Probleme sind Folgen und nicht Ursache des Kotens.
- Es kann erfolgreich behandelt werden.
- Die Abläufe bei der Verstopfung können dargestellt und erklärt werden.

Die klassische Behandlung der Obstipation besteht aus drei Teilen:
1. Beim schweren Kotstau wird mit einem Abführmittel entleert.
2. Vermeidung neuer Obstipationen, die zwangsläufig auftreten, weil der Darm stark erweitert ist. Es fehlt die Darmsensibilität, die frühzeitig beim Füllen des Darms für Kontraktionen sorgt und den Transport unterstützt. Deshalb sollten vier bis sechs Monate weiterhin die Medikamente zum Abführen und Stuhlaufweichen gegeben werden. In dieser Zeit ist es wichtig, viel Flüssigkeit und Ballaststoffe einzunehmen.
3. Stuhltraining ist notwendig, damit das Kind (wieder) lernt, regelmäßig die Toilette aufzusuchen. Mindestens einmal am Tag, am besten nach dem Frühstück, sollte das Kind zur Toilette gehen. Ein sicherer und bequemer Sitzplatz macht es ihm möglich, 5 Minuten zu sitzen. Der Erwachsene sollte in diese Zeit beim Kind bleiben und ihm Mut machen und Ängste zerstreuen.

Bei aktuellen psychischen Belastungen und Lebenskrisen benötigt ein Kind mit Obstipationsproblemen besondere Unterstützung und Fürsorge. Gerade hyperkinetische Kinder haben aufgrund ihrer Wahrnehmungsstörungen manchmal kein Gefühl für den Fülldruck und müssen deshalb geduldig unterstützt werden. Diese Kinder reagieren wie Seismographen auf Unstimmigkeiten, Belastungen und Stress innerhalb des Familienverbandes und in der Schule. Sie zeigen dann wiederholt frühkindliche Verhaltensweisen.

Neben familientherapeutischer und systemischer Hilfe, sind einzeltherapeutische, manchmal sogar stationäre Verhaltentrainings angezeigt und erfolgreich. Diese werden dann oft durch Bewegungsprogramme unterstützt. Bei chronischer Obstipation geht die anthroposophische Therapie von einer grundlegenden Schwäche im Stoffwechslungsprozess aus. Das Ziel dieser Strategie ist die Unterstützung einer rhythmischen Stoffwechsel- und Verdauungstätigkeit. Hierbei hat sich insbesondere Folgendes bewährt (vgl. E. Schönau, 46):

- Gabe von Bittermitteln (z. B.: Cichorium D3)
- Hepadodoron
- Digestodoron

Die homöopathische Therapie orientiert sich im Wesentlichen an den Symptomen (vgl. E. Schönau):

- Alumina D3–D6, atonische Obstipation, bei Afterschmerz und kleinkugeligem trockenem Stuhl
- Opium D 30, Obstipation ohne Dranggefühl, oft Folge psychischer Ereignisse
- Sulfur D4 und D12, Brennen und Afterjucken

Literatur

Luczak, H. (2000): Das zweite Gehirn – Wie der Bauch den Kopf bestimmt. Geo Nr. 11.2000.
Klinik für Kinderchirurgie (2009): Morbus Hirschsprung. In: http://www.kinderchirurgie.uniklinikum-jena.de, 10.08.2009.
Schönau, E./Neumann, E./Längler, A./Benth, J. (2004) (Hg.): Pädiatrie integrativ. Konventionelle und komplementäre Therapie. München.
Steinhausen, H. C. (2006): Psychische Störungen bei Kindern und Jugendlichen. München.

Bernhard Klostermann, Eva-Maria Hoffart, Gerald Möhrlein

## 2.2 Reizkontrollstörung

### 2.2.1 Phänomen und Erklärungsansätze

Die Reizkontrollstörung ist kein eigenständiges Krankheitsbild und wird dadurch nicht im internationalen Diagnoseschema ICD-10 aufgelistet. Somit müssen wir einen anderen Zugang wählen. Betrachten wir zuerst die Definition von Reiz: »Als Reiz (Stimulus) bezeichnet man jede äußere oder innere Veränderung in der Umgebung des Organismus, die nach Aufnahme über einen äußeren oder inneren Rezeptor zur Verhaltensänderung führt.« (Tewes et al. 1999, 312) Wann ein Organismus auf einen Reiz reagiert, ist abhängig von der individuellen Reizschwelle. Voraussetzung, dass ein empfundener Reiz mit einer Reaktion verknüpft wird, ist eine gewisse Reizstärke, die über der individuellen Reizschwelle liegen muss. Auf den Organismus trifft pro Sekunde eine Vielzahl von Reizen. Die Differenzierung verschiedener Reize wird als »Reizdiskrimination« (ebd.) bezeichnet.

*Michael geht an einer stark befahrenen Straße spazieren und sieht einen Ball am Wegrand liegen. Der Ball (Reiz 1) löst das Bedürfnis aus, dass er mit seinem Fuß dagegen treten will (Reaktion 1). Gleichzeitig nimmt er schnell fahrende Autos wahr (Reiz 2), die er als gefährlich beurteilt, da er es so gelernt hat. Sein Organismus wägt zwischen »Spaß und Gefahr« ab und entscheidet, nicht zu schießen, da es zu gefährlich ist (Reaktion 2). Michael lässt den Ball liegen und geht weiter.*

Wie wir an diesem Beispiel sehen, sind wir in der Lage, mehrere Reize gleichzeitig wahrzunehmen und aufgrund unserer erlernten Reiz-Reaktions-Verknüpfungen abzuwägen, welcher Reiz die Kontrolle über unsere Reaktion übernimmt. Menschen mit einer Reizkontrollstörung besitzen diese Fähigkeit nicht.

*Matthias, in der gleichen Situation wie Michael, sieht den Ball. Er schießt ihn auf die stark befahrene Straße, obwohl auch er die damit verbundene Gefahr kennt. Der Reiz (Ball) ist für ihn so stark, dass er alle anderen Reize nicht wahrnehmen kann. Nur dieser Reiz liegt über seiner individuellen Reizschwelle und kontrolliert ihn.*

Viele Hinweise auf den Begriff Reizkontrolle sind unter den emotionalen Störungsbildern zu finden. Insbesondere die Hyperkinetische Störung (ICD-10 F90) wird als Störung des regelgeleiteten Verhaltens angesehen und ist auf die soziale Schädlichkeit dieses Syndroms abgestellt.

Im Sinne der Neurobiologie ist ein Reiz eine Einwirkung außerhalb einer Sinneszelle, die eine überschwellige Veränderung des Membranpotentials der Zellmembran bewirkt und so ein Aktionspotential auslöst. Der Reiz erreicht an den nachgeschalteten Nervenzellen die Entstehung elektrischer Impulse, die als Erregung bezeichnet werden. »Sie lassen sich mathematisch als Einsen (Impuls vorhanden) und Nullen (kein Impuls) beschreiben.« (Spitzer 2007, 41). Empfindungen und Sinneseindrücke entstehen erst im Zentralnervensystem und sind nicht mehr direkt messbar. Durch die Verknüpfung von verschiedenen Sinneseindrücken werden Wahrnehmungen hervorgerufen, in der frühe Erfahrungen enthalten sind und die in die Befindlichkeiten der eigenen Person integriert werden. Lebewesen reagieren sowohl auf äußere als auch auf eigene, innere Reize. Dies geschieht in der Regel in einem wachen Zustand, in dem der Körper reaktionsbereit und aufmerksam ist.

Der allgemeine Grad der Aktivationen des zentralen Nervensystems beim Menschen wird als »Arousal« bezeichnet. Ein starkes Maß an Arousal findet sich bei Ärger, Angst oder Schmerzen. Im Schlaf besitzt der Mensch ein niedriges Arousal. Verantwortlich für die Höhe des Aktivationsniveaus ist unter anderem ein Teil des Hirnstammes, die Formatio reticularis. Von hier aus wird das aktuelle Aktivationslevel und sein Einfluss auf das Nervensystem und den Stoffwechsel gesteuert. Ein hyperaktives Arousal macht uns reaktionsbereit und besonders empfänglich für alle Reize, die Gefahr signalisieren. Diese hohe Vigilanz geht auf Kosten der Leistungsfähigkeit anderer Systeme, die in der Gefahr nicht gebraucht werden. Dazu zählen, neben einzelnen Organen, vor allem die kognitive Leistungsfähigkeit und das aktuelle Lernen. Nach einer idealen Lernphase in gefahrlosen und ausgeglichenen Zeiten reduziert sich die Möglichkeit, Denken und Lernen zu können, ab einem kritischen Aktivationsniveau. Reizkontrolle durch kognitives Überprüfen oder Beachten von Regeln für die Handlungssteuerung ist in vermeintlicher Gefahr nicht möglich, weil auf dem Niveau des »Reptiliengehirns« schnelle unreflektierte Verhaltensweisen fast schon reflektorisch zum Einsatz kommen. Diese Prozesse werden über das limbische System gesteuert und sind vor allem auch beeinflusst durch die emotionale Lenkung der Amygdala auf die Wahrnehmungsselektion und die spontanen Verhaltensantworten des Hippocampus auf spezielle Reizmuster.

Lernen wird im Allgemeinen als Prozess der relativ stabilen Veränderung des Verhaltens, Denkens oder Fühlens aufgrund von Erfahrung oder neugewonnenen Einsichten und des Verständnisses aufgefasst. Dabei lässt sich die Komplexität des gelernten Verhaltens in einfache Anpassungen durch Sensitivierung und Habituation und komplexere Formen des assoziativen Lernens unterteilen. Beim assoziativen Lernen werden zwei Ereignisse miteinander verknüpft:
a) Klassische Konditionierung: Beim S-S Lernen werden zwei Reize (S) miteinander verknüpft (vgl. Pawlow 1973).
b) Operante Konditionierung: Beim S-R Lernen wird ein Reiz mit einer Reaktion verknüpft und durch Verstärkung belohnt (vgl. Skinner 1974).

Weitere Begriffe, die den Lernprozess erklären und bei Störungen des Lernverlaufes eine Rolle spielen, sind:
- Konzentration: Die Erregungsausbreitung im Gehirn wird durch Diskriminationslernen auf bestimmte Areale begrenzt.
- Hemmung ist ein gegenläufiger Prozess, sowohl zur Erregung, als auch zur Bahnung. Angst und Nahrungsaufnahme sind zum Beispiel gegenläufige Verhaltens-

weisen. Manchmal gelingt es, die Angst zu reduzieren, während attraktive Nahrung aufgenommen wird.
- Löschung lässt sich als interne Hemmung verstehen. Der konditionierte Klingelton im Pawlowschen Experiment wird so lange ohne Futter angeboten, bis keine Reaktion mehr auf ihn erfolgt. Damit ist die physiologische Bahnung aufgehoben.

Generell muss angenommen werden, dass viele unserer emotionalen Reaktionen und Einstellungen durch klassische Konditionierung erworben werden. Gerade bei Ängsten vor Prüfungen u. a., Aggressionen, Regel- und Normverständnis, aber auch beim Lernen von Impulskontrolle und Bedürfnisaufschub, lässt sich der Lernverlauf über klassische und operante Konditionierung direkt aufdecken und ist somit nachvollziehbar. Eine Veränderung im Lernsetting macht dann kontrolliertes neues Lernen möglich und der Ausbau von Störverhalten kann gestoppt und unangepasste Verhaltensstrategien gelöscht werden (Kern 1986).

Eine besondere Rolle spielt die klassische Konditionierung bei der Entstehung von Ängsten nach traumatischen Ereignissen. Schwerwiegende Übergriffe, Unfälle mit Verletzungen können schon nach einmaligem Ereignis eine nahezu löschungsresistente Kopplung mit ursprünglich neutralen Orten, Geräuschen und Gerüchen schaffen. In der Folge lösen schon bei geringen Hinweisreizen bestimmte Erinnerungen komplette traumatische Situationen wieder mit alter Kraft aus. Gegen die Gewalt der eingespurten Reiz-Reaktion-Verbindung sind so verletzte Menschen machtlos. Erst in einem langwierigen, individuellen Therapieverlauf kann eine Kontrolle über die Auslösereize zurückerlangt werden.

## 2.2.2 Epidemiologie und Komorbidität

Ein großer Einfluss darauf, wie Reize aufgeschlossen und bearbeitet werden, scheint im familiären Umfeld zu liegen. Die Bindungstheorie (Brisch 1999) konnte belegen, dass bei der Entstehung der frühen lebensnotwendigen Bindungsmuster viele seelische Störungen durch einen Mangel an Sicherheit, Schutz und Geborgenheit entstehen. Die Art der Gefühle, Erwartungen und Verhaltensweisen in den Bindungsbeziehungen hängt von den Erfahrungen mit den wichtigsten Bezugspersonen ab. Unsicher gebundene Kinder haben häufiger Stress, weil sie immer wieder Trennung von ihren Bezugspersonen erwarten und nicht in der Lage sind, für ihre emotionale Sicherheit zu sorgen. Die Wahrnehmung und die Analyse von Reizen bezieht sich nur noch auf Nähe und Distanz zum Erwachsenen. Ein entspanntes Neugierverhalten kann so nicht entstehen. Viele Verhaltensweisen werden vom Kind auf diesem Hintergrund falsch interpretiert oder es findet keine sachgerechte Wahrnehmung mehr statt. Genetische Prädispositionen, insbesondere was Temperament und Arbeitstempo angeht, haben sicher einen Einfluss auf die Art und Weise, wie Reize wahrgenommen und aufgeschlüsselt werden. Reizkontrolle ist in der Regel bei vielen gestörten Verhaltensweisen ein Aspekt eines ganzen Ursachenbündels für sehr individuelle Auffälligkeiten, Störungen und Krankheiten.

Der Begriff Reizkontrolle wird häufig im Zusammenhang mit der Entstehung und Therapie psychischer Krankheiten und Abhängigkeiten diskutiert. Bei Essstörungen, Alkohol- und Nikotinabhängigkeiten und vor allem bei ADHS finden sich viele Untersuchungen zu Häufigkeit und kulturellen und sozialen Bedingungen. Da Reizkontrollstörung sich nicht als eigenes Krankheitsbild beschreiben lässt, finden sich auch keine entsprechenden Untersuchungen dazu.

2.2.3  Erscheinungsformen in der Schule und Interventionsmöglichkeiten

Bei Lernschwierigkeiten mangelt es unter anderem an einem eindeutigen und starken Hinweisreiz. Um diesen zu erkennen, muss ein Diskriminierungslernen erfolgen. Der Organismus lernt dabei, nur bei der Darbietung bestimmter Reize die instrumentelle Reaktion zu zeigen. Kommt ein Verhalten so unter Reizkontrolle, löst nur diese Situation das gekoppelte Verhalten aus. Andere Reizsituationen führen zu spezifischen anderen Reaktionen. Nun soll das zuvor in einer definierten Situation gelernte Verhalten ausgedehnt werden. In einer nachfolgenden Generalisierungsphase, in der unter anderem die Stärke einer Merkmalsausprägung beim Auslösreiz variiert wird, können gelernte Verhaltensketten in ähnlichen Situationen ausgelöst werden. Wurde zum Beispiel von einem Lehrer eine Regel eingeführt, so kann diese Schritt für Schritt auf andere Lehrer übertragen werden.

Kinder mit Reizkontrollstörungen kostet es viel Kraft, längere Texte zu lesen oder einem Verlauf zu folgen. Schon nach wenigen Minuten des Lesens nehmen sie den Inhalt eines Textes nicht mehr wahr. Noch schwieriger wird es für sie in bewegten und komplexen sozialen Situationen den Überblick zu behalten. Für sie ist die gleichzeitige Unterhaltung mehrerer Personen ein undifferenzierter Geräuschebrei. Erst wenn die Betroffenen sich von einem Thema oder einer Person angezogen fühlen, sind sie fasziniert und können sich nicht mehr lösen. Alle Motive und Kräfte werden aufgewendet, dieses einzelne Thema oder die Person in den Fokus zu stellen und die sonst gleichwertige Reizvielfalt der Umgebung zu unterdrücken. Diese Hyperfokussierung verlangt ihre ganze Kraft und oft schon nach kurzer Zeit fühlen diese Kinder sich vollkommen ausgelaugt.

Eine weitere Einschränkung der Konzentration ergibt sich aus der Ablenkbarkeit, die aus der Reizoffenheit resultiert. Eine Unterscheidung zwischen »wichtig« und »unwichtig«, »zuerst« oder »später« können solche Kinder nicht treffen. Jeder neue Reiz muss beantwortet werden und lenkt vom vorherigen Inhalt ab. Die Reizoffenheit ist eine Folge von mangelhafter Hemmung störender, nicht zum Thema gehörender Reize. Normalerweise werden – unbewusst und sehr schnell – die zu dem im Bewusstseinszentrum stehenden Informationen und Anregungen ausgewählt und unterstützt. Dazu nicht passende Auskünfte und Hinweise werden schon frühzeitig abgeblockt und unterdrückt. Diese Selektionsleistung können insbesondere traumatisierte oder unter dauerndem Stress stehende Kinder nicht erbringen (vgl. Reddemann et al. 2004). Stress bewirkt eine lang anhaltende Aktivierung des sympathischen Systems. Die damit aktivierten weiteren endokrinen Systeme antworten mit der Freisetzung von Neurotransmittern, die breite Erregung hervorrufen und die gesamte Person in dauerhafte Alarmbereitschaft versetzen. Selegieren, Abfolgen erkennen und entwickeln sowie die Beurteilung von richtig und falsch können nicht geleistet werden. Der Mensch erholt sich nicht mehr und das für das Lernen so wichtige mittlere Aktivationsniveau kann nicht mehr erreicht werden. Differenzierte Reizkontrolle ist in der Folge nicht möglich. Mit einer Medikamententherapie (Stimulanztherapie) kann meistens das sehr beunruhigte Kind soweit in der Erregung gebremst werden, dass zeitweise wieder Reizkontrolle von ihm übernommen wird. Diese Fähigkeit, konzentriert bei einer Sache zu bleiben und bei den angestrebten Tätigkeiten gezieltes Verhalten ausführen zu können, erleben solche Kinder als unschätzbar wertvoll. Ohne diese Fähigkeit entsteht häufig eine ausgeprägte Selbstwertproblematik, die sich über viele Jahre durch Misserfolg und Ablehnung aufbaut. Daraus entwickeln sich viele weitere Probleme, die bis zur Störung der Persönlichkeitsentwicklung reichen können und sich in psychischen Krankheiten manifestieren. Sehr frühzeitig wird auch von jüngeren Kindern mit Reizkontrollstörungen bemerkt, dass sie ihren Alltag anders erleben als andere Kinder und sich darin auffällig ausagieren. Auch hier gelingt es ihnen nicht zu analysieren, welche Bedingungen und Ursachen dafür verantwortlich sind. Hilflos fühlen sie sich ihrem eigenen Verhalten gegenüber machtlos und ausgeliefert. Die meisten dieser Kinder sind verzweifelt und nehmen dankbar therapeutische Hilfe an. Die kognitive Verhaltenstherapie entwickelte für Kinder mit Störungen in der Reizkontrolle Selbstmodifikationsmethoden. Über Selbstbeobachtung (Beobachtungslisten; Erfahrungen mit Entspannungsübungen) werden Kinder sensibel für ihr aktuelles Erregungsniveau und lernen überschießende Erregung wahrzunehmen und auslösende Ereignisse zuzuordnen. Auf dieser Grundlage können passende Handlungsstrategien gefunden und eingeübt werden. Im Rollenspiel und in entspannter Atmosphäre können die passenden Verhaltensweisen ausprobiert und modifiziert werden. Ein solches Alltagscoaching kann viele Bereiche des Lebens umfassen und führt oft zu der für das Kind überraschenden Erfahrung, eigene Fähigkeiten zu besitzen und damit kritische Situationen meistern zu können. Es lernt, sich von störenden Reizen abzuschirmen, und bald schon weiß das Kind, welche Märchen zu aufregend sind und welche Fernsehsendungen verwirren und beunruhigen. Andererseits entdecken die Kinder mit Hilfe schnell, wie Reizüberschwemmung verhindert werden kann. Sie spüren, wann sie die Spielgruppe verlassen müssen, und wissen, welchen Ort sie aufsuchen müssen, um zur Ruhe zu kommen. Einige Erwachsene und Kinder sorgen für Unruhe und werden besser gemieden. Wie viel Ordnung in manchen Situationen gebraucht wird, um bei der Arbeit zu bleiben, kann ausprobiert werden. Gleichmäßige Tagesverläufe, ohne störende Sonderregeln, mit vorher genau besprochenen und geplanten Veränderungen und Zusatzterminen, erleichtern einen ausgeglichenen Alltagsverlauf. Für Entspannung und ausgeglichene Stimmung sorgt auch regelmäßige und fordernde Bewegung. Für ein erfolgreiches Lernen ist ein ruhiger, erholsamer Schlaf wichtig. Die Informationsübertragung vom Kurzzeit- ins Langzeitgedächtnis erfolgt in den Tiefschlafphasen eines entspannten Schlafs. Loslassen und Einschlafen gelingt besser in einer sicheren Umgebung, die rituell den Organismus herunterfährt und einen möglichst gleich bleibenden Rhythmus für den Tag und den Abend besitzt. Auch der Kontakt zu Tieren, der ohne die vielen Metakommunikationen erfolgt, stellt für Kinder mit Reizdifferenzierungsschwierigkeiten eine große Erleichterung dar. Jede abrupte Veränderung wird als kaum zu bewältigende, stressende Herausforderung erlebt. Alles, was fremd und komplex für ein solches Kind sein könnte (z. B. ein Arztbesuch), muss lange vorher angekündigt, erklärt und eingeübt werden. Sicherheit und Überblick gibt dann immer wieder die gewohnte Tagesstruktur, eine transparente Zeitperspektive (hier und jetzt; gestern und morgen) und das eindeutige Gefühl, dass sich Probleme lösen lassen.

Die hypnotischen Ansätze arbeiten mit den Techniken der Selbstkonditionierung. Im entspannt-hypnotischen Zustand werden adäquate Verhaltensweisen immer wieder suggestiv vergegenwärtigt und der Ablauf in der Vorstellung positiv wiederholt.

Imagination als heilende Kraft wird in der Traumatherapie von Luise Reddemann angewendet. Das aufgewühlte menschliche System nach einem Trauma zu beruhigen und wieder aufmerksam für eigene Fähigkeiten und Befindlichkeiten zu werden, führt unter anderem auch zur Reizdifferenzierung und Reizkontrolle.

## Literatur

Brisch, K. H. (1999): Bindungsstörungen. Von der Bindungstheorie zur Therapie. Stuttgart.
Kern, J. H. (1986): Verhaltensmodifikation in der Schule. Stuttgart.
Pawlow, I. P. (1973): Auseinandersetzung mit der Psychologie. München.
Petermann, F. (2008): Lehrbuch der klinischen Kinderpsychologie. Göttingen.
Reddemann, L./Dehner-Rau, C. (2004): Trauma. Folgen erkennen, überwinden und an ihnen wachsen. Stuttgart.
Skinner B. F. (1974): Die Funktion der Verstärkung in der Verhaltenswissenschaft. München.
Spitzer, M. (2007): Lernen. München.
Tewes, U./Wildgrube, K.(1999): Psychologie-Lexikon. München.

Stephan Ellinger

## 2.3 Aufmerksamkeitsdefizit- und Hyperaktivitätssyndrom (ADHS)

### 2.3.1 Phänomen und Definition nach DSM-IV und ICD-10

Beim Aufmerksamkeitsdefizit- und Hyperaktivitätssyndrom handelt es sich um ein sehr komplexes Störungsbild, das häufig zu einem ungerechten, mindestens aber hilflosen Umgang mit den Betroffenen durch Pädagogen führt. Das ICD-10 sieht für die einfache Aufmerksamkeitsdefizit- und Hyperaktivitätsstörung Beeinträchtigungen der Aufmerksamkeit, der Impulskontrolle sowie eine Hyperaktivität vor. Tritt zudem eine Störung des Sozialverhaltens auf, wird eine hyperkinetische Störung diagnostiziert.

Im DSM-IV werden drei Typen unterschieden:
- Der primär aufmerksamkeitsgestörte (»unaufmerksame«) Subtyp, der nicht laut, nicht dauernd in Bewegung, sondern eher verträumt ist, häufig den Faden verliert und Probleme mit Konzentration und Ausdauer hat.
- Der primär hyperaktiv/impulsiv gestörte Typ, der unruhig, unsortiert und unordentlich, äußerlich und innerlich unentwegt auf Achse ist, aber in der Regel die Kurve zur Konzentration und die wichtigsten Dinge im Unterricht und Lernen mit bekommt.
- Der Mischtyp, die Kombination aus Aufmerksamkeitsstörung und Hyperaktivität/Impulsivität.

Diese Unterteilung in Subtypen ist – bei aller Vereinfachung – insofern hilfreich für die Wahl der optimalen Förderung, als deutlich wird, dass eine Gruppe von Kindern zwar unauffällig lebt, aber doch gravierend aufmerksamkeitsgestört ist, und eine weitere Gruppe von Kindern in überwiegendem Maße unter Impulsivität und Hyperaktivität, nicht aber mangelnder Konzentrationsfähigkeit zu leiden hat. Die Mischgruppe, nach ICD-10 könnte sie fälschlicherweise vorschnell als »*die* ADS-Kinder« verstanden werden, stellt demnach nur eine der denkbaren Ausprägungen von AD(H)S dar: Kinder, die sowohl hyperaktiv, impulsiv (häufig auffallend störend) als auch unaufmerksam und unkonzentriert sind.

Im Überblick lassen sich die Kriterien einer Diagnose nach ICD-10 und DSM-IV wie in Tabelle 1 darstellen.

Von einem »ADS-« bzw. »ADHS-Kind« darf nur gesprochen werden, wenn die Kriterien der Klassifikationen zur Diagnosestellung gegeben sind, nicht bereits dann, wenn z. B. eine schwere Sozialstörung oder »unentwegter Blödsinn im Kopf« Ungemach bereiten. Im Falle einer Störung des Sozialverhaltens wird im Alltag allzu häufig vorschnell von »Hyperaktivität« oder »ADS« gesprochen. Allgemein herrscht Konsens über die international anerkannten Kriterien für ADS/ADHS nach DSM-IV-TR und ICD-10, welche Störungen mit den Kernsymptomen einhergehen.

Tabelle 1: Kriterien für die Diagnose einer Aufmerksamkeits-/Hyperaktivitätsstörung nach ICD-10 und DSM-IV im Vergleich. Aus: Ellinger (2007, 122).

| Diagnose | Störungsausprägung | | | |
|---|---|---|---|---|
| | Aufmerksamkeitsstörung | Hyperaktivität | Impulsivität | Störung des Sozialverhaltens |
| ICD-10 | | | | |
| Einfache Aufmerksamkeits-Hyperaktivitätsstörung | X | X | X | - |
| Hyperkinetische Störung des Sozialverhaltens | X | X | X | X |
| DSM-IV | | | | |
| Aufmerksamkeitsdefizit-/Hyperaktivitätsstörung *Unaufmerksamer Typ* | X | - | | |
| Aufmerksamkeitsdefizit-/Hyperaktivitätsstörung *Hyperaktiv-impulsiver Typ* | - | X | | |
| Aufmerksamkeitsdefizit-/Hyperaktivitätsstörung *Mischtyp* | X | X | | |

Weil ähnliche Verhaltensweisen bisweilen auch bei anderen Kindern und Jugendlichen zu beobachten sind, werden vom ICD-10 und DSM-IV-TR für eine Diagnose neben den drei Hauptsymptomen folgende zusätzliche Kriterien genannt:
- Die Symptome müssen mindestens 6 Monate andauern (»zeitstabiles Auftreten«) und hinsichtlich des Entwicklungsstands unangemessen sein (»Auffälligkeit«).
- Der Beginn der Verhaltensauffälligkeiten liegt vor dem 7. Lebensjahr (»frühes Auftreten«).
- Die Beeinträchtigungen müssen in verschiedenen Lebensbereichen zu beobachten sein, hierzu gehören insbesondere schulische, familiäre und soziale (»situationsübergreifendes Auftreten«).

Kommen wir zu den Kernsymptomen im Einzelnen. Von einer *Aufmerksamkeitsstörung* kann gesprochen werden, wenn bei einem Kind folgende Symptome beobachtet werden:
- Aufnehmen vieler Reize und Signale in gleicher Stärke; das Kind filtert sie nicht und kann sie deshalb nicht adäquat verarbeiten
- vorzeitiges Abbrechen von Aufgaben und Tätigkeiten
- häufiger Aktivitätenwechsel
- viele Flüchtigkeitsfehler
- unordentliche und unsaubere Aufgabenausführung
- Unfähigkeit, trotz starker extrinsischer Motivation, die Konzentration bei Aufgaben und Spielen aufrecht zu halten
- äußerliches Abschalten und demonstriertes Desinteresse

- sofortiges Vergessen eines Auftrages oder eines Vorhabens
- überdurchschnittliches Vergessen von Gelerntem, Gelesenem, Gehörtem und Verabredetem
- häufiges Verlieren von Gegenständen innerhalb kürzester Zeit
- unerklärliche Denkblockade und Gedächtnisausfälle in Stresssituationen

*Hyperaktivitätsstörungen* gehen bei Kindern und Jugendlichen mit folgenden Verhaltensweisen einher:
- überschießende Rastlosigkeit ohne Organisation
- dauerndes In-Bewegung-Sein
- mangelhafte Anpassung an die Ordnung der Umgebung
- insgesamt chaotisches Verhalten
- ständiges Geräusche-Erzeugen: Singen, Plappern, Erzählen, Dazwischenrufen, Tippeln, Klopfen etc.
- schlechte Anpassungsfähigkeit an Regeln der sozialen Umgebung und oppositionelles Verhalten
- häufige Ungeschicklichkeiten und »Missgeschicke«, die zu Scherben oder Beschädigungen führen
- scheinbar unverschämtes Nicht-Befolgen von Anweisungen oder Aufforderung zur Ruhe – auch unter Sanktionsandrohung

*Impulsivität* äußert sich bei Kindern und Jugendlichen wie folgt:
- übermächtige Tendenz, dem ersten Handlungsimpuls nach zu gehen
- Tendenz, dem ersten Gedanken, der ersten Idee, sofort zu folgen
- beim Auftreten eines Bedürfnisses scheint ein Aufschub der Befriedigung nicht möglich
- Neigung zum Entweder-Oder-Verhalten, Einschätzungen häufig in schwarzweiß (es scheint keine Zwischentöne zu geben)
- mangelndes Einfühlungsvermögen in die Notwendigkeiten einer sozialen Situation
- häufiges Unterbrechen eines anderen
- Stimmungslabilität

ADS/ADHS-Kinder verfügen nicht nur über nachgewiesenermaßen durchschnittliche bis weit überdurchschnittliche Intelligenz, sie fallen immer wieder auf durch besondere Begabungen, ausgefallene Ideen, extreme Einfälle und ambivalente Originalitäten. Durch ihre Unfähigkeit, Reize und Sinneseindrücke zu filtern, zu hierarchisieren und adäquat abzuspeichern, bilden sie ständig ungewöhnliche Verknüpfungen, originelle Parallelwelten und kreative Neuschöpfungen. Viele Spuren dieser diffusen »Ablenkungen« führen »ins Nichts« oder enden nicht erkennbar in einem »Aha-Erlebnis«. Aus der Geschichte wissen wir allerdings, dass besondere Leistungen z. B. in Kunst, Musik und Naturwissenschaften von Menschen erbracht wurden, die ihr Denken und Wahrnehmen auf originelle Art und Weise eben nicht fokussierten und aus diesem Grund zu besonderen Entdeckungen und Erfindungen kamen. Viele Vertreter dieser herausragenden Zeitgenossen waren aus heutiger Sicht – soweit man sich retrospektiv ein Urteil zutrauen will – von ADHS Betroffene (z. B. Wolfgang Amadeus Mozart, Albert Einstein).

### 2.3.2 Komorbidität

Studien haben gezeigt, dass die betroffenen Kinder ein deutlich erhöhtes Risiko tragen, später in Delinquenz oder Substanzmissbrauch zu verfallen bzw. eine antisoziale Persönlichkeitsstörung zu entwickeln (vgl. Breitenbach 2005, 110; Mannuzza et al. 1991; Barkley 1990). In welchem Umfang Kinder durch ADHS beeinträchtigt werden, hängt auch von der Stabilität ihrer Persönlichkeit und nicht zuletzt ihres sozialen Umfeldes ab (Simchen 2004, 126). Bei der Verarbeitung traumatisierender Erlebnisse stellt ADHS ein besonderes Risiko dar. Traumatisierte Kinder entwickeln häufig zusätzlich Fehlregulationen der aufgestauten Affekte. Dauern die psychischen Belastungssituationen an oder werden Traumata nicht verarbeitet, führen die zusätzlichen affektiven Fehlregulationen zu Selbstschutz- und Dekompensationsmechanismen, die weitere psychische und körperliche Symptomatik ausbilden können. Reaktive Fehlentwicklungen können z. B. sein: Essstörungen, Sprachstörungen, Tics und andere motorische Entäußerungen, Schulangst, Trennungsangst, Versagensangst, Dunkelangst, Schlafstörungen, Schlafwandel, Albträume, Einnässen am Tag und/ oder in der Nacht sowie Magen-Darmbeschwerden.

Während sich das »eher hyperaktive« Kind in andauernden psychischen Belastungssituationen in der Regel durch Aggressivitäten seines inneren Drucks zu entledigen sucht, entwickelt der »eher unaufmerksame Typ« internalisierende Verhaltensstörungen und gibt sich selbst für viele Ereignisse im Leben ebenso die Schuld, wie für seine Unaufmerksamkeit, Vergesslichkeit und sein Lernversagen. Seelische Belastungsstörungen nach einem Trauma können von ADHS-Kindern demnach deutlich schwieriger verarbeitet werden.

Grundsätzlich besteht ein überzufällig häufiges gemeinsames Auftreten von ADHS und folgenden Beeinträchtigungen (Simchen 2004, 128):
- Depressionen (20%–44% häufiger bei ADHS)
- Rechtschreibschwäche oder Rechenschwäche (60% häufiger bei ADHS)
- Angststörungen (20%–50% häufiger bei ADHS)
- Tic-Symptomatik und Tourette-Syndrom (10%–30% häufiger bei ADHS)
- Zwangsstörungen (20%–50% häufiger bei ADHS)
- Einnässen (25% häufiger bei ADHS)

### 2.3.3 Ursachendiskussion und Interventionen

Neuere Studien beschreiben als Ursache für ADHS insbesondere *neurochemische Beeinträchtigungen* im präfrontalen Cortex (Stirnhirn). In Zusammenhang mit ADHS lassen sich Auffälligkeiten bei der Informationsweitergabe von der präsynaptischen an die postsynaptische Nervenzelle darstellen. Die Synapse – und damit der synaptische Spalt – bezeichnet die Verbindungsstelle zwischen der vorderen (präsynaptischen) und der hinteren (postsynaptischen) Zelle. Im synaptischen Spalt wird die Information kurzzeitig nicht elektronisch, wie sonst in den Nervenbahnen üblich, sondern auf chemischer Basis weiter gegeben. Die Botenstoffe von der einen Seite des Spaltes zur anderen nennt man Neurotransmitter (eine Art Fähren). Bei drei dieser Neurotransmitter treten in Zusammenhang mit ADHS »Unregelmäßigkeiten« auf:

*Dopamin* ist verantwortlich für die Weitergabe von Informationen betreffend Aufmerksamkeit, Impulskontrolle, Wachheit, Antrieb, Konzentrationsfähigkeit, Wahrnehmungsverarbeitung, Stimmung, Emotionen und Kognition. Interessant ist nun, dass bei Unfallopfern oder Tumorpatienten, die im Bereich des Stirnhirns Schädigungen erlitten, ähnliche Symptome beschrieben werden, wie sie von ADHS-Betroffenen bekannt sind: Impulsivität, geringe Ausdauer und Zielstrebigkeit, gute Wahrnehmung bei schlechter Handlungskonsequenz usw. Es gilt als gesichert, dass Dopaminmangel im synaptischen Spalt zur Unterstimulation (d. h. zu mangelhafter Informationsübertragung in den Zellen) führt und für die Verhaltensauffälligkeiten der Betroffenen verantwortlich ist. Der Dopaminmangel entsteht durch die vorzeitige (zu frühe) Rücknahme des notwendigen Neurotransmitters aus dem synaptischen Spalt. Dies geschieht durch eine Fehlleistung der hierfür zuständigen Dopaminpumpen in der Zelle. Bei einer Medikation bewirkt die Gabe des Wirkstoffes Methylphenidat (in den Präparaten Ritalin, Medikinet, Equasym oder Concerta) ein vorübergehendes Verstopfen der Dopaminpumpen, so dass dieser Neurotransmitter länger im synaptischen Spalt verbleiben und dort seine Arbeit der Informationsübermittlung vollenden kann. Die Unterstimulierung ist damit behoben – interessanterweise wird durch eine *Stimulanz* die *Beruhigung* des ADHS-betroffenen Kindes erreicht und zugleich das *Konzentrationsvermögen* des ADHS-betroffenen Kindes verbessert. Medikamentös behandelte Kinder sprechen davon, dass nach der Einnahme der Tablette ihr »Gehirn einrastet« oder berichten: »Wenn die Tablette zu wirken beginnt, fällt es wie ein Schleier von meinem Gesicht, ich sehe und höre alles viel deutlicher und kann mir auch viel mehr merken« (Simchen 2004, 141). Soweit in Kürze zum neurochemischen Erklärungsansatz.

In der *tiefenpsychologischen Forschung und Therapie* wird ADHS im Gegensatz dazu als Symptom einer tiefgreifenden psychischen Entwicklungsstörung, einer mangelnden Ich-Reifung begriffen. So gehen Psychoanalytiker davon aus, dass bei ADHS die »psychische Geburt« (Mahler 1975) des Betroffenen noch nicht erfolgt ist. Dieser Dreh- und Angelpunkt der Entwicklung stellt den Separations-Individualisierungsprozess dar (also die Loslösung des Individuums von der schützenden und nährenden Mutter) und entscheidet im Alter von 4–5 Jahren über Autonomie oder bleibende Abhängigkeit bzw. Zerrissenheit des Kindes. Die »psychische Geburt« zielt über die Loslösung von der Mutter auf die Formulierung eines klar abgegrenzten

»ICH«. Ist diese psychische Geburt nicht erfolgt, tritt eine unheilvolle Ambivalenz im Seelenleben des Kindes in Kraft:

Einerseits fehlt die psychische Ich-Reife und es bestehen große Ängste vor dem Getrenntwerden von der Mutter, vor dem Verlassenwerden und vor Hilflosigkeit. Das Kind entwickelt und pflegt daraufhin den Wunsch nach Vereinigung mit der Mutter, nach dem Verbleiben dort und nach Geborgenheit. Andererseits wirkt ein starker innerer Drang nach Selbstständigkeit, Unabhängigkeit, Loslösung und Individuation. Das Kind will laufen lernen, sprechen lernen, Gefühle erleben lernen usw. Insbesondere in *psychisch belastenden* oder sogar *traumatisierenden Situationen* kommt es dann zu Dissonanzen, die zu einer ADHS-Symptomatik auswachsen können (vgl. zur Traumatisierung als Ursache für ADHS auch Borowski 2004 und Pozzi 2001). Im Laufe solcher Autonomiestörungen werden in psychoanalytischen Langzeitbehandlungen Verlassenheitsängste, Scham, Vernichtungsangst, Traurigkeit und Resignation, unruhevolles Agieren, Depressionen und Zwänge offenkundig (Masterson 1980). Die betroffenen Patienten entwickeln Hyperaktivität und Ruhelosigkeit als frühe Abwehr gegen das Gewahrwerden des schmerzlichen Empfindens der Traurigkeit über die (nicht geglückte) Trennung von der Mutter (Mahler et al. 1993, 120 f.).

Aufmerksamkeitsstörungen und Impulsivität sind zum einen Folge der inneren Zerrissenheit und zum anderen Auswirkung des inneren »Pendelns« der Kinder zwischen Abwendung und Rückkehr bzw. Zuwendung. ADHS-Kinder haben demnach weder eine sichere Beziehung zu sich selbst, noch zu anderen. Psychoanalytische Therapie unterstützt den Menschen, indem ein »*Durcharbeiten*« der Verlassenheitsängste und ein »*Nachreifen der Ich-Strukturen*« das Kind aus dem Gefangensein in angsterfüllten, unentschiedenen Erlebniswelten aus den frühen Kindheitsjahren befreien soll. Klatterfeldt (2007) führt aus, dass psychoanalytische Therapie in diesem Sinne den betroffenen Kindern hilft, »ihre Verlassenheitsdepression und damit die Fixierung auf ein kleinkindhaftes Verhalten zu überwinden, um sich im Sinne einer Nachreifung progredient entwickeln zu können«. Aus psychoanalytischer Sicht führt das Durcharbeiten, und nicht »die Verabreichung von Medikamenten und Verhaltenstherapie, die eine Anpassung fördert«, (Klatterfeldt 2007, 152 f.) zur Ich-Stärkung und damit Heilung der inneren Zerrissenheit, die sich im Aufmerksamkeitsdefizit- und Hyperaktivitätssyndrom darstellt.

Bernd Ahrbeck (2007) analysiert den Zusammenhang zwischen ADHS und kulturellem Wandel. Er stellt dar, wie eine moderne – ihre Mitglieder übererregende – Kultur die Kinder dazu bringt, durch überschießende motorische Aktivitäten und die ständige Suche nach neuen Reizen auffällig zu werden: Durch permanente Überstimulation sind Kinder schon früh nicht mehr in der Lage, Erleben wirklich zu verarbeiten und das Erleben als sicheres Wissen und sichere Orientierung zu integrieren. Erfahrungen bleiben oberflächlich und ziehen nur noch blasse innere Repräsentanzen nach sich. Die Folge sind innere Leere und Orientierungslosigkeit. Dieser inneren Leere begegnet das Kind intuitiv durch motorische Unruhe (»Zuflucht in die motorische Aktion«), Unaufmerksamkeit und die permanente Suche nach *dem Kick*. Zum Verständnis der Hyperaktivität aus der Perspektive Psychoanalytischer Pädagogik vgl. neben Ahrbeck (2008) auch Gerspach (2004).

Aus *lerntheoretischer Sicht* müssen die Symptome vom ADHS als erlernt betrachtet werden. Hyperaktive Kinder sind intelligent, phantasievoll, besonders kreativ und im Wesentlichen mit überaktivem Wahrnehmungssystems versehen, so dass sie die Flut ihrer Eindrücke nicht verarbeiten können. Den drei Subtypen ist eine unheilvolle Abwärtsentwicklung hinsichtlich ihres Selbstkonzeptes, ihres Selbstbildes und schließlich ihres Selbstwertgefühls gemeinsam. Immer neue negative Rückmeldungen und subjektiv empfundenes Versagen prägen die Überzeugung, »ein Nichtsnutz«, »ein Idiot«, »ein Störenfried«, »dumm«, »eine Belastung« oder »besser nie geboren« zu sein. Die Kinder erhalten nicht nur weniger positive Aufmerksamkeit als ihre Altersgenossen, sie fallen im Gegenteil negativ auf und haben Anlass, über sich selbst enttäuscht und traurig zu sein. Sie erleben außerdem, dass weder die Lehrer, noch die Eltern und auch nicht Nachbarn, Freunde und Verwandte Positives, Ermutigendes oder Lobendes zu ihnen sagen. Derartige Erfahrungen können zu schwerwiegenden Entwicklungsstörungen führen. Häufig kämpfen auch Eltern und Betreuer von ADHS-Kindern mit ihren Gefühlen, denn viele der Verhaltensweisen sind für Außenstehende nicht nachvollziehbar und werden allzu schnell in die Kategorie »der will nicht«, »was nimmt der sich eigentlich raus«, »die muss endlich lernen, sich zusammen zu reißen« etc. gesteckt. Derart eingestellte Eltern und Betreuer lassen die Kinder spüren, was von ihnen erwartet wird und wie sehr sie enttäuschen. Die negative Haltung sich selbst, seinem Leben und seinem Lernen gegenüber führt das betroffene Kind immer weiter abwärts in die Entmutigung, in Apathie, Resignation und schließlich auch in Widerstand. Ein entmutigtes Kind wird bei fortschreitender Entmutigung und Hilflosigkeit in schulischen und außerschulischen Lernprozessen schließlich zum Schul- und Lernverweigerer. Eine Lernbeeinträchtigung durch erlernte Negativ-Informationen bedarf einer intensiven und konsequenten »Umlernphase«, da bereits kleine – und für Außenstehende vielleicht unbedeutende – Negativinformationen zurück in automatische Gedankenschemata führen und die Reaktivierung des Gefühls der Unfähigkeit bedeuten können. Das ADHS-betroffene Kind hat oftmals sehr eindrücklich und nachhaltig gelernt, dass es »unfähig« ist.

Eine Veränderung dieser verzweifelten Situation kann nur durch das entschlossene Einschreiten mit einer geeigneten Therapie und durch das konsequente Verstärken der Stärken des Kindes geschehen. Dieses »entschlossene Einschreiten« bedeutet im Sinne der neurochemischen Perspektive die Medikation, aus psychoanalytischer Sicht ein therapeutisches »Durcharbeiten« der belastenden Situationen, um eine »psychische Geburt einzuleiten«, und aus lerntheoretischer Sicht das Durchbrechen einer unheilvollen Interaktionsfolge, indem z. B. die Schule, die Klasse, der Lehrer

# Aufmerksamkeitsdefizit- und Hyperaktivitätssyndrom

*Misserfolg*
Niedergeschlagenheit
negative Rückmeldung

*Lernabneigung*
(»keine Lust ...«)
geringe Motivation, Lebensunlust

*Selbstabwertung*
(»ich hab versagt«/»ich bin dumm«)
geringes Selbstbewusstsein

*Misserfolgserwartung, Angst*
(»... wird wieder etwas schief gehen ...«)

*Misserfolg, Entmutigung*
(»... hat eh alles keinen Sinn ...«/»Null Bock«)
Resignation
Schulverweigerung
Aggressivität

Abbildung 1: Abwärtsentwicklung bei fortwährender und sich steigernder Misserfolgserwartung

– oder alle drei – gewechselt werden. Wenn das betroffene Kind nach einem solchen Einschnitt durch Entdecken und Würdigung seiner gesamten Begabungspalette und durch Verstärkung auch schulferner Stärken ermutigt wird, kann sich wieder ein positives Selbstbild und eine Erfolgserwartung auch im Blick auf den schulischen Kontext entwickeln. »Kann sich entwickeln« deshalb, weil bei der Förderung ADHS-betroffener Kinder immer die pädagogische Begleitung im Vordergrund stehen muss. Häufig wird unausgesprochen *das entschlossene Einschreiten* (z. B. die Verabreichung von Methylphenidat) als ausreichende Intervention angesehen. Weder aus neurochemischer, noch aus psychoanalytischer und auch nicht aus lerntheoretischer Sicht ist dies aber grundsätzlich der Fall und in den meisten Fällen bedarf es dringend pädagogisch verantwortungsvoller Begleitung (siehe Abb. 2).

In der Auseinandersetzung über effektive Interventionsmaßnahmen zur Förderung ADHS-betroffener Kinder gibt die so genannte MTA-Studie (»Multimodal-Treatment-Study«) Aufschluss. In dieser wohl umfangreichsten Langzeitstudie zu Interventionen bei ADHS werden verschiedene Behandlungspläne auf ihre Langzeit-Effektivität hin untersucht und miteinander verglichen (MTA-Cooperative-Group

*Lernerfolg*
Starkes Selbstbewusstsein

*Erfolgszuversicht*
(»... werde es schon schaffen ...«)

*Positive Selbsteinschätzung*
Selbstwertgefühl (»... bin doch gut ...«)
Ermutigung

*Lernbereitschaft*
(»... Lernen macht sogar ein bisschen Spaß ...«)
Motivation

*Freude/Stolz*
Positive Rückmeldung

Einschnitt:
Diagnose, Medikation und
pädagogische Intervention

Lernerfolg

Abbildung 2: Grundsätzliche Veränderung der Lern- und Lebenssituation durch die Ermöglichung von Lernerfolgen (vgl. Born/Oehler 2009, 47 und 68)

1999). Die Stichprobe besteht aus 579 Kindern im Alter zwischen 7 und 9;9 Jahren mit einer ADHS-Diagnose »Mischtyp« nach DSM-IV. Die Teilnehmerinnen und Teilnehmer sind vorwiegend männlich (80%) und etwa ein Drittel bereits vor der Studie in medikamentöser Behandlung.

Die Zuordnung der Kinder zu einer der vier Behandlungstypen:
*a) Medikation, b) Verhaltenstherapie, c) Kombinierte Therapie* (= Medikation plus Verhaltenstherapie) oder *d) Standardbehandlung* (= die Eltern werden über die Diagnose informiert und gebeten, sich um eine Behandlung am Wohnort zu bemühen), erfolgt randomisiert (d. h. zufällig).

Die Dauer der Behandlung umfasst 14 Monate. Die Ergebnisse zeigen zweifelsfrei, dass sich hinsichtlich der Verbesserung der ADHS-Symptomatik mit der kombinierten Therapie signifikant größere Effekte erzielen lassen als mit der Verhaltenstherapie alleine oder der Standardbehandlung. In einer Follow-Up-Studie nach 24 Monaten konnte die Dominanz der Medikation bestätigt werden, wenngleich die Effekte geringer ausfielen als nach 14 Monaten.

Signifikante Unterschiede zwischen Medikation und kombinierter Therapie konnten nicht festgestellt werden. Die MTA-Cooperative-Group (1999) weist darauf hin, dass die Behandlungserfolge stark vom individuellen Störungsbild abhängen. Beispielsweise konnte sie feststellen, dass Kinder mit komorbider Angststörung besser auf verhaltensmodifikatorische Maßnahmen ansprachen, und zwar so weit, dass keine signifikanten Unterschiede mehr zwischen Verhaltensmodifikation, Medikation und kombinierter Therapie feststellbar waren. Reduziert auf die Kernsymptomatik sind die Unterschiede marginal oder nicht feststellbar, allerdings ist der globale Behandlungserfolg der kombinierten Therapie anderen Therapieformen überlegen (Döpfner/Lehmkuhl 2002).

Besondere Bedeutung für pädagogisch-therapeutsche Interventionen verdienen die Ergebnisse der MTA-Studie dadurch, dass verhaltensmodifikatorische Maßnahmen für den *»vorwiegend hyperaktiven Typ«* einen adäquaten Ersatz für die medikamentöse Behandlung darstellen können, da vergleichbare Effekte zu verzeichnen sind. Der *»vorwiegend aufmerksamkeitsgestörte Typ«* ist durch Medikation oder die kombinierte Therapie besser zu fördern. Eine umfassende Darstellung und Auswertung unterschiedlicher Fördermaßnahmen und Trainingsprogramme hinsichtlich ihrer Effektivität bei ADHS findet sich bei Walther/Ellinger (2008).

### 2.3.4 Schulische Auffälligkeiten

ADHS-Kinder sind nicht in erste Linie »beeinträchtigte« Kinder. Je nach Perspektive lassen sich entscheidende Vorteile ihrer Besonderheit darstellen. Wie bereits erwähnt gehören Kreativität, vernetztes Denken, Intelligenz und schnelles Verstehen ebenso zum Begabungsprofil der betreffenden Kinder wie die häufig benannten »Kernsymptome«, also Einschränkungen und Auffälligkeiten im negativen Sinn.

# Aufmerksamkeitsdefizit- und Hyperaktivitätssyndrom

Allerdings können auch nicht alle Kernsymptome ausschließlich negativ aufgefasst werden. So werden ADHS-Kinder beispielsweise in ihrer Impulsivität beschrieben. Im Lernprozess selbst sind Gefühlswallungen oder Gefühlsausbrüche nicht zwingend negativ und hemmend. Positive Gefühle können Lernmotivation verstärken und Ausdauer und Aufnahmefähigkeit unterstützen. Immer wieder finden sich Berichte über ADHS-Kinder mit bemerkenswertem Detail- bzw. Spezialwissen in einem ausgewählten Bereich (Born/Oehler 2009, 35). Offensichtlich wirken hier Gefühle in verschiedener Hinsicht unterstützend. Andererseits wiederum erzeugen »tolle Ideen« und »Einfälle« immer wieder Ablenkung im Lernprozess, weil Reize ungefiltert wahrgenommen werden. Kinder mit ADHS haben also wesentlich häufiger Assoziationen bei bestimmten Reizwörtern, Sachverhalten, Begrifflichkeiten etc. und sind gefährdet, gedanklich abzuschweifen. In besonderer Weise kämpfen nun *traumatisierte Kinder mit ADHS* gegen Flashbacks, die sie dann blockieren. Nach einer ohnehin (syndrombedingt) diffusen Wahrnehmung gehen dann auf dem Weg über den Arbeitsspeicher bis zum Langzeitgedächtnis noch einmal weitaus mehr Informationen verloren, bzw. ist ein Lernen nicht mehr möglich. Ein Sachverhalt, der uns aus der Bindungsforschung gut bekannt ist (Walther 2009). Der Lernweg (von der Aufnahme der Sinneseindrücke über das Sehen, Hören, Fühlen und Riechen bis zur Verankerung im Langzeitgedächtnis) eines auf diese Weise lernbeeinträchtigten Kindes kann als sehr belastet beschrieben werden, weil automatische Gedanken, Gefühle, Motivationslage u.v.m. erhebliche Gefahren im Abspeicherungsprozess darstellen (vgl. Born/Oehler 2007, 38).

Die dargestellten Symptome lassen sich leicht in Bezug auf beobachtete (halbtags-)schulische Interaktionen abbilden. Dabei wird die Frage deutlich, inwiefern die Struktur der deutschen Halbtagsschule ausreichend flexibel ausgelegt ist, um begabungsentsprechend und stärkenorientiert fördern zu können und nicht durch spezifische Lern- und Unterrichtsformen zur Festigung von Gleichförmigkeit, zur Ausgrenzung und zur Symptomverschärfung beizutragen.

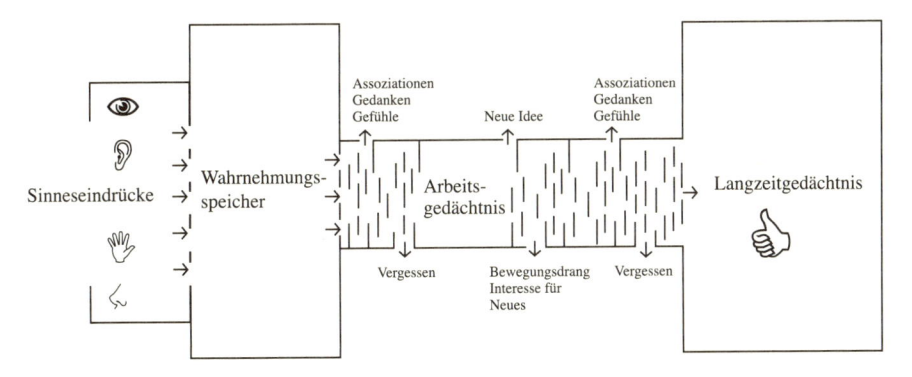

Abbildung 3: Gefährdeter Lernprozess eines aufmerksamkeitsgestörten Kindes

### 2.3.5 Fördermöglichkeiten in der gebundenen Ganztagsschule

Die spezifischen Fördermöglichkeiten für Kinder mit ADHS, die im Rahmen einer gebundenen Ganztagsschule entstehen, können wie folgt zusammengefasst werden:

Tabelle 2: Schwierigkeiten und Stärken der ADS/ADHS-Subtypen und Beobachtungen in der (Halbstags-)Schule

| »Vorwiegend Unaufmerksamer Typ« (häufiger weiblich) | | Beobachtungen vom Schülerverhalten in (halbtags-)schulischer Interaktion |
|---|---|---|
| Schwierigkeiten | Unaufmerksamkeit und Ablenkbarkeit | Lässt sich leicht vom Unterricht ablenken (»hängt in Sekundenschnelle ab«) und macht viele Detailfehler. Ungefilterte Wahrnehmung: Das Kind wird immer wieder von unwichtigen Kleinigkeiten gefangen genommen und ist mit den Gedanken dann hartnäckig anderswo. Das Kind wechselt das Hauptinteresse rasch, sitzt lange da ohne etwas zu tun und hört oft scheinbar nicht zu. (Schul-)alltägliche Dinge werden schnell vergessen, das Kind verliert oft wichtige und unwichtige Dinge (Bleistifte, Geodreieck, Bücher etc.). Das Heft wird unsauber geführt: vieles durchgestrichen, Eselsohren und Rumgekritzel, sehr schlechtes Schriftbild. Kind ist kaum in der Lage, sich selbst und sein Leben zu organisieren, es verbreitet viel Chaos. Keine erkennbare Arbeitsstrategie. Es passieren Missgeschicke durch Unachtsamkeit. Das Kind leidet unter »Blackouts« in stressigen Situationen und unter Leistungsdruck. Unliebsame Aufgaben werden auf die lange Bank geschoben. |
| Stärken | Gute Intelligenz und Auffassungsgabe, Ideenreichtum. Sensibilität und Freundlichkeit. Kreativität und Phantasie. | Versteht Unterrichtsinhalte häufig leicht. Verfügt über unzählige Einfälle (»Antennen«), Assoziationen und Ideen. Findet »unkonventionelle« Lösungen für gestellte Aufgaben, die allerdings nicht den Vorgaben der Lehrkraft entsprechen. Entwickelt treue Bindungen zu Mitschülern, die sich ihm gegenüber positiv verhalten. »Erfindet« Spiele, Umgangsregeln, Traditionen. Löst auch Probleme der Gemeinschaft, wenn das Kind darum gebeten wird. |
| »Vorwiegend hyperaktiver Typ« (häufiger männlich) und Mischtyp | | Beobachtungen vom Schülerverhalten in (halbtags-)schulischer Interaktion |
| Schwierigkeiten | Aufmerksamkeitsstörungen | Kann nicht lange an einer Sache bleiben, interessiert sich alsbald für andere Dinge oder fühlt sich gelangweilt (und stört dann den Unterricht). Das Kind nimmt jeden Impuls und jede Anregung sofort auf. Vermeidet ungeliebte Tätigkeiten und wirkt dann wie ein Verweigerer. |
| | Hyperaktivität | Es passieren häufig Missgeschicke wie verschüttete Getränke, zerbrochene Gegenstände etc. Das Kind kann sich nicht an Regeln halten und zappelt, wackelt, schwätzt, lärmt unentwegt. Kind entwickelt ruhelosen Aktivismus auch während des Unterrichts (Kippeln, Aufstehen, Nachbarn Sachen wegnehmen). |

# Aufmerksamkeitsdefizit- und Hyperaktivitätssyndrom

| »Vorwiegend hyperaktiver Typ« (häufiger männlich) und Mischtyp | | Beobachtungen vom Schülerverhalten in (halbtags-)schulischer Interaktion |
|---|---|---|
| Schwierigkeiten | Impulsivität | Läuft im Klassenzimmer umher (z.B. zum Mülleimer, zur Toilette, zum Fenster, zum Schrank). <br> Aus Sicht des Kindes besteht Diskussionsbedarf und Notwendigkeit zum sofortigen Handeln bei jeder Alltäglichkeit (z.B. auch jede Autoritätshandlung des Lehrers). <br> Handelt und redet spontan, ohne lange nachzudenken (bzw. ohne sich zu melden), unterbricht seine Mitschüler und den Lehrer häufig. <br> Das Kind platzt häufig mit der Antwort heraus, bevor die Frage überhaupt ganz gestellt ist. <br> Das Kind kann nicht warten, bis es an der Reihe ist (z.B. in Gruppensituationen, Gesprächskreisen oder in Zwiegesprächen). <br> Das Kind wird häufig von Gefühlsregungen völlig überwältigt und ist (für Außenstehende kaum verständlich) nur schwer wieder zu beruhigen. <br> Wirkt faul und ungeduldig. |
| | Störungen im Sozialverhalten | Kann Bedürfnisse nur schwer aufschieben (z.B. bei Hunger, Toilettengang kurz vor oder in der Pause). <br> Emotionale Auffälligkeiten wie mangelndes Selbstvertrauen, soziale Unsicherheit, Ängste, Depressionen, Wutausbrüche, Aggressivität, Schlägereien, Provokationen. <br> Das Schwarz-Weiß-Empfinden lässt das Kind häufig auch unreflektierten »Einsichten« über beobachtete Gerechtigkeiten oder Ungerechtigkeiten nachgehen, auch wenn es selbst unbeteiligt ist. <br> Hinter der Fassade »Clown« verbirgt sich oft ein sensibler (und mitunter verzweifelter oder zuwendungsbedürftiger) Schüler. <br> Die eigene Rolle und diejenige der Mitschüler werden häufig unzutreffend eingeschätzt. <br> Das Kind hat häufig Schwierigkeiten, in die Gruppe integriert zu werden, weil es lärmt, als unstet und unberechenbar empfunden wird. |
| Stärken | Energiegeladen, umtriebig, willensstark, »Antennen« in alle Richtungen, sensibel auf allen Sinnen und offen für alle Assoziationen. Ausgeprägter Gerechtigkeitssinn. | Für lohnenswerte Ziele ist das Kind schier unerschöpflich einsatzbereit und leistungsfähig. <br> Eigene Werte oder die einer definierten eigenen Gruppe verfolgt das Kind konsequent und unnachgiebig. <br> Das Kind verfolgt eine offene und direkte Art, eigene Einschätzungen mitzuteilen, und ist selten nachtragend. <br> Zu nahezu jedem Stichwort öffnen sich dem Kind Ideenwelten und drängen sich förmlich Phantasien auf. <br> Im Unterricht entgehen dem Kind nicht viele Nebenreize bzw. Nebeninformationen. <br> Die Sensibilität und der Gerechtigkeitssinn stellen grundsätzlich wichtige Voraussetzungen für guten Umgang mit anderen Kindern dar. |

*a) Ermutigung durch Stärkung der Stärken:*

Im Rahmen der gebundenen Ganztagsschule können die pädagogischen Mitarbeiter Begabungen und Stärken der Kinder entdecken, würdigen und verstärken, die möglicherweise im Rahmen einer Halbtagsschule oder im Rahmen einer offenen bzw. einer teilgebundenen Ganztagsschule entweder nicht aufgefallen wären oder keine Bedeutung gehabt hätten. Wenn in einer Betreuungsform jedoch von den Teammitgliedern nicht nur jeweils ein eng begrenzter Wirkungsraum des Schülers miterlebt wird, besteht die reelle Chance auf Entdeckung und Verstärkung von »tollen«, »lieben«, »überraschenden« Seiten des Kindes. Stärken können dort gestärkt werden, wo sie offensichtlich sind. Wenn ein Kind beispielsweise in Musik begabt ist, besteht in der gebundenen Ganztagsschule durch eine breite Angebotsstruktur (z. B. Cajon-Unterricht) die Möglichkeit, über einen Schüler zu staunen, weil er Rhythmik-Gefühl hat und sich plötzlich durch sein Instrument für die Gemeinschaft engagieren kann. Ein Erfolgserlebnis dieser Art stellt sofort den zwingenden Charakter der Abwärtstreppe in puncto Selbstwertgefühl in Frage.

*b) Emotionale Nähe durch emotionale Entlastung:*
Die Team-Mitarbeiter profitieren von der Möglichkeit, nicht auf eine Rolle (als »Lehrer«, als »Hausaufgabenfuzzi« oder als »Freizeitpädagoge«) festgelegt zu werden. So entsteht die Möglichkeit, z. B. spielpädagogisch zu arbeiten, ohne dass das Spiel »der Job« eines bestimmten Mitarbeiters wäre. Spielen eröffnet die Möglichkeit, diagnostisch Zugang zu finden, eröffnet aber auch dem Kind Wege, sich auszudrücken und gefahrlos neue Rollen zu spielen und auszuprobieren, Problemlösekompetenzen und schöpferische Potentiale zu entwickeln sowie Energie und Aggressionen kanalisiert abzubauen (Oerter 2002). Weiterhin ergibt sich die Möglichkeit, die emotional unterschiedlich besetzten Tagesphasen wechselnd zu begleiten. Diese Möglichkeit impliziert nicht den permanenten Wechsel der Bezugspersonen (die ja ohnehin gleich bleibend sind), sondern schafft emotionale Entlastung mit dem Ziel, in der jeweiligen Interaktion intensiveren und unbelasteten Kontakt zu ermöglichen. So werden emotionale Aufschaukelungsprozesse zwischen zwei Interaktionspartnern vermieden.

*c) Vom Einzelkämpfer zum Team-Player:*
Kinder mit ADS/ADHS leiden häufig unter gestörten sozialen Beziehungen und haben nicht viele oder gar keine Freunde. Die Gemeinschaft der gebundenen Ganztagsschule bahnt soziale Beziehungen institutionell an. Die Kinder erleben gemeinsam Lern- und Arbeitszeiten, Stress- und Entspannungsphasen sowie Erfolge und Misserfolge und entwickeln Beziehungen. Diese Form des betreuten sozialen Zusammenseins ermöglicht es den Betreuern, eine Kultur der gegenseitigen Hilfe und Unterstützung zu initiieren und zu pflegen. Im gemeinsamen Gespräch über aufgetretene Probleme (z. B. immer zur gleichen Zeit Mittwochmittags nach dem Essen beim Eis) kann z. B. ein Schüler erklären, wie er es geschafft hat, nicht mehr immer die Hälfte seiner Klamotten zu verlieren oder jemand berichtet von einen Trick, wie er sich beim Hausaufgaben erledigen selbst einen Planungszettel im Minutentakt schreibt und damit nicht mehr so viel Zeit verträumt. Ebenso hilfreich wie beliebt sind Konzentrationsspiele, die der ganzen Gruppe zur Entspannung dienen und den Kindern mit ADS/ADHS helfen, die zahlreichen und z. T. Chaos bewirkenden Assoziationen zu bewältigen. Z. B. können nach einer Mahlzeit Spiele wie »Was ich auf eine Insel mitnehmen würde« oder eher bewegungsorientierte Rhythmusspiele fester therapeutischer und zugleich gruppenbildender Bestandteil des Tagesablaufes sein. Von grundsätzlicher Bedeutung scheint in diesem Zusammenhang ein offener Um-

gang mit Informationen über Schwierigkeiten und Diagnosen der Kinder zu sein. Erst die Kenntnis des Störungsbildes und seiner Symptome kann Verständnis und Geduld seitens der Mitschüler, insbesondere gegenüber Hyperaktivität und impulsivem Verhalten hervorbringen. Durch institutionalisierte und informelle Kommunikationsstrukturen entsteht eine tragfähige corporite identity der gesamten Gruppe.

*d) Ganztägige Strukturen und Regeln sind fester als halbtägige:*
Das Zusammenleben in der Klassengemeinschaft erstreckt sich über die verschiedenen Tagesphasen und fordert das einzelne Kind und den einzelnen Jugendlichen während seiner unterschiedlichen Befindlichkeiten, Anforderungssituationen und Entspannungsphasen heraus. Hier lassen sich überdauernde Regeln und Strukturen gut einüben und gemeinschaftlich in unterschiedlichen Kontexten anwenden und gewissermaßen überwachen. Kinder, die unter Hyperaktivität und Störungen in der Impulskontrolle leiden, benötigen konsequente Ordnung und immer gleiche Abläufe. Im günstigsten Fall gleichen die schulischen den außerschulischen Strukturen – und dies kann die gebundene Ganztagsschule ermöglichen. Die Gesprächsregeln sind in Unterrichtssituationen die gleichen wie beim Mittagessen, die Verstärker sind beim Nachmittagssport die gleichen wie bei den Hausaufgaben und die Hilfen bei den Arbeitsstrukturen (bis hin zu den time-out-Bedingungen) sind nachmittags die gleichen, wie sie im Unterricht waren. Das betrifft insbesondere auch die täglichen Rituale morgens, mittags, nachmittags, Begrüßung und Abschied. Aber auch hinsichtlich eingeübter Arbeitstechniken und bestehender Ordnungsstrukturen lassen sich im Blick auf Kinder mit Aufmerksamkeitsstörungen im Rahmen einer gebundenen Ganztagsschule wichtige Hilfen leisten. Sitzordnung, Arbeitsplan, Erinnerungssysteme etc. dienen dem betreffenden Kind als Modell für eigene Strukturierungshilfen und zugleich als überdauernder Sicherheitsfaktor gegen aktuelles Vergessen. Während eines ganzen Tages kann der einzelne Schüler erfahren und üben, wie er wann welche Bewegung, welches Rhythmisierungselement und welche Strukturierungshilfe benötigt, um zunehmende Sicherheit zu gewinnen.

## Literatur

Ahrbeck, B. (2008): Psychoanalytische Handlungskonzepte. In: Gasteiger-Klicpera, B./Julius, H./Klicpera, C. (Hg.): Sonderpädagogik der sozialen und emotionalen Entwicklung. Handbuch Sonderpädagogik Band 3. Göttingen, 497–523.

Ahrbeck, B. (2007): Hyperaktivität, innere Welt und kultureller Wandel. In: Ders. (Hg.): Hyperaktivität: Kulturtheorie, Pädagogik, Therapie. Stuttgart, 13–48.

Ahrbeck, B./Henning, I. (2004): Ist ein Paradigmenwechsel in der Hyperaktivitäts- bzw. AD(H)S-Forschung notwendig? In: Sonderpädagogische Förderung 4, 345–357.

August, G. J./Stewart, M. A./Holmes, C. S. (1983): A four-year follow-up of hyperactive boys with and without conduct disorders. In: The British Journal of Psychiatry 143, 192–198.

Aust-Claus, E./Hammer, P. M. (2004): Das ADS-Buch: Aufmerksamkeits-Defizit-Syndrom: Neue Konzentrations-Hilfen für Zappelphilippe und Träumer. 9. Auflage. Ratingen.

Axline, V. (1972): Spieltherapie im nicht-direktiven Verfahren. München.

Barkley, R. A. (1990): Attention-Deficit Hyperactivity Disorder: A handbook for diagnosis and treatment. New York.

Born, A./Oehler, C. (2009): Lernen mit ADS-Kindern. Ein Praxishandbuch für Eltern, Lehrer und Therapeuten. 7., aktualisierte Auflage. Stuttgart.

Borowski, D. (2004): Ein misslungener Dialog. In: Bovensiepen, G./Hopf, H./Molitor, G. (Hg.): Unruhige und unaufmerksame Kinder. Psychoanalyse des Hyperkinetischen Syndroms. Frankfurt a. M., 194–208.

Breitenbach, E. (2005).: Aufmerksamkeitsstörungen – therapeutische und pädagogische Maßnahmen. In: Ellinger, S./Wittrock, M.: Sonderpädagogik in der Regelschule. Stuttgart, 109–120.

Doebel, J./Keller, G./Zierau, M.-T. (2005): Nährstofftherapie bei AD(H)S. In: Die Deutsche Apotheker Zeitung: Unabhängige pharmazeutische Zeitschrift für Wissenschaft und Praxis. 24, 54–57.

Döpfner, M./Lehmkuhl, G. (2002): Evidenzbasierte Therapie von Kindern und Jugendlichen mit Aufmerksamkeitsdefizit-/Hyperaktivitätsstörung (ADHS). In: Praxis der Kinderpsychologie und Kinderpsychiatrie 51, 419–440.

Ellinger, S. (2007): Aufmerksamkeitsstörung und Hyperaktivität (ADS/ADHS). In: Ellinger, S./Koch, K./Schroeder, J.: Risikokinder in der Ganztagsschule. Stuttgart, 116–148.

Gerspach, M. (2004): Hyperaktivität aus der Sicht der Sicht der Psychoanalytischen Pädagogik. In: Passolt, M. (Hg.): Hyperaktivität zwischen Psychoanalyse, Neurobiologie und Systemtheorie. 2. Auflage. München, 45–71.

Huss, M. (2002): Medikamente und ADS. Berlin.

Klatterfeldt, R. (2007): Hyperaktivität – Ausdruck einer gestörten Autonomieentwicklung. In: Ahrbeck, B. (Hg.): Hyperaktivität. Kulturtheorie, Pädagogik, Therapie. Stuttgart, 139–154.

Lauth, G./Neumann, K. (2008): Aufmerksamkeitsdefizit-/Hyperaktivitätsstörung. In: Gasteiger-Klicpera, B./Julius, H./Klicpera, C. (Hg.): Sonderpädagogik der sozialen und emotionalen Entwicklung. Handbuch Sonderpädagogik Band 3. Göttingen, 207–218.

Mahler, M. (1975): Symbiose und Individualität. Frankfurt a. M.

Mahler, M./Pine, F./Bergman, A. (1993): Die psychische Geburt des Menschen. Frankfurt a. M.

Manuzza, S./Klein, R. G./Bonagura, N. (1991): Hyperactive boys almost grown up, V: replication of psychiatric status. In: Archives of General Psychiatry 48, 77–83.

Masterson, J. F. (1980): Psychotherapie bei Borderline-Patienten. Stuttgart.

MTA-Cooperative-Group (1999): Moderators and Mediators of Treatment Response for Children with Attention-Deficit/Hyperactivity Disorder. In: Archives of General Psychiatry 56(Dec), 1088–1096.

Oerter, R. (2002): Kindheit. In: Oerter, R./Montada, L. (Hg.): Entwicklungspsychologie. 5. Auflage. Weinheim, 209–257.

Pozzi, A. E. (2001): Ritalin für wen? In: Analyse in Kinder- und Jugendpsychiatrie 4, 519–541.

Simchen, H. (2004): ADS. Unkonzentriert, verträumt, zu langsam und viele Fehler. 4. überarbeitete und erweiterte Auflage. Stuttgart.

Simchen, H. (2003): Die vielen Gesichter des ADS. Stuttgart.

Walther, P. (2009): Bindungsstörungen. In: Ellinger, S./Hoffart, E./Möhrlein, G. (Hg.): Ganztagsschule für traumatisierte Kinder. Oberhausen.

Walther, P./Ellinger, S. (2008): Effektivität von Förderprogrammen bei Aufmerksamkeitsstörung und Hyperaktivität. In: Fingerle, M./Ellinger, S. (Hg.): Sonderpädagogische Förderprogramme im Vergleich. Stuttgart, 157–192.

Zaudig, M./Wittchen, H.-U./Sass, H. (2000): DSM-IV und ICD-10 Fallbuch. Göttingen.

Eva-Maria Hoffart und Gerald Möhrlein

# 3 Klaus –
## Hältst Du mich wirklich (aus)?

Brief eines Lehrers an einen befreundeten Psychologen:

Lieber Heinrich,
hoffe Dir geht es gut. Was macht Deine Forschungsarbeit? Und wie steht es mit der lieben Familie? Bei uns ist soweit alles im grünen Bereich. Die Kinder wachsen schneller als mir lieb ist und Inge geht es gut.

Wende mich heute mit einer Bitte an Dich: Ich habe einen 9-Jährigen in meiner Klasse, der mir großes Kopfzerbrechen bereitet. Der schreit fast den ganzen Tag. Schon morgens kommt er laut schreiend ins Klassenzimmer. Ständig eckt er bei den anderen an und beschimpft sie wie ein Kesselflicker. Zudem schlägt und tritt er andere oft. Bald beschweren sich bestimmt die ersten Eltern. Er ist wie ein Pulverfass. Schon kleinste Bemerkungen bringen ihn total in Rage.

Und arbeiten kann er gar nicht. Nicht mal zehn Minuten hält er es auf seinem Platz aus. Dann springt er auf, rennt herum oder verkriecht sich unter dem Tisch. Der Junge macht mich ganz wahnsinnig. Ständig ist er in Bewegung und versucht, irgendwie meine Aufmerksamkeit auf sich zu lenken. In der Gruppe ist es ganz schlimm. Da kommt er gar nicht zurecht. Wenn ich mal alleine mit ihm spreche, ist er recht zugänglich. Wenn er endlich auf seinem Platz sitzt, dann wie ein Schluck Wasser. Er kann gar nicht wirklich sitzen. Sitzt völlig in sich zusammengesunken.

Die Regeln sind ihm total egal, wenn ihm was nicht passt, rennt er davon. Und immer sind die anderen schuld. Dabei ärgert er sie so geschickt, dass er sich als Opfer hinstellen kann. Opfer ist er auch oft. Er stinkt, anders kann man es nicht sagen. Ich schicke ihn schon, wenn ich dran denke, oft auf Toilette, aber ständig riecht er unangenehm. Nicht nur nach Urin, wenn Du weißt was ich meine. Ich empfinde das als sehr unangenehm. Seine Klassenkameraden sagen ihm das natürlich deutlich; gleich ein Anlass für den nächsten Streit. Er ist der typische Außenseiter; keiner will was mit ihm zu tun haben.

Und neulich beim gesunden Frühstück dachte ich, ich sehe nicht richtig. Der hat für fünf gegessen, als würde es kein Morgen geben. So was habe ich noch nicht erlebt.

Und als er in die Hose gemacht hat, meinte er doch tatsächlich, er würde deswegen wieder geschlagen werden, ich solle niemandem etwas davon erzählen. Er wohnt in einem Heim, die machen doch so was nicht.

Kämpfe sind das mit ihm, ich sage Dir, der kostet mich meinen letzten Nerv. Letztens ist er plötzlich voll zusammengezuckt. Ich habe meinen Arm schnell bewegt, weil ich etwas auffangen wollte, was vom Regel gefallen ist, da duckt er sich, macht sich ganz klein und hält die Hände schützend über seinen Kopf. Hat mich ganz ängstlich angesehen. Danach hat er gleich noch lauter herum geschrien.

In Situationen, die ihn emotional und körperlich überfordern, wirkt Klaus teilweise sehr unsicher und hat Probleme, sich in die Gruppe einzufügen. Seine Stimmung schwankt oftmals zwischen himmelhoch jauchzend und zu Tode betrübt. Gerade noch hat er seine Mitschüler verbal attackiert und im nächsten Moment weint er, weil ihm die Bleistiftspitze abgebrochen ist. In Bezug auf Kritik wird Klaus schnell aggressiv und zieht sich nach Streitsituationen emotional zurück und wirkt dann oftmals niedergeschlagen. In diesen Momenten ist es nicht möglich, mit ihm zu sprechen, da er niemanden an sich ran lässt.

Ich kann nicht mal sagen, was er eigentlich leisten kann. Er verweigert ja ständig. Das einzige, was ihn interessiert und mal 15 Minuten ruhig sein lässt, ist Malen. Das macht er toll. Aber kurze Zeit später ist er gleich wieder auf 180 und macht ein Unterrichten fast unmöglich. Das Einzige was auffällt ist, er spricht sehr verwaschen, manchmal, wenn er sich sehr aufregt, stottert er fast, dann versteht man ihn fast gar nicht mehr.

Täglich hat er Schreianfälle und zerreißt Blätter oder schmeißt Stifte. Ich habe schon den mobilen Dienst zu Rate gezogen, weil ich bald keine Möglichkeit mehr sehe, ihn zu beschulen. Die anderen kommen ja nicht voran. Ständig brauche ich meine Zeit für ihn. Nach seinen Anfällen scheint er auf Bestrafung zu warten, er ist dann ganz kleinlaut und erschöpft. Wenn er sich aber wirklich mal verletzt, verzieht er keine Miene, wo er doch sonst wegen allem schreit. Er hat sich mit der Schere in den Finger geschnitten und musste zum Nähen. Ich glaube, er hätte es nicht mal gemerkt, wenn nicht das Blut da gewesen wäre.

Manchmal ist er ganz niedlich und will mir helfen, aber das ist selten. Meistens ist er sehr wütend. Alles andere wirkt unecht, sein Lachen zu schrill, sein Weinen zu laut und aufgesetzt. Manchmal, wenn ich ihn ansehe, wirkt er, als hätte er verschiedene Masken.

Ich glaube, er hat große Angst, aber vor wem oder was? Und vor allem, was kann ich tun? Ich bin am Ende meiner Möglichkeiten. Bald steht das Schullandheim an. Ich kann ihn doch gar nicht mitnehmen. Habe genug mit den 25 anderen zu tun, er braucht ja einen für sich alleine. Kurz und gut, wie ist Deine Einschätzung?? Welche Möglichkeiten habe ich. Ich halte sein Verhalten kaum mehr aus. Brauche dringend Deinen fachmännischen Rat.

Hoffe auf bald
Dein Thorsten

Klaus' Geschichte:

Klaus war bei der Aufnahme im Kinderdorf neun Jahre alt. Er wurde das Opfer von frühkindlicher Verwahrlosung und hatte bei der Aufnahme eine Odyssee an verschiedenen Bezugspersonen hinter sich. Klaus ist das vierte von fünf Geschwistern. Das Jugendamt findet eine völlig desolate Wohnungs- und Fürsorgesituation vor. Die Mutter ist mit der Versorgung und Erziehung extrem überfordert. Auf Quengeln oder Schreien der Kinder reagiert sie mit auf dem Hochstuhl festschnallen oder im Bettchen liegen lassen. Zwischen den Eheleuten kommt es im Beisein der Kinder zu massiven gewalttätigen Auseinandersetzungen. Die Mutter flüchtet schließlich ins Frauenhaus, bekommt aber das Sorgerecht für alle Kinder abgesprochen, da sie nicht in der Lage ist, die Bedürfnisse ihrer Kinder wahrzunehmen, geschweige denn angemessen zu erfüllen. Bei Klaus und seinen Geschwistern sind deutliche Anzeichen von Hospitalismus (wie Kopf gegen die Wand schlagen, sich die Haare ausreißen, sich selbst verletzen etc.) zu beobachten.

Das Sorgerecht bekommt der Vater zugesprochen. Klaus zieht zum Vater. Der lernt einige Zeit später seine neue Lebensgefährtin kennen und zieht mit ihr zusammen. Es wird ein Halbbruder von Klaus geboren und zusätzlich lebt in der Familie eine Nichte der Lebensgefährtin als Pflegekind. Die Probleme mit Klaus spitzen sich zu. Er kotet und nässt sowohl tags als auch nachts mehrfach ein. In Kindergarten und Hort findet er keinerlei Anschluss an andere Kinder. Er zeigt starke Angstreaktionen bei Fehlhandlungen, starke Aggressionen gegen andere, ist sehr unkonzentriert und entwickelt sich verzögert, vor allem sprachlich. Der Vater ist ebenfalls zunehmend mit der Erziehung überfordert und es kommt zu Misshandlungen. Beim Vater wird eine Alkoholerkrankung festgestellt. Die zusätzliche Familienhilfe und die Unterbringung im Hort bei Schuleintritt bringen keine wesentlichen Veränderungen. Nach einem stationären Aufenthalt in der Kinder- und Jugendpsychiatrie kommt Klaus mit knapp acht Jahren in eine Pflegefamilie. Diagnostiziert wird eine mentale Retardierung, neurotische Depression, Sprachentwicklungsverzögerung/Stottern, kombinierte Störung des Sozialverhaltens und der Emotionen, besondere familiäre Umstände sowie Einnässen und Einkoten tags und nachts. Die Pflegefamilie ist dem enorm hohen Förderbedarf von Klaus nicht gewachsen. Sein Verhalten im Umgang mit anderen eskaliert zusehends. Die Tagesstätte sieht sich nicht in der Lage, ihn weiter zu betreuen und auch die Schule sieht keine Möglichkeiten, seinem Förderbedarf gerecht zu werden. Die Pflegeeltern weisen Klaus erneut in die Psychiatrie ein. Für Klaus wird ein Platz gesucht, an dem er therapeutisch behandelt werden kann und den notwendigen Schutzraum sowie vor allem ein stabiles Beziehungsgefüge vorfindet. Er wird mit neun Jahren im Kinderdorf aufgenommen.

Isolde Simon

## 3.1 Depression

### 3.1.1 Definition des Phänomens nach ICD-10 und nach DSM-IV

Das Erscheinungsbild depressiver Störungen im Kindes- und Jugendalter wird aus heutiger Sicht ähnlich dem Erscheinungsbild depressiver Störungen im Erwachsenenalter beschrieben und klassifiziert. Der Begriff der Depression findet sowohl in der Alltagssprache als auch in der Terminologie der Psychiatrie Verwendung. Depressionen werden unter die affektiven Störungsbilder klassifiziert, deren ==Hauptsymptom die Veränderung der Stimmung== ist. Ähnlich wie Angst ist Depression ein allgemeiner Bestandteil der menschlichen Erfahrung und Existenz. Nach Meinung von Steinhausen (2006) war die Konzeption einer depressiven Störung im Kindes- und Jugendalter lange Gegenstand von Kontroversen (vgl. 182). Die Annahme, dass es in der Kindheit kein dem Erwachsenenalter analoges Syndrom der Depression gebe, sei nach Meinung des Autors in der Zwischenzeit klar widerlegt. Die Klassifikation depressiver Störungen bei Kindern und Jugendlichen kann auf Grundlage unterschiedlicher Klassifikationssysteme erfolgen. Die heute am häufigsten verwendeten Klassifikationssysteme psychischer Störungen stellen die vierte Version des Diagnostischen Manuals Psychischer Störungen der American Psychiatric Association (DSM-IV-TR; APA, 2008) und die zehnte Ausgabe der Internationalen Klassifikation psychischer Störungen der Weltgesundheitsorganisation (ICD-10; WHO, 2008) dar (vgl. Dilling/Freyberger 2008). Innerhalb des DSM-IV-TR werden im Kapitel »Affektive Störungen« die depressiven Störungen *Major Depression, Dysthyme Störung* und *nicht näher bezeichnete Depressive Störung* voneinander unterschieden. Für die Diagnose einer depressiven Störung bei Kindern und Jugendlichen werden dabei immer in der ICD-10 nahezu dieselben Kriterien zugrunde gelegt wie für eine entsprechende Diagnose im Erwachsenenalter. Dabei wird allerdings deutlich gemacht, dass sich im Kindes- und Jugendalter hinsichtlich der Kernsymptome anstelle einer traurigen auch eine eher reizbare oder übellaunige Verstimmung zeigen kann und dass verschiedene Symptome in Abhängigkeit von Alter und Entwicklungsstand verändert werden und unterschiedlich deutlich hervortreten können. Weiterhin ist die Mindestdauer einer Dysthymen Störung gegenüber zwei Jahren bei Erwachsenen für Kinder auf ein Jahr herabgesetzt.

Im DSM-IV-TR können neben den genannten »rein« depressiven Störungen auch verschiedene *bipolare Störungen* und *Anpassungsstörungen* klassifiziert werden, für die eine depressive Symptomatik von wesentlicher Bedeutung ist. Typisch für die bipolaren Störungen ist ein Wechsel von depressiven und manischen Stimmungszuständen. Anpassungsstörungen stellen übermäßige Reaktionen auf belastende Lebensumstände oder Ereignisse dar. Die DSM-IV-TR-Diagnose einer Major Depression ist mit der ICD-10-Diagnose einer *depressiven Episode* bzw. einer *rezidivierenden depressiven Störung* vergleichbar. Die *Dysthyme Störung* entspricht nahezu der ICD-10-Diagnose *Dysthymia*.

Auch das ICD-10 berücksichtigt darüber hinaus *nicht näher bezeichnete Restkategorien, bipolare Störungen* und durch *Belastung bedingte Störungen mit depressiver Symptomatik*. Zusätzlich kann nach ICD-10 unter dem Abschnitt *Verhaltens- und emotionale Störungen mit Beginn in der Kindheit und Jugend* unter der Kategorie *kombinierte Störungen des Sozialverhaltens und der Emotionen* die Diagnose *Störung des Sozialverhaltens* mit *depressiver Störung (F92.0)* vergeben werden (vgl. Dilling/Freyberger 2008, 307).

Hier werden Zustandsbilder berücksichtigt, bei denen aggressives, dissoziales und trotziges Verhalten mit emotionalen Symptomen wie Traurigkeit und Niedergeschlagenheit oder Angst verknüpft wird. Die operationalisierten diagnostischen Kriterien markieren einen bedeutenden Fortschritt bei der Entwicklung des derzeitigen Konzeptes depressiver Störungen bei Kindern und Jugendlichen. Die depressiven Störungen werden nach Symptomatik, Schweregrad und Verlauf unterteilt. Im Gegensatz zum normalen Phänomen der niedergedrückten Stimmung ist die klinische Depression (depressive Störung) dadurch gekennzeichnet, dass sie weder mit Anstrengung noch mit Willenskraft kontrolliert werden kann, wobei eine Reihe von Symptomen über einen längeren Zeitraum stabil bleiben und die Funktionstüchtigkeit des Betroffenen beeinträchtigen bzw. völlig lahm legen.

---

*Episoden affektiver Störungen*
Episoden einer Major Depression

*Depressive Störungen*
Major Depression 296.xx
Dysthyme Störung 300.4
Nicht näher bezeichnete depressive Störung 311

*Bipolare Störungen*
Bipolar I Störung 296.xx
Bipolar II Störung 296.88
Zyklothyme Störung 301.13
Nicht näher bezeichnete bipolare Störung 296.80

*Anpassungsstörungen*
Anpassungsstörung mit depressiver Verstimmung 309.0
Anpassungsstörung mit gemischter Angst und depressiver Verstimmung 309.28

---

Abbildung 1: Klassifikation psychischer Störungen mit depressiver Symptomatik nach DSM-IV-TR (mit entsprechender Codierung) (vgl. Dilling/Freyberger 2008, 491 f.)

> *Affektive Störung*
> bipolare affektive Störung F31
> Depressive Episode F32
> Rezidivierende depressive Störungen F33
> Anhaltende affektive Störungen F34
> > Zyklothymia F34.0
> > Dysthymia F34.1
>
> Sonstige affektive Störungen F38
> Nicht näher bezeichnete affektive Störungen F39
> *Neurotische, Belastungs- und somatoforme Störungen*
> Angst und depressive Störungen gemischt F41.2
> Reaktionen auf schwere Belastungen und Anpassungsstörungen F43.2
> > Kurze depressive Reaktion F43.20
> > Längere depressive Reaktion F43.21
>
> Angst und depressive Reaktion gemischt F43.22
> *Verhaltens- und emotionale Störungen mit Beginn in der Kindheit und Jugend*
> Störung des Sozialverhaltens mit depressiver Störung F92.0

Abbildung 2: Klassifikation psychischer Störungen mit depressiver Symptomatik nach ICD-10 (mit entsprechender Codierung) (vgl. Dilling/Freyberger 2008, 119 f.)

Die klinischen Merkmale einer Depression lassen sich nach Essau (2007, 19) in vier Kategorien einteilen:
1. Stimmung (Affekt): traurig, niedergedrückt, unglücklich, leer, besorgt, reizbar.
2. Kognition: Verlust von Interesse, Konzentrationsschwierigkeiten, geringes Selbstwertgefühl, negative Gedanken, Unentschlossenheit, Schuldgefühle, Suizidgedanken.
3. Verhalten: psychomotorische Verlangsamung oder Erregung, Weinen, sozialer Rückzug, Abhängigkeit, Suizid.
4. Somatisch (körperlich): Schlafstörungen (Schlaflosigkeit oder vermehrtes Schlafbedürfnis), Müdigkeit, verminderter oder gesteigerter Appetit, Gewichtsverlust oder -zunahme, Schmerzen, Störungen des Verdauungstraktes, Libidoabnahme.

Bei *Säuglingen* rufen, so Steinhausen (2006), längeranhaltende mangelnde Zuwendung und psychosoziale Deprivation nach einer Phase von Weinen und protestierendem Schreien, Rückzug und Apathie hervor (vgl. 183).

Im *Kleinkindalter* können, so der Autor, Gehemmtheit und Trennungsängstlichkeit sowie Antriebsminderung die Frage nach dem Vorliegen depressiver Symptome oder Reaktionen aufwerfen, insbesondere wenn sie auf die Zurückweisung der Eltern folgen.

In der *mittleren Kindheit* folgen Traurigkeit und Weinen unmittelbar auf elterliche Zurückweisung oder Einschränkung. Während der depressive Ausdruck des

Gesichtes gut wahrnehmbar ist, fehlen dem Kleinkind und dem Schulkind noch die Fähigkeit zur Wahrnehmung der eigenen Depression. Hinweise bestehen in dem sozialen Rückzug von familiären Bezugspersonen oder Freunden, Einschlafstörungen, Appetitstörungen und Gewichtsverlust oder -zunahme, Verschlechterung der Schulleistungen und Klagen über Müdigkeit sowie Passivität (vgl. ebd.). Es wird weiter betont, dass sich mit zunehmendem Alter Suizidgedanken aus den Todeswünschen und -vorstellungen herausschälen können.

Ab dem *späten Kindesalter* wird die Depression, nach Meinung des Autors, bereits von einem niedrigen Selbstwertgefühl und Schuldgefühlen begleitet, weil nun die kognitive Entwicklung eine Ableitung der Depression aus den jeweiligen Umständen ermöglicht, und ab der *Adoleszenz* verbindet sich die Depression mit oft übersteigerten und verzerrten Gefühlen des Versagens, der Sinnlosigkeit und der Schuld. Typische Symptome depressiver Syndrome des Erwachsenenalters – wie Grübeln, Suizidimpulse und Minderwertigkeitsgefühle – prägen nun das Bild der Depression (vgl. ebd.).

Des Weiteren zeigen Jugendliche im Vergleich zu Kindern mehr Schlaf- und Appetitstörungen, negative Zukunftsvorstellungen und Suizidalität, mehr Funktionsbeeinträchtigungen, aber weniger Angstsymptome sowie Kopf- und Bauchschmerzen. Im Vergleich zu Erwachsenen hingegen haben Jugendliche weniger vegetative Symptome sowie psychotische Symptome. Neben der Feststellung, dass die Depression als Symptom im Kindesalter ebenso existiert wie bei Erwachsenen und viele diagnostische Kennzeichen altersunabhängig sind, hat der Entwicklungskontext der Depression bei Kindern eine besondere Bedeutung.

Tabelle 1: Die folgende Tabelle verdeutlicht, dass die Klassifikation von Depression innerhalb der ICD-10 und des DSM-IV-TR viele Gemeinsamkeiten aufweist (vgl. Dilling/Freyberger 2008, 461 f.):

| ICD-10 | DSM-IV-TR |
| --- | --- |
| F32. Depressive Episode<br>F32.0 leicht<br>F32.1 mittel<br>F32.2 schwer mit psychotischen Symptomen<br>F32.8 sonstige depressive Episoden<br>F32.9 nicht näher bezeichnete depressive Episode | 296.2x Major Depression, einzelne Episode<br>• leicht<br>• mittel<br>• schwer ohne psychotische Symptome<br>• schwer mit psychotischen Symptomen<br>• teilremittiert<br>• vollremittiert<br>• unspezifisch |
| F33. Rezidivierende depressive Episode<br>F33.0 gegenwärtig leicht<br>F33.1 gegenwärtig mittel<br>F33.2 gegenwärtig schwer ohne psychotische Symptome<br>F33.3 gegenwärtig schwer mit psychotischen Symptomen<br>F33.4 gegenwärtig remittiert<br>F33.8 sonstige rezidivierende depressive Störungen<br>F33.9 nicht näher bezeichnete rezidivierende depressive Störungen | 296.3x Major Depression, rezidivierende Episoden<br>• leicht<br>• mittel<br>• schwer ohne psychotische Symptome<br>• schwer mit psychotischen Symptomen<br>• teilremittiert<br>• vollremittiert<br>• unspezifisch |

| ICD-10 | DSM-IV-TR |
|---|---|
| F34. anhaltende affektive Störungen<br>F34.0 Zyklothymia<br>F34.1 Dysthymia<br>F34.8 sonstige anhaltende affektive Störungen<br>F34.9 nicht näher bezeichnete anhaltende affektive Störungen | 300.4 Dysthyme Störung |
| F38. andere depressive Störungen<br>F38.0 sonstige einzelne affektive Störungen<br>F38.1 sonstige rezidivierende affektive Störungen<br>F38.8 sonstige affektive Störungen<br>F39. nicht näher bezeichnete affektive Störungen | 311 nicht näher bezeichnete depressive Störungen |

### 3.1.2 Epidemiologie

In den letzten Jahren scheint die Lebenszeitprävalenz depressiver Störungen nach Meinung von Mehler-Wex (2008) insgesamt angestiegen zu sein, wobei Costello et al. (2006) in ihrer 10-Jahres-Erhebung für Kinder und Jugendliche de facto keine erhöhten Prävalenzraten detektierten (vgl. 20). Subklinische depressive Symptome sind nach Meinung der Autorin besonders häufig bei Kindern und Jugendlichen zu finden. So ergab eine Studie an 15000 niederländischen Schülern (Diekstra 1995) bei 13% Einsamkeitsgefühle, bei 20% ein negatives Selbstbild, bei 19% Selbstmordgedanken und – auch in dieser nichtklinischen Stichprobe – bei 5% bereits durchgeführte Selbstmordversuche (vgl. ebd.).

Frühe depressive Störungen können Risikofaktoren für die spätere Ausprägung einer manifesten depressiven Störung im psychiatrischen Sinne darstellen, sofern sich ungenügende Coping-Strategien, mangelnder sozialer Rückhalt, Misserfolgserlebnisse oder weitere Belastungsfaktoren hinzugesellen. Cicchetti/Toth (1998) nehmen an, dass 70%–80% der depressiven Kinder und Jugendlichen unbehandelt bleiben (vgl. Mehler-Wex 2008, 20). Neuere deutsche Studien zur Prävalenz depressiver Erkrankungen bei Jugendlichen und jungen Erwachsenen werden, so der Autor, mit 16,2% bzw. 16,8% angezeigt (Kessler et al. 2003; Wittchen et al. 1998). Eine Querschnittserhebung an 231 Vorschulkindern in einer kinderpsychiatrischen Tagesklinik in New York ergab eine Prävalenzrate depressiver Störungen von 2% bei den Mädchen und 1,8% bei den Jungen (vgl. ebd.). In der Bremer Jugendstudie (Essau 2000) berichten 17,9% aller Jugendlichen, schon einmal in ihrem Leben an einer depressiven Störung erkrankt zu sein (vgl. Essau 2007, 47). Weiterhin wird festgestellt, dass die Vergleichbarkeit dieser Lebenszeit-Prävalenzen mit denen Erwachsener (Kessler et al. 1994) nahelegt, dass Depression bei Erwachsenen häufig in der Jugend beginnt. Essau (2007) betont, dass diese Studien die Tendenz einer Zunahme von Depressionen bei Jugendlichen bestätigen.

Die Rolle, die genetische Faktoren für Depressionen im Kindes- und Jugendalter möglicherweise spielen, wurde in verschiedenen Familienstudien untersucht. Diesen Studien zufolge, so Essau (2007), sei eine familiäre Häufung von depressiven Störungen ein starker Prädiktor für depressive Erkrankungen, der eine genetische Komponente für einige depressive Störungen (z. B. bipolare Störungen) annehmen lässt. Die Autorin betont weiter, dass neueste Studien nicht nur belegen, dass Depression mit anderen Störungen hoch komorbid auftritt, sondern auch, dass depressive Personen dazu neigen, sich Partner mit der gleichen Störung zu suchen (»assortative mating«). Brooks-Gunn/Petersen (1991) sehen die Zeit der Pubertät als Periode rapider und dramatischer Veränderungen an (vgl. Essau 2007, 47.). Der Beginn der Pubertät wird als potenziell wichtiger Faktor für die Entstehung der Depression gesehen. In dieser Hinsicht sollte auch nach Meinung der Autorin beachtet werden, dass sich der Pubertätsbeginn auf einen früheren Zeitpunkt hin verschoben hat (durchschnittlich drei Jahre früher) – verglichen mit dem vergangenen Jahrhundert. Interessant ist, dass der frühere Beginn der Pubertät parallel zum Anstieg der Depressionsraten auftritt.

Hinsichtlich der familiären Situation Jugendlicher haben, nach Meinung der Autorin, in den letzten Jahrzehnten nach dem Zweiten Weltkrieg bemerkenswerte Veränderungen stattgefunden. Bis heute war die familiäre Situation Jugendlicher stetem Wandel unterworfen, der möglicherweise zusammen mit den Entwicklungsprozessen einen Einfluss auf den psychischen Gesundheitszustand der Jugendlichen hat.

»Die Adoleszenz ist eine Periode, in der sich familiäre Beziehungen verändern: Die Eltern-Kind-Beziehung wird normalerweise als konfliktvoller und distanzierter beschrieben; die Zeit, die mit der Familie verbracht wird, nimmt in der Adoleszenz ebenfalls ab« (Essau 2007, 54).

Kinder und Jugendliche werden durch Häufung von Veränderungen (z. B. Scheidung der Eltern) vermehrt und früher schwierigen Anforderungen ausgesetzt, als sie es in den letzten Jahrzehnten waren. Die Autorin vermutet, dass diese Veränderungen in der Familiensituation (z. B. familiäre Konflikte, eheliche Streitigkeiten, gestörte Familienbeziehungen etc.) eine Rolle bei der Entwicklung und dem Fortbestehen depressiver Störungen bei Jugendlichen spielen. Während bei Kindern keine signifikanten Geschlechtsunterschiede berichtet werden (Anderson et al. 1987; Fleming et al. 1989), ist in Studien mit Jugendlichen, so betont Essau (2007, 55), von zwei- bis dreimal höheren Depressionsraten bei Mädchen als bei Jungen die Rede (Cohen et al. 1993; Essau 2000; Lewinsohn et al. 1983; McGee et al. 1992; Reinherz et al. 1993a.). Dieses Verhältnis 2 bis 3:1 ist nach Meinung der Autorin vergleichbar mit dem, welches in Stichproben von Erwachsenen gefunden wurde. Das Verhältnis der Depressionsraten von Mädchen und Jungen verändert sich gewöhnlich um die Pubertät herum (vgl. Cohen et al. 1993; Essau 2000; Harrington et al. 1990; Petersen et al 1991). In der Dunedin Studie (McGee et al. 1992), der New York Studie (Cohen et al. 1993) und der »Great Smoky Mountain«-Studie (Angold et al. 1998) zeigten sich bis zum Alter von 13 Jahren bei Mädchen keine höheren Depressionsraten als bei Jungen (vgl. ebd.). Die Autorin betont weiter, dass in der Bremer Jugendstudie (Essau 2000) nach dem Alter von 14 Jahren signifikante Geschlechtsunterschiede deutlich wurden. Des Weiteren fanden Angold und Rutter

(1992) in einer großen klinischen Population heraus, dass ein höherer Anteil von Mädchen sogar in früherem Alter, mit ungefähr zehn Jahren, eine depressive Störung entwickelt (vgl. ebd.).

### 3.1.3 Komorbidität

Zwischen 60% und 80% der depressiven Kinder und Jugendlichen erfüllen auch die Kriterien für mindestens eine weitere psychische Störung (vgl. Rossmann 2008, 294). Ähnliche Zahlen nennt auch Essau (2007), nach deren Bremer Jugendstudie lediglich 42,2% der Jugendlichen ausschließlich depressiv waren. Bei 40% der Jugendlichen wurde noch eine weitere und bei 17,8% wurden mindestens zwei weitere Störungen diagnostiziert (vgl. 65). Die am häufigsten auftretenden komorbiden Störungen sind *Angststörungen* einschließlich *Zwangsstörungen*. Fast gleich häufig treten auch *expansive Verhaltensstörungen* auf. Bei depressiven Kindern finden sich nicht selten auch *hyperkinetische Störungen*; bei depressiven Jugendlichen ist eine erhöhte Wahrscheinlichkeit für *komorbide Alkohohl-* und *Drogenprobleme* sowie für *Essstörungen* festzustellen. Die Problematik depressiver Kinder und Jugendlicher kann durch das Vorliegen komorbider Störungen massiv verschärft werden. In der Mehrzahl der Fälle, so Rossmann (2008), geht die komorbide Störung der Depression voraus (vgl. 294). Dies trifft vor allem für die Angststörung zu, die somit auch als Risikofaktor für die Entstehung depressiver Störungen betrachtet werden muss (vgl. Kessler et al. 2001 zit. n. ebd.). Der Bremer Jugendstudie zufolge trat bei 72% der betroffenen Jugendlichen zuerst eine Angststörung auf (vgl. Essau 2007, 70).

Zur Häufigkeit der unterschiedlichen komorbiden Störungen lässt sich sagen, dass es anscheinend recht große Entwicklungs- und Geschlechtsunterschiede gibt. Angststörungen, besonders Trennungsangst und Verhaltensstörungen, besonders solche mit Trotzverhalten, sind in der Gruppe der präpubertären Kinder häufiger als bei Jugendlichen anzutreffen. Mit zunehmendem Alter steigt dagegen die Häufigkeit von Essstörungen und Störungen durch Substanzkonsum. Bezüglich der Geschlechtsunterschiede sind Jungen häufiger von komorbid auftretenden Verhaltensstörungen, besonders von aggressiven Verhalten, betroffen als Mädchen. Essau (2007) berichtet aus ihrer Bremer Jugendstudie zudem, dass Mädchen öfter komorbide Störungen aufweisen als Jungen, und sie spricht auch von einer Unterschiedlichkeit hinsichtlich der Komorbiditätsmuster. So ist ihrer Meinung nach das häufigste Komorbiditätsmuster bei Mädchen jenes von Angst und Depression, bei Jungen hingegen das von Depression und Substanzmissbrauch (vgl. 68). Auch das gemeinsame Auftreten einer Major Depression und einer dysthymen Störung kann als Komorbidität bezeichnet werden. Folgt die Major Depression der dysthymen Störung, wird angenommen, dass sie diese überlagert, weshalb man dann von einer Double Depression spricht (vgl. Rossmann 2008, 294).

### 3.1.4 Analyse und Erklärung vor dem Hintergrund verschiedener Theorieansätze

»Warum werden Kinder und Jugendliche depressiv und warum bleiben sie depressiv? Welche Kinder und Jugendlichen tragen ein besonderes Risiko und welche Faktoren tragen zu einer Genesung bei? Auf diese Fragen können zum heutigen Zeitpunkt noch keine eindeutigen und umfassenden Antworten gegeben werden. Es liegt keine einheitliche Theorie für die Entwicklung und Aufrechterhaltung depressiver Störungen im Kindes- und Jugendalter vor. Eine Vielzahl von Faktoren scheint beteiligt zu sein« (Groen 2002, 56).

Die Ursachen der Depression in Kindheit und Jugend sind selten klar umrissen und stellen stattdessen Kombinationen aus erblicher Vorbelastung, frühkindlichen Bindungserfahrungen und aktuellen Entwicklungsschwierigkeiten dar. Kommt nun unter diesen Voraussetzungen eine geringfügige Stressbelastung hinzu, ist es ein kurzer Weg in die Depression.

»Zu den nachgewiesenen Vulnerabilitätsfaktoren gehören unter anderem uneheliche Geburt, körperliche Schäden (vor allem des Gehirns), psychosoziale Belastungen wie große Familie mit wenig Wohnraum und niedrigem sozioökonomischem Status, psychische Störung eines Elternteils oder beider Eltern, Dissozialität der Eltern, alleinerziehende Mutter, mütterliche Berufstätigkeit im ersten Lebensjahr oder Verlust der Mutter, verbunden mit sozialem Abstieg und Armut« (Rabenschlag 2000, 159).

Psychoanalyse
Sigmund Freud war der Erste, der eine umfassende Theorie der Depression formulierte. Der Vater der Psychoanalyse ging davon aus, dass Depressionen von dem echten oder vorgestellten Verlust einer geliebten Person herrühren (vgl. Kerns 1997, 60). Die trauernde Person vermeidet, auf die verlorene Person wütend zu sein, und richtet die Wut gegen sich selbst, wodurch eine tiefe Traurigkeit entsteht. Nach Freuds Theorie, so der Autor, können Depressionen durch den Tod eines Elternteils, den Verlust der Gesundheit durch eine schwere Krankheit, die Trennung von geliebten Verwandten oder Freunden infolge eines Umzuges sowie durch den vorgestellten oder angenommenen Verlust einer wichtigen Beziehung ausgelöst werden. Der Autor erwähnt, dass Edith Jacobson die Ansicht vertrat, dass eine Depression aus der Diskrepanz zwischen Selbsteinschätzung und Selbstideal entsteht (vgl. 61). Die depressive Person fühle sich unfähig, zu seinem idealen Selbst zu werden. Weiterhin hielten andere Analytikerinnen und Analytiker die Depression – ähnlich wie die Angst – für eine grundlegende negative Emotion, die entsteht, wenn ein bis dahin als angenehm empfundener Zustand verloren geht. Kerns (1997) betont, dass die psychoanalytischen Erklärungsversuche nicht nur historisch interessant sind, sondern sie spielen auch heute noch eine zentrale Rolle in den aktuellen Depressionstheorien. Selbst wer fest daran glaubt, dass bei der Entstehung von Depressionen biologische Vorgänge ausschlaggebend sind, kommt in seiner klinischen Arbeit nicht um die Tatsache herum, dass die Themen Verlust und bedrohte Selbstachtung in den

Geschichten depressiver Kinder ganz besonders häufig vorkommen (vgl. ebd.). Der psychoanalytischen Theorie ist es auch zu verdanken, so der Autor, dass wir interne Risiken und Stressfaktoren stärker berücksichtigen. In der Psychoanalyse können Phantasien genauso wichtig sein wie tatsächliche Ereignisse – es kommt nur darauf an, wie sie von der betreffenden Person wahrgenommen werden.

Kognitive Theorie
Der Mediziner und Psychotherapeut Aaron T. Beck nimmt an, dass bei depressiven Menschen negative Gedanken über sich selbst, ihre Umwelt und die Zukunft vorherrschend sind, welche die Depression auslösen und aufrechterhalten (vgl. Kerns 1997, 62). Die Basis sollen dysfunktionale Grundüberzeugungen sein, die Beck auf Erfahrungen und die Familienbeziehungen in der Kindheit zurückführt. Diese Grundüberzeugungen beinhalten die feste Auffassung, dass der eigene Selbstwert von der Meinung und Wertschätzung durch andere Menschen abhängig ist. Sie lassen sich in Sätzen wie »Ich muss von jedem geliebt werden«, »Mein allgemeiner Wert hängt von jeder Aufgabe ab, die ich ausführe« und »Wenn ich versage, werden sich andere von mir abgestoßen fühlen« zusammenfassen. Nach Beck (2001) können diese negativen Grundüberzeugungen jahrelang vorhanden sein, ohne negative Auswirkungen zu haben, wenn das Leben ohne größere Probleme und Enttäuschungen verläuft. Werden sie jedoch durch schwierige Lebenssituationen übermäßig aktiviert, können sie starke negative Konsequenzen für das Verhalten und Erleben des Betroffenen haben, die sich in einer Depression bemerkbar machen können. Wenn die negativen Grundüberzeugungen Verhalten und Erleben bestimmen, zeigt sich dies nach Beck häufig in der so genannten *Kognitiven Triade* (vgl. Beck et al. 2001, 41). Die Betroffenen interpretieren ihre *eigenen Erfahrungen* überwiegend als Belastungen und Hindernisse, sehen *sich selbst* als unfähig, wertlos und nutzlos an und erwarten *von der Zukunft* vorwiegend Schlechtes.

Nach Meinung von Beck (2001) treten bei depressiven Menschen, deren Verhalten und Erleben vor allem durch die negativen Grundüberzeugungen und die Kognitive Triade gekennzeichnet sind, automatisch negative Gedanken auf, die eine Reihe von logischen Fehlern enthalten. Die Gedanken der Betroffenen sind derartig durch die negativen Grundüberzeugungen und die Kognitive Triade bestimmt, dass alle Erlebnisse als Beweis für deren Richtigkeit bewertet werden. Es entstehen ununterbrochene Gedankenketten, durch welche die Depressiven immer wieder an die Hoffnungslosigkeit ihrer Lage und ihre angebliche Unzulänglichkeit erinnert werden.

Lerntheorie
Die Lerntheorie geht davon aus, dass Verhaltensweisen, die keine »positive Verstärkung« (Lob, positive Beachtung, Belohnung) erfahren, abgelegt werden, während sich Handlungen, die zu einer positiven Verstärkung führen, festigen und konsolidieren (vgl. Kerns 1997, 62). Eine positive Verstärkung kann in sehr einfachen Signalen bestehen, z. B. indem zurückgelächelt wird, wenn das Kleinkind lächelt, oder man

reagiert begeistert auf seine ersten Brabbellaute. Im Rahmen der Lerntheorie werden Kinder depressiv, wenn sie von ihrer Umwelt und ihren wichtigen Bezugspersonen zu wenig positive Verstärkung bekommen (vgl. ebd.). Das kann nach Meinung des Autors auch dadurch geschehen, dass die Person, die ihnen bis dahin positive Verstärkung gegeben hat, durch Tod, Scheidung oder eigene Depression nicht mehr verfügbar ist. Es wird vermutet, dass dem Kind selbst vielleicht auch die grundlegende Fähigkeit fehlt, positive Verstärkung hervorzurufen. In mehreren Studien wurden depressive Kinder von Gleichaltrigen als weniger beliebt eingestuft, was nahe legt, dass diese Kinder tatsächlich weniger positive Rückmeldungen von anderen bekommen (vgl. 63). Lernprozesse finden nicht nur zuhause statt. Je älter das Kind, desto wichtiger die Einflüsse der Außenwelt. In der Kaui-Studie, so der Autor, erwies sich die Fähigkeit eines Kindes, Freundschaften zu knüpfen und zu pflegen, als einer der besten Schutzmechanismen gegen Depression. Von allen depressiven Kindern haben diejenigen, die sozial am stärksten isoliert und bei ihren Gleichaltrigen am wenigsten beliebt sind, die schlechteste Prognose (vgl. ebd.).

Biologische Theorien
Biologische Theorien erscheinen handfester und wissenschaftlicher als die psychoanalytisch und lerntheoretisch orientierten Ansätze (vgl. Kerns 1997, 67). Durch eine biologische Erklärung scheint die Depression in den Bereich der medizinischen Probleme gerückt – eine Krankheit, mit der man einfach zum Arzt geht, um sich eine Pille verschreiben zu lassen. Die Aussicht, dass es auf ein verwirrendes und besorgniserregendes Problem wie die Depression eine so einfache Antwort geben könnte, wirkt auf viele Betroffene beruhigend und verlockend. Trotz aller Entdeckungen der letzten Jahren stellt der Autor fest, dass es jedoch keine einzige medizinische Theorie gibt, die das Phänomen der Depression vollständig erklären kann, und es gibt auch seiner Meinung nach keine einfache medikamentöse Behandlung. Selbstverständlich gibt es verschiedene Medikamente, die bei der Behandlung von Depressionen sehr hilfreich sein können, doch bieten diese nie eine umfassende Lösung. Die weniger greifbaren psychischen Aspekte des Problems bedürfen nach wie vor psychotherapeutischer Aufmerksamkeit. Bestimmte körperliche Erkrankungen können zu Depressionen führen oder depressionsähnliche Symptome hervorrufen, so dass depressive Kinder stets gründlich medizinisch untersucht werden sollten, um eine körperliche Störung auszuschließen. Die wirksame Behandlung einer solchen Störung kann auch die depressiven Symptome beseitigen. Eine solche körperliche Krankheit kann z. B. eine Anämie sein, und in diesem Zusammenhang stellt das Untersuchungsverfahren das komplette Blutbild mit Differentialblutbild dar.

Zahlreiche neuere Forschungsarbeiten über das biochemische Ungleichgewicht lassen nach Meinung von Kerns (1997) darauf schließen, dass es depressiven Menschen an ausreichenden Vorräten von bestimmten Neurotransmittern wie Noradrenalin und Serotonin mangelt (vgl. 68). Diese natürlichen Überträgerstoffe, die an den Nervenenden freigesetzt werden, sind u. a. auch für die Regulation unserer Stimmung zuständig. Genau wie depressive Erwachsene scheiden auch depressive Kinder mit dem Urin bedeutend weniger MHPG (dem wichtigsten Abbauprodukt des Noradrenalin) aus als gesunde Kinder. Bei depressiven Erwachsenen hat diese Entdeckung zum Einsatz antidepressiver Medikamente geführt, welche die Menge der im Gehirn verfügbaren Neurotransmitter erhöhen und dadurch die Symptome lindern können (vgl. ebd.). Außerdem scheint die Nebenniere von depressiven Kindern und Erwachsenen mehr Kortisol auszuschütten. Dieses Hormon ist in kleinen Mengen für die Stressbewältigung des Körpers bedeutsam.

Im Bereich der biorhythmischen Störungen sind die üblichen täglichen Zyklen wie der Schlaf-Wach-Rhythmus und die Unterschiede zwischen der morgendlichen und abendlichen Körpertemperatur bekannt. Doch unterliegen die Menschen auch Zyklen, die sich über mehrere Tage oder gar Wochen erstrecken. Am deutlichsten zeigt sich dies beim Menstruationszyklus der Frau. Kerns (1997) erwähnt auch psychobiologische Stimmungsschwankungen im Tagesablauf in verschiedenen Lebensphasen, über die es interessante Forschungsarbeiten gibt (vgl. 69). So berichtet der Autor z. B. von älteren Menschen, die sich morgens grundsätzlich besser fühlen als abends, während jüngere Menschen morgens meist weniger Energie haben als im späteren Tagesverlauf. Durch entsprechende Studien wurde nach Meinung von Kerns (1997) auch belegt, was Eltern von Teenagern kaum überraschen mag: Jugendliche unterliegen viel größeren und rascheren Stimmungsschwankungen als Erwachsene.

### 3.1.5 Erscheinungsformen in der Schule

Die Schule ist der Ort, an dem Kinder und Jugendliche täglich für viele Stunden zusammenkommen, um gemeinsam zu lernen. Jeder von ihnen bringt nicht nur sein persönliches Können ein, sondern hat auch mit Schwierigkeiten und besonderen Belastungen zu kämpfen. Nach Meinung von Nevermann und Reicher (2001) fällt dies Kindern und Jugendlichen mit depressiven Störungen besonders schwer. Ihnen fehlt es in der Regel an dem nötigen Optimismus. Sie fühlen sich lustlos und müde und glauben zu wenig an die eigenen Fähigkeiten. Während andere Schülerinnen und Schüler sich darauf freuen, in der Schule mit Gleichaltrigen und Freunden zusammenzutreffen, ziehen sich depressive Kinder und Jugendliche oft aus den sozialen Gruppen zurück, weil ihnen, so die Autoren, offenbar die Freude am Zusammensein mit anderen verloren gegangen ist. Kinder und Jugendliche mit depressiven Störungen sind keine Seltenheit im derzeitigen Schulalltag. *»Die Häufigkeit des Auftretens depressiver Störungen unter normalen Regelschulkindern wird insgesamt mit etwa 4% bis 13% angegeben«* (119). Des Weiteren wird festgestellt, dass sich in der Regelschule eher Kinder und Jugendliche mit leichteren, oftmals aber bereits chronifizierten depressiven Störungen (Dysthyme Störungen) befinden. Schwer depressiv gestörte Schülerinnen und Schüler mit einer so genannten »Major Depression« haben in aller

Regel massive Schwierigkeiten, so die Autoren, den täglichen Schulalltag überhaupt noch bewältigen zu können und zählen häufiger, vor allem im Jugendalter, zu den aktiven Schulverweigerern. Nach Meinung von Stark (1990) sind Kinder und Jugendliche mit Lernschwierigkeiten häufiger von Depressionen betroffen als andere Kinder (vgl. Nevermann/Reicher 2001, 119). Ein großer Teil depressiver Schülerinnen und Schüler, so die Autoren, bleibt in der Schule immer noch mehr oder weniger unentdeckt (vgl. Ederer 2000). Viele von ihnen geraten aufgrund von Leistungsproblemen oder allgemein schulischen Verhaltensauffälligkeiten ins Blickfeld der Lehrer. Das Erkennen einer grundlegend depressiven Problematik wird dadurch erschwert, da etwa zwei Drittel aller depressiven Kinder und Jugendlichen zusätzlich psychische Probleme aufweisen, beispielsweise Angst, Störung im Sozialverhalten, oft auch Aggression sowie Aufmerksamkeitsstörungen oder Drogenmissbrauch (vgl. ebd.).

Der Kinder- und Jugendpsychiater Nissen (1999) stellt im Rahmen seiner unterschiedlichen Depressionstypen eine Gruppe von so genannten »abnormen depressiven Reaktionen« heraus, die er unter dem Begriff von »Schul-Depressionen« zusammenfasst (vgl. 132). »Schul-Depressionen« gehen auf lang anhaltende schulische Erschöpfung aufgrund von schulischer Überforderung zurück. Die Autoren betonen, dass diese nach Meinung von Nissen (1999) abnorm lang anhalten, und sie werden manchmal auch den so genannten »Stress-Depressionen« (Nissen) zugeteilt. Schülerinnen und Schüler, die Schule als eine Dauerbelastung erleben, sind in besonderer Weise gefährdet. Denn die Dauerbelastung ist ein Stressfaktor, der als Risikofaktor auf die gesamte psychische Entwicklung eines Kindes oder Jugendlichen negativ einwirken kann.

Antworten auf die Frage, wie die Schule Einfluss auf die emotionale Entwicklung von Schülern nimmt, könnten nach Meinung von Bilz (2008) helfen, schulische Umwelten so zu gestalten, dass sie das Lernen und die psychische Gesundheit von Schülern gleichermaßen unterstützen (vgl. 72). Wie können Lehrer wahrnehmen, ob Schüler durch emotionale Probleme beeinträchtigt sind und wie muss Unterricht und Schule gestaltet sein, um bei Misserfolgserlebnissen Angst und Hoffnungslosigkeit vorzubeugen und Schülerinnen und Schüler letztlich von dem Weg in die Selbstablehnung abzuhalten? Leider ist nach Meinung von Bilz (2008) der Forschungsstand zu diesen Fragen sehr lückenhaft.

### 3.1.6  Interventionsmöglichkeiten

Behandlungsbasis

Tölle (2003) stellt fest, dass es viele wirksame antidepressive Therapien gibt. Voraussetzung jeder antidepressiven Behandlung sind eingehende körperliche und psychische Untersuchungen. Hierzu gehören nach Meinung des Autors die medizinische und biographische Anamnese, das Erfassen der Lebenssituation und der bisherigen

Behandlungen, Erheben des körperlichen Befundes und des psychischen Zustandes (vgl. 72). Die Feststellung »depressiv« ist somit alleine nicht ausreichend und es müssen zahlreiche Einzelheiten der Vorgeschichte, der Symptomatik, der körperlichen Gesundheit usw. erfasst werden. Nur wenn man von einer breiten Befundbasis ausgeht, kann eine bestimmte Diagnose und eine gezielte Behandlung geplant werden. Die Basis der Behandlung, gleich welche Methoden angewandt werden, stellt der personengerechte Umgang mit dem Kranken dar, auch »Basisverhalten« genannt (vgl. 73).

Psychopharmakotherapie
- Antidepressiva

Die Besprechung der antidepressiven Behandlung soll nach Meinung von Tölle (2003) mit den Psychopharmaka beginnen. Der Autor betont, dass die Vorstellung, mit einem Medikament depressive Störungen zu behandeln, sehr alt ist. Jedoch blieben alle Bemühungen, solche Medikamente zu finden, lange Zeit erfolglos (vgl. 74). Antidepressiva gibt es seit etwa 40 Jahren und sie beeinflussen gezielt depressive Störungen bzw. die Depressionssymptomatik insgesamt (Stimmung, Antrieb, Leistungsinsuffizienz etc.). Nach Meinung von Tölle (2003) können 60%–80% dieser Patienten wirksam behandelt werden (vgl. ebd.). Antidepressiva helfen auch gegen Angststörungen und Zwangsstörungen, sie werden bei Schlafstörungen, in der Schmerzbehandlung und gegen Alkoholabhängigkeit eingesetzt. Der Autor betont, dass hierbei kein Abhängigkeitsrisiko besteht und die Persönlichkeit nicht verändert wird. Zuverlässige Prädiktoren für die Wirksamkeit der verschiedenen Antidepressiva-Typen, die besonders in den letzten 10 Jahren immer zahlreicher und immer spezifischer geworden sind, existieren bisher nicht (vgl. Rohde/Marneros 2001, 93). Bei einer häufig vergleichbaren antidepressiven Wirkung ist neben den zu erwartenden Nebenwirkungen die unterschiedliche Wirksamkeit auf Zielsymptome wie Schlafstörungen, Unruhe und Angst oft ausschlaggebend für die Auswahl des Präparates (vgl. ebd.).

- Tranquilizer/Schlafmittel

Tranquilizer werden sehr häufig bei den verschiedenen depressiven Zustandsbildern eingesetzt und zwar insbesondere zur Sedierung und Beruhigung, aber auch zur Anxiolyse (vgl. 94). Auch die schlafanstoßende Wirkung von Benzodiazepinen wird ausgenutzt. Bei akuten depressiven Zuständen, insbesondere mit Agitiertheit, Suizidalität oder wahnhaften Symptomen, ist die Gabe von Tranquilizern trotz der prinzipiell immer vorhandenen Abhängigkeitsgefahr indiziert. Allerdings sollte, nach Meinung der Autoren, möglichst bald eine schrittweise Reduktion erfolgen.

- Neuroleptika

Neuroleptika kommen bei depressiven Episoden mit psychotischen Symptomen (z. B. depressivem Wahn) zum Einsatz sowie bei schizodepressiven Episoden – in der Regel kombiniert mit Antidepressiva (vgl. ebd.). Die früher übliche Strategie,

# Depression

typische Neuroleptika (wie z. B. Haloperidol) einzusetzen, muss nach Meinung der Autoren mittlerweile als obsolet gelten.

Psychotherapie

Zu jeder Behandlung einer Depression gehören (neben der eventuellen Gabe von Antidepressiva) psychotherapeutische Maßnahmen. Dabei können die eine Psychopharmakotherapie »begleitenden« Strategien bzw. »stützenden« Vorgehensweisen auch unter zeitlich limitierten Bedingungen realisiert werden (vgl. 97). Auch ohne dass eine spezifische Psychotherapie begonnen wird, so die Autoren, gehören eine Anzahl wichtiger Aspekte zu einer psychotherapeutischen Basisbehandlung.

Dazu zählen nach Rohde/Marneros (2001, 98) z. B. folgende Punkte:
- aktives, flexibles und stützendes Vorgehen
- empathische Kontaktaufnahme
- Vermittlung von Ermutigung und Hoffnung
- Aufbauen einer vertrauensvollen Beziehung zum Patienten
- Ansprechen von Suizidimpulsen
- Exploration des Krankheitsmodells und der Therapieerwartungen des Patienten

Entspannungsverfahren

Entspannungsverfahren, wie etwa die *Progressive Muskelrelaxation* nach Jacobson oder das *Autogene Training*, werden, so die Autoren, oftmals als ergänzende Maßnahmen zur medikamentösen und insbesondere psychotherapeutischen Behandlung depressiver Störungen eingesetzt. Auch im ambulanten Bereich werden diese Verfahren häufig begleitend zu einer Psychotherapie eingeübt. Insbesondere die Progressive Muskelentspannung ist nach Meinung der Autoren für depressive Patienten gut zu erlernen.

Elektrokrampftherapie

Die Elektrokrampftherapie (EKT) wird in Deutschland nicht als Routineverfahren eingesetzt, da sie mit der immer fortschreitenden Entwicklung neuer Antidepressiva auch zunehmend verzichtbar ist.

Rohde/Marneros (2001, 98) nennen für den Einsatz von EKT folgende Indikationen:
- therapieresistente/chronische Depression, besonders bei wahnhafter Symptomatik
- katatone depressive Symptomatik (katatoner Stupor)
- Kontraindikation gegen medikamentöse antidepressive Therapie (z. B. bei ausgeprägter Unverträglichkeitsreaktion; im Einzelfall auch in der Schwangerschaft, wenn Medikation unbedingt vermieden werden soll)

Da die Elektrokrampftherapie heute immer unter Kurznarkose und Muskelrelaxation durchgeführt wird, ist sie insgesamt ein schonendes Verfahren. Die häufigsten Nebenwirkungen sind, so die Autoren, anterograde und retrograde Gedächtnisstörungen, die allerdings meist innerhalb von wenigen Stunden bis Tagen wieder abklingen. Als Kontraindikation sind Herzerkrankungen, schwere pulmonale oder vaskuläre Erkrankungen sowie Hypertonus anzusehen.

### Lichttherapie

Hauptindikation für eine Lichttherapie (Phototherapie) sind die saisonal-abhängigen affektiven Störungen. Für diese Störungsform ist die Wirksamkeit nach Meinung der Autoren nachgewiesen. Bei therapieresistenten anderen Depressionsformen kann der Einsatz der Lichttherapie im Sinne einer adjuvanten Therapie versucht werden.

### Schlafentzugstherapie

Die bereits früh gemachte Beobachtung, dass Schlafentzug eine Veränderung der Stimmung im Sinne einer Euphorisierung zur Folge haben kann, führte zum therapeutischen Einsatz der Schlafentzugstherapie (auch als Schlaf-Wach-Therapie bezeichnet) (vgl. ebd. 100). Der partielle Schlafentzug kann effektiv als adjuvante Therapie bei mittelschweren und schweren depressiven Episoden, besonders mit vitaler Symptomatik oder ausgeprägten »Tagesschwankungen« der Symptome, eingesetzt werden. Partieller Schlafentzug bedeutet, dass der Patient in der ersten Nachthälfte normal schläft, dann um etwa 1.00 Uhr nachts geweckt wird und bis zum nächsten Abend nicht schläft (vgl. ebd.). Die Autoren betonen weiter, dass auch kleine »Nickerchen« in der 2. Nachthälfte oder am folgenden Tag auf jeden Fall unterbunden werden müssen, um den erwünschten Erfolg zu erreichen. Deshalb ist in der Regel eine Schlafentzugstherapie auch nur im stationären Rahmen mit entsprechender Betreuung (Beschäftigung, Bewegung in frischer Luft, Gymnastik etc.) in der Nacht und am folgenden Tag erfolgversprechend.

Abschließend ist festzuhalten, dass aufgrund der Basis der vorliegenden Forschungsarbeiten heute davon ausgegangen werden kann, dass depressive Störungen nicht auf eine einzelne Ursache zurückzuführen sind, sondern dass bei ihrer Entstehung biologische Faktoren, psychologische Faktoren und Umweltfaktoren in einem komplizierten Wechselspiel eine bedeutende Rolle spielen. Daraus folgt, dass auch bei der Behandlung depressiver Kinder und Jugendlicher möglichst gleichzeitig auf mehreren Ebenen angesetzt werden sollte. Hinsichtlich des therapeutischen Vorgehens ist es des Weiteren wichtig, eine Wahl des geeigneten Settings vorzunehmen. Dabei geht es um die Frage, ob ambulante, teilstationäre oder vollstationäre Behandlung erforderlich ist. Insbesondere bei akuter Suizidalität ist eine vollstationäre Behandlung dringend geboten. Gleiches gilt bei entsprechend schwerwiegenden Begleitstörungen wie Störungen des Sozialverhaltens, Persönlichkeitsstörungen und schweren hyperkinetischen Syndromen sowie akuter körperlicher und sexueller Misshandlung. Schließlich spielt auch der Schweregrad der Depression eine Rolle. Dann, wenn die Alltagsbewältigungen – insbesondere im schulischen oder beruflichen Bereich – nicht mehr möglich sind, ist eine stationäre Behandlung angezeigt.

## Literatur

Beck, A. (2001): Kognitive Therapie der Depression. Weinheim.

Bilz, L. (2008): Schule und psychische Gesundheit. Risikobedingungen für emotionale Auffälligkeiten von Schülerinnen und Schüler. Wiesbaden.

Dilling, H./Freyberger, H. J. (2008): Taschenführer zur ICD-10-Klassifikation psychischer Störungen. Mit Glossar und diagnostischen Kriterien ICD-10: DCR-10 und Referenztabellen ICD-10 v. s. DSM-IV-TR. 4. Ausgabe. Bern.

Essau, C. A. (2007): Depressionen bei Kindern und Jugendlichen. 2. Auflage. München/Basel.

Groen, G. (2002): Der Verlauf depressiver Störungen im Jugendalter. Ergebnisse einer prospektiven Längsschnittstudie. Norderstedt.

Kerns, L. L. (1997): Hilfen für depressive Kinder. Ein Ratgeber. S. &. M. von Aster (Hg.). Bern et al.

Mehler-Wex, C. (2008): Depressive Störungen. Manuale psychischer Störungen bei Kindern und Jugendlichen. H. Remschmidt/M. Schmidt (Hg.). Heidelberg.

Nervermann, C./Reicher, H. (2001): Depressionen im Kindes- und Jugendalter. Erkennen, Verstehen und Helfen. München.

Rabenschlag, U. (2000): Wenn Kinder nicht froh sein können. Freiburg i. Br.

Rohde, A./Marneros, A. (2001): Die vielen Gesichter der Depression. Bremen/London.

Rossmann, P. (2008): »Depressive Störungen«. Lehrbuch der klinischen Psychologie und Psychotherapie bei Kindern und Jugendlichen. 3. Auflage. G. Esser (Hg.). Stuttgart.

Steinhausen, H.-C. (2006): Psychische Störungen bei Kindern und Jugendlichen. Lehrbuch der Kinder- und Jugendpsychiatrie und -psychotherapie. 6. Auflage. München.

Tölle, R. (2003): Depressionen: Erkennen und Behandeln. 2. Auflage. München.

Isolde Simon

## 3.2 Sprachentwicklungsverzögerung/Stottern

### 3.2.1 Definition des Stotterns und Abgrenzung von anderen Störungen des Sprechens

Eine häufig zitierte Definition, die man als deskriptive Beschreibung ansehen kann, ist die Standard Definition of Stuttering von Wingate (1964):

> »Stottern ist eine Unterbrechung im Fluss des verbalen Ausdrucks, die charakterisiert ist durch unwillentliche, hörbare oder stille Wiederholungen und Dehnungen bei der Äußerung kurzer Sprachelemente, insbesondere: Laute, Silben und Wörter mit einer Silbe. Diese Unterbrechungen geschehen in der Regel häufig oder sind deutlich ausgeprägt und sind nicht ohne weiteres kontrollierbar« (Sandrieser/Schneider 2008, 2).

Die folgende Definition von Ochsenkühn/Thiel (2005) lässt erkennen, dass Stottern nicht einfach zu diagnostizieren ist, da die Hypothesen über Entstehung, Aufrechterhaltung und Verlauf des Phänomens sehr unterschiedlich sind:

> »Stottern ist kein einheitliches Krankheitsbild, sondern ein Syndrom, das sich aus individuell sehr unterschiedlichen sprachlichen, motorischen und psychosozialen Symptomen zusammensetzt« (2).

In der ICD-10 (»Internationale statistische Klassifikation der Krankheiten und verwandter Gesundheitsprobleme«) sind »umschriebene Entwicklungsrückstände des Sprechens und der Sprache« auf der zweiten Achse (»Umschriebene Entwicklungsstörungen«) unter der Rubrik F80 subsumiert. Stottern (F98.5) wird wie folgt definiert (vgl. Dilling, Mombour u. Schmidt 2004, 201):

> »A.: Anhaltendes oder wiederholtes Stottern, d. h. eine Sprache mit häufigen Wiederholungen oder Dehnungen von Lauten, Silben oder Wörtern, oder auch ein häufiges Zögern oder Pause beim Sprechen in einem so schweren Ausmaß, dass der Sprachfluss deutlich unterbrochen wird. B.: Dauer mindestens drei Monate.«

Eine weitere Definition von Stottern anhand der ICD-10 Klassifikation möchte ich von den Autoren Remschmidt, Schmidt und Poustka (2009, 68) vorstellen. Sie beschreiben Stottern wie folgt:

> »Stottern ist ein Sprechen, das durch häufige Wiederholung oder Dehnungen von Lauten, Silben oder Wörtern, oder durch häufiges Zögern und Innehalten, das den rhythmischen Sprechfluss unterbricht, gekennzeichnet ist. Geringfügige Dysrhythmien dieses Typs sind in einer Durchgangsphase in der frühen Kindheit oder als geringfügiges, aber fortdauerndes Sprechmerkmal im späten Kindesalter oder im Erwachsenenalter recht häufig. Sie sind als Störung nur zu klassifizieren, wenn ihre Ausprägung die Sprechflüssigkeit deutlich beeinträchtigt. Begleitende Bewegungen des Gesichts und anderer Körperteile, die zeitlich mit den Wiederholungen, Dehnungen oder Pausen im Sprechfluss zusammenfallen, können vorkommen. Stottern ist von Poltern und von Tics zu unterscheiden. In einigen Fällen kann es von einer Ent-

wicklungsstörung des Sprechens oder der Sprache begleitet sein, wobei diese separat unter F80.- einzuordnen ist. Ausschluss: Neurologische Krankheit, die zur Störung des Sprechrhythmus führt, Poltern (F98.6)/Ticstörungen (F95.-) – Zwangsstörungen (F42.-).

Im DSM-IV (Diagnostisches und Statistisches Manual psychischer Störungen) wird das Stottern unter der Diagnosekriterie 307.0 beschrieben (vgl. Bosshardt 2008, 3):

»Die DSM-IV-Klassifikation für Stottern berücksichtigt, dass sich im Verlauf der Sprachentwicklung die Sprechflüssigkeit normalerweise beträchtlich erhöht und dementsprechend die Häufigkeit von Sprechflüssigkeit nicht unabhängig vom jeweiligen Stand der Sprachentwicklung beurteilt werden kann. Nach dem DSM-IV muss die Sprechunflüssigkeit ein solches Ausmaß erreichen, dass sie schulische oder berufliche Leistungen oder die Kommunikation behindert. Bei Vorliegen sprechmotorischer oder sensorischer Defizite sollten die beobachteten Sprechschwierigkeiten größer sein, als aufgrund dieser Defizite zu erwarten wäre. Zusätzlich sollten in diesem Fall die Defizite auf Achse III des DSM-IV kodiert werden.«

Die ICD-10 (F 98.5) und der DSM-IV (307.0) verlangen für die Diagnose »Stottern« folgende Kriterien (vgl. Blanz et al. 2005, 223):

Tabelle 1: Klassifikation der Diagnose »Stottern«

| ICD-10 | DSM-IV |
|---|---|
| Häufige Wiederholung oder Dehnung von Lauten, Silben bzw. Wörtern. | Die DSM-IV Kriterien sind vergleichbar. |
| Häufiges Zögern und Innehalten, das den rhythmischen Sprechfluss unterbricht. | Explizit wird verlangt, dass die Redefluss-Störung die schulischen bzw. beruflichen Leistungen oder die soziale Kommunikation beeinträchtigen. |
| Geringfügige Dysrhythmien des Sprechens, die ab dem späten Kindesalter relativ häufig vorkommen, sind nur dann als Stottern zu klassifizieren, wenn ihre Ausprägung zu einer deutlichen Beeinträchtigung der Sprechflüssigkeit führt. | Als Begleitstörung treten Artikulationsstörungen und expressive Sprachstörungen sowie sekundäre Angststörungen und depressive Störungen auf. |

Ein ungestörter Spracherwerb und Sprachvollzug ist, so Fiedler und Standop (1986), an vielfältige Voraussetzungen geknüpft. Diese Voraussetzungen sind einerseits organisch-somatischer Natur (vor allem ein gesundes Gehör sowie intakte Sprechorgane und Zerebralfunktionen). Daneben spielen geistige und psychisch-soziale Entwicklungsbedingungen eine große Rolle (eine normale geistige Entfaltung, geeignete Sprachvorbilder und eine angemessene Spracherziehung). Nach Westrich (1978), so betonen die Autoren, lassen sich phänomenologisch drei Arten von Beeinträchtigungen unterscheiden: *Störungen der Sprache; Störungen der Aussprache* und *Störungen der Rede*. Vereinfacht ausgedrückt handelt es sich bei den Störungen der Sprache um Sprachauffälligkeiten, bei denen die Muttersprache nicht altersentsprechend angewendet werden kann. Einen breiten Raum nehmen die so genannten Sprachentwicklungsstörungen ein, die sowohl als einfache verzögerte Sprachentwicklung vorkommen können, als auch in der Folge von z. B. Lippen-, Gaumen- und Kieferanomalien, von Hördefekten, von prä-, peri- oder postnatal verursachten Schädigungen der zentralnervösen und von extrapyramidalen Erkrankungen des Gehirns (spastische und ataxische Auffälligkeiten). Schließlich kann eine sprachliche Rückständigkeit bei geistiger Behinderung und infolge einer stark vernachlässigten Sprecherziehung auftreten. Weiter werden nach Westrich (1978), so die Autoren, die Asthenie (körperliche Schwäche) im Kindesalter und die akustische Agnosie (die konstitutionell bedingte Unfähigkeit, akustische Erscheinungen nach ihrem Klang zu beurteilen) als Ursache genannt. Des Weiteren wird betont, dass nach Meinung von Berendes/Schilling (1962) das Stottern vom Stammeln und Poltern abzugrenzen sei. Stammeln ist ein Fehler der Artikulation: Bestimmte Laute oder Lautverbindungen werden nicht richtig gebildet und entweder ausgelassen, durch andere ersetzt oder ungenau gebildet. Von einer Störung sollte aber erst gesprochen werden, wenn sich die Aussprachefehler im Verlauf der Sprachentwicklung nicht verlieren und somit über den Zeitraum des physiologischen Stammelns, der sich bei den meisten Kindern findet, hinaus andauern. Nach Wallrabenstein (1963) sei Poltern durch eine hastige Sprechweise mit Undeutlichkeit in der Aussprache gekennzeichnet. Poltern (auch Tachyphemie genannt) wird häufig mit Stottern verwechselt (vgl. Fiedler/Standop 1986, 7). Auch der Polterer wiederholt Laute, Silben oder Wörter mehrmals hintereinander. Oder er gerät mitten im Satz ins Stocken. Bei der polternden Sprechweise tritt jedoch nicht der für das Stottern typische Krampf der Sprechmuskulatur auf. Poltern kann auch zusammen mit Stottern auftreten. Dies erschwert die Differentialdiagnose. Fiedler und Standop (1986) halten fest, dass gelegentlich auch die Meinung vertreten wird, dass Poltern in einigen Fällen zum Stottern führt (vgl. Arnold 1970a). Schließlich ist das Stottern noch von den Sprechunflüssigkeiten zu unterscheiden, die im Verlauf der Sprachentwicklung bei Kindern auftreten. Diese äußern sich, so die Autoren, zwar auch in Form von Laut-, Silben- und Wortwiederholungen, sind aber für Kinder zwischen dem zweiten und fünften Lebensjahr normal (vgl. ebd.). So mache beinahe jedes Kind eine mehr oder weniger auffällige Phase des so genannten physiologischen Stotterns durch. Man kann also festhalten, wenn über Stottern geschrieben werden soll, so muss man vor allem ein grundlegendes Verständnis für die Komplexität dieser Sprachstörung schaffen. Schon der Begriff »Sprechstörung« oder gar »Sprachstörung«, wie Stottern auch fälschlicherweise benannt wird, ist bei Weitem zu kurz gegriffen. Erwachsene Stotternde fühlen sich zumeist in ihrer gesamten Lebensführung beeinträchtigt. Es ist deutlich zu trennen, ob Beschreibungen des Stotterns, seiner Entwicklung, der Symptomatologie, seiner Aus- und Einwirkungen Kinder oder Erwachsene betreffen.

So schreiben Johannsen/Schulze (1993) zum Thema »Stottern«:

»Das kindlich Stottern ist trotz vieler und zunehmender Forschungsaktivitäten in den letzten 15 Jahren nach wie vor ein rätselhaftes Phänomen, von dem zumindest passager viele Familien betroffen sind« (1).

Eine der häufigsten und bekanntesten Störungen des Sprechens ist das idiopathische Stottern, das sich ohne offensichtlichen Anlass in der Kindheit entwickelt. Es ist im Folgenden immer gemeint, wenn von »Stottern« die Rede ist. Es wird auch *Balbuties* (lat. *balbutire*: stammeln, stottern, lallen) genannt, im Amerikanischen *stuttering*, im Englischen *stammering* und im Französischen *bégaiement*. Stottern und Poltern bilden nach Meinung von Grohnfeld (1992a) die wichtigsten Vertreter der Redeflussstörungen, zu denen in der Sprachheilpädagogik noch Mutismus und Logophobie (krankhafte Sprechangst) gezählt werden (vgl. Natke 2000, 7).

Im Folgenden wird eine Symptomtabelle des Stotterns dargestellt (vgl. Remschmidt et al. 2008, 245):

- Redeflussunterbrechungen durch Blockierungen mit stummen Pressversuchen
- Dehnungen von Lauten, Silben und kurzen Wörtern
- Wiederholungen von Lauten, Silben oder kurzen Wörtern
- Redeflussunterbrechungen begleitende Bewegungen
- Redeflussunterbrechungen begleitende Atemunregelmäßigkeiten
- deutliches Störungsbewusstsein mit Leidensdruck
- vegetative Stresssymptome bei Redeflussunterbrechungen
- Vermeidung gefürchteter Wörter und belastender Sprechsituation
- Verbesserung in ungezwungenen Situationen

Abbildung 1: Symptomtabelle

Epidemiologie

*Beginn:* Physiologische Sprechunflüssigkeiten treten im Alter von 3–4 Jahren bei 70%–80% aller Kinder für eine mehr oder weniger lang anhaltende Phase auf (vgl. Remschmidt et al., 2008, 245). Nach Andrews (1985) beginnt es bei 50% vor dem 4. Lebensjahr, bei 75% vor dem 6. Lebensjahr und bei praktisch allen vor dem 12. Lebensjahr (vgl. Natke 2000, 10).

*Lebenszeit-Risiko:* Die Wahrscheinlichkeit, dass bei einer Person nach der Pubertät Stottern erstmalig auftritt, sei nach Meinung von Natke (2000) vernachlässigbar gering. Das Lebenszeit-Risiko beim Stottern, also der Prozentsatz derjenigen, die irgendwann in ihrem Leben gestottert haben, kann demnach mittels Längsschnittstudien bis zur Pubertät oder in retrospektiven Studien bei einer postpubertären Population ermittelt werden (vgl. ebd.).

*Geschlechterverteilung:* Natke (2000) erwähnt bezüglich der geschlechtsspezifischen Verteilung des Stotterns die Längsstudie von Andrews und Harris (1964), bei der sich zu Beginn des Stotterns eine Verteilung von Jungen und Mädchen von 2,6 zu 1 ergab (vgl. ebd.). Die Mädchen verloren nach Ansicht des Autors das Stottern häufiger wieder, so dass diese Verteilung mit dem Heranwachsen auf 3,6 zu 1 anwuchs.

*Remission:* Die Spontanremissionsrate beträgt nach Meining von Yairi et al. (1996) bis zum Vorschulalter etwa 70% (vgl. Remschmidt et al. 2008, 245). Der Großteil der Kinder, so Natke (2000), verliert das Stottern wieder bis zur Pubertät; einige auch noch später. Dies sei insbesondere bei stotternden Mädchen der Fall (vgl. 11).

*Verbreitung:* Bei präpubertären Schulkindern wird allgemein von einer Prävalenz von etwa 1% ausgegangen (vgl. Natke 2000, 12). Der Anteil an Stotternden in der erwachsenen Bevölkerung wird mit einem Prozent angenommen, obwohl keine genauen Daten vorliegen würden (vgl. ebd.).

### 3.2.3 Komorbidität

*Psychiatrische Störungen:* Bei Kindern, die stottern, kommt es häufig zu gehemmtem ängstlichem Verhalten, während das Poltern eher mit hyperaktivem, impulsivem Verhalten kombiniert ist. Als begleitende Störung sind bei 40%–80%, je nach Ausgangsstichprobe, psychiatrische Störungen, insbesondere Aufmerksamkeitsstörungen mit und ohne Hyperaktivität, nachzuweisen. Daneben kommen Störungen des Sozialverhaltens und emotionale Störungen gehäuft vor. Manchmal stehen diese Störungen – so Cohen et al. (1993); Beitchman et al (1996a); Noterdaeme/Amorosa (1998); Coster et al. (1999) – ganz im Vordergrund der Symptomatik (vgl. Herpetz-Dahlmann et al. 2007, 574). Carson et al. (1998) berichten, so die Autoren, dass bereits bei 2-jährigen Kindern mit einer expressiven Sprachstörung signifikant häufiger Störungen der Kommunikation und des sozialen Verhaltens auftreten als bei gleichaltrigen Kindern ohne Sprachentwicklungsstörung. Die Mütter berichten von mehr Verhaltensauffälligkeiten im Sinne von Angst, Rückzug, Depression und Schlafproblemen.

*Lese- und Rechtschreibstörungen:* Mehr als 50% der Kinder mit umschriebenen Sprachentwicklungsstörungen haben schulische Schwierigkeiten (vgl. Herpetz-Dahlmann et al. 2007, 575). Überwiegend handelt es sich um Lese- und Rechtschreibstörungen. Dabei sind die metalinguistischen Fähigkeiten (Erkennen von Lauten in Wörtern, Gliedern in Silben, Reimwörter erkennen etc.) der bessere Prädiktor für eine Legasthenie als die Schwere der Sprachentwicklungsstörung (vgl. ebd.).

*Motorische Störungen:* Motorische Störungen werden bei sprachentwicklungsgestörten Kindern immer wieder beschrieben (vgl. ebd.). Teilweise überwiegen die feinmotorischen Schwierigkeiten, während Gleichgewicht und Koordination sich nicht signifikant von denen Gleichaltriger unterscheidet.

*Veränderungen der Symptomatik im Alter:* Etwa ein Viertel der Vorschulkinder, die stottern, zeigt einen chronischen Verlauf (vgl. ebd.). Bei jungen Kindern treten besonders Laut-, Wort- und Silbenwiederholungen wie auch tonisches Stottern auf. Erst später bilden sich Sprechangst, Pressversuche und die typischen Mitbewegungen beim Stottern aus. Das klinische Bild der umschriebenen Sprech- und Sprachentwicklungsstörungen verändert sich im Alter der Kinder. Anfangs stehen der geringe Wortschatz und die Unverständlichkeit vieler Äußerungen ganz im Vordergrund. Später sind die Schwierigkeiten im Satzbau und in der Morphologie das hervorstechende Merkmal. Bei Schulkindern sind neben den Wortfindungsstörungen die Schwierigkeiten im Textverständnis und in der sprachlichen Darstellung von eigenen Ideen oder Erlebnissen ein besonderes Problem.

### 3.2.4 Analyse und Erklärung vor dem Hintergrund verschiedener Theorieansätze

Stottern ist ein Syndrom, an dessen Zustandekommen in individuell unterschiedlicher Verteilung und Gewichtung körperliche und seelische Faktoren beteiligt sind. Es wird von multiplen, koexistierenden und miteinander interagierenden Faktoren beeinflusst. Es handelt sich hierbei um Faktoren physiologischer, organischer, linguistischer und psychologischer Natur, die sich im Verlauf der Lebensspanne individuell wandeln und eine sich verändernde Bedeutung für den Stotternden annehmen können.

Wirth (2000) betont, dass als Folge des Stotterns vielfältige Lernprozesse ablaufen können, die zu einer schweren Zusatzproblematik führen (vgl. 472). Diese Folgeerscheinungen haben negative Rückwirkungen auf das eigentliche Stottern. Reaktionen der Eltern auf Unflüssigkeiten beim Sprechen, Erziehungsverhalten der Eltern, Persönlichkeitsmerkmale und soziales Verhalten des Kindes brauchen nicht ursächliche Faktoren für die Entstehung des Stotterns zu sein. Stottern ist ein echtes Leiden, keine Angewohnheit. Der Autor stellt fest, dass eindimensionale theoretische Erklärungsversuche des kindlichen Stotterns, gleichgültig aus welchem theoretischen oder weltanschaulichen Lager sie stammen, nicht in der Lage sind, das äußerst vielschichtige Problem des Stotterns zu erklären. Daher haben die aus ihnen abgeleiteten therapeutischen Richtlinien nur eine beschränkte Reichweite; sie sind also nur für einige Stotterer hilfreich, weisen jedoch keine universelle Brauchbarkeiten auf. Stottern ist vielmehr ein multidimensionales Problem. Eine Vielzahl von Faktoren ist an seinem Entstehen beteiligt, die in jedem individuellen Einzelfall herausgearbeitet werden müssen. Die Diagnostik muss jedoch so angelegt sein, dass aus den Ergebnissen auch Schlussfolgerungen für die Indikation zu bestimmten Therapieverfahren gezogen werden können.

Nach Meinung von Natke (2000) wird das Stottern auffällig und schwer, wenn Flucht- und Vermeidungsreaktionen zu den Kernsymptomen hinzukommen. Was auffällig wirkt und es für Zuhörer anstrengend machen kann, stotternden Menschen zuzuhören, ist die *übermäßige Kraft*, die beim Stottern aufgewendet wird. Flüssiges Sprechen vollzieht sich mit sehr geringem Muskeleinsatz. Beim Stottern werden die Muskeln stärker angespannt und sie arbeiten zum Teil gegeneinander. Dies wird in Verkrampfungen der Gesichtsmuskulatur oder z. B. bei einem Tremor im Unterkiefer sichtbar. Die vermehrte Kraft beim Sprechen kann als direkte Ursache für einen Großteil des Stotterproblems angesehen werden. Die Fluchtreaktionen werden zunächst dadurch verstärkt, dass sie Erfolg haben, indem sie das Stottern beenden. Auch das Vermeidungsverhalten wird auf diese Weise »erlernt«. Beispielsweise kann durch das Austauschen von Wörtern erfolgreich das unangenehme Stottern vermieden werden. Nun entstehen Teufelskreise: Wenn Wörter vermieden werden aus Angst, bei ihnen zu stottern, dann erhöht dies die Angst vor diesen Wörtern weiter und das Vermeidungsverhalten wird häufiger. Wenn sich der Stotternde beim Sprechen anstrengt, um nicht zu stottern, führt dies dazu, dass sein Stottern noch auffälliger und schwerer wird. Dies erhöht die Frustration, was wiederum dazu führt, dass er sich noch mehr anstrengt. Das gesamte Stotterverhalten wird so aufrechterhalten oder sogar noch verstärkt. Es automatisiert sich mit der Zeit und kann dann nur noch schwer wieder verändert werden. Auf die beschriebene Art und Weise lässt sich die Entwicklung und Aufrechterhaltung des Stotterns plausibel erklären. Es bleibt aber die Frage, wie es zum ersten Auftreten der Kernsymptome kommt. Hier gibt es zwei Arten von Theorien, die die Entstehung des Stotterns erklären sollen.

Natke (2000) stellt fest, dass nach den *Lerntheorien* auch die Kernsymptome aus dem misslungenen Versuch, flüssig sprechen zu wollen, entstehen. Das Kind erwartet Fehler beim Sprechen und strengt sich an, um diese zu überwinden. Die Anstrengung führt jedoch erst zu Stottersymptomen. Eine ältere Theorie dieser Kategorie besagt, dass das Stottern auf diese Art aus normalen Sprechunflüssigkeiten heraus entsteht, wenn die Eltern das Kind dazu ermahnen, flüssig zu sprechen. Gegen diese Theorie spricht, dass angestrengte Stottersymptome von Beginn des Stotterns an vorliegen können und Eltern erst dann auf die Sprechunflüssigkeiten ihres Kindes reagieren, wenn es bereits stottert. Die Eltern können daher nicht das Auftreten der ersten Stottersymptome verursacht haben. Andere Lerntheorien, so der Autor, berufen sich darauf, dass Anspannungen und Unterbrechungen im Sprechen von Kindern sehr verbreitet sind. Bei komplizierten, seriellen und hochautomatisierten motorischen Bewegungen wie dem Sprechen ist dies eine natürliche Reaktion des Körpers auf den alltäglichen kommunikativen Druck. Bei manchen Kindern treten nun mehr dieser Anspannungen und Unterbrechungen auf, so dass sie Schwierigkeiten beim Sprechen erwarten und sich wiederum vergeblich anstrengen, flüssig zu sprechen.

Die zweite Art von Theorien ist die des *Zusammenbruchs unter Belastung*. Obwohl dies nach Ansicht von Natke (2000) den meisten Menschen nicht bewusst ist, ist Sprechen ein hochkomplizierter Vorgang, bei dem über 100 Muskeln zeitlich genau koordiniert werden müssen. Theorien des Zusammenbruchs besagen nun, dass das einzelne Stottersymptom entsteht, wenn das komplizierte Zusammenspiel zwischen Atmung, Stimmgebung und Lautbildung misslingt. Ursache hierfür sei eine körperliche Veranlagung in der Sprechmotorik oder deren Ansteuerung durch das Gehirn. Vertreter dieser Theorien verweisen auf Unterschiede zwischen stotternden und nichtstotternden Personen, die man in den entsprechenden Bereichen gefunden hat, und vermuten, dass diese körperliche Veranlagung vererbt wird. Normalerweise funktioniert das Sprechen bei stotternden Personen normal. Nur unter besonderen Belastungen gerät das System, das bei stotternden Personen besonders anfällig ist, aus dem Gleichgewicht. Beide Theoriearten lassen Fragen offen.

So können die Lerntheorien nicht erklären, warum sich manche Kinder anstrengen, um flüssig zu sprechen, andere jedoch nicht. Die körperliche Veranlagung zum Stottern, die bei Theorien des Zusammenbruchs angenommen wird, ist nicht identifiziert. Bei der Entstehung des Stotterns muss man zwischen drei Einflussbereichen unterscheiden. Zunächst können Kinder eine *Veranlagung* zum Stottern mitbringen, wie oben beschrieben wurde. Dann kann es einen *Auslöser* geben, der das Stottern auftreten lässt. Schließlich können *aufrechterhaltende Bedingungen* vorliegen, die dafür sorgen, dass das Stottern bestehen bleibt und sich weiterentwickelt.

Die Vielzahl von Theorien zur Erklärung des Stotterns lassen sich unter vier Gesichtspunkten zusammenfassen (vgl. von Aster/Herpertz 2008, 182):

1. *Erbliche Einflüsse.* Untersuchungen der letzten Jahre haben gezeigt, dass der Erbeinfluss beim Stottersyndrom nicht so hoch ist, wie man früher annahm. Bei etwa 8% der Fälle kann eine genetische Komponente wahrscheinlich gemacht werden.
2. *Hirnorganische Einflüsse* werden bei einem nicht geringen Teil der Patienten mit Stottern gefunden. In diese Richtung weisen auch hochauffällige EEG-Befunde, die in einem relativ hohen Prozentsatz bei Stottern festgestellt werden. Für die These einer organischen Ursache spricht auch die Tatsache, dass bei Patienten mit Hirnschädigungen in bis zu 20% der Fälle Stottern auftritt.
3. *Psychogene Einflüsse* spielen sicher eine erhebliche Rolle bei der Manifestation dieser Störung. Bei der Mehrzahl der Stotterer (68%) handelt es sich um Patienten mit neurotischen Störungen, bei 12% lassen sich psychogene Einflüsse nicht mit Sicherheit ausschließen, während bei nur 20% psychogene Einflüsse sicher auszuschließen sind.
4. *Multifaktorielle Theorie.* Diese geht davon aus, dass mehrere Faktoren an der Entstehung des Syndroms beteiligt sind. So kann z. B. eine leichte zerebrale Dysfunktion in Verbindung mit gravierenden Umwelteinflüssen Stottern hervorrufen.

### 3.2.5 Erscheinungsformen in der Schule

Die Schule ist ein entscheidender Teil der kindlichen Lebenswelt und stellt für unflüssig sprechende Kinder und Jugendliche eine besondere Herausforderung dar. Sie bietet jedoch auch spezielle Bewältigungsmöglichkeiten an. Zur Frage der richtigen Schulwahl stellt Schindler (1997) fest, dass die Diagnose »Stottern« aus seiner Sicht allein kein hinreichendes Kriterium für die Notwendigkeit sonderschulischer Maßnahmen darstellt (vgl. Hansen/Iven 2002, 162). Die Frage einer angemessenen Förderung in der Schule kann erst auf Basis einer sorgfältigen Kind-Umwelt-Analyse differenziert beantwortet werden. Eine Entscheidung muss den Einzelfall und seine individuelle Bedingungskonstellation berücksichtigen. Eine Pauschallösung für die Form und den Ort der Förderung stotternder Kinder gibt es nach Meinung der Autoren nicht. Sie betonen, dass sich die angemessene Form der Unterstützung immer aus den Bedingungen des einzelnen Kindes, seiner Familie und der entsprechenden Schule ergibt. Zunächst ist es erforderlich zu betrachten, in welcher Kommunikations-Situation sich stotternde Schulkinder, ihre Mitschüler und ihre LehrerInnen befinden.

Schulkinder, die stottern, sind unter Umständen einer Vielzahl unangenehmer Erfahrungen und Bewertungen ausgesetzt. Da die Sprache und die sprachliche Leistungsfähigkeit einen hohen Stellenwert in der (Leistungs-)Bewertung von Schülern haben, fühlen sich stotternde Kinder, so Hansen/Iven (2002), mit ihren sprachlichen Problemen häufig als Gesamtpersönlichkeit beeinträchtigt, missachtet oder unverstanden, da sie mit ihrer stotternden Sprechweise immer wieder als nicht vollständig sprachkompetent erscheinen. Zusätzlich kann die Unterrichtssituation dazu beitragen, dass viele angstbesetzte Situationen auftreten, wenn z. B. häufig der Reihe nach vorgelesen oder erzählt werden muss, wenn viele Sprechsituationen alleine vor der Klasse entstehen, wenn in der Klasse häufig Sprechkonkurrenz herrscht oder schnelles Antworten einen hohen Stellenwert hat (vgl. ebd.).

Wenn im Unterrichtsgeschehen übertriebene Rücksicht genommen wird, indem das Kind von mündlichen Beiträgen vermeintlich befreit, tatsächlich aber ausgeschlossen wird, erfährt es, so die Autoren, Missachtung seiner Leistungsfähigkeit. Obwohl es eine Antwort weiß, kann oder darf es sie nicht sagen. Die wiederkehrenden Gefühle sprachlicher Inkompetenz können zu Vermeidungsreaktionen führen: »Wenn ich nicht drankomme, sag ich eben überhaupt nichts mehr« oder »Ich krieg das sowieso nicht raus, dann brauche ich mich auch nicht zu melden« (ebd.). Abhängig von individuellen Bewältigungsmustern kämpfen die einen massiv gegen ihre Sprechstörung an, um sie dadurch nur noch mehr zu festigen. Bei anderen führt die Sprechangst zu Vermeidungsverhalten; sie nehmen nur noch schweigend am Unterricht teil, wobei ihnen die Diskrepanz zwischen ihrem tatsächlichen Wissen und ihren sprachlichen Möglichkeiten, es auszudrücken, schmerzlich bewusst wird. Stigmatisierungen – wie etwa das Vorurteil, Stottern habe etwas mit mangelnder Intelligenz zu tun – und Hänseleien von Mitschülern tun häufig ein Übriges, um die Kinder in die Gefahr der Isolation geraten zu lassen. Statistisch gesehen ist die Wahrscheinlichkeit, dass eine Lehrerin oder ein Lehrer einem stotternden Schüler begegnet, in der Grundschule am höchsten (vgl. Bundesvereinigung Stotterer-Selbsthilfe e. V.). »Meine Schulzeit war eine einzige Katastrophe!« ist eine typische Äußerung, wie sie von erwachsenen Betroffenen rückblickend zu hören ist (vgl. ebd.).

### 3.2.6 Interventionsmöglichkeiten

Perkins (1992), Stotterforscher aus den USA, gibt eine kurze Prognose bezüglich der Therapieerfolgserwartungen ab:

> »Ob Stottern geheilt werden kann, wenn es erst einmal zum Lebens-Stil geworden ist, bleibt eine offene Frage. Ich zweifle jedoch nicht daran, dass es verhindert oder

aufgehalten werden kann, wenn es früh genug erfasst wird.« (Hansen/Iven 2002, 117).

Nach Meinung von Kany/Schöler (2008) sind nicht nur die Merkmale der geförderten Kinder entscheidend für Erfolge, sondern auch die der Förderkräfte und Therapeuten (vgl. 201). Therapie soll sich nach Meinung der Autorin Katz-Bernstein (1995) als Übergangsraum verstehen, in dem das Kind unter anderem lernen kann, seine Balance zwischen Individualität und Sozialisation zu finden. In diesem Sinne darf die Therapie des Stotterns nicht auf den Therapieraum beschränkt sein. Das möglichst frühzeitige Erkennen des Stotterns bei Kindern wird allgemein als günstige Voraussetzung dafür angesehen, mit einer gezielten Behandlung zum Erfolg zu kommen. Entsprechend den multifaktoriellen Ansätzen zur Erklärung des Stotterns hat auch die Therapie verschiedene Gesichtspunkte zu berücksichtigen.

Sie lassen sich unter fünf Aspekten ordnen (vgl. Remschmidt/Niebergall 2005, 182):

*Allgemeine Maßnahmen:* Diese richten sich vor allem an die Eltern und alle, die mit stotternden Kindern umgehen. Zu diesen Grundsätzen gehört: Nichtbeachten des Stotterns, aufmerksames und geduldiges Zuhören, wenn das Kind spricht, und Beseitigung bzw. Abmilderung der Bedingungen, die vermutlich zum Stottern geführt haben oder dieses unterhalten.

*Übungsbehandlung:* Es existieren viele Übungsmethoden, die beim Stottern mit mehr oder weniger großem Erfolg angewandt werden. Sie umfassen im Wesentlichen: Atemübungen, logopädische Redeübung, die Einbeziehung von Rhythmik, die Durchführung von Entspannungsübungen (z. B. autogenes Training) und die Benutzung des Prinzips der verzögerten Sprachrückkopplung.

*Psychoanalytische Behandlung:* Diese geht davon aus, dass das Stottern Ausdruck einer neurotischen Störung aufgrund konflikthafter Erlebnisse ist. Im Rahmen einer analytisch orientierten Spieltherapie wird versucht, diese Konflikte abzubauen.

*Verhaltenstherapie:* In der Sicht dieser Therapieform wird das Stottern als eine erlernte Verhaltensweise aufgefasst, die durch eine nach Lernprinzipien aufgebaute Behandlung wieder zum Verschwinden gebracht werden kann.

*Medikamentöse Behandlung:* Sie kann in der Regel nicht kausal die Symptomatik beseitigen, wohl aber die Angst- und Spannungszustände mildern. Angewandt werden Chlordiazepoxid (Librium) und Butyrophenon-Derivate (z. B. Haldol). Vielfach werden mehrere der hier genannten Behandlungsmethoden miteinander kombiniert.

Zur Prognose, so Remschmidt/Niebergall (2005) ist zu sagen, dass bei rechtzeitiger und intensiver Behandlung ein Drittel der Patienten beschwerdefrei wird, ein Drittel deutliche Besserungen zeigt und ein weiteres Drittel unbeeinflusst bleibt (vgl. 182).

## Literatur

Blanz, B./Remschmidt, H./Schmidt, M./Warnke, A. (2005): Psychische Störungen im Kindes- und Jugendalter. Ein entwicklungs-psychopathologisches Lehrbuch. Stuttgart.

Bosshard, H. G. (2008): Stottern. Göttingen.

Dilling H./Mombour, W./Schmidt, H. (2004): Internationale Klassifikation psychischer Störungen ICD-10. Kapitel V (F) Klinisch-diagnostische Leitlinien. 3. korrigierte Auflage. Bern.

Fiedler P./ Standop, R. (1986): Stottern. Ätiologie – Diagnose – Behandlung. 2. Auflage. München/Weinheim.

Hansen, B./Iven, C. (2002): Stottern und Sprechflüssigkeiten. Sprach- und Kommunikationstherapie mit unflüssig sprechenden (Vor-)Schulkindern. München.

Herpetz-Dahlmann, B./Resch, F./Schulte-Markwort, M./Warnke, A. (2007): Entwicklungspsychiatrie: Biopsychologische Grundlagen und die Entwicklung psychischer Störungen. Edition: 2. Stuttgart.

Johannsen, H. S./Schulze, H. (1993): Praxis der Beratung und Therapie bei kindlichem Stottern. Werkstattbericht. Ulm.

Kany, W./Schöler, H. (2008): »Spezifische Sprachentwicklungsstörungen«. In: Fingerle, M./Ellinger, S. (Hg.): Sonderpädagogische Förderprogramme im Vergleich. Orientierungshilfe für die Praxis. Stuttgart.

Katz-Bernstein, H. (1995). Aufbau der Sprach- und Kommunikationsfähigkeit bei redeflussgestörten Kindern. Luzern.

Natke, U. (2000): Stottern. Erkenntnisse, Theorien, Behandlungsmethoden. Bern/Göttingen/Toronto/Seattle.

Ochsenkühn, C./Thiel, M. (2005): Stottern bei Kindern und Jugendlichen. Bausteine einer mehrdimensionalen Therapie. Heidelberg.

Remschmidt, H./Niebergall, G. (2005): Kinder- und Jugendpsychiatrie. Eine praktische Einführung. Hg. v. Helmut Remschmidt unter Mitwirkung von Kurt Quaschner und Frank M. Theisen. 4. neu bearbeite und erweiterte Auflage. Stuttgart/New York.

Remschmidt, H./Mattejat, F./Warnke, A. (2008): Therapie psychischer Störungen bei Kindern und Jugendlichen. Stuttgart/New York.

Remschmidt, H./Schmidt, M./Poustka, F. (2009). Multiaxiales Klassifikationsschema für psychische Störungen des Kindes- und Jugendalters nach ICD-10 der WHO. 5. vollständig überarbeitete u. erweiterte Auflage. Bern.

Sandrieser, P./Schneider, P. (2008): Stottern im Kindesalter. Stuttgart.

Von Aster, S./Herpertz, S. (2008): »Störungen des Sprechens und der Sprache«. Kinder- und Jugendpsychiatrie. Eine praktische Einführung. Helmut Remschmidt. Unter der Mitwirkung von Kurt Quaschner und Frank M. Theisen (Hg.). 5. aktualisierte Auflage. Stuttgart.

Wirth, G. (2000): Sprachstörungen, Sprechstörungen, kindliche Hörstörungen. Lehrbuch für Ärzte, Logopäden und Sprachheilpädagogen. 5. überarbeitete Auflage. Köln.

Internetseite der Bundesvereinigung Stotterer-Selbsthilfe e. V.: http://www.bvss.de/index.php?option=com_content&view=article&id (Stand: 06. 04. 2009).

Hannah Schott

## 3.3 Enuresis

### 3.3.1 Definition des Phänomens nach ICD-10 und DSM-IV

Unter dem Bergriff der *Enuresis* versteht man zunächst ein unwillkürliches bzw. willkürliches Einnässen. Im klinischen Sprachgebrauch bezeichnet Enuresis ein wiederholtes und unangebrachtes Einnässen in einem Alter, in dem das Kind aufgrund biologischer Reifungsprozesse in der Lage ist, Kontrolle über den Schließmuskel auszuüben. Die Definition des Beginnalters lehnt an den Forschungsstand zur Entwicklung des Miktionsverhaltens an. Danach erlangt ein Kind nach einer mehrjährigen Phase altersspezifischer Miktionsgewohnheiten mit dem 4. Lebensjahr das Stadium der reifen Miktion, mit dem 80% der Kinder willentliche Kontrolle über die Blasenentleerung erlangen und den Harndrang auch einige Zeit hinaus zögern können.

Die Enuresis zählt zu den häufigsten psychosomatischen Erkrankungen im Kindesalter. Die Klassifikation innerhalb der gängigen Klassifikationssysteme setzt den Ausschluss von organischen Ursachen voraus.

In der ICD-10 steht die *nicht-organische Enuresis* unter *andere Verhaltens- oder emotionale Störungen mit Erstmanifestation während der Kindheit und Jugend* (F98.0). Das Störungsbild wird charakterisiert durch

»unwillkürlichen Harnabgang am Tag und in der Nacht, untypisch für das Entwicklungsalter. Sie ist nicht Folge einer mangelnden Blasenkontrolle aufgrund einer neurologischen Krankheit, epileptischer Anfälle oder einer strukturellen Anomalie der ableitenden Harnwege. Die Enuresis kann von Geburt an bestehen oder nach einer Periode bereits erworbener Blasenkontrolle aufgetreten sein. Die Enuresis kann von einer schweren emotionalen oder Verhaltensstörung begleitet werden« (vgl. DIMDI 2004, 216).

Das DSM-IV beschreibt unter 307.6 die Enuresis folgendermaßen:

»Das Hauptmerkmal der Enuresis ist das wiederholte Entleeren von Urin bei Tag oder bei Nacht ins Bett oder in die Kleidung (Kriterium A). Meistens geschieht dies unwillkürlich, gelegentlich auch absichtlich. Um die Diagnose einer Enuresis zu stellen, muss das Entleeren von Urin mindestens drei Monate lang zweimal pro Woche stattfinden oder aber in klinisch bedeutsamer Weise Leiden oder Beeinträchtigungen in sozialen, schulischen (beruflichen) oder anderen wichtigen Funktionsbereichen verursachen (Kriterium B). Das Kind muss ein Alter erreicht haben, in dem die Blasenkontrolle erwartet werden kann (bzw. das Kind muss mindestens fünf Jahre alt sein oder bei Kindern mit Entwicklungsrückständen muss ein Entwicklungsalter von mindestens fünf Jahren vorliegen) (Kriterium C). Die Harninkontinenz geht nicht ausschließlich auf die direkte körperliche Wirkung einer Substanz (z. B. Diuretika) oder eines medizinischen Krankheitsfaktors zurück (z. B. Diabetes, Spina Bifida, Anfallsleiden) (Kriterium D) (Saß 2003).

Sowohl die ICD-10 (allerdings unzureichend, da nur in den Forschungskriterien) als auch das DSM-IV untergliedert das Störungsbild in verschiedene Subtypen. Dazu gehören zunächst die Subtypen des Einnässens am Tag (*Enuresis diurna*) und des nächtlichen Einnässens (*Enuresis nocturna*). Die Enuresis diurna erfolgt am häufigsten am frühen Nachmittag in der Schule (vgl. Punkt 4) und tritt bei Mädchen häufiger auf als bei Jungen. Meistens verliert sie sich nach dem 9. Lebensjahr. Die Enuresis nocturna beinhaltet eine weitere Unterscheidung in eine isoliert auftretende (monosymptomatische) und eine nicht isoliert auftretende Form, in der auch funktionelle Störungen (vgl. unten) auftreten. Zum nächtlichen Einnässen, das häufiger bei Jungen als bei Mädchen auftritt, kommt es meistens im ersten Drittel der Nacht.

Weitere Subtypen liegen in Form der *primären* und der *sekundären Enuresis* vor. Während die sekundäre Enuresis Kinder beschreibt, die in der Vergangenheit bereits in der Lage waren, den Harndrang zu kontrollieren, beschreibt die primäre Enuresis einen Typ von Kindern, die noch zu keinem Zeitpunkt ihrer Entwicklung zur Kontrolle des Harndrangs gelangt sind. Damit eine sekundäre Enuresis diagnostiziert werden kann, muss ein trockenes Intervall von 3–6 Monaten vorliegen. Die Tabelle auf Seite 177 soll einen Überblick der Klassifikationskriterien nach den Klassifikationssystemen ICD-10 und DSM-VI veranschaulichen.

Die diagnostischen Kriterien der beiden Klassifikationssysteme sind damit weitgehend vergleichbar. Unterschiede existieren bezüglich des Kriteriums des Manifestationsalters und der Auftretenshäufigkeit, außerdem liegen Abweichungen innerhalb der Ausschlusskriterien vor. Das DSM-IV legt als zusätzliches Kriterium fest, dass das Einnässen gelegentlich auch willkürlich erfolgen kann.

Unabhängig von den Klassifikationen des ICD-10 und DSM-IV kann man weitere Formen der Enuresis differenzieren. Zunächst wird dabei eine Unterscheidung von Enuresis und *Harninkontinenz* vorgenommen. Während bei der Enuresis die Miktion normal verläuft und eine vollständige Blasenentleerung erfolgt, ist für die Harninkontinenz eine funktionelle Blasenentleerungsstörung kennzeichnend, deren Ursache ebenfalls nicht in einer organischen Störung liegt. Im Folgenden sollen die drei häufigsten Formen des Einnässens nach von Gontard/Lehmkuhl dargestellt werden (vgl. von Gontard/Lehmkuhl 2004). Dazu zählt zunächst die *Dranginkontinenz*. Hier liegen die Miktionsintervalle verkürzt vor, wobei nur geringe Mengen an Harn abgegeben werden. Kinder mit Dranginkontinenz klagen häufig über einen plötzlich auftretenden Harndrang und gehen 10–20mal täglich zur Toilette. Wenn die Toilette nicht rechtzeitig erreicht wird, kommt es zum Einnässen, das in der Menge gering ausfällt und mehrmals täglich geschehen kann. Daher besteht bei dieser Form des Einnässens eine erhöhte Harnwegsinfektgefahr. Dranginkontinenz ist der einzige Typ, bei dem Mädchen häufiger betroffen sind als Jungen. Eine weitere häufige Form ist die der *Harninkontinenz bei Miktionsaufschub*, bei der es sich um ein erlerntes Verhalten handelt. Hier werden Toilettengänge nicht ausreichend häufig durchgeführt; beim Toilettengang kommt es dann zur Absetzung großer Harnmengen. Typischerweise gehen diese Kinder vor allem in bestimmten Situationen nicht zur Toilette wie beim Spielen oder in der Schule. Die *Detrusor-Sphinkter-Dyskoordination* ist ebenfalls ein erlerntes Verhalten, das sich aus einer Dranginkontinenz oder einem Miktionsaufschub entwickeln kann. Sie ist gekennzeichnet durch die Schwierigkeit des Kindes, spontan Wasser zu lassen, wobei es zu Unterbrechungen im Harnfluss kommt. Diese Form der Störung muss in Spezialzentren abgeklärt und behandelt werden, um Folgeerscheinungen zu vermeiden. Bei ca. der Hälfte der Kinder dieses Typs liegen zudem psychische Probleme vor.

3.3.2 Epidemiologie, Verlauf und Komorbidität

Studien zur Verteilung von Kindern mit Enuresis weisen zum Teil starke Unterschiede auf, die in der Anwendung unterschiedlicher diagnostischer Kriterien und durch Varianzen im Alter der untersuchten Kinder begründet sind. Übereinstimmungen bestehen darin, dass Jungen häufiger als Mädchen die Kriterien für das Vorliegen einer Enuresis erfüllen (vgl. Butler 1997; von Gontard/Lehmkuhl 1997). Prozentual gesehen weisen außerdem ca. 10% aller 5-Jährigen eine Enuresis auf, wovon ein Anteil von 7% männlichen Geschlechts ist. Für die Gruppe der 10-jährigen Kinder liegen diese Werte bei nur noch insgesamt 5%, die sich aus einem Anteil von 3% Jungen und 2% Mädchen zusammensetzt. Im Vergleich der Subtypen liegt eine primäre Enuresis ca. doppelt so häufig wie eine sekundäre Enuresis vor. 80% der erkrankten Kinder leiden außerdem an einer Enuresis nocturna, 15% der Kinder an einer Enuresis nocturna und diurna und 5% an einer Enuresis diurna (vgl. Walker et al. 1989). Die Enuresis nocturna tritt außerdem weitaus häufiger auf als das Einnässen am Tag. Bei der tagsüber auftretenden Enuresis handelt es sich meistens um den Typus der funktionellen Harninkontinenz (vgl. Petermann/Petermann 2002). Die Frequenz des Einnässens ist unterschiedlich (Steinhausen 1996, 186).

Wie anhand der dargestellten Zahlen schon ersichtlich ist, sinkt die Prävalenz des Einnässens mit zunehmendem Alter, so dass nur noch knapp über 1% der Kinder im Jugendalter diese Störung aufweist. Nach von Gontard/Lehmkuhl (1997) werden statistisch gesehen mit jedem Lebensjahr 13,5% der einnässenden Kinder trocken, während das DSM-IV ab dem Alter von fünf Jahren eine Spontanremission von 5%–10% pro Jahr angibt. Für die Enuresis nocturna liegen dabei regional sehr unterschiedliche Werte vor (vgl. Richter/Goldschmidt 2001).

Einige Kinder mit Enuresis zeigen komorbide psychische Störungen bzw. Verhaltensauffälligkeiten auf, was sich u. a. aus dem Umstand ergibt, dass Kinder mit psychischen Störungen ein erhöhtes Risiko für das Vorliegen einer Enuresis aufweisen. Verschiedene Studien verweisen auf das gehäufte Auftreten psychischer Störungen bei enuretischen Kindern (vgl. Rutter 1989). Nach von Gontard/Lehmkuhl (2004) leiden 20%–40% aller Kinder unter zusätzlichen seelischen oder Verhaltensproblemen, wobei die Zusammenhänge mit dem Einnässen oft unklar bleiben. Dabei können nach den Autoren vier Möglichkeiten der Kopplung von Enuresis und psychischen Auffälligkeiten vorliegen:

1. Die Auffälligkeiten treten als Folge des Einnässens auf und entwickeln sich mit dem Trockenwerden zurück.
2. Psychische Auffälligkeiten gehen der Enuresis voraus und können einen Rückfall auslösen (sekundäre nächtliche Enuresis).
3. Es liegen gemeinsame biologische Faktoren vor.
4. Enuresis und psychische Auffälligkeiten treten zufällig zusammen auf.

Das Risiko bei enuretischen Kindern, eine Verhaltensauffälligkeit zu entwickeln, ist laut von Gontard/Lehmkuhl (2004) um das zwei- bis vierfache erhöht. Ein besonderes Risiko liegt dabei für Kinder mit Miktionsaufschub und sekundärer Enuresis nocturna vor, das geringste Risiko besteht für Kinder mit primärer Enuresis nocturna und einer Dranginkontinenz.

Viele Kinder mit Enuresis zeigen zunächst beeinträchtigte Selbstwertgefühle, Scham und Traurigkeit hinsichtlich ihrer Enuresis. Weiterhin treten hier häufiger Schlafstörungen, Schlafwandeln, nächtliches Angstaufschrecken und Enkopresis sowie Entzündungen der Harnwege auf als bei nicht einnässenden Kindern (vgl. Petermann/Petermann 2002, 386).

Enuresis tritt außerdem eher bei Kindern mit externalisierenden Verhaltensstörungen als bei Kindern mit internalisierenden Störungen auf. Am häufigsten findet sich hier eine Kopplung mit einer Aufmerksamkeitsstörung (mit oder ohne Hyperaktivität), aber auch mit anderen externalisierenden Störungen wie einer Störung des Sozialverhaltens oder oppositionellen Trotzverhaltens. Eine Komorbidität von Enuresis und internalen Störungen wie Depressionen und Angststörungen wird weitaus seltener beobachtet, allerdings variieren hier die Angaben. So geben Mikkelsen et al. (1980) an, dass neben aggressivem Verhalten und Hyperaktivität am häufigsten Überängstlichkeit auftritt.

3.3.3   Analyse und Erklärung vor dem Hintergrund verschiedener Theorieansätze

Es werden verschiedene Ursachenerklärungen für die Entstehung einer Enuresis diskutiert, die bei der Diagnostik und Intervention exakt abgeschätzt werden sollten. Die dominierenden Ansätze lassen sich grob in biologische und psychosoziale Komponenten unterscheiden.

Hinsichtlich der biologischen Erklärungsansätze ist zunächst das genetische Erklärungsmodell zu beschreiben. Genetische Zusammenhänge werden sowohl aus der Zwillingsforschung als auch aus der Molekulargenetik bestätigt. Studien zeigen hier zunächst, dass über die Hälfte der einnässenden Kinder nahe Verwandte haben, die ebenfalls in der Kindheit eine Enuresis aufwiesen (vgl. Gimpel et al. 1998). Vor allem bezüglich des nächtlichen Einnässens scheint darüber hinaus relativ gesichert, dass durch Mutationen auf verschiedenen Chromosomen *Reifungsstörungen des Zentralen Nervensystems* angelegt sind. Die dabei vorliegenden Kopplungen zwischen den Chromosomen 8, 12 und 13 sind jedoch lediglich als Hinweise, nicht als eindeutige Nachweise für genetische Faktoren zu lesen (vgl. von Gontard 2001, 29 ff.). Neuere molekulargenetische Studien legen außerdem den Schluss nahe, dass es sich hinsichtlich der Subtypen der primären und der sekundären Enuresis um dasselbe Störungsbild handelt, das ein weites Spektrum an Äußerungsformen beinhaltet (Petermann/Petermann 2002, 390).

Eine weitere biologisch orientierte Hypothese geht von einer Störung der Harnentleerung aus, durch welche die Enuresis aufgrund einer funktionellen Blasenentlee-

Tabelle 1: Klassifikation der Enuresis nach ICD-10 und DSM-IV

| | Diagnostische Merkmale | Subtypen | Manifestationsalter | Diagnosevoraussetzungen | Ausschlusskriterien |
|---|---|---|---|---|---|
| ICD-10: F 98.0 | • unwillkürlicher Harnabgang<br>• am Tag und in der Nacht<br>• in das Bett oder die Kleidung<br>• untypisch für das Entwicklungsalter | 1. Primäre E.: Bestehen von Geburt an<br>2. Sekundäre E.: Auftreten nach einer Periode bereits erworbener Blasenkontrolle<br>3. Enuresis diurna: Einnässen am Tag<br>4. Enuresis nocturna: Einnässen in der Nacht<br>5. Enuresis diurna et nocturna | • nicht vor dem fünften Lebensjahr zu diagnostizieren<br>• ab einem Intelligenzalter von vier Jahren zu diagnostizieren<br>• bei sekundärer E. vor allem im Alter von 5–7 Jahren | • zweimal/ Monat unter sieben Jahren<br>• mind. einmal/ Monat ab sieben Jahren<br>• drei aufeinander folgende Monate | • Vorliegen einer körperlichen Erkrankung wie: neurologische Erkrankungen, epileptische Anfälle, strukturelle Anomalie der ableitenden Harnwege<br>• andere psychische Störung |
| DSM-IV: 307.6 | • wiederholtes Einnässen<br>• bei Tag und/ oder bei Nacht<br>• in die Kleidung und/oder ins Bett<br>• gewöhnlich unwillkürlich, gelegentlich absichtlich<br>• die biologischen Reifungsprozesse lassen eine willentliche Blasenkontrolle zu | Vgl. oben | • Voraussetzung bei primärer E.: Biolog. Mindestalter 5 J.<br>• bei Kindern mit Retardierungen bei primärer E: Entwicklungsalter mind. 5 J.<br>• bei sekundärer E. in jedem Alter möglich, i.d.R. jedoch zwischen 5. und 8. Lebensjahr | • zweimal/ Woche<br>• wenn Häufigkeitskriterium nicht erfüllt ist: klinisch relevantes Leiden und/oder Beeinträchtigung im familiären, sozialen, schulischen, beruflichen Bereich<br>• drei aufeinander folgende Monate | • direkte körperliche Wirkung einer Substanz (z. B. Diuretika)<br>• Vorliegen einer körperlichen Erkrankung wie: Diabetes, Spina bifida (hintere Wirbelsäulenspaltbildung), Anfallsleiden, akute Harnwegsinfektion |

rungsstörung entsteht (vgl. Punkt 1). Dem gegenüber wird eine *geringe Blasenkapazität* diskutiert. Richter/Goldschmidt (2001, 218) zeigen hier Zusammenhänge mit dem Vorliegen einer instabilen Blasenwandmuskulatur auf. Auf endokrinologischer Grundlage existiert außerdem die Theorie der *übermäßigen nächtlichen Harnausscheidung*. Diese geht von einer zu großen nächtlichen Harnproduktion (Polyurie) aus, der mit einem nächtlich auftretenden Mangel an antidiuretischen Hormonen (ADH) erklärt wird. Tatsächlich scheint das Hormon aber nur bei einer kleinen Untergruppe zu wirken, die keinen normalen diurnalen Rhythmus der antidiuretischen Hormonproduktion haben. Der ADH-Mangel wird nicht in allen Fällen nachgewiesen und kann somit nicht als Erklärung für alle Betroffenen generalisiert werden (vgl. Petermann/Petermann 2002, 389). Schließlich wird eine erhöhte Schlaftiefe als Ursache nächtlichen Einnässens diskutiert (vgl. Grosse 1991). Diese teilweise umstrittene Theorie hängt mit der Beobachtung zusammen, dass Kinder mit Enuresis häufig eine erhöhte Schlaftiefe aufweisen. Zusammenfassend kann festgehalten werden, dass biologische Faktoren sich, wie das Phänomen der Enuresis selbst, sehr heterogen darstellen und eine eindeutige Zuordnung kaum möglich ist, da die Erklärungsansätze nicht letztendlich geklärt sind.

Im Zusammenhang mit Traumatisierungserfahrungen ist im Rahmen der psychosozialen Erklärungsansätze explizit auf das mit Freud (1999) begründete *psychodynamische Modell* zu verweisen. Dieses erklärt die Entstehung von Störungen mit dem Vorliegen unbewusster psychischer Konflikte, die durch frühe Beziehungsstörungen oder traumatische Erfahrungen entstanden sind. Mit diesem Modell kann die Enuresis als neurotisches Symptom eines psychischen Konflikts gedeutet werden, der durch ein traumatisierendes Ereignis ausgelöst ist. Freud fasst dabei den Begriff des Traumas in einem weiteren Sinne als es heute üblich ist, indem auch alltägliche Frusterfahrungen bzw. Kränkungen unter diesen fallen, die dann isoliert oder kumulativ störungsauslösend wirken können. Nach Freud können derartige Konflikte zu Regressionen auf frühere Entwicklungsstufen führen. Beispielhaft ist hier der Fall des nach einer Trockenphase plötzlich wieder einnässenden Kindes zu nennen, wenn ein Geschwisterkind geboren wird: Diese Regression wird als unbewusster Versuch des Kindes aufgefasst, die Liebe der Mutter nicht zu verlieren. Der Freudsche Ansatz wurde verschiedentlich weiter entwickelt und gestützt, so u. a. durch Spitz (1967), der die Notwendigkeit der affektiven Bindung zwischen Säugling und Bezugsperson in einem Findelheim untersuchte. Spitz stellte hier fest, dass durch Deprivation im Kindesalter schwerwiegende körperliche und seelische Entwicklungsstörungen entstehen, zu denen auch neurotische Symptome wie die Enuresis zählen können. Empirisch ist feststellbar, dass bei Kindern mit Enuresis verschiedentlich psychosozial belastende Faktoren gefunden werden können. Nach Rutter (1989) erfahren enuretische Kinder dabei vermehrt kritische Lebensereignisse wie eine elterliche Trennung, häufige Wohnortwechsel oder Krankheit eines Elternteils. Während hier der Schwerpunkt auf besonders kritische Lebensereignisse formuliert ist, verweist

Haug-Schnabel (1994) auch auf eine Beziehung zwischen Enuresis und alltäglich belastenden Ereignissen, die das nächtliche Einnässen verstärken.

Im Zusammenhang von Enuresis und psychosozialen Belastungen liegen inzwischen auch empirischer orientierte Erklärungsmodelle vor. Mikkelsen verweist z. B. auf das Phänomen, dass Verknüpfungen der Enuresis mit anderen psychischen Störungen teilweise nur eindeutig sind, wenn weitere Faktoren wie die Herkunft aus einer sozialen Unterschicht oder die Kopplung mit Lernproblemen auftreten (vgl. Mikkelsen et al. 1980). Damit werden biologische Erklärungsmodelle zunächst in Frage gestellt. Sie lassen sich aber vereinbaren, indem die Subtypen der primären und der sekundären Enuresis getrennt voneinander ins Auge genommen werden. Wenn man diese getrennt voneinander betrachtet, liegt die Vermutung nahe, dass sozial bedingte komorbide *psychische Störungen einen möglichen Auslöser für das Entstehen einer sekundären Enuresis* darstellen, die aber genetisch angelegt ist. Mit der primären Enuresis sind dabei eher neurologisch bedingte psychische Störungen verknüpft (vgl. Petermann/Petermann 2002, 391). Dieses Erklärungsmodell wird durch den Umstand gestützt, dass die primäre Enuresis (v. a. nocturna) eine geringe Komorbiditätsrate aufweist, während die sekundäre Form mit einem hohen Satz an emotionalen Störungen und vielfältigen belastenden Lebensereignissen einhergeht. Zusammenfassend ist festzuhalten, dass eine kausale Ursachenerklärung auch anhand der psychosozialen Erklärungsmodelle nicht letztlich vorgenommen werden kann. Nach Renkert (2000) besteht sogar kein positiver Zusammenhang zwischen psychosozialer Belastung und Enuresis, weshalb eine psychische Auslösung oder Verstärkung der Enuresis unwahrscheinlich erscheint. Der Autor betont lediglich einen Trend zum Zusammenhang für eine Gruppe enuretischer Kinder ohne familiäre Häufung (vgl. Renkert 2000, 49). Dennoch ist der Zusammenhang festzuhalten, den die Unterscheidung in primären und sekundären Subtypus aufweist; dass primäre Formen nämlich mit einer geringen Komorbiditätsrate sowie einem geringerem Maß an psychosozialen Faktoren, sekundäre Formen mit einer hohen Rate an emotionalen Störungen und belastenden Lebensereignissen einhergehen.

An dieser Stelle möchte ich auf weitere Erklärungsmodelle verweisen, die nicht explizit erläutert werden sollen. Theoretisch kann das Entstehen einer Enuresis auch mit lerntheoretischen Ansätzen, mit Modelllernen und kognitivem Ansatz erklärt werden. Während die beiden erstgenannten Ansätze eher weniger in Betracht zu ziehen sind, könnte mit dem kognitiven Erklärungsansatz zumindest das Aufrechterhalten einnässenden Verhaltens erklärt werden, indem beim betroffenen Kind die Kognition besteht, dass das Einnässen unvermeidlich und nicht zu bewältigen sei (vgl. Renkert 2000, 17 f.).

### 3.3.4 Erscheinungsformen in Schulen

Üblicherweise gehen Schulkinder 5–7mal am Tag auf die Toilette und sind in der Lage, den Harndrang frühzeitig wahrzunehmen und eine Weile aufzuschieben. Abweichungen davon treten entsprechend der verschiedenen Formen auf, in denen Enuresis vorliegen kann. Auffällig im Rahmen der Schule sind zunächst die Kinder, die eine *Dranginkontinenz* aufweisen. Da diese Kinder einen sehr plötzlich auftretenden starken Druck auf der Blase spüren, müssen sie sofort auf die Toilette rennen. Toilettengänge finden hier außerdem sehr häufig statt (10–20mal täglich) und die Wahrscheinlichkeit ist hoch, dass sie auch in die Unterrichtszeit fallen. Wenn diesen Kindern ein sofortiger Toilettengang nicht möglich ist, setzen sie sog. »Haltemanöver« (von Gontard/Lehmkuhl 2004, 31) ein, indem sie die Beine zusammenpressen, hin und her wippen oder sich auf die Fersen setzen. Falls die Toilette nicht rechtzeitig erreicht wird, kommt es zum Einnässen.

Bei Kindern mit *Harninkontinenz bei Miktionsaufschub* sind dagegen seltene Toilettengänge (unter 4mal täglich) kennzeichnend. Diese Kinder vermeiden Toilettengänge in typischen Situationen wie beim Fernsehen, Spielen oder in der Schule. Daher entsteht auch der statistische Zusammenhang, dass das Einnässen am häufigsten am frühen Nachmittag erfolgt. Die Gründe für dieses Phänomen können darin liegen, dass das Kind nicht die Toilette aufsuchen möchte, da es ins Spiel oder in schulische Arbeiten vertieft ist. Diese Kinder denken häufig, dass sie etwas verpassen könnten, und versuchen – wie die Kinder mit Dranginkontinenz – durch Haltemanöver den Drang zu kontrollieren, um einen Toilettengang zu vermeiden, bis es zum Einnässen kommt. Daher sind die beiden Typen anhand der Haltemanöver nicht zu unterscheiden. Schule ist in mehrfacher Hinsicht eine Herausforderung für diese Kinder: Sowohl der Rahmen des Unterrichts als auch der Pausenzeiten, in denen die Kinder sich mit Mitschülern beschäftigen können, verleiten zur Aufschiebung des Toilettengangs, da dieser Rahmen die Aufmerksamkeit des Kindes bindet. An dieser Stelle soll angemerkt werden, dass Vermeidung von Toilettengängen zwar meistens im Rahmen der Beschäftigung mit anderen Dingen erfolgt, aber auch aufgrund sozialer Ängste auftreten kann (vgl. Petermann/Petermann 2002). Schließlich ist für den schulischen Rahmen bedeutsam, dass bei Kindern dieses zweiten Typs häufig auch Verhaltensauffälligkeiten wie hyperaktives, aggressives oder oppositionelles Verhalten auftreten. Im Fall des oppositionellen Verhaltens kann das Aufschieben eines Toilettengangs als ein Teil dessen verstanden werden.

Kinder, die einnässen, entwickeln häufig ein stark negatives Selbstbild, da diese psychosomatische Störung in der Regel mit starkem Schamgefühl behaftet ist. Diese stark belastenden Empfindungen äußern sich typischerweise in der Art, dass die Kinder sich vor allem gegenüber Gleichaltrigen misstrauisch und vorsichtig verhalten und sich von diesen zurückziehen. In diesem Zusammenhang treten auch häufig Aggressionen gegenüber Dritten auf, die auf Unsicherheit und Schamgefühl basieren. Durch derartiges Verhalten können Mitschüler wiederum dazu veranlasst werden, ablehnend auf das betroffene Kind zu reagieren, und schließen damit einen Teufelskreis. Bei längerem unbewältigten Einnässen treten bei Kindern nicht selten schwere Versagensgefühle und Mutlosigkeit auf, die in eine allgemeine negative Lebenshaltung führen können.

In dieser Art ist nicht nur das Vorliegen einer Enuresis nocturna, sondern auch das Auftreten nächtlichen Einnässens im schulischen Kontext relevant. Durch negative Reaktionen aus dem familiären Umfeld können besonders tiefgreifende Beeinträchtigungen des Selbstbewusstseins resultieren. Renkert verweist hier auf den Zusammenhang, dass die Mehrbelastung der Mutter durch nasse Bettwäsche, die Geruchsbelästigung und Enttäuschungen darüber, dass das Kind nicht den gesellschaftlichen Normen entspricht, ungünstige verhaltensleitende Auswirkungen auf die Interaktionsgestaltung mit dem Kind haben kann. Eine solche Erfahrung stellt eine starke psychosoziale Belastung für ein Kind dar und kann vermittelnd über den Selbstwert Auswirkungen auf das Verhalten eines betroffenen Kindes haben, die bis in das schulische Umfeld hinein bedeutsam werden.

### 3.3.5 Interventionsmöglichkeiten

Die Behandlung von Kindern mit Enuresis ist daher nicht zuletzt wichtig, da dieses Störungsbild sich sehr negativ auf das Selbstbild auswirken kann, worauf das Kind dann mit weiteren Verhaltensauffälligkeiten reagiert.

Da bei Kindern mit Enuresis medizinische Komplikationen vorliegen, sollten diese – insbesondere beim Einnässen tagsüber – mindestens einmal vom Kinderarzt untersucht werden. Bei nachts einnässenden Kindern, bei denen medizinische Komplikationen weitaus weniger auftreten, erstellt der Arzt neben einigen körperlichen Untersuchungen in der Regel in Form einer standardisierten Diagnostik lediglich eine Anamnese, erhebt Fragebögen zum Miktions- und zum allgemeinen Verhalten und verlangt nach einer 24-Stunden-Dokumentation bezüglich des Miktionsverhaltens. Bei vielen Kindern ist eine medikamentöse Behandlung nicht notwendig. Als medikamentöse Therapie kommt zunächst das synthetische Analogon des antidiuretischen Hormons Vasopressin *Desmopressin* in Frage, das antidiuretische Wirkung besitzt. Zur medikamentösen Therapie bei Enuresis nocturna wird außerdem das Antidepressivum Imipramin (Tofranil) eingesetzt, das u. a. über die Verringerung der Schlaftiefe wirksam ist (vgl. Renkert 200, 22). Letzteres sollte jedoch aufgrund kardiotoxischer Nebenwirkungen nur mit großer Vorsicht angewendet werden. Einer Intervention sollte eine ausreichende und verständliche Aufklärung des Kindes vorangehen. Bei komplexeren Ausscheidungsproblemen sollte in der Intervention eine gewisse Reihenfolge eingehalten werden: Dabei wird empfohlen, zuerst eine Behandlung der Enkopresis einzuleiten, im Anschluss des täglichen und schließlich erst des nächtlichen Einnässens vorzunehmen.

Interventionen bei Enuresis müssen auf den vorliegenden Subtypus angepasst werden. Im schulischen Kontext steht vor allem der Umgang mit den verschiedenen Formen der Enuresis diurna im Vordergrund. Kinder mit *Dranginkontinenz* sollten dabei zunächst vom Lehrer die Gewissheit erhalten, dass sie den Unterricht jederzeit verlassen dürfen. Das Kind sollte keinesfalls dazu aufgefordert werden, den Drang zurück zu halten, da durch die Anspannung des Beckenbodens weitere Komplikationen entstehen können. Dagegen gilt es, die *Wahrnehmung* des Harndrangs zu trainieren. Von Gontard/Lehmkuhl (2004) schlagen dazu die Dokumentation in einem sog. *Fähnchenplan* vor: Die Betroffenen werden hier aufgefordert, sofort bei Wahrnehmung des Harndrangs auf die Toilette zu gehen und anschließend in einem Plan festzuhalten, ob die Hose nass war. Eine Fahne soll dabei dokumentieren, dass die Hose trocken war, eine Wolke bezeichnet die nasse Hose. Wenn der Verlauf erfolgreich ist, nimmt die Zahl der Wolken zunehmend ab. Diese Form der Veranschaulichung trainiert nicht nur die Wahrnehmung, sondern hat auch motivierenden Effekt. 2/3 der Kinder mit Dranginkontinenz können solche Verstärkerpläne nur mit medizinischer Unterstützung umsetzen. Sie bedürfen dann einer unterstützenden Behandlung mit Pharmaka wie Oxybutinin oder Propiverin, die spontane Kontraktionen der Blase verhindern (vgl. von Gontard/Lehmkuhl 2004, 32 f.).

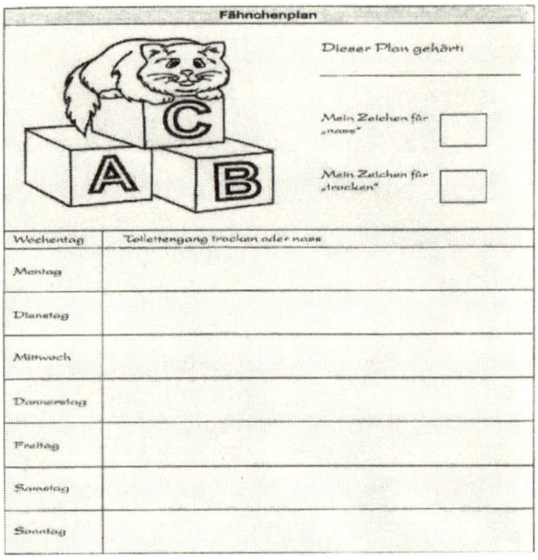

Abbildung 1: Fähnchenplan nach von Gontard/Lehmkuhl (2004, 68)

Bei Kindern mit *Harninkontinenz bei Miktionsaufschub* handelt es sich um ein erlerntes Verhalten, in dem der Toilettengang hinausgezögert wird. Ziel der Intervention ist es daher, die *Häufigkeit* der Toilettengänge zu erhöhen. Als Ziel sollte dabei mit dem Kind eine Häufigkeit von 7 täglichen Toilettengängen vereinbart werden, die im Abstand von 2–3 Stunden erfolgen. Dies impliziert zunächst eine genaue Absprache mit den Eltern oder weiteren Betreuern des Kindes. Während jüngere Kinder meistens an die Toilettengänge erinnert werden müssen, empfinden es ältere Kinder oder Jugendliche oftmals als angenehmer, z. B. durch eine Digitaluhr erinnert zu werden. Zur Hilfe kann auch hier der Einsatz eines Kontrollplans vorgeschlagen werden, in dem die Toilettengänge und eventuell auch die Häufigkeit des Einnässens festgehalten wird. Mit von Gontard/Lehmkuhl möchte ich die zusätzliche Motivation durch ein Verstärkersystem mit kleinen Belohnungen wie Stickers oder Kärtchen vorschlagen, die am Ende eines jeden Tages oder eines Tagabschnittes (z. B. nach der Schulzeit) ausgegeben werden können. Dabei sollte nicht das Trockensein an sich verstärkt werden, sondern insbesondere die Bereitschaft des Kindes zur Mitarbeit, die daran gemessen werden kann, ob die Toilettengänge getätigt wurden (von Gontard/Lehmkuhl 2004, 35).

Bei Kindern mit *Dyskoordination* ist zunächst zu beachten, dass hier die medizinischen Nebenwirkungen am häufigsten auftreten (vgl. von Gontard/Lehmkuhl 2004, 36). Daher ist es sehr wichtig, dass dieser Typ erkannt und behandelt wird. Dyskoordination muss möglichst früh in Spezialzentren abgeklärt und behandelt werden, um Folgeerscheinungen vorzubeugen. Die Intervention beschäftigt sich hier zunächst mit einer Aufklärung über Lage und Funktion der Blase. Außerdem müssen diese Kinder mindestens 7mal am Tag zum Toilettengang aufgefordert werden. Wichtig ist es hier, dass das Kind darauf hingewiesen wird, entspannt Wasser zu lassen. Zusätzlich sollte ein sog. *Biofeedbacktraining* erfolgen, durch das der Harnfluss gemessen werden soll (vgl. von Gontard/Lehmkuhl 2004, 36 f.).

Im Rahmen der Schule sollten neben der direkten Symptomintervention mögliche mit der Enuresis einhergehende Folge- und Begleiterscheinungen in den Blick genommen werden. Hier gilt es, ungünstigen Entwicklungen wie dem Entstehen eines negativen Selbstbildes oder sozialem Rückzug vorzubeugen. Dies impliziert sowohl die Berücksichtigung des Verhaltens der Betroffenen als auch möglicher Reaktionen durch das soziale Umfeld der Mitschüler. Der Rahmen der Schule bietet sich an, das Kind gezielt in soziale Gruppenprozesse zu integrieren, innerhalb derer es interagieren und Wertschätzung erhalten kann. Für sehr wichtig halte ich es, dem Kind positive Erfolgserfahrungen zu ermöglichen, die ihm explizit zurückgemeldet werden sollten. Auf diesem Weg kann das Kind eine positive Einschätzung über sich selbst und über seine Selbstwirksamkeit entwickeln. Hier bietet es sich an, dem Kind eine feste Aufgabe im Rahmen des Klassengeschehens zuzutragen, durch die es einen wichtigen Beitrag zum sozialen Geschehen leisten und Erfolgserfahrungen machen kann. Gleichzeitig kann es damit Anerkennung durch die Peergroup erfahren. Denkbar wäre hier die Rolle als Klassensprecher, der die Interessen der Mitschüler vertritt, oder die Verantwortungsübernahme für den morgendlichen Frühstückstisch.

Möglicherweise kann es notwendig werden, das Umfeld expliziter einzubeziehen, nämlich dann, wenn starke negative Reaktionen auf die Enuresis sichtbar werden. Eltern sollten aufgeklärt werden, dass Einnässen nicht bestraft werden darf und positive Rückmeldungen an das Kind in anderen Lebensbereichen ganz besonders wichtig sind. Entsprechend kann es auch hilfreich sein, die Klasse über das Phänomen aufzuklären und im Rahmen einer allgemeinen Diskussion über verschiedene Schwächen und Stärken von Menschen eine tolerante Haltung zu fördern.

Erst wenn das tägliche Einnässen behoben ist, sollte man die Therapie des nächtlichen Einnässens – zunächst mit einfachen Schritten – beginnen. Es geht dabei auch erst einmal darum, die Situation zu entspannen. Daher kann alles, was zur Entlastung der Eltern oder Betreuer beiträgt (z. B. der Einsatz von Gummiunterlagen oder Windeln), empfohlen werden. Eltern wenden bei nächtlich einnässenden Kindern häufig die Methode des Weckens an. Nach Renkert (2000) ist damit ein Erlernen der Blasenkontrolle kaum zu erreichen, da nicht auf den Reiz der vollen Blase hin geweckt wird. Allerdings kann sich ein Kind daran gewöhnen, zu einem konstanten Zeitpunkt zu urinieren, an dem es geweckt wird (vgl. Haug-Schnabel 1990). Ein Problem im nächtlichen Wecken besteht darin, dass diese Form der Kontrolle als Bestrafung wahrgenommen werden kann. Eltern reagieren außerdem häufig mit Flüssigkeitsrestriktionen. Dieser Form der Intervention ist abzuraten, da sie ebenfalls von den betroffenen Kindern als Strafe aufgefasst werden kann und zudem häufig erfolglos angewandt wird. Ein Verlagern der Haupttrinkzeiten auf den Vormittag kann allerdings sinnvoll sein, insbesondere dann, wenn diese Intervention in Kombination mit einem Miktionsplan erfolgt. Von Gontard/Lehmkuhl (2004) schlagen weiterhin den Einsatz von *Kalendern* vor, in denen das nächtliche Einnässen zu Beginn der Intervention über einen gewissen Zeitraum mit Hilfe von Symbolen (vgl. oben) dokumentiert wird. Die Dokumentation sollte allerdings abgebrochen werden, wenn es in jeder Nacht zum Einnässen kommt, da das Kind ganz besonders auf Erfolgserlebnisse angewiesen ist. Bei 15%–20% der von Enuresis betroffenen Kinder sind derartige einfache Maßnahmen ausreichend.

Abbildung 2: Sonne-Wolkenkalender nach von Gontard/Lehmkuhl (2004, 69)

Im Falle, dass der Plan über mehrere Wochen hinweg keine Veränderung zeigt, sollten weiterführende Methoden zum Einsatz kommen. Als effektivste therapeutische Maßnahme gilt die Apparative Verhaltenstherapie mit *Klingelgerät*. Rund 60%–80% der betroffenen Kinder sollen dabei unter korrekter Anwendung des Gerätes trocken werden. Klingelgeräte besitzen einen Feuchtigkeitssensor, durch den bei registrierter Feuchtigkeit ein Klingelgeräusch ausgelöst wird. Das Kind wird durch den Ton angehalten, möglichst schnell aufzustehen und zur Toilette zu gehen. Ziel ist es, dass das Kind lernt, bei voller Blase aufzuwachen und zur Toilette zu gehen oder mit voller Blase durchzuschlafen. Es stehen zwei Typen von Klingelgeräten zur Verfügung: Die *Klingelhose*, die getragen werden kann und die *Klingelmatratze* oder *Klingelmatte*. Beide Geräte scheinen in gleichem Ausmaß wirksam zu sein, von jüngeren Kindern werden aber häufig die tragbaren Geräte bevorzugt. Diese sind auch aus dem Grunde zu empfehlen, dass der Feuchtigkeitssensor hier direkter am Genital platziert werden kann. Ältere Kinder und Jugendliche bevorzugen häufig die Klingelmatte. Diese hat den Vorteil, dass sie ein lauteres Klingelgeräusch hervorruft, was sich positiv auf die erschwerte Weckbarkeit auswirkt. Wichtig bei der Klingelgerätbehandlung ist die zeitnahe Bindung an den Toilettengang. Jüngere Kinder benötigen hier häufig zusätzliche Unterstützung beim Aufwachen durch die Betreuungsperson. Der Ablauf der Behandlung sollte protokolliert werden: Es ist wichtig, ob das Kind mit voller Blase spontan aufsteht, selbst wach wird oder geweckt wurde und welche Urinmenge es beim anschließenden Toilettengang erledigen kann. Diese Angaben zeigen wichtige Zwischenschritte auf dem Weg zum Behandlungserfolg auf. Erfolg zeigt sich bei wenigen Kindern bereits nach drei Wochen, bei den meisten im Zeitraum zwischen sechs bis zehn Wochen. Der Einsatz eines Klingelgerätes sollte bei ausbleibendem Erfolg einen Zeitraum von 16 Wochen nicht überschreiten, da dies eine bedeutende Frustrationserfahrung für das Kind darstellen kann. Wenn Kinder sich gegen ein Klingelgerät vehement wehren, sollte auf dessen Einsatz verzichtet werden, da die Effekte stark mit der Motivation des Kindes zusammenhängen und das Gerät die ohnehin belastete Situation noch verschärfen kann. Bei mehrmaligem Einnässen pro Nacht oder stark demotivierten Kindern kann eine kombinierte Behandlung mit Medikamenten sinnvoll sein (vgl. von Gontard/Lehmkuhl 2004, 55 ff.). Motivationsfördernd ist auch das sog. *Arousal-Training*, bei dem Kinder aufgefordert werden, in einer Zeit von drei Minuten aufzustehen und einen Toilettengang durchzuführen. Durch den Einsatz von Verstärkern kann man dem Kind hier ein Erfolgserlebnis verschaffen, das von der Mitarbeit des Kindes abhängt und daher für das Kind eher steuerbar ist. Das Trockensein an sich sollte auch hier keinesfalls durch Belohnung verstärkt werden.

Wenn die Schule auch nicht in direkter Weise von Formen des nächtlichen Einnässens betroffen ist, stellt sich auch hier wieder die Forderung, mögliche Begleitphänomene einzubeziehen. Schule kann dazu beitragen, Frustrationserfahrungen durch Erfolge in anderen Bereichen zu kompensieren und das Selbstwertgefühl der betroffenen Kinder zu stärken. Wenn ein Kind weitere Verhaltensauffälligkeiten zeigt, gestalten sich Interventionen bzgl. der Enuresis oft schwierig. In diesen Fällen sind weitere Maßnahmen erforderlich, hinsichtlich derer auf die entsprechenden Beiträge in diesem Band verwiesen werden muss. Bei enuretischen Kindern, die traumatisierende Erfahrungen gemacht haben, ist es außerdem nicht ausreichend, allein die Symptomatik der Enuresis zu behandeln.

## Literatur

Butler, R. J. (1997): Elimination disorders. In: Essau, C. A./Petermann, F.: Developmental psychopathology. London, 441–446.

Deutsches Institut für Medizinische Dokumentation und Information (DIMDI) (Hg.) (2004): ICD-10. Internationale Klassifikation der Krankheiten und verwandter Gesundheitsprobleme. Köln.

Freud, S. (1999): Gesammelte Werke. Herausgegeben von Anna Freud, Frankfurt a. M.

Gimpel, G. H./Warzak, W. J./Kuhn, B. R./Walburn, J. N. (1998): Clinical perspectives in primary nocturnal enuresis. In: Clinical Pediatrics 37, 23–30.

Von Gontard, A. (2001): Einnässen im Kindesalter – Erscheinungsformen – Diagnostik – Therapie. Stuttgart/New York.

Von Gontard, A./Lehmkuhl, G. (2004): Ratgeber Einnässen. Informationen für Betroffene, Eltern, Lehrer und Erzieher. Göttingen.

Von Gontard, A./Lehmkuhl, G. (1997): Enuresis noctura – neue Ergebnisse zu genetischen, pathophysiologischen und psychiatrischen Zusammenhängen. In: Praxis der Kinderpsychologie und Kinderpsychiatrie 46 (1997), 709–726.

Grosse, S. (1991): Bettnässen: Diagnostik und Therapie. 2. Auflage. Weinheim.

Haug-Schnabel, G. (1994): Enuresis. Diagnose, Beratung und Behandlung bei kindlichem Einnässen. München.

Haug-Schnabel, G. (1990): Das Enuresis-Gespräch. Die Situation von Kindern mit Einnässkarrieren. Freiburg i. Br.

Mikkelsen, E. J./Rapoport, J. L./Nee, L./Gruenau, C./Mendelson, W. B./Gillin, J. C. (1980): Childhood enuresis. In: Archives of General Psychiatry 37, 1139–1144.

Petermann, U./Petermann, F. (2002): Störungen in der Ausscheidung. Enuresis und Enkopresis. In: Petermann, F. (Hg.): Lehrbuch der Klinischen Kinderpsychologie und -psychotherapie. 5. Auflage. Göttingen, 381–408.

Renkert, G. (2000): Zum Einfluss psychosozialer Belastungsfaktoren auf die Ausprägung der Enuresis. Frankfurt a. M.

Richter, D./Goldschmidt, H. (2001): Enuresis – Diagnostik und Therapie in der stationären Rehabilitation. In: Petermann, F./Warschburger, P. (Hg.): Kinderrehabilitation. Göttingen, 213–229.

Rutter, M. (1989): Isle of Wright revisited: Twenty-five years of child psychiatric epidemiology. In: Journal of the American Academy of Child and Adolescent Psychiatry 28, 633–653.

Saß, H. (2003) (Hg.): Diagnostisches und Statistisches Manual Psychischer Störungen – Textrevision – DSM-IV-TR. Deutsche Version, Göttingen.

Schmid-Boss, S. (2005): Enuresis und Enkopresis – eine Übersicht. In: Analytische Kinder- und Jugendlichen-Psychotherapie 3 (2005), 311–348.

Spitz, R. A. (1967): Vom Säugling zum Kleinkind. Stuttgart.

Steinhausen H.-Ch. (1996): Psychische Störungen bei Kindern und Jugendlichen. Ein Lehrbuch der Kinder- und Jugendpsychiatrie. München.

Walker, C. E./Kenning, M./Faust-Companile, J. (1989): Enuresis und encopresis. In: Mash, E. J./Barkley, R. A. (Hg.): Treatment of childhood behavior disorder. New York, 423–448.

Eva-Maria Hoffart und Gerald Möhrlein

# 4 Monique –
ich bin mal eben weg …

Stellungnahme der Lehrerin zur Entwicklung von Monique für das zuständige Jugendamt:

*Schulische Leistungen:*
Moniques schulische Leistungen liegen insgesamt unter dem Durchschnitt. In Mathematik hat sie den Zahlenraum bis 100 bisher noch nicht erfasst. Sie rechnet im Zehnerbereich mit Fingern, und ohne Anschauungsmaterial kann sie keine Aufgaben lösen. Die Subtraktion fällt ihr bei Weitem schwerer als die Addition. Monique ist nicht in der Lage, flexibel auf Anforderungen zu reagieren. Sie kann schematisch vorgehen und versteht bei gleich bleibendem Aufgabentyp, was von ihr gefordert wird. Soll sie verschiedene Aufgabentypen im Wechsel bearbeiten, wird sie der Anforderung nicht gerecht. Multiplikation und Division gelingen ihr bisher nicht, was unter anderem an der mangelnden häuslichen Übung liegt.

In Deutsch hat Monique alle Buchstaben gelernt, kann einfache Texte lesen und die vereinfachte Ausgangsschrift ist gesichert. Sie hat einen geringen Wortschatz. Bei längeren Texten kann sie den Sinn nicht erfassen. Innerhalb der Nachschriften erzielt sie trotz Übung nur ausreichende Ergebnisse. Beim freien Schreiben enthalten die Texte so viele Rechtschreibfehler, dass der Text teilweise gar nicht zu entziffern ist.

In den Sachfächern schaltet Monique ab und beteiligt sich nicht aktiv. Beim Sport zeigt sie sich zurückgezogen und ängstlich.

*Arbeitsverhalten:*
Moniques Arbeitsweise ist stark verlangsamt. Ohne direkte Aufforderung kann sie keine Aufgabe beginnen. Immer wieder muss sie ins Unterrichtsgeschehen zurückgeholt werden, da sie vor sich hin träumt und Inhalte gar nicht mitbekommt. Sie schaltet ab und ist nur körperlich anwesend. Es ist, als würde sie geistig einfach weg gehen.

Die zum Teil schon zwanghafte Arbeitsweise kostet sie zusätzlich Zeit bei der Erledigung ihrer Aufgaben. Ihre Stifte müssen eine gewisse Ordnung haben. Fehlt diese, muss sie erst wieder hergestellt werden (Stifte farblich sortieren, in der richtigen Reihenfolge einordnen, spitzen etc.). Davon lässt sie sich in keiner Weise abbringen. Erst wenn ihre äußere Ordnung hergestellt ist, wendet sie sich den Unterrichtsinhalten zu. Ihr Schriftbild und ihre Heftgestaltung sind sehr ansprechend, sie verliert sich aber im Detail und kann so die Anforderungen nicht in der entsprechenden Zeit erfüllen.

*Sozialverhalten:*
Monique wirkt oft sehr in sich zurückgezogen. Sie sucht selten den Kontakt zu ihren Mitschülern. Wenn, dann bettelt sie um Essen oder Süßigkeiten oder zeigt plötzlich eine übertriebene Distanzlosigkeit (Umarmen und Küssen der Klassenkameraden), dass die anderen Kinder kaum damit umgehen können. Monique möchte sich gerne stark an der Lehrkraft orientieren. Dieses enorm hohe Bedürfnis nach Aufmerksamkeit kann im bestehenden Klassenverband von 25 Schülern in keiner Weise abgedeckt werden. Monique versucht sich durch ständiges Fragen und kleine Geschenke der Aufmerksamkeit zu versichern. Auf Abgrenzung reagiert sie mit verstärkten Aktivitäten, um die Lehrkraft zu vereinnahmen.

Monique äußert häufig, sie habe Kopf- oder Bauchschmerzen. An diesen Tagen sitzt sie still auf ihrem Platz und beteiligt sich überhaupt nicht.

Monique hatte im laufenden Schuljahr (bisher 99 Tage) 30 Fehltage. An den Fehltagen wurde sie meist erst sehr spät bzw. gar nicht entschuldigt, oft war ein Anruf zu Hause nötig.

*Zusammenfassung:*
Insgesamt kann Monique die Anforderungen der 3. Jahrgangsstufe nicht erfüllen. Ihr äußeres Erscheinungsbild (verwahrlost, unpassend gekleidet etc.), das Betteln um Essen, ihre häufigen Krankheiten und die dadurch resultierenden Fehltage sowie ihre mangelnde Fähigkeit, sich in den Klassenverband zu integrieren, geben Anlass zur Sorge.

Moniques Geschichte:
Monique wächst mit fünf Geschwistern und ständig wechselnden Partnern der Mutter auf. Im Kindergarten fallen ihre verzögerte Entwicklung und ihre Verwahrlosung auf. Als Monique vier Jahre alt ist kommt ihr älterer Bruder ins Heim, da er laut Mutter versucht hat, sich das Leben zu nehmen. Er ist zu dem Zeitpunkt sechs Jahre alt und angeblich aus einem Fenster im zweiten Stock gesprungen. Er hat sich dabei das rechte Bein gebrochen und einige Schürfwunden zugezogen.

Monique wird eingeschult. Sie wirkt im Unterricht oft abwesend und ihre Leistungen bewegen sich im unteren Durchschnittsbereich. Sie bettelt ständig bei Klassenkameraden und der Lehrkraft um etwas zu Essen. Die Lehrerin wendet sich an das Jugendamt, das versucht, die überforderte Mutter zu unterstützen. Die Mutter scheint psychisch krank zu sein, weigert sich aber, eine Klinik zur diagnostischen Abklärung aufzusuchen. Mit der Zeit stellt sich heraus, dass Monique oft betteln geht oder bei Nachbarn und Bekannten nach Unterschlupf fragt, weil sie von zu Hause geflüchtet ist.

Sie berichtet der Familienhelferin, dass sie von ihrem ältesten Bruder und ihrer Mutter häufig geschlagen werde. Am nächsten Tag findet die Familienhelferin Monique in einem bedenklichen Zustand vor. Sie ist leichenblass und völlig apathisch. Die Mutter berichtet daraufhin, sie habe Monique am Abend mit einer Plastiktüte über dem Kopf auf dem Boden liegend vorgefunden. Sie sei leicht bläulich gewesen, aber nach kurzer Zeit wieder zu sich gekommen. Die Notwendigkeit, den Arzt zu rufen, habe sie nicht gesehen.

Monique wird in eine Klinik gebracht. Dort wird eine akute kurzzeitige Sauerstoffunterversorgung festgestellt. Monique kann sich nicht an den Ablauf erinnern. Außerdem finden die Ärzte zahlreiche Blutergüsse und kreisrunde Narben von Verbrennungen. Monique zeigt Anzeichen einer starken Mangelernährung.

Monique kommt zur weiteren diagnostischen Abklärung in die Kinder- und Jugendpsychiatrie. In den Therapiegesprächen berichtet Monique von ihrem Martyrium. Sie wurde von ihrem ältesten Bruder und der Mutter regelrecht gequält. Sie haben sie in einen Schrank gesperrt, in dem sie in gekrümmter Haltung mehrere Stunden verbringen musste. Sie wurde gezwungen, verschimmelte Lebensmittel zu essen. Ihre Mutter hat wiederholt brennende Zigaretten auf ihrer Haut ausgedrückt. Sie wurde mit Gegenständen, aber auch mit Fäusten traktiert, immer wieder gab es Schläge auf den Kopf, z. B. wenn sie zu laut war oder nicht dem Willen ihrer Mutter entsprochen hat. Die Empfehlung lautet: *»Aus unserer Sicht ist es dringend notwendig, dass M. in einem geschützten Rahmen aufwachsen kann und bis zur Verselbstständigung im Heim bleiben kann. Bei M. ist bereits von dem Vorliegen einer seelischen Behinderung auszugehen, die emotionale Bindungsstörung bedarf einer kontinuierlichen verlässlichen Versorgung bzw. vollständigen Jugendhilfemaßnahme.«*

Mit 10 Jahren kommt Monique ins Heim.

Pierre Walther

## 4.1 Bindungsstörungen

Vorüberlegung: Bindung ist Alltag

*Anna spielt auf dem Spielplatz mit ihren Freunden. Ihre Mutter sitzt auf einer Bank in der Nähe und unterhält sich. Als Anna auf die Rutsche geht, passiert das Malheur – sie schabt sich das Knie auf, beginnt zu weinen und läuft aufgeregt zur Mutter, die ihr entgegen eilt. Annas Mutter nimmt sie in den Arm und tröstet sie. Kurz darauf hört Anna auf zu weinen und läuft mit Maria zum Sandkasten, um an der zuvor begonnenen Burg weiter zu bauen.*

Ein Beispiel, wie es wahrscheinlich mit anderen Protagonisten alltäglich auf jedem Spielplatz zu beobachten ist. Bindung ist Alltag, was es uns im Gegensatz zu vielen anderen in dieser Ausarbeitung dargestellten Phänomenen der Verhaltensgestörtenpädagogik leicht macht, ein Verständnis für Störungen in der Bindungsentwicklung aufzubauen. Was allerdings so alltäglich und selbstverständlich wirkt, hat tiefgreifende Wurzeln. Annas Spiel mit den Freunden gehört zu den täglichen Lernprozessen hin zur Selbstständigkeit, beschreibt allerdings auch eine Situation, die Anna weg von ihrer Mutter führt; sie exploriert. Als ein Ereignis eintritt, das Anna Kummer bereitet, sucht sie Trost bei ihrer primären Bezugsperson: ihrer Mutter. Dieses Verhalten symbolisiert ein aktiviertes Bindungssystem und macht deutlich, dass sich Bindung (also die Annäherung an Bezugspersonen) und Exploration komplementär gegenüber stehen, ebenso wie sich das Fürsorgeverhalten der Mutter korrespondierend zur Äußerung der Bindungsbedürfnisse von Anna verhält. Anna hätte allerdings auch vollkommen anders reagieren können. Sie hätte trotz blutendem Knie direkt zur Sandburg weitergehen, gar nicht erst rutschen gehen, sondern bei der Mutter bleiben oder gar extreme Anzeichen von Angst nach ihrer Verletzung zeigen können. Dass Kinder sich in solch einer Situation unterschiedlich verhalten können, und warum sich Monique aus dem vorangegangenen Fallbeispiel vielleicht ganz anders verhalten hätte als Anna, soll im Folgenden erörtert werden.

### 4.1.1 Definitionen Bindungsstörungen

Bindungsstörungen beschreiben in beiden Klassifikationssystemen (ICD & DSM) Verhaltensweisen, die in sozialen Situationen entwicklungsunangemessen sind und vor dem fünften Lebensjahr einsetzen. Sie werden in zwei Formen unterschieden: Im ICD-10 in reaktive Bindungsstörung des Kindesalters (F94.1) und in die Bindungsstörung des Kindesalters mit Enthemmung (F94.2) (Dilling et al. 2008) sowie im DSM-IV-TR in den gehemmten Typus (F94.1) und dem ungehemmten Typus (F94.2), die beide der Reaktiven Bindungsstörung im Säuglingsalter oder in der frühen Kindheit untergeordnet sind (Saß et al. 2003). Hauptmerkmal der reaktiven Bindungsstörung nach ICD-10 ist ein abnormes Beziehungsmuster zu Betreuungspersonen, das sich vor dem Alter von fünf Jahren entwickelt und sich insbesondere durch stark widersprüchliche oder ambivalente Reaktionen auf Trennungs- und Wiedervereinigungssituationen äußert (Dilling et al. 2008). Ebenso kann sich die Störung durch einen Mangel an emotionaler Ansprechbarkeit sowie einer erhöhten Furchtsamkeit und Übervorsichtigkeit darstellen. Der gehemmte Typus nach ICD-10 kennzeichnet sich durch diffuses, nicht-selektives Bindungsverhalten sowie Anklammern in jungen Jahren. Das klammernde Verhalten wird oft ab dem vierten Lebensjahr durch ein erhöhtes Aufmerksamkeitsbedürfnis und wahllos freundliches Verhalten ersetzt (Dilling et al. 2008). Die Kriterien des DSM-IV-TR (siehe Symptomtabelle am Ende des Kapitels) sind mit denen des ICD-10, trotz höherer Differenzierung, vergleichbar.

### 4.1.2 Erklärungsmodelle

Die wohl fundamentalste Theorie zur Beschreibung der Eltern-Kind-Beziehung ist die Bindungstheorie nach Bowlby (Bowlby 1969;1973;1982), die von einem dem Menschen angeborenen Bindungsverhaltenssystem ausgeht, welches unabhängig von dem Bedürfnis nach Nahrung oder Sexualität steht. Anerkannte Theorien zur Erklärung kindlicher Verhaltensweisen jener Zeit, die Psychoanalyse und die sozialen Lerntheorien, erklärten Bindung, also die kindliche Annäherung an die Mutter, innerhalb einer Sekundärtriebstheorie (also beispielsweise aufgrund von dem Bedürfnis nach Nahrung). Bowlby ging allerdings einen Schritt weiter. Für ihn hat das Aufsuchen der primären Bezugspersonen Schutzfunktion in einer gefährlichen Umwelt, weshalb Bindung, evolutionär gesehen, Überlebensfunktion und somit Primärtriebscharakter hat. Grundlage der Bindungstheorie waren Bowlbys Untersuchungen an jugendlichen Dieben, bei denen er einen Zusammenhang zwischen mütterlicher Ablehnung und späterer Delinquenz beobachten konnte (Bowlby 1946). Bereits zu diesem Zeitpunkt wunderte er sich, warum die Beziehung zur Mutter einen solch immensen Einfluss auf die spätere Entwicklung hat. Indes hätte Bowlbys Theorie ohne die Bindungsforschung wahrscheinlich niemals ihren heutigen Stellenwert erreicht. Die Bindungsforschung ist namentlich stark mit Mary Ainsworth verknüpft, die durch ihre Uganda & Baltimore-Studien einen erheblichen Beitrag zur Festigung von Bowlbys Theorie leistete. Während sie im Rahmen der Uganda-Studien durch die Beobachtung von Mutter-Kind-Dyade Unterschiede in der Feinfühligkeit der Mutter (also der Reaktion der Mutter auf die Bedürfnisse des Kindes) und der daraus resultierenden Bindung des Kindes an die Mutter feststellen konnte, war es insbesondere die Fremde Situation (Ainsworth/Wittig 1969), als Teil der Baltimore-Studie, die bis heute einen Meilenstein der Bindungsforschung darstellt. Bei der Fremden Situation handelt es sich um eine Laborsituation, welche in sieben dreiminütige Phasen unterteilt ist. Diese Phasen beinhalten Trennungs- und Wiedervereinigungsepisoden mit der Mutter im Beisein und ohne eine dem Kind fremde Person

(Solomon/George 1999). Die Kinder der Untersuchungsgruppe zeigten im Rahmen dieser Episoden unterschiedliche Verhaltensweisen, die sich vier Mustern zuordnen ließen. Die mit 44,9% größte Gruppe (Gloger-Tippelt/Vetter 2000), die der sicher gebundenen Kinder (Balanced – B), war zu Beginn in der Lage, den Raum mit dem Spielzeug zu erkunden (Exploration), zeigte allerdings starken Trennungsschmerz, wenn die Mutter den Raum verließ, was sich beispielsweise in Weinen und Rufen nach der Mutter äußerte. Dieses Signalisieren des Trennungsschmerzes lässt auf ein aktiviertes Bindungssystem schließen, welches den Zweck hat, die Nähe zur Bezugsperson (in diesem Fall die Mutter) wieder herzustellen. In den Wiedervereinigungsepisoden waren die Kinder in der Lage, ihr Bindungsverhaltenssystem vergleichsweise schnell zu regulieren, und zudem fähig, sich der Exploration zu widmen. Es zeigt sich, dass diese Kinder eine gelungene Balance der beiden komplementären Verhaltenssysteme Bindung und Exploration zeigen (deshalb auch »balanced« = ausbalanciert). Im Gegensatz zu sicher gebundenen Kindern sind unsicher-ambivalent gebundene Kinder (Crying – C) weder in der Lage sich dem Spiel zu widmen, noch sich von der Bindungsfigur in ausreichendem Maße in den Wiedervereinigungsepisoden trösten zu lassen. Zudem tritt eine Kombination aus Kontaktsuche und Aggressionen/Ärger auf, dessen Ambivalenz der Gruppe den Namen gab. Eine weitere Subgruppe zeigte in der Fremden Situation keinerlei Anzeichen von Bindungsverhalten. Zu Anfang beginnen diese Kinder schnell den Raum zu explorieren, zeigen allerdings keinerlei Trennungsschmerz beim Verlassen des Raumes durch die Mutter, was vorschnell als selbstständig und unabhängig charakterisiert werden kann. Diese scheinbare Selbstständigkeit wird allerdings durch die Gewissheit negiert, dass Cortisolspiegel und Herzfrequenz der Kinder sehr wohl eine starke Belastung in der Trennungssituation zeigen, also ein aktives Bindungssystem suggerieren (Fox/Card 1999). Der Unterschied zu ambivalenten und sicher gebundenen Kindern besteht lediglich darin, dass sich kein Bindungsverhalten zeigt. Diese Gruppe wurde als unsicher-vermeidend (Avoidant – A) bezeichnet. Neben den Prototypen sicherer wie unsicherer Bindung finden sich in diversen bindungsdiagnostischen Verfahren Abstufungen, welche im Sinne eines Kontinuums von stark vermeidender Bindung (A1) über prototypisch sichere Bindung (B3) hin zur ambivalenten Bindung (C) reichen (vgl. Abb.1). Der vierte Prototyp und die vorerst letzte Gruppe eint in der Fremden Situation weniger ein spezifisches Bindungsverhalten, sondern vielmehr desorganisierte/desorientierte Verhaltensweisen, weshalb diese mit dem Label desorganisiert (Disorganized – D) versehen wurden. Das Verhalten dieser Kinder scheint ohne beobachtbares Ziel, Intention oder Erklärung zu geschehen (Solomon/George 1999). Beispielsweise laufen diese Kinder der Mutter beim Verlassen des Raumes hinterher, brechen allerdings den Bewegungsablauf plötzlich ab und erstarren, zeigen Stereotypien bis hin zu selbstverletzendem Verhalten (Kopf an die Wand schlagen) und/oder direkte sowie indirekte Anzeichen von Angst. Desorganisation wiederum ist weniger als eigenständige Bindungsverhaltensstrategie, sondern vielmehr als Zusammenbruch organisierter Strategien zu verstehen, weshalb diese außerhalb des Kontinuums verortet ist (vgl. Abb. 1).

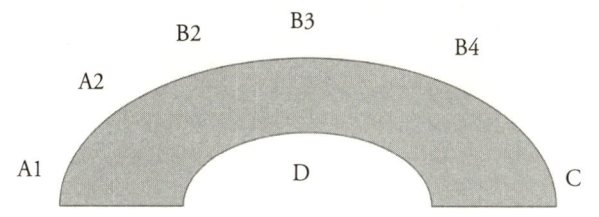

```
            B2    B3
                       B4
       A2

A1             D            C
```

Abbildung 1: Kontinuum der Bindungsmuster (Julius 2001)

Die Ursachen für die verschiedenen Bindungsmuster in der Fremden Situation werden auf Unterschiede in der Interaktion zwischen den primären Bezugspersonen und dem Kind gesehen. Aus Erfahrungen im Umgang mit den primären Bezugspersonen entwickeln sich innere Arbeitsmodelle als eine Art geistige Repräsentation, mit dem Zweck, das Verhalten der Bezugspersonen möglichst adäquat vorherzusehen, um so eigene Verhaltensstrategien bestmöglich darauf anpassen zu können. In Resultat dessen stellen Bindungsmuster die für das Kind adaptive Verhaltensstrategie dar. Sicher gebundene Kinder haben ihre Bezugspersonen als verfügbar und konsistent – responsiv – erfahren. Da infolge der vergangenen Erfahrungen ein guter Ausgang der Fremden Situation erwartet wird, sind die Reaktionen auf die Trennung von der Mutter moderat und das Kind lässt sich in der Wiedervereinigungsepisode schnell wieder beruhigen. Im Unterschied dazu gibt es bei den Bezugspersonen ambivalenter Kinder Lücken in der Responsivität, was bedeutet, dass die kindlichen Bedürfnisse nicht konstant beantwortet wurden. Ambivalent gebundene Kinder reagieren auf diese mangelnde Konstanz durch ein überaktiviertes Bindungssystem aus Schutz vor weiterer Enttäuschung, was sie leicht unselbstständig und anhänglich wirken lässt. Im Kontrast dazu ist der Unterschied zwischen ambivalent und vermeidend gebundenen Kindern mehr ein quantitativer denn ein qualitativer. Es ist davon auszugehen, dass vermeidend gebundene Kinder ihre Eltern vermehrt als nicht-feinfühlig erlebt haben, was in einer Verhaltensstrategie mündet, die zu Ungunsten der Bindung hin zur Exploration verschoben ist. Mit anderen Worten: Vermeidend gebundene Kinder erwarten von ihren Bezugspersonen keine Responsivität, weshalb sie keine Bindungsbedürfnisse äußern. Das Verhalten der Gruppe mit der ungünstigsten Prognosestellung, die der desorganisiert gebundenen Kinder, wird durch negative Erfahrungen mit den primären Bezugspersonen sowohl direkt (bspw. Vernachlässigung, Misshandlung oder Missbrauch) als auch indirekt, im Sinne eines Second-Generation-Effekts (bspw. psychische Erkrankungen der Eltern), erklärt. Es wird vermutet, dass die Bindungsperson zugleich Anlaufstelle und angstauslösendes Moment ist, was es dem Kind unmöglich macht, kohärente Verhaltensstrategien in potenziell belastenden Situationen aufrecht zu erhalten.

### 4.1.3 Diagnostik

Bindungsmuster können bislang lediglich durch relativ zeitaufwendige und damit kostenintensive projektive Verfahren reliabel diagnostiziert werden. Zwar gibt es Versuche, Bindung beispielsweise über Fragebögen zu erfassen, allerdings zeigen diese lediglich geringe Übereinstimmung zu den projektiven Verfahren, so dass hiervon abzuraten ist. Im Bereich der Erwachsenenbindungsdiagnostik ist an dieser Stelle einzuschränken, dass sich Fragebogenverfahren zumeist mit einem etwas anderen Konstrukt von Bindung beschäftigen, das der Partnerschaftsbindung, welche nicht homomorph auf die Eltern-Kind-Beziehung zu übertragen ist. Bekanntestes Verfahren hier ist die »Experiences in Close Relationships« (in revidierter deutscher Übersetzung von Ehrenthal et al. 2008), ein Fragebogen zu Angst und Vermeidung in Partnerschaften. Allerdings handelt es sich um ein dimensionales Verfahren, so dass ein Vergleich mit kategorialen Bindungsmustern unpassend scheint.

Im Kleinkindalter gilt bis heute die Fremde Situation als Mittel der Wahl zur Diagnose von Bindungsmustern, wenngleich die Durchführung aufgrund der hohen Belastung für Mutter und Kind ethisch fraglich bleibt. Für die Fremde Situation liegen mehrere Klassifikationssysteme vor (Main/Cassidy 1988; Cassidy/Marvin 1992; Crittenden 1994). Während in späteren Jahren vermehrt Geschichtenergänzungsverfahren, unterstützt durch Puppenspiel, zum Einsatz kommen, bietet die Fremde Situation, neben der Clown-Situation (eine mildere Form der Fremden Situation), aber auch die einzige Möglichkeit, Bindung durch direkte Interaktionsbeobachtung der Mutter Kind-Dyade zu klassifizieren. Im Schulalter wird auf projektive Verfahren und direkte Interviewverfahren ausgewichen. Zu den bekanntesten projektiven Verfahren gehört der Separation Anxiety Test (SAT), der ursprünglich für adoleszente Jungendliche entwickelt wurde (Hansburg 1972), allerdings mehrere Adaptionen erfuhr, die ihn auch für jüngere Kinder einsetzbar machten (u. a. Klagsbrun/Bowlby 1976). Im SAT werden den Kindern Bilder mit Trennungssituationen, mit der Aufgabe eine hypothetische Geschichte zu erzählen, gezeigt. Augenmerk liegt insbesondere auf den spezifischen Lösungsstrategien der Kinder sowie den Gefühlen und Gedanken in der Trennungssituation. In deutscher Fassung (Jacobsen/Ziegenhain 1997), unter anderem durch den Einsatz von Stimulusmaterial, welches das Bindungssystem der Kinder stärker aktiviert, ist der SAT nahezu über das gesamte Grundschulalter einsetzbar. Interviewverfahren zu Bindung im Kindesalter, wie das Child-Attachment-Interview (CAI) (Target et al. 2003), sind relativ jung. Die zugrundeliegende Annahme ist, dass Kinder wie auch Erwachsene in der Lage sind, direkte Fragen zu den Erfahrungen im Umgang mit den primären Bezugspersonen zu beantworten. Infolgedessen umfassen die Fragen des CAI unter anderem drei Adjektive, die die Beziehung zu Mutter und Vater beschreiben sowie Fragen zu potentiellen Trennungs-, Verlust- oder Missbrauchserfahrungen. Die Klassifikation der Bindungsstile erfolgt anhand der Art und Weise, wie das Kind über Bindungserfahrungen spricht (bspw. emotionale Offenheit, Vermeidung, Ärger etc.). Sehr ähnlich verhält es sich mit dem Standarddiagnostikum im Erwachsenenalter, dem Adult Attachment Interview (AAI) (George et al. 1984/1985/1986), da die Fragen des CAI an das AAI angelehnt sind. Im Unterschied zum CAI erfolgt die Klassifikation der Bindungsmuster im Erwachsenenalter retrospektiv über die Erinnerung an die Erfahrungen in der Kindheit und deren Integration im Hier-und-Jetzt. Ein weiteres Verfahren im Erwachsenenalter, welches aufgrund der Bildstimuli dem SAT ähnelt, ist das Adult Attachment Projective (AAP) (George et al. 2006). Der Nachteil des AAPs besteht im Vergleich zum AAI darin, dass weniger anamnestische Daten in das Interview eingehen. Für eine Bindungsklassifikation alleine ist das AAP allerdings vollkommen ausreichend und aufgrund geringerer Belastungen, insbesondere bei stark traumatisierten Personen, zu empfehlen. Zudem zeigen sich hervorragende Übereinstimmungen zwischen den Klassifikationen im AAI und AAP (Buchheim et al. 2003).

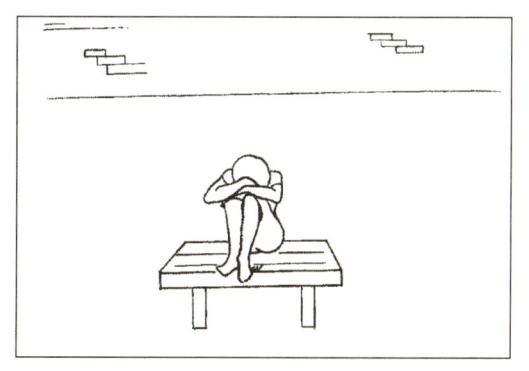

Abbildung 2: Beispielstimuli aus bindungsdiagnostischen Verfahren. Linke Seite: SAT – Mutter kommt ins Krankenhaus (Kinder); Rechte Seite: AAP – Bench (Erwachsene)

### 4.1.4 Komorbidität und Epidemiologie

Bindungsmuster entstehen in den ersten Lebensjahren und zeigen sich über den Lebenslauf und darüber hinaus weitgehend stabil (im Sinne einer transgenerationalen Stabilität). Mit Hilfe der AAI-Klassifikation der Eltern lässt sich relativ erfolgreich das Bindungsmuster des Kindes vorhersagen (siehe bspw. van Ijzendoorn 1995), was für eine Vererbbarkeit von Bindung spricht. Vererbbarkeit ist natürlich zu relativieren, da man hier weniger von genetischen Determinanten, als vielmehr von einem durch das Bindungsmuster beeinflussten Verhalten der Eltern und der Ausformung eines komplementären Bindungsmusters seitens der Kinder ausgeht (Hesse 1999). Dies geht sogar so weit, dass frühe Verlusterfahrungen, traumatische Krankenhausaufenthalte oder Gewalterfahrungen der Mutter (in ihrer Kindheit) die Wahrscheinlichkeit der Ausformung einer desorganisierten Bindung des Kindes signifikant erhöhen (Grossmann/Grossmann 2004).

Zur Prävalenz von Bindungsstörungen (klassifiziert nach ICD-10 & DSM-IV-TR) liegen wenig empirische Untersuchungen vor, man schätzt sie mit unter 1%

allerdings recht gering ein (Ziegenhain 2009). Im Kontrast dazu liegen Prävalenzuntersuchungen in Deutschland mit der Fremden Situation vor, die über der Hälfte der Kinder unsichere Bindungsmuster zuschreiben (Gloger-Tippelt/Vetter 2000). Unsichere Bindungsmuster allein sind entwicklungspathologisch betrachtet allerdings nicht sonderlich besorgniserregend, viel bedeutender ist der Anteil desorganisiert gebundener Kinder, der nach Gloger-Tippelt/Vetter (2000) 19,9% beträgt. Unsichere Bindungsmuster und Desorganisation stehen in einem engen Zusammenhang mit psychiatrischen Auffälligkeiten, sowohl internalisierenden als auch externalisierenden (Fonagy et al. 1996; Tyrrell et al. 1999; Agrawal et al. 2004). Nicht verwunderlich ist daher die Prävalenz von desorganisierten Bindungsmustern an Schulen für Erziehungshilfe. Nach Julius (2001) sind weit über die Hälfte der Kinder an Förderschulen für Erziehungshilfe desorganisiert gebunden; im Vergleich zu Mittelschichtsstichproben, die von 15%–18% ausgehen (Zulauf-Logoz 2004), ein alarmierender Wert. Die Frage, die sich herauskristallisiert, ist allerdings weniger, ob ein Zusammenhang besteht, sondern vielmehr wie die Variablen untereinander in Bezug stehen. Beispielsweise findet Kummetat (Kummetat 2007) in ihrer Untersuchung an von ADHS betroffenen Kindern 72,4% unsichere Bindungsmuster, was zwar im Blick auf die Verteilung in nicht-klinischen Stichproben nicht sonderlich besorgniserregend ist, allerdings ist der Anteil von 34,5% desorganisiert gebundenen Kindern trotz geringer Stichprobengröße alarmierend. Nun könnte man unterstellen, dass eine ADHS eine Beziehungsstörung ist und das Verhalten des Kindes hierüber erklären. Bindung wäre dann eine bedingende Variable für ADHS. Oder man würde das Verhalten eines von ADHS betroffenen Kindes als besonders herausfordernd für die Bezugspersonen werten und es daher als ungleich schwieriger ansehen, immer responsiv auf die Bedürfnisse des Kindes einzugehen. ADHS wäre dann für die Beziehungsstörung verantwortlich. Vielleicht ist aber auch der Zusammenhang zwischen ADHS und Bindung nur über eine dritte Variable zu erklären (bpsw. das dem Kind angeborene Temperament); die Kausalitätsfrage bleibt ungeklärt.

4.1.5 Bindung, Schule und Interventionen

Wie bereits skizziert, neigen Bindungsmuster zu Stabilität, was sich zum einen aus ihrer langjährigen Entstehung und Aufrechterhaltung und zugleich daraus erklärt, dass diese der Vorhersage von Verhalten dienen. Mit anderen Worten, das innere Arbeitsmodell dient dazu die Welt, genauer das Verhalten anderer Personen vorherzusagen und eigenes Verhalten zielkorrigiert darauf anzupassen. Allerdings impliziert dies nicht, dass ein in der Kindheit erworbenes Bindungsmuster automatisch zu einer unsicheren Bindung im Erwachsenenalter führt, da Bindungsmuster der Veränderung unterliegen. Dies kann auf zwei Arten geschehen: Zum einen durch Reflexion der Beziehungserfahrungen und zum anderen durch das Erleben von zu dem bisherigen Arbeitsmodell inkompatiblen Verhaltensweisen, so genannten Diskontinuitätserfahrungen. Die dahinterstehende Hoffnung ist, dass diese neuen

Beziehungserfahrungen zur Lockerung alter Beziehungsmuster und damit zu deren Neubewertung und Neuintegration hin zu einem sicheren Bindungsstil führen. Für die pädagogische Arbeit ist vorwiegend die Anbahnung von Diskontinuitätserfahrungen von Bedeutung, da die reflexiven Komponenten eher therapeutischer Natur sind. Allerdings führt die Tatsache, dass sich Menschen auch entgegen der Erwartung verhalten können, nicht automatisch zu einer Anpassung des Arbeitsmodells. Vielmehr wird Energie investiert, das Arbeitsmodell aufrechtzuerhalten. Beispielsweise ist es denkbar, dass ein ambivalent gebundenes Kind von einer Lehrkraft über lange Zeit responsives Verhalten erfährt, ein »Ausrutscher« der Lehrkraft dem Kind aber dazu dient, das Arbeitsmodell einer unberechenbaren Bezugsperson aufrecht zu erhalten. Das Kind wird sich weiterhin nicht sicher sein können, dass die Bezugsperson verlässlich ist, und somit erneut mit einem überaktivierten Bindungssystem reagieren. So scheinen ambivalent gebundene Kinder in der Bestätigung bestehender Beziehungsschemata nur darauf zu warten, dass die Bindungsfigur unfeinfühlig und zurückweisend reagiert. In der Konsequenz leitet sich aus der Theorie die generelle Regel für den Umgang mit bindungsunsicheren Kindern ab, dass das Verhalten einer Lehrkraft »durch so viel Regelmäßigkeit und Konsistenz wie möglich charakterisiert sein« (Julius 2008) muss. Für ambivalent gebundene Kinder schlägt Julius (2002) beispielsweise die Ritualisierung der Schule vor, wie die Begrüßung des Kindes durch einen Handschlag. Neben der Personalisierung der Schule stellen diese wiederkehrende Rituale »Dokumente der Verlässlichkeit« (Ellinger 2007) dar. Für längere Trennungsphasen (bspw. Ferien) bieten sich Übergangsobjekte im Sinne Winnicotts an, um dem Kind zu verdeutlichen, dass es sich um keine endgültige Trennung handelt. Zentraler Gegenstand der Intervention bei ambivalent gebundenen Kindern ist allerdings ein Phänomen, welches Namensgeber für diesen Typus ist: die Ambivalenz. Kinder mit ambivalenten Bindungsmustern äußern zwar erhebliche Bindungsbedürfnisse, was sie leicht anhänglich und unselbstständig werden lässt, reagieren aber auf Bezugspersonen, da diese nicht in der Lage sind diese permanenten Bindungsbedürfnisse zu befrieden, auch mit Ärger. Eben diese Ambivalenz ist die Herausforderung an die Lehrkraft, die sich verdeutlichen muss, dass dieser Ärger nicht gegen die Person selbst gerichtet ist, sondern eine Art Replik vergangener Beziehungserfahrungen darstellt. Als konkrete Intervention schlägt Julius den Perspektivwechsel vor. Seiner Ansicht nach kann die Lehrkraft dem Schüler symbolisieren, dass sie sehr wohl versteht, warum der Schüler sich so verhält, beziehungsweise ihm eine Interpretation des Verhaltens anbieten, gleichzeitig aber verdeutlichen, warum sie im Moment nicht in der Lage ist, diese Bedürfnisse zu befriedigen. Vermeidende Kinder sind beispielsweise durch Lern- oder Spielsituationen zu fördern, in denen die Lehrkraft schrittweise die Rolle des Versorgers einnimmt und so dem Kind deutlich macht, dass sie sorgend und feinfühlig ist (Julius 2008). Zu beachten ist hierbei, dass die Vermeidung und Distanz eine für das Kind adaptive Verhaltensstrategie darstellt, die erst Schritt für Schritt aufzulösen ist. So verweist auch Ellinger (2007) auf eine Respektierung des Distanzbedürfnisses des Kindes, damit so eine vertrauensvolle Beziehung zur Lehrkraft aufgebaut werden kann. Für den schwierigsten Fall der Desorganisation ist es erforderlich, ein Netzwerk mit Schulpsychologen beziehungsweise Psychotherapeuten zu knüpfen, da hier oft tiefgreifende Beziehungstraumata zu verarbeiten sind. Die Aufgabe der Lehrkraft ist hier vielmehr, weiterhin sichere Basis für das Kind zu sein. So sollte beispielsweise der Erstkontakt zwischen dem Kind und anderen Personen durch die Lehrkraft begleitet werden. Das Signal, dass die Lehrkraft auch in schwierigen Zeiten für das Kind Anlaufstelle ist, ist im Sinne der erforderlichen hohen Konstanz seitens der Lehrkraft absolut notwendig.

### 4.1.6 Symptomtabellen Bindungsstörungen

Tabelle 1: Bindungsstörungen in der Klassifikation des DSM-IV-TR

| Bindungsstörungen im DSM-IV-TR |
| --- |
| A. Eine deutlich gestörte und entwicklungsmäßig inadäquate soziale Bindung, die in den meisten Bereichen auftritt und vor dem Alter von 5 Jahren beginnt. Die Störung drückt sich in Punkt (1) oder (2) aus. |
| (1) Andauernde Unfähigkeit, in entwicklungsmäßig angemessener Weise auf die meisten zwischenmenschlichen Beziehungen zu reagieren oder solche anzuknüpfen. Diese manifestiert sich durch übermäßig gehemmte, überaus wachsame oder stark ambivalente und widersprüchliche Reaktionen (z. B. kann das Kind auf Pflegepersonen mit einer Mischung aus Annäherung, Meidung und Abwehr reagieren oder eine misstrauische Wachsamkeit an den Tag legen). |
| (2) Diffuse Bindungen, die sich durch unkritische Zutraulichkeit mit einer deutlichen Unfähigkeit, angemessene selektive Bindungen zu zeigen, manifestieren (z. B. übermäßige Vertrautheit mit relativ fremden Personen oder undifferenzierte Auswahl von Bezugspersonen). |
| B. Die im Kriterium A beschriebene Störung ist nicht lediglich auf einen Entwicklungsrückstand (wie bei der geistigen Behinderung) zurückzuführen. Sie erfüllt auch nicht die Kriterien einer tiefgreifenden Entwicklungsstörung. |
| C. Pathologische Fürsorgemerkmale, die durch mindestens einen der folgenden Punkte deutlich werden. |
| (1) Andauernde Missachtung der grundlegenden emotionalen Bedürfnisse des Kindes nach Geborgenheit, Anregung und Zuneigung. |
| (2) Andauernde Missachtung der grundlegenden körperlichen Bedürfnisse des Kindes nach Geborgenheit, Anregung und Zuneigung. |
| (3) Wiederholter Wechsel der wichtigsten Pflegeperson des Kindes, was die Ausbildung von stabilen Bindungen verhindert (z. B. häufiger Wechsel der Pflegefamilie). |
| D. Es besteht die Vermutung, dass die in Kriterium C genannten Fürsorgemerkmale für das gestörte Verhalten, das in Kriterium A beschrieben wird, verantwortlich sind (d. h. die Störungen aus Kriterium A begannen im Anschluss an die pathologische Fürsorge aus Kriterium C). |
| Bestimme den Typus: |
| Gehemmter Typus (F94.1): Wenn das Kriterium A1 im klinischen Erscheinungsbild vorherrscht. |
| Ungehemmter Typus (F94.2): Bei Vorherrschen des Kriteriums A2. |

Die Klassifikation von Bindungsstörungen anhand der operationalisierten Manuale (bspw. DSM-IV-TR siehe Tabelle 1) stellt einen Extremfall unsicherer Bindungsmuster dar, weshalb Prävalenzen so gering geschätzt werden (siehe Kapitel 4.1.4). Bedeutender für die schulische Interventionsplanung ist daher vielmehr der Bindungstypus, um bindungstheoretische Interventionen am Einzelfall orientiert implementieren zu können. Zwar ist hierfür die Arbeit mit projektiven Verfahren unerlässlich, doch äußern sich Bindungsmuster im schulischen Kontext auch sehr subtil, weshalb der Beobachtung zur ersten Orientierung eine große Bedeutung zukommt (siehe Tabelle 2). Zu wenig offensichtlich sind allerdings die Differenzen selbst zwischen grundverschiedenen Bindungsmustern, so dass die Diagnostik nicht durch Beobachtung ersetzt werden kann. Beispielsweise könnte eine Abwertung von Bezugspersonen (»Meine Eltern sind total doof.«) als kennzeichnend für einen vermeidenden Bindungstyp verstanden werden. Tatsächlich drückt sich an diesem Beispiel aber eher Ambivalenz im Bindungsverhalten aus, da hier eine unterliegende Unzufriedenheit mit Bindungsfiguren ausgedrückt und diese in der Konsequenz herabgesetzt werden.

Letztendlich bietet die Orientierung an bindungstheoretischen Erklärungsmodellen der Lehrkraft die Möglichkeit, die Verhaltensweisen der Kinder und Jugendlichen weniger stark auf die eigene Person zurückzuführen, sondern eher als Resultat der Erwartungen des Kindes oder Jugendlichen an die Lehrkraft, indiziert durch deren innere Arbeitsmodelle, zu verstehen. Zusammenfassend lässt sich daher festhalten, dass eine bindungstheoretische Denkweise eine externale Attribution von misslingendem Beziehungsaufbau begünstigen kann. Gleichwohl, ob dieser Aussage eine gewisse Kritik unterliegt – da in dieser Sichtweise immer die Anderen Schuld haben, soll abschließend der positive Kern fokussiert werden: Nicht aufgeben!

Tabelle 2: Mögliche Kennzeichen von inneren Arbeitsmodellen von Bindung im schulischen Kontext

| Organisierte Bindungsmuster | | |
| --- | --- | --- |
| Unsicher-Vermeidend (A) | Sicher (B) | Unsicher-Ambivalent (C) |
| • hohe Selbstständigkeit<br>• Ablehnung von Hilfsangeboten<br>• gefühlskalt<br>• distanziert<br>• scheinbar keine Beziehung zwischen Lehrkraft und Kind<br>• keine deutliche Präferenz einer Betreuungsperson<br>• sachorientiert<br>• Abwertung von Bindung | • gelungene Balance aus Bindung und Exploration<br>• fähig Nähe zuzulassen, aber auch in der Lage mit Distanz umzugehen<br>• offen<br>• hilfsbereit<br>• zuversichtlich<br>• gute Beziehungen zu Peer und Lehrkräften<br>• selbstständig<br>• positives Selbstbild | • ausgeprägtes Bedürfnis nach Nähe<br>• klammernd<br>• Versuch eine Sonderstellung bei der Lehrkraft einzunehmen (Besitzanspruch)<br>• Ärger/Aggressionen gegenüber der Lehrkraft, insbesondere bei Zurückweisung<br>• große Probleme mit Trennungssituationen (bspw. Ferien) |
| Desorganisation | | |
| Desorganisierte Kinder zeigen im schulischen Setting Verhaltensstrategien aller organisierten Bindungsmuster mit zusätzlichen Anzeichen von Desorganisation, die sich kontrollierend-bestrafend wie auch kontrollierend-fürsorglich äußern können. | | |
| • massive Verhaltensauffälligkeiten<br>• Gewalt gegen Mitschüler/innen und/oder Lehrkräfte<br>• selbstverletzendes Verhalten<br>• impulsives Verhalten<br>• Rollenumkehr | • dissoziative Zustände<br>• Leben in Phantasiewelten<br>• unberechenbar<br>• verschlossen<br>• heftige Wutausbrüche | |

## Literatur

Agrawal, H. R./Gunderson, J./Holmes, B./Lyons-Ruth, K. (2004): Attachment Studies with Borderline Patients: A Review. In: Harv Rev Psychiatry. March/April, 94–104.

Ainsworth, M./Wittig, B. A. (1969): Attachment and exploration behavior of one-year-olds in a strange situation. In: Foss, B. M.: Determinants of infant behavior IV. London, 113–136.

Bowlby, J. (1946): Fourty-four juvenile thieves: Their characters and home life. In: International Journal of Psycho-Analysis. 25,19–52/107–127.

Bowlby, J. (1969): Attachment and Loss Vol 1: Attachment. New York.

Bowlby, J. (1973): Attachment and Loss Vol 2. Separation: Anxiety and Anger. New York.

Bowlby, J. (1982): Attachment and Loss Vol 3. Loss: Sadness And Depression. New York.

Buchheim, A./George, C./West, M. (2003): Das Adult Attachment Projective (AAP) – Gütekriterien und neue Forschungsergebnisse. In: Psychother Psych Med. 53, 419–427.

Cassidy, J./Marvin, R. S. (1992): Attachment organization in preschool children. Seattle.

Crittenden, P. M. (1994): Preschool Assessment of Attachment. Miami.

Dilling, H./Mombour, W./Schmidt, M. H. (2008): Internationale Klassifikation psychischer Störungen ICD-10 Kapitel V (F). Bern.

Ehrenthal, J. C./Dinger, U./Lamla, A./Funken, B./Schauenburg, H. (2008): Evaluation der deutschsprachigen Version des Bindungsfragebogens »Experiences in Close Relationships – Revised« (ECR-RD). In: Psychotherapie, Psychosomatik, Medizinische Psychologie.

Ellinger, S. (2007): Störungen im Bindungsverhalten. In: Ellinger, S./Koch, K./Schroeder, J.: Risikokinder in der Ganztagsschule. Ein Praxishandbuch. Stuttgart, 149–170.

Fonagy, P./Leigh, T./Steele, M./Howard, S./Kennedy, R./Gretta, M. (1996): The Relation of Attachment Status, Psychiatric Classification, and Response to Psychotherapy. In: Journal of Consulting and Clinical Psychology. 64 (1), 22–31.

Fox, N. A./Card, J. A. (1999): Psychophysiological Measures in the Study of Attachment. In: Cassidy, J./Shaver, P. J.: Handbook of Attachment. Theory, Research, and Clinical Applications. New York, 226–245.

George, C./Kaplan, N./Main, M. (1984/1985/1986): The Berkley Adult Attachment Interview. Berkley.

George, C./West, M./Pettem, O. (2006): Adult Attachment Projective. Protocol and Classification Scoring System. Calgary.

Gloger-Tippelt, G./Vetter, J. (2000): Untersuchungen mit der »Fremden Situation« in deutschsprachigen Ländern: Ein Überblick. In: Psychologie in Erziehung und Unterricht. 47, 87–98.

Grossmann, K./Grossmann, K. E. (2004): Bindungen – das Gefüge psychischer Sicherheit. Stuttgart.

Hansburg, H. G. (1972): Adolescent Separation Anxiety. A method for the Study of Adolescent Separation Problems. Springfield.

Hesse, E. (1999): The Adult Attachment Interview. In: Cassidy, J./Shaver, P. J.: Handbook of Attachment. Theory, Research, and Clinical Applications. New York, 395–433.

Jacobsen, T./Ziegenhain, U. (1997): Der Separation Anxiety Test – SAT. Unveröffentlichtes Manuskript.

Julius, H. (2001): Die Bindungsorganisation von Kindern, die an Erziehungshilfeschulen unterrichtet werden. In: Sonderpädagogik. (31(2)), 74–93.

Julius, H. (2008): Bindungsgeleitete Interventionen. In: Gasteiger-Klicpera, B./Julius, H./Klicpera, C.: Sonderpädagogik der sozialen und emotionalen Entwicklung. Band 3. Göttingen, 570–584.

Klagsbrun, M./Bowlby, J. (1976): Responses to seperation from parents: A clinical test for young children. In: British Journal of Projective Psychology. 21, 7–21.

Kummetat, V. (2007): Bindung und ADHS. Kindliche und elterliche Bindungsrepräsentanzen bei Aufmerksamkeitsdefizit-Hyperaktivitätsstörung. In: http://www.kups.ub.uni-koeln.de/volltexte/2008/2269/pdf/Bindung_und_ADHS.pdf STAND: 21.07.2009.

Main, M./Cassidy, J. (1988): Categories of response to reunion with the parents at age 6: Predictable from infant attachment classifications and stable over a 1-month period. In: Development Psychology 24, 1–12.

Saß, H./Wittchen, H.-U./Zaudig, M. (2003): Diagnostisches und statistisches Manual psychischer Störungen. (DSM-IV-TR): Textrevision. Göttingen.

Solomon, J./George, C. (1999): The Measurement of Attachment Security in Infancy and Childhood. In: Cassidy, J./Shaver, P. J.: Handbook of Attachment. Theory, Research, and Clinical Applications. New York, 287–316.

Target, M./Fonagy, P./Shmueli-Goetz, Y. (2003): Attachment representations in school-age children: The development of the child attachment interview (CAI). In: Journal Of Child Psychotherapy. (29(2)), 171–186.

Tyrrell, C. L./Dozier, M./Teague, G. B./Fallot, R. D. (1999): Effective Treatment Relationships for Persons With Serious Psychiatric Disorders: The Importance of Attachment States of Mind. In: Jornal of Consulting and Clinical Psychology 67 (5), 725–733.

van Ijzendoorn, M. H. (1995): Adult Attachment Representations, Parental Responsiveness and Infant Attachment: A Meta-Analysis on the Predictive Validity of the Adult Attachment Interview. In: Psychological Bulletin. 117 (3), 387–403.

Ziegenhain, U. (2009): Bindungsstörungen. In: Schneider, S./Margraf, J.: Lehrbuch der Verhaltenstherapie. Band 3: Störungen im Kindes- und Jugendalter. Heidelberg, 314–330.

Zulauf-Logoz (2004): Die Desorganisation der frühen Bindung und ihre Konsequenzen. In: Ahnert, L.: Frühe Bindung. Entstehung und Entwicklung. München.

Pierre Walther

## 4.2 Lese- und Rechtschreibschwächen

### 4.2.1 Was bedeutet Lese- Rechtschreibschwäche (LRS) – Definitionen?

»L-e-s-en, Lesen, i-s-, ist, ga-n-gan-gan *den Buchstaben kenne ich nicht*, sch-o-n, scho-n schon, lan-g-w-e-i-lig, la-ng-weilig«. Zumindest wenn es erfordert, Buchstabe für Buchstabe zu rekodieren und zu einem sinnvollen Ganzen zusammen zu setzen. Während Sie als kompetenter Leser wahrscheinlich in der Lage sind, etwa 200 Wörter pro Minute oder mehr zu lesen, Sinngruppen erfassen können, um so nicht Wort für Wort lesen zu müssen und somit erheblich Zeit sparen, sind Schüler/innen mit Lese-Rechtschreibschwächen oft auf basale Mechanismen angewiesen, um einen Text verinnerlichen zu können. Bei Schüler/innen mit LRS kommt ein weiteres Problem hinzu: Sie sind normal begabt, beziehungsweise es besteht eine fehlende Passung zwischen kognitiven Fähigkeiten und Lese- sowie Rechtschreibleistungen, was dazu führt, dass diese sich im Leseprozess kontinuierlich selbst langweilen. Folgerichtig macht Lesen wenig Freude. Leicht nachvollziehbar ist dann auch, dass von dem Gelesenen relativ wenig verstanden wird, nur ungern gelesen wird und somit die Schere zwischen den so genannten Risikokindern und normal leistenden Peers immer weiter aufgeht.

Im Gegensatz zu anderen Störungen, die im Rahmen dieses Buches skizziert werden, sind Lese-Rechtschreibschwächen wahrscheinlich auch den meisten fachfremden Personen ein Begriff. Ein Begriff, der sich allerdings nicht so einfach definieren lässt wie man zunächst glaubt; selbst der Begriff an sich ist weniger eindeutig als man zuerst vermuten mag. Es besteht Uneinigkeit, ob man einen schwachen Leser und Rechtschreiber gleich mit einer Lesestörung stigmatisieren darf oder ob man es nicht doch besser Leseschwäche, Legasthenie oder Rechtschreibschwäche nennt, von einer isolierten Rechtschreibstörung spricht, die Kombination mit anderen Schulleistungsschwierigkeiten vorliegt oder doch eigentlich auch eine Dyslexie oder gar eine Alexie diagnostiziert werden darf. Im Kern sprechen wir in allen Fällen von ein und demselben Problem – stark unterdurchschnittliche Leistungen im Lesen und/oder Rechtschreiben. Nun stellt sich berechtigterweise die Frage, welchen Zweck dann diese zahlreichen Definitionen haben und ob diese Abweichungen nicht genauso normal sind, wie die Norm von der sie abweichen. Jedes Personenmerkmal lässt sich normieren und somit lassen sich auch negative wie positive Abweichungen von dieser Norm bestimmen. Bei den Lese- und Rechtschreibleistungen betrifft die Normierung und die Abweichung von dieser Norm eine in unserer Gesellschaft wichtige und für den Schulerfolg grundlegende Kulturtechnik, weshalb sich negative Leistung innerhalb dieser auch als negativer Prädiktor für andere schulische Leistungen herauskristallisiert. Schwächen im Lesen und/oder Rechtschreiben sind zwar anhand klarer Definitionen zu einer LRS zusammenzufassen, allerdings sollte nicht der Fokus verloren werden, dass eine Förderung, unabhängig von der tatsächlichen Diagnose, aufgrund eben dieser moderierenden Funktion indiziert ist. Das bedeutet, dass eine Förderung bei schwachen Lese- und Rechtschreibleistungen auch dann erfolgen muss, wenn die Kriterien für eine LRS nicht erfüllt sind.

Das ICD-10, eines der beiden großen Klassifikationssysteme psychischer Störungen, ordnet die Lese-Rechtschreibstörung (F81.0) den »umschriebenen Entwicklungsstörungen schulischer Fertigkeiten« (F81) zu, welche wiederum den Entwicklungsstörungen (F8) untergeordnet sind. Eine Lesestörung wird nicht isoliert diagnostiziert, Störungen der Rechtschreibung bei durchschnittlichen Leseleistungen treten allerdings als »isolierte Rechtschreibstörung« (F81.1) auf. Eine LRS äußert sich nach ICD-10 durch Leseleistungen unter einem Niveau, »das aufgrund des Alters, der allgemeinen Intelligenz und der Beschulung zu erwarten ist. Dies wird am besten auf der Grundlage eines individuell angewendeten standardisierten Testverfahrens zur Prüfung des Lesens, der Lesegenauigkeit und des Leseverständnisses beurteilt« (Dilling et al. 2008). Für die isolierte Rechtschreibstörung gilt Gleiches, allerdings bezogen auf Rechtschreibleistungen und unter Berücksichtigung von Lesefertigkeiten im Normalbereich.

Im DSM-IV-TR (Saß et al. 2003) sind Lese-Rechtschreibschwächen unter den Lernstörungen (Störungen im Kleinkindalter, in der Kindheit oder Adoleszenz) klassifiziert. Im Gegensatz zur Klassifikation nach ICD-10 ist die Störung nicht in der Kombination von unzureichenden Lese- und Rechtschreibleistungen summiert, sondern wird zwischen »Lesestörung« (F81.0) und »Störung des schriftlichen Ausdrucks« (F81.8) unterschieden. Ihnen gemein sind allerdings die diagnostischen Kriterien, die von dem Alter und der Intelligenz unangemessenen Lese- oder Rechtschreibleistungen (Kriterium A – siehe Tabelle 2), deren Einfluss auf schulische Leistungen oder Aktivitäten des täglichen Lebens (Kriterium B – siehe Tabelle 2) und einer Potenzierung der Schwierigkeiten in Kombination mit sensorischen Defiziten (Kriterium C – siehe Tabelle 2) ausgehen. Mit anderen Worten: Lese- und oder Rechtschreibleistungen müssen signifikant negativ von den aufgrund der kognitiven Fähigkeiten erwartbaren Leistungen abweichen.

Tabelle 1: Erwartbare Prozentränge im Lesen/Rechtschreiben abhängig von IQ-Werten. Angelehnt an die »Deutsche Gesellschaft für Kinder- und Jugendpsychiatrie und -psychotherapie« (AWMF 2007)

| IQ | < 79 | 80–89 | 90–99 | 100–109 | 110–119 | 120–129 | 130–137 |
|---|---|---|---|---|---|---|---|
| PR | <= 3 | 3.5–6 | 7–10 | 12–16 | 17–23 | 25–32 | 34–43 |

Tabelle 1 stellt den Zusammenhang zwischen IQ, welcher als Maß der kognitiven Leistungsfähigkeit herangezogen wird, und erwartbarer Lese-/Rechtschreibleistung

(PR) dar. Sie zeigt, dass auch im Falle von kognitiver Hochbegabung eine Lese-/Rechtschreibschwäche nicht auszuschließen ist. Während ein Prozentrang von 42 eigentlich keinen Anlass zur Sorge bietet, da dies bedeutet, dass 42% aller Schüler/innen gleich gute oder schlechtere Leistungen erbringen, kann in Zusammenhang mit einem stark überdurchschnittlichen IQ eine LRS vermutet werden. Im Kontrast dazu bedeutet ein Prozentrang von 4 im Lesen und/oder Rechtschreiben nicht unbedingt eine LRS, sondern liegt bei einem IQ von 80 absolut im Rahmen der erwartbaren Leistungen. Das bedeutet, eine Lese-Rechtschreibschwäche beschreibt weniger ein Abweichen von einer externen Bezugsnorm, sondern vielmehr ein Abweichen von einer individuellen Bezugsnorm, nämlich den erwartbaren Leistungen gemäß der allgemeinen kognitiven Leistungsfähigkeit. Für den Pädagogen führt diese Tabelle in gewisser Art und Weise allerdings die Definition von LRS ad absurdum. Selbstverständlich zeigt ein Prozentrang von 4, dass das Kind erhebliche Schwierigkeiten im Lesen und Rechtschreiben hat und indiziert damit auch individuelle Förderung. Ein Prozentrang von 42 wiederum würde sicherlich keinen Pädagogen veranlassen spezielle Lese- und Rechtschreibförderung zu initiieren. Etwas abzumildern ist die Definition daher dadurch, dass der Erfolg der schulischen Ausbildung durch die LRS beeinträchtigt sein muss (Klicpera et al. 2007), was im Falle einer an der Alters- und/oder Klassennorm gemessenen durchschnittlichen Leistung (Beispiel PR 43) nicht zu erwarten ist. So sieht auch das ICD-10 als erste diagnostische Leitlinie vor, dass »eine klinisch eindeutige Beeinträchtigung spezieller schulischer Fertigkeiten vorliegen« muss (Dilling et al. 2008), was durchschnittliche Prozentränge daher vermutlich ausschließt.

### 4.2.2 Diagnostische Hilfestellung

Die Klassifikationssysteme gehen einheitlich von unterdurchschnittlichen Leistungen, erhoben durch standardisierte Verfahren, aus. Für die Diagnostik der kognitiven Leistungsfähigkeit bieten sich sprachfreie Kurzverfahren, wie beispielsweise der Culture – Fair – Test (CFT 20-R, Weiß 2006), ebenso wie ausführlichere Intelligenztests, beispielsweise der Hamburg Wechsel Intelligenztest für Kinder (HAWIK-IV, Petermann/Petermann [2007]), an. Das DSM-IV-TR verweist auf den negativen Einfluss von sensorischen Defiziten, weshalb diese in der Diagnostik, wenn auch oft vernachlässigt, Berücksichtigung finden sollten. Ein Beispiel hierfür ist der im weiteren Verlauf noch skizzierte »Rundgang durch Hörhausen« zur Überprüfung der phonologischen Bewusstheit. Für die Diagnostik der Rechtschreibleistungen bietet sich die Hamburger Schreibprobe (May 2002) an, welche von Klasse 1 bis 9 durchführbar ist und aufgrund der Normierung Vergleichswerte für die betreffenden Altersgruppen liefert. Im Bereich der Leseleistungen sind beispielsweise die Hamburger Leseprobe (May/Arntzen 2000), der Zürcher Lesetest (Linder/Grissemann 2000) sowie Knuspels Leseaufgaben (Marx 1998) wie auch ELFE 1-6 (Lenhard/Schneider 2006) zu nennen.

Tabelle 2: Leitlinien/Symptomtabelle Lese- und Rechtschreibstörungen

| Augenscheindiagnostik/Erste Indizien | Diagnostische Leitlinie nach ICD-10 |
|---|---|
| • langsames/zögerliches (Vor-)Lesen<br>• Auslassen/Ergänzen von Vorgelesenem (raten)<br>• Springen in der Zeile beim Lesen<br>• hohe Anzahl von Rechtschreibfehler in Hausaufgaben sowie Klassenarbeiten<br>• mangelhaftes Bearbeiten von schriftlichen Arbeitsaufträgen<br>• geringe Lernfortschritte<br>• Schwächen in Mathematik bei Textaufgaben bei sonst unauffälligen Leistungen<br>• Buchstabenverdreher (b-d)<br>• Reihenfolgefehler (sie-sei)<br>• Einfügen/Auslassen von Buchstaben<br>• unterschiedliche Schreibungen des gleichen Wortes (fehlende Fehlerkonstanz) | 1.) Auslassen, Ersetzen, Verdrehungen oder Hinzufügen von Worten und Wortteilen<br>2.) niedrige Lesegeschwindigkeit<br>3.) Startschwierigkeiten beim Vorlesen, langes Zögern oder Verlieren der Zeile im Text und ungenaues Phrasieren<br>4.) Vertauschung von Wörtern im Satz oder von Buchstaben in den Wörtern<br>5.) eine Unfähigkeit, Gelesenes wiederzugeben<br>6.) eine Unfähigkeit, aus Gelesenem Schlüsse zu ziehen oder Zusammenhänge zu sehen<br>7.) im Gebrauch allgemeinen Wissens als Hintergrundinformation anstelle von Informationen aus einer Geschichte beim Beantworten von Fragen über die gelesene Geschichte |
| Diagnostische Kriterien der Lesestörung nach DSM-IV-TR | Diagnostische Kriterien der Störung des schriftsprachlichen Ausdrucks nach DSM-IV-TR |
| A) Die mit individuell durchgeführten standardisierten Tests für Lesegenauigkeit oder Leseverständnis gemessenen Leseleistungen liegen wesentlich unter denen, die aufgrund des Alters, der gemessenen Intelligenz und der altersgemäßen Bildung einer Person zu erwarten wären.<br>B) Die unter A. beschriebene Störung behindert deutlich die schulischen Leistungen oder Aktivitäten des täglichen Lebens, bei denen Leseleistungen benötigt werden.<br>C) Liegt ein sensorisches Defizit vor, so sind die Leseschwierigkeiten wesentlich größer als diejenigen, die gewöhnlich mit diesem Defizit verbunden sind. | A) Die mit individuell durchgeführten standardisierten Tests gemessenen Schreibleistungen (oder funktionelle, kriterienbezogene Überprüfung der Schreibfertigkeiten) liegen wesentlich unter denen, die aufgrund des Alters, der gemessenen Intelligenz und der altersgemäßen Bildung der Person zu erwarten wären.<br>B) Die unter A. beschriebene Störung behindert deutlich die schulischen Leistungen oder die Aktivitäten des täglichen Lebens, bei denen das Verfassen geschriebener Texte erforderlich ist (z. B. das Schreiben grammatikalisch korrekter Sätze und inhaltlich strukturierter Textteile).<br>C) Liegt ein sensorisches Defizit vor, so sind die Schreibschwierigkeiten wesentlich größer als diejenigen, die gewöhnlich mit diesem Defizit verbunden sind. |

### 4.2.3 Epidemiologie/Prävalenzen

Lese-Rechtschreibschwächen gehen oft Entwicklungsstörungen des Sprechens oder der Sprache voraus (Dilling et al. 2008) und können oft nicht ohne spezielle Hilfestellungen bis zum Ende der Schulzeit überwunden werden (Klicpera et al. 2007), was zur Folge hat, dass diese bis ins Erwachsenenalter persistieren. Infolgedessen erreichen Erwachsene mit LRS oft nicht das Wortleseniveau von jugendlichen Kontrollgruppen (Georgiewa et al. 2004). Geht dies sogar so weit, dass die Lese- und Rechtschreibleistungen nicht den Anforderungen des Alltagslebens entsprechen, spricht man von »funktionalem Analphabetismus«. Aus internationalen Studien ist bekannt, dass etwa 10% Mühe haben, relevante Informationen aus Zeitungsartikeln oder Formularen zu gewinnen (Klicpera et al. 2007).

Prävalenzschätzungen für Lesestörungen gehen bei Schulkindern in den USA von etwa 4% aus. Schwierig an der Bestimmung der Prävalenz ist, dass sich die meisten

Studien mit dem übergeordneten Syndrom der Lernstörung beschäftigen. Für die Störung des schriftsprachlichen Ausdrucks liegen keine Prävalenzdaten vor, da diese nahezu ausschließlich in Zusammenhang mit einer weiteren Lernstörung auftritt (Saß et al. 2003). Zielinski (1998) geht unter dem Verweis auf die Normalverteilung davon aus, dass man den unterdurchschnittlichen Bereich nach einer Standardabweichung mit einer Prävalenz von 16% bestimmen kann. Allerdings geht man hier von Lese-Rechtschreibschwierigkeiten und einer sehr allgemeinen Definition – »Bei LRS handelt es sich um partielle Lernprobleme, die sich in unterdurchschnittlichen Leistungen im Lesen und/oder Rechtschreiben äußern« (Zielinski 1998). Die Bestimmung ist daher viel mehr ein Rechenbeispiel als auf epidemiologischen Studien beruhend. Diese wiederum gehen zumeist von einer Prävalenz der LRS von 4%–8% aus (Plume/Warnke 2007). Unter Zugrundelegung der ICD-10-Kriterien, also der Berücksichtigung der von der kognitiven Leistungsfähigkeit um zwei Standardabweichungen abweichenden Lese- und Rechtschreibleistungen, kommt man auf 2%–4% betroffene Kinder (Klicpera et al. 2007). Wie sehr die Bestimmung der Prävalenz von den Kriterien und der Definition abhängt, zeigen Strehlow/Haffner (2002). Am gleichen Datensatz ließen sich Prävalenzen zwischen 6% und 9% für eine Rechtschreibschwäche ermitteln (Strehlow/Haffner 2002). Prävalenzen sind folgerichtig nicht überzuinterpretieren. Die Häufigkeit zeigt lediglich, dass in einer »normalen« Grundschulklasse wahrscheinlich ein bis drei Kinder von LRS betroffen sind, was diese zu einer alltäglichen Herausforderung für das pädagogische Personal macht.

Der Geschlechtervergleich zeigt, dass bei Jungen häufiger Probleme im Lesen und Rechtschreiben diagnostiziert werden, allerdings wird vermutet, dass die Diagnose häufig durch komorbide Störungen, beispielsweise aufgrund des Auftretens externalisierender Störungen, erstellt wird. Die erhöhte Prävalenz gibt daher nicht eine realistische Abbildung des empirischen Relativs wieder, sondern ist durch Faktoren, wie etwa eine erhöhte Identifizierungsrate, konfundiert. Folgerichtig zeigen epidemiologische Untersuchungen eher ein relativ ausgewogenes Verhältnis (Saß et al. 2003; Plume/Warnke, 2007).

### 4.2.4 Komorbidität

LRS tritt aufgrund der Auswirkungen von schwachen Lese- und Rechtschreibleistungen häufig in Kombination mit weiteren Schulleistungsproblemen auf. Beispielsweise finden sich bei 17% der Kinder mit Dyskalkulie auch eine Dyslexie (Jacobs/Petermann 2003). Zusätzlich gibt es einen Zusammenhang zwischen Lernproblemen und der sozialen und emotionalen Entwicklung. Allerdings ist ähnlich wie bei der Prävalenzbestimmung eine klare Trennung zwischen allgemeinen Schulleistungsproblemen und Lese-Rechtschreibschwierigkeiten in Zusammenhang mit komorbiden Störungsbildern schwierig. Der relativ enge Zusammenhang zwischen Lernproblemen und Verhaltensauffälligkeiten (Ricking 2006; Walther 2009) zeigt sich auch bei LRS: im Vorschulalter insbesondere mit Hyperaktivität (ca. 20% [Hinshaw 1992]), im Schulalter ebenfalls und zudem mit internalisierenden Störungen (bspw. Depressionen) bis hin zu antisozialem Verhalten (Klicpera et al. 2007). Weiterhin gibt es Zusammenhänge zu einem geringeren Selbstwert und internalisierenden Störungen aus Elternsicht (Schulz et al. 2003), motorischer Koordination und Sprachentwicklungsstörungen (Klicpera et al. 2007).

4.2.5  Erklärungsansätze

Die Ursachen für Lese-Rechtschreibschwierigkeiten sind wie bei allen Schulleistungsproblemen mannigfaltig, und häufig ist die Entstehung einer LRS nur multifaktoriell zu erklären. Neben den Verursachungsfaktoren für allgemeine Schulleistungsprobleme (bspw. Förderung, Motivation, Verhaltensprobleme etc.) gibt es zudem einige Faktoren, die erheblichen Einfluss auf Lese- und Rechtschreibleistungen haben. Hierzu gehört eine genetische Disposition, welche durch Zwillingsstudien gesichert wurde, auch konnten bereits bedingende Gene identifiziert werden (Schulte-Körne et al. 2006; Paracchini et al. 2008). In Resultat dessen ist eine transgenerationale Transmission naheliegend; etwa 40% der männlichen Nachkommen eines von LRS betroffenen Mannes entwickeln ähnliche Schwierigkeiten. Zu berücksichtigen ist allerdings, dass diese erhöhte Prävalenz nicht monokausal zu interpretieren ist, sondern dass neben der genetischen Disposition auch andere Einflussfaktoren mitspielen (bpsw. wird ein Vater mit Leseschwäche dem Kind wahrscheinlich seltener vorlesen, es stehen weniger Bücher im Haushalt zur Verfügung etc.). Als gesichert gilt, und hierbei handelt es sich um den meistzitierten Zusammenhang, dass Defizite in der phonologischen Bewusstheit/Informationsverarbeitung negativer Prädiktor für spätere Lese- und Rechtschreibleistungen sind. Phonologische Bewusstheit beschreibt im weitesten Sinne die Fähigkeit, bei der Verarbeitung von sprachlichen Informationen Wissen über die Struktur und Regelmäßigkeiten von Sprache heranzuziehen, also beispielsweise, dass das Wort Regenwurm länger ist als das Wort Schlange, wenngleich es sich bei der Schlange um ein längeres Tier handelt.

4.2.6  Erscheinungsformen im Setting Schule

Schüler/innen mit Lese-Rechtschreibschwäche machen keine besonderen Fehler, sondern schlichtweg mehr Fehler als andere Kinder. Die Kriterien, wann bei einem Kind eine Lese-Rechtschreibschwäche vorliegt und wann nicht, sind relativ klar, weshalb die augenscheinliche Diagnose, dass ein Kind schwach liest oder schreibt, noch keine echte Diagnose im Sinne von ICD- oder DSM-Kriterien ausmacht. Lese-Rechtschreibschwierigkeiten müssen im schulischen Setting nicht durch erhebliche Verständnisschwierigkeiten auffallen. Trügerisch ist oft ein oberflächliches Textverständnis bei unzureichendem Wortverständnis. Insbesondere durchschnittlich und überdurchschnittlich begabte Schüler/innen mit LRS entwickeln oft Copingstrategien, die es ihnen ermöglichen, ihre Schwierigkeiten zu verdecken. Beispielsweise können Verständnisfragen zu einer Geschichte mit bereits angehäuften Wissensbeständen ergänzt werden. So ist es nicht unüblich oder überraschend, dass ein im Textverständnis unauffälliges Kind bei der Pseudowortsegmentierung wie ein Nicht-Leser wirken kann. Wenngleich Überlegungen zur Augenscheindiagnostik im Setting Schule nachvollziehbar sind, ist eine klare Diagnostik von Lese- und Rechtschreibleistungen mit standardisierten Verfahren unerlässlich.

### 4.2.7 Förderung

Zahlreiche Programme haben sich der LRS-Förderung mit unterschiedlicher Zielsetzung verschrieben. Vom Training der Vorläuferfertigkeiten oder des Regelwissens, rhythmisch-syllabierendes Mitsprechen über Neurolinguistisches Programmieren und Edu-Kinästhetik bis hin zu spezieller Ratgeberliteratur für Eltern bietet die Förderung eine große Bandbreite (Klicpera et al. 2007).

Da Lese- und Rechtschreibschwierigkeiten über den Lebenslauf persisitieren, ist eine Förderung bereits im Vorschulalter indiziert, weshalb der Förderung der phonologischen Bewusstheit eine besondere Bedeutung zukommt. Hierzu hat sich im deutschsprachigen Raum beispielsweise das Würzburger Trainingsprogramm »Hören, lauschen, lernen« (Küspert/Schneider 2000) etabliert, dem nachgewiesen werden konnte, dass es »langfristig förderliche Effekte für das Lesen und Schreiben erbrachte«, zumindest wenn es vollständig und manualgetreu durchgeführt wurde. So genannte »Risikokinder« waren in der Lage, ihre Leistungen durch das Training an eine unbehandelte Kontrollgruppe anzugleichen (Küspert/Schneider 2000). Das Trainingsprogramm versucht mittels Spielen und Übungen Einblicke in die Struktur der gesprochenen Sprache zu vermitteln. Hierzu gehören Lausch- und Reimspiele sowie Übungen zur Satzanalyse und -synthese, zu Silben, Anlauten und Phonemen (Lauten) (Küspert/Schneider 2000). Der zweite Teil des Trainings (Hören, lauschen, lernen 2 [Plume/Schneider 2004]) setzt an der Förderung der Graphem-Phonem-Korrespondanz, also der Laut-Buchstaben-Zuordnung an.

Ein weiteres Beispiel ist der »Rundgang durch Hörhausen« (Martschinke et al. 2002) und »Leichter lesen und schreiben lernen mit der Hexe Susi« (Forster/Martschinke 2006), welche eine Kombination aus Diagnostikum und Fördermaterial bieten. Im »Rundgang durch Hörhausen« können die phonologische Bewusstheit im engeren und weiteren Sinn sowie Vorkenntnisse im Schriftspracherwerb erhoben werden. Dazu wird das Kind aufgefordert, Silben zu segmentieren und zusammenzusetzen, Wörter zu zerlegen sowie Anlaute, Endlaute und Endreime zu erkennen (Martschinke et al. 2002). Im eigentlichen Trainingsprogramm möchte eine Identifikationsfigur (die Hexe Susi) lesen lernen, damit diese in der Lage ist, die Hexenbücher zu verstehen und dadurch hexen kann. Ähnlich wie im Trainingsprogramm von Küspert/Schneider werden Lausch- und Reimaufgaben, Silbensegmentierung und -synthetisierung, Übungen zur Phonem-Graphem-Zuordnung sowie Aufgaben zum schnellen Lesen eingeführt (Forster/Martschinke 2006). In Erinnerung an das Eingangsbeispiel, dass Lesen ganz schön langweilig sein kann, ist der Baustein »schnelles Lesen«, der ab dem zweiten Schulhalbjahr durchgeführt wird, für Kinder mit LRS von großer Bedeutung, um die Rekodierungsgeschwindigkeit der potentiellen Leistungsfähigkeit anzunähern. Weitere Möglichkeiten, diese Kompetenz zu fördern, sind Übungen mit kurzfristiger Präsentation von Stimuli, beispielsweise am Computer, zum Training der Wahrnehmungsgeschwindigkeit oder der Einsatz von Wortlisten (z. B. durch ein eigenständiges Wortlistentraining), wie auch wiederholtes Lesen von Texten (Forster/Martschinke 2006). Das Leseverständnis wird durch diese Maßnahmen mitgefördert (Klicpera et al. 2007), allerdings gibt es für diesen Bereich spezifische Fördermöglichkeiten wie das Trainingsprogramm »Wir werden Textdetektive« (Gold et al. 2004). Hier werden Lesestrategien wie beispielsweise das Unterstreichen, die besondere Bedeutung von Überschriften etc. zur Förderung des Textverständnisses vermittelt. Ähnlich wie die Identifikationsfigur »Hexe Susi« bei Forster/Martschinke, dient hier eine kriminalistische Rahmenhandlung der Förderung und Aufrechterhaltung der Motivation. Einen gegenteiligen Ansatz verfolgt das in den letzten Jahren populär gewordene IntraActPlus-Konzept (Jansen/Streit 2006). Die Autoren setzen auf Wiederholung und versuchen Störreize möglichst auszublenden (bpsw. Anlauttabellen, Bilder), um den Automatisierungsprozess zu beschleunigen. Das IntraActPlus-Konzept wird allerdings nicht unkritisch gesehen, beispielsweise scheint sein behavioristischer Ansatz nicht mehr zeitgemäß und das Konzept sprachwissenschaftlich und didaktisch beschränkt (Brüggelmann 2009).

Innerhalb der LRS-Förderung/Therapie hat die pharmakotherapeutische Behandlung im Gegensatz zu anderen Störungsbildern (bspw. AD(H)S) einen geringen Stellenwert. Wenngleich der Wirkstoff Pirazetam in wissenschaftlichen Studien positive Auswirkungen auf die Leseflüssigkeit zeigte, hat der Einsatz von Medikamenten wie beispielsweise Nootrop® 800 in der Praxis nahezu keinerlei Bedeutung (Warnke et al. 2004). Der Grund hierfür mag sein, dass auch mit Medikamenten keine kausale Behandlung erfolgt und Übungsbehandlungen mindestens ebenso erfolgreich sind.

Neben der Leseförderung ist die Förderung der Schriftsprache indiziert. Beim Einsatz der Hamburger-Schreib-Probe zur Diagnostik bietet sich die Verwendung strategiespezifischer Fördermaterialien, wie die »Denkwege in die Rechtschreibung« (Balhorn/Büchner 2005), an. Als eigenständiges Trainingsprogramm im deutschsprachigen Raum hat sich das Marburger Rechtschreibtraining (MRT) etabliert. Zentral ist die Vermittlung von acht Rechtschreibregeln, die ebenfalls von Identifikationsfiguren begleitet wird. Ziel ist daher folgerichtig vorwiegend die Förderung orthographischer Kompetenzen, wie beispielsweise Schärfungs- und Dehnungsschreibungen. Das MRT reduziert sich nicht auf die schulische Förderung, sondern ist ebenso von Eltern durchführbar (Warnke et al. 2004). Die Autoren sprechen von einer Senkung der Rechtschreibfehler von 40% auf 15% und einer Verbesserung der Note im Diktat im Mittel von 4,6 auf 3,8 (Warnke et al. 2004). Trotz der Evaluationen durch die Autoren gehen Gasteiger-Klicpera/Fischer (2008) lediglich von einer potentiellen Effektivität aus, was bedeutet, dass dieses Programm zwar wirksam scheint, dies allerdings noch nicht durch unabhängige Studien nachgewiesen wurde (für einen Vergleich verschiedener Trainingsmaßnahmen siehe Gasteiger-Klicpera/ Fischer 2008). Neben der Förderung der orthographischen Strategie kann die alphabetische Strategie beispielsweise durch den Kieler Lese- und Rechtschreibaufbau, das Rechtschreibförderprogramm nach Kossow oder durch die lautgetreue Rechtschreibförderung nach Reuter-Liehr (Warnke et al. 2004) gefördert werden.

Generell kann Förderung nicht früh genug ansetzen, weshalb Präventionsprogramme im Vorschulbereich einen hohen Stellenwert besitzen. Hier sei auch auf die Möglichkeit frühzeitiger Diagnostik, beispielsweise unter Zuhilfenahme des Bielefelder Screenings (BISK), hingewiesen, auch wenn im BISC eine Reihe von Risikokindern nicht identifiziert werden (Marx/Weber 2006). In späteren Jahren gewinnt die Orientierung der Lerninhalte an den individuellen Interessenslagen und Leistungsständen zunehmend an Bedeutung. Die meisten Fördermaterialien orientieren sich an Kindern im Grundschulalter. Neben der Vermittlung von Lesestrategien müssen daher bei älteren Kindern und Jugendlichen vermehrt Texte für den Einzelfall konzipiert werden. Hier sollte neben thematischer Ausrichtung auch darauf geachtet werden, dass diese maximal 10% unbekannte Wörter enthalten, um die Lesemotivation aufrecht zu erhalten.

Die aufwendige Diagnosestellung bei Lese- Rechtschreibschwächen wirft abschließend die Frage auf, welchen Wert eine solche Diagnose, außer einem potentiellen Nachteilsausgleich für die betreffenden Kinder und Jugendlichen, hat. Denkt man pädagogisch, so könnte sich die Diagnostik auf Leistungstests zentrieren und die Diagnose auf »Schwächen im Lesen und/oder Rechtschreiben« reduziert werden – die Ermittlung des IQs wäre dann obsolet und Förderung indiziert. Ohne Dekaden von Legastheniedebatten negieren zu wollen, sollten wir als Pädagogen vielmehr daran interessiert sein, Schwächen auszugleichen, als der Definition des Phänomens die Energie zu widmen. Die Unterstellung einer Konstanten impliziert – etwas überspitzt formuliert – die Ausstellung eines Freischeins für die Vernachlässigung einer elementaren Kulturtechnik.

## Literatur

AWMF (2007): Umschriebene Entwicklungsstörung schulischer Fertigkeiten (F81). In: Leitlinien der Arbeitsgemeinschaft der Wissenschaftlichen Medizinischen Fachgesellschaften. http://www.awmf.org Stand: 26.06.2009, 207–224.

Balhorn, H./Büchner, I. (2005): a – o – m – Denkwege in die Rechtschreibung. Donauwörth.

Brüggelmann, H. (2009): Gutachten zur lerntheoretischen, lesedidaktischen und pädagogischen Qualität des Programms »IntraActPlus«. In: http://www.agprim.uni-siegen.de/printbrue/iap-gutachten.pdf Stand: 16.06.2009.

Dilling, H./Mombour, W./Schmidt, M. H. (2008): Internationale Klassifikation psychischer Störungen ICD-10 Kapitel V (F). Bern.

Forster, M./Martschinke, S. (2006): Diagnose und Förderung im Schriftspracherwerb. Leichter lesen und schreiben lernen mit der Hexe Susi. Übungen und Spiele zur Förderung der phonologischen Bewusstheit. Band 2. Donauwörth.

Gasteiger-Klicpera, B./Fischer, U. (2008): Förderung bei Lese-Rechtschreibschwierigkeiten. In: Fingerle, M./Ellinger, S.: Sonderpädagogische Förderprogramme im Vergleich. Orientierungshilfen für die Praxis. Stuttgart, 67–84.

Georgiewa, P./Grünling, C./Ligges, M./Filz, C./Möller, U./Blanz, B. (2004): Lebensalterspezifische Veränderung phonologischer Defizite bei Lese-Rechtschreibstörung. In: Zeitschrift für Klinische Psychologie und Psychotherapie 33 (4), 281–289.

Gold, A./Mokhlesgerami, J./Rühl, K./Schreblowski, S./Souvignier, E. (2004): Wir werden Textdetektive – Lehrermanual und Arbeitsheft. Göttingen.

Hinshaw, S. P. (1992): Externalizing behavior problems and academic underachievement in childhood and adolescence: Causal realtionships and underlying mechanisms. In: Psychological Bulletin 111, 127–155.

Jacobs, C./Petermann, F. (2003): Dyskalkulie – Forschungsstand und Perspektiven. In: Kindheit und Entwicklung 12 (4), 197–211.

Jansen, F./Streit, U. (2006): Positiv lernen. Das IntraActPlus-Konzept. Heidelberg.

Klicpera, C./Schabmann, A./Gasteiger-Klicpera, B. (2007): Legasthenie. München.

Küspert, P./Schneider, W. (2000): Hören, lauschen, lernen. Sprachspiele für Kinder im Vorschulalter. Würzburger Trainingsprogramm zur Vorbereitung auf den Erwerb der Schriftsprache. Göttingen.

Lenhard, W./Schneider, W. (2006): ELFE 1-6 Ein Leseverständnistest für Erst- bis Sechstklässler. Göttingen.

Linder, M./Grissemann, H. (2000): ZLT Zürcher Lesetest. Förderdiagnostik bei gestörtem Schriftspracherwerb. Bern.

Martschinke, S./Kirschhock, E.-M./Frank, A. (2002): Diagnose und Förderung im Schriftspracherwerb. Der Rundgang durch Hörhausen. Erhebungsverfahren zur phonologischen Bewusstheit. Band 1. Donauwörth.

Marx, H. (1998): Knuspels Leseaufgaben (KNUSPEL-L). Göttingen.

Marx, P./Weber, J. (2006): Vorschulische Vorhersage von Lese- und Rechtschreibschwierigkeiten. Neue Befunde zur prognostischen Validität des Bielefelder Screenings (BISC). In: Zeitschrift für Pädagogische Psychologie 20 (4), 251–259.

May, P. (2002): HSP1-9 Diagnose orthographischer Kompetenz. Zur Erfassung grundlegender Rechtschreibstrategien mit der Hamburger Schreibprobe. Hamburg.

May, P./Arntzen, H. (2000): Hamburger Leseprobe Klasse 1–4. Testverfahren zur Beobachtung der Leselernentwicklung in der Grundschule. Hamburg.

Parachini, S./Steer, C./Buckingham, L.-L./Morris, A. P./Ring, S./Scerri, T./Stein, J./Pembrey, M. E./Ragoussis, J./Golding, J./Monaco, A. P. (2008): Association of the KIAA0319 Dyslexia Susceptibility Gene With Reading Skills in the General Population. In: American Journal of Psychiatry 165, 1576–1584.

Petermann, F./Petermann, U. (2007): HAWIK-IV Hamburg-Wechsler-Intelligenztest für Kinder – IV. Bern.

Plume, E./Schneider, W. (2004): Hören, lauschen, lernen 2. Spiele mit Buchstaben und Lauten für Kinder im Vorschulalter. Würzburger Buchstaben-Laut-Training. Göttingen.

Plume, E./Warnke, A. (2007): Definition, Symptomatik, Prävavlenz und Diagnostik der Lese-Rechtschreib-Störung. In: Monatsschrift Kinderheilkunde Zeitschrift für Kinder- und Jugendmedizin 155, 322–327.

Ricking, H. (2006): Der »Overlap« von Lern- und Verhaltensstörungen. In: Sonderpädagogik . (36(4)), 235–248.

Saß, H./Wittchen, H.-U./Zaudig, M. (2003): Diagnostisches und Statistisches Manual Psychischer Störungen. (DSM-IV-TR): Textrevision. Göttingen.

Schulte-Körne, G./Warnke, A./Remschmidt, H. (2006): Zur Genetik der Lese-Rechtschreibschwäche. In: Zeitschrift für Kinder- und Jugendpsychiatrie und Psychotherapie 34 (6), 435–444.

Schulz, W./Dertmann, J./Jagla, A. (2003): Kinder mit Lese- und Rechtschreibstörungen: Selbstwertgefühl und Integrative Lerntherapie. In: Kindheit und Entwicklung 12 (4), 231–242.

Strehlow, U./Haffner, J. (2002): Definitionsmöglichkeiten und sich daraus ergebende Häufigkeit der umschriebenen Lese- bzw. Rechtschreibstörung – theoretische Überlegungen und empirische Befunde an einer repräsentativen Stichprobe junger Erwachsener. In: Zeitschrift für Kinder- und Jugendpsychiatrie und Psychotherapie 30 (2), 113–126.

Walther, P. (2009): Verhaltensauffälligkeiten an Förderschulen für Lernhilfe – Ergebnisse einer Lehrerbefragung. In: Online Zeitschrift für Heilpädagogik 1, 50–68.

Warnke, A./Hemminger, U./Plume, E. (2004): Lese-Rechtschreibstörungen. Leitfaden Kinder- und Jugendpsychotherapie. Göttingen.

Weiß, R. H. (2006): CFT 20-R Grundintelligenztest Skala 2 – Revision.Göttingen.

Zielinski, W. (1998): Lernschwierigkeiten: Ursachen – Diagnostik – Intervention. Stuttgart.

Eva-Maria Hoffart und Gerald Möhrlein

# 5 Sabine – Die Angst in meiner Welt

---

Auszug eines Gesprächs zwischen einer Studentin für Sonderschullehramt und ihrem *Praktikumslehrer*:

*Zwei Wochen liegen hinter Ihnen. Wie ist Ihre erste Einschätzung nach dieser Zeit? Haben Sie für sich die richtige Entscheidung getroffen, den Schwerpunkt Pädagogik bei Verhaltensstörungen zu wählen?*

Ja, das denke ich. Obwohl ich mir das alles leichter vorgestellt habe. Bisher wurde uns nicht vermittelt, wie schwer die Praxis sein kann.

*Was meinen Sie denn damit? Was ist Ihnen schwer gefallen?*

Das Abschalten. Das Umgehen mit den Problemen der Kinder und Jugendlichen. In der Klasse, in der ich bin, ist so ein Mädchen, ich hätte gar nicht gewusst, wie ich sie dazu bewegen soll, am Unterricht teilzunehmen. Sie saß die erste Stunde immer unter dem Tisch. Und sie sah so traurig aus, das hat mich sehr betroffen gemacht.

*Was konnten Sie bei diesem Mädchen beobachten?*

Wie gesagt, die erste Stunde verbrachte sie oft zusammengekauert unter dem Tisch. In der zweiten Stunde hatte sie sich scheinbar damit abgefunden oder Mut gefasst und konnte sich auf ihren Stuhl setzen. Sie hatte eine Unterrichtsbegleiterin dabei für diese Zeit. Sie war ganz neu, hatte ihren ersten Tag mit mir gemeinsam. In dem Mädchen machte sich dann eine extreme Unruhe breit. Sie rutschte auf ihrem Stuhl herum und knabberte ständig an ihren Nägeln oder kaute auf ihren Haaren. Die Nägel waren schon ganz blutig.

*Hat sie denn am Unterricht teilgenommen?*

Phasenweise. Oft ist sie gar nicht gekommen. Sie entschuldigte das dann damit, dass sie sich krank gefühlt habe oder zu müde gewesen sei. Sie beschäftigte sich mit allem Möglichen. Der Unterricht schien sie kaum zu interessieren. Die Unterrichtshelferin war immer nur die ersten beiden Stunden da. In der Pause flüsterte das Mädchen immer mit den anderen Schülern. Sie erzählte ihnen Horrorgeschichten, z. B. dass sie vergewaltigt wurde. Und sie wusste über jede Katastrophe Bescheid. Sie fragte mich dann, ob der entflohene Häftling auch zu uns kommen würde, wie die Schule gesichert sei, ob ein Tornado bei uns wüten kann, wie schlimm das Gewitter letzte Nacht war, wie groß ihre Angst dabei war und dass ein Baum fast aufs Haus gefallen wäre.

*Wie haben die anderen Schüler darauf reagiert?*

Viele waren geschockt. Manche hat es auch nicht interessiert. Sie haben den Lehrer gefragt, ob die Geschichten stimmen. Keiner wollte sich mit ihr beschäftigen. Eigentlich hatte sie nur engeren Kontakt zu einer Gruppe von älteren Schülern, mit denen sie sich in den Pausen zurückzog. Wenn sie dann zurückkam, wirkte sie meistens entspannt, manchmal auch sehr aufgedreht und redete dann sehr viel. Da diese Schülergruppe schon wiederholt durch Drogenexperimente aufgefallen ist, haben wir uns große Sorgen gemacht. Wir wussten aber nicht so richtig, wie wir damit umgehen sollten. An einem Tag habe ich sie dabei beobachtet, wie sie ein Mädchen in der Toilette dazu aufgefordert hat, sich die Hose runter zu ziehen. Ich habe sie sofort gestoppt. Ich wusste gar nicht, wie ich reagieren soll. Ich fand es sehr beklemmend. Ich hatte das Gefühl, wenn ich nicht gekommen wäre, wäre noch mehr passiert. Ich habe das Mädchen angeschrien, es solle sofort die Hose wieder hoch ziehen. Habe sehr überreagiert, glaube ich. Abends lag ich lange wach und habe nachgedacht, ob das richtig war.

*Zu welchem Schluss sind Sie dabei gekommen?*

Es war das einzige, zu dem ich in der Situation fähig war. Beim nächsten Mal würde ich gelassener reagieren, denke ich, vielleicht einen Scherz machen, um die Spannung aus der Situation zu nehmen.

*Wie schätzen Sie die Fähigkeiten des Mädchens ein?*

Lässt sich schwer sagen. In der kurzen Zeit habe ich nicht viel beobachten können. Sie wirkt oft abwesend, beschäftigt sich mit anderen Sachen. Sie hat gar kein Interesse am Rechnen oder Schreiben. Sie kann sich fast gar nicht auf eine Sache konzentrieren. Es wirkt, als könne sie gar nicht, als würde sie innerlich irgendwas so beschäftigen, dass sie keine Energie mehr für das Lernen hat. Sie wirkt intelligent. Sie stellt in Gesprächen mit mir in der Pause interessante Fragen, zeigt sich neugierig. Über ihre schulischen Fähigkeiten kann ich nichts sagen.

*Was hat Sie bei diesem Mädchen am meisten betroffen gemacht?*

Ihre Art, Katastrophen herbeizureden. Ihre stetige Angst, alles könne auch bei ihr passieren. Und wie sie den anderen Schülern von ihrer Vergewaltigung berichtet. Eine Mischung aus sich darstellen wollen ... dieses unfassbare Unheimliche auszusprechen und sich damit interessant zu machen, aber gleichzeitig diese gefühlsmäßige Zerrissenheit, die sie ausstrahlt. Und ich sorge mich um ihren körperlichen Zustand. Sie wird immer dünner und wirkt ganz durchscheinbar. Ja und natürlich der Drogenverdacht und der Vorfall in der Toilette. Man spürt die eigene Angst, was hätte passieren können, wenn ich nicht da gewesen wäre. Betroffen macht mich, dass die Welt dieses Mädchens so voller Angst ist, dass sie gar nicht lernen kann.

Sabines Geschichte:

Sabine wächst bei ihren leiblichen Eltern und vier weiteren Geschwistern auf. Im Kindergarten wirkt sie sehr zurückhaltend, ängstlich und in sich gekehrt. Auf der anderen Seite ist ihr Verhalten geprägt von ständiger Unruhe und Nervosität. Sie wirkt verwahrlost, ebenso wie ihre Geschwister. Eine Familienhelferin wird in der Familie durch das Jugendamt installiert. Sie findet zum Teil katastrophale Zustände in der Wohnung vor. Die Eltern, beide arbeitslos, scheinen aber zunächst gewillt zu sein, ihre Lebenssituation zu verändern. Nach einem halben Jahr Arbeit in der Familie äußert Sabine der Familienhelferin gegenüber, dass ihr Onkel mit ihr »Doktor« gespielt habe und beschreibt erschreckende Details. Sabine wird sofort in Obhut genommen, da die Rolle der Eltern völlig unklar ist. Nach und nach kristallisiert sich heraus, dass der Missbrauch schon seit zwei Jahren stattfindet und insgesamt drei Verwandte beteiligt sind. Sabine ist zu diesem Zeitpunkt fünf Jahre alt. Die Täter werden rechtskräftig verurteilt. Sabines Eltern scheinen vom Missbrauch ihrer Tochter nichts mitbekommen zu haben. Sabine wird mit 6 Jahren aufgrund der massiven familiären Problemlagen und der deutlichen Anzeigen für Vernachlässigung in ein therapeutisches Heim aufgenommen. Die Eltern sind mit der Unterbringung einverstanden. Sabine zeigt ausgeprägte psychosomatische Störungen und ein extrem auffälliges Sozialverhalten. Während eines Wochenendbesuchs bei ihren Eltern kommt es zu einem weiteren sexuellen Übergriff. Obwohl sie darüber im Heim berichtet, glaubt ihr niemand. (Erst zu einem späteren Zeitpunkt wird dieser Tatbestand durch ein Glaubwürdigkeitsgutachten belegt.)

Erst drei Jahre nach der Aufnahme in das therapeutische Heim wird den Eltern das Sorgerecht für Sabine entzogen. Die Kinder- und Jugendpsychiatrie stellt eine Angststörung, ein Hyperkinetisches Syndrom und eine ausgeprägte reaktive Bindungsstörung des Kindesalters nach durchlebter emotionaler Deprivation und nach erlebtem sexuellem Missbrauch fest. Der Besuch einer Regelschule ist zu diesem Zeitpunkt unmöglich. Schulische Leistungsbereitschaft ist nicht vorhanden. Ihr Vertrauen in sich und in andere ist fast vollkommen zerstört. Bei kleinsten Misserfolgen reagiert sie verzweifelt, deprimiert und autistisch. In ängstlichen Phantasien beschwört sie Unglücke und Umweltkatastrophen herbei. In unbeobachteten Augenblicken zeigt sie stark sexualisierte Verhaltensweisen und versucht, andere Schüler zu sexuellen Übergriffen zu animieren. Inzwischen wird vermutet, dass Sabine häufiger verschiedene Drogen konsumiert.

Sabine wird mit 10 Jahren in ein Heim aufgenommen, in dem sie bis zur Selbstständigkeit leben kann.

Hannah Schott

## 5.1 Gebrauch, Missbrauch und Abhängigkeit von Drogen

### 5.1.1 Definition und Klassifikation

Begriffe wie *Gebrauch, Missbrauch* und *Abhängigkeit* von Drogen werden im Alltagssprachgebrauch oft unbedacht und uneinheitlich verwendet. Fachlich lassen sich diese Begriffe relativ klar voneinander abgrenzen. Während der *Gebrauch* von Drogen alle möglichen Formen von Konsum (z. B. auch den experimentellen Konsum) einschließt, differenziert der in den 1960iger Jahren eingeführte Begriff des *Missbrauchs* medizinisch indizierten von gelegentlichem oder dauerhaftem nicht-medizinischem Substanzkonsum. Der *Schädliche Gebrauch* dagegen richtet das Augenmerk auf den gesundheitsschädigenden Aspekt des Konsums psychotroper Substanzen. Die bis 1963 verwendete Bezeichnung der *Sucht* wurde von der Weltgesundheitsorganisation durch den weniger krankheitsbezogenen Begriff der *Abhängigkeit* (*dependence*) ersetzt. Darunter wird ein Phänomen beschrieben, das eine Gruppe von Merkmalen umfasst, die infolge wiederholten Substanzkonsums entstehen. Im Themenbereich psychoaktiver Substanzen kennzeichnen sich derartige Definitionen besonders stark durch Relativität, die vor allem von kulturellen und sozialzeitlichen Unterschieden bestimmt ist. Unter dem Einfluss kultureller Normen ist eine recht einseitige Problemwahrnehmung von Drogen entstanden, die sich z. B. in Form einer allgemeinen gesellschaftlichen Sichtweise zeigt, in der hinsichtlich legaler Drogen (Alkohol, Tabak) eine Unterscheidung von Genuss und Missbrauch selbstverständlich ist, während bereits der einmalige Konsum von illegalen Substanzen als problemmotivierter Missbrauch eingestuft wird. Eine klare Trennlinie kann zwischen den dargestellten Begriffen kaum objektiv gezogen werden. Nach Kemmesis (2001, 36) sollten daher alle Versuche, derartige Phänomene als objektive begriffliche Größen darzustellen, kritisch betrachtet werden. Die Einordnung dieser Phänomene in Klassifikationen kann aber dennoch einem gemeinsamen Begriffsverständnis dienlich sein.

ICD-10 und DSM-IV unterscheiden sich bezüglich der Diagnostik substanzbezogener Störungen weniger in Symptomkriterien als in der Verortung verschiedener Störungen. So werden in der ICD-10 unter den *Psychischen und Verhaltensstörungen durch psychotrope Substanzen* verschiedene substanzbezogene Störungen aufgeführt. Diese beinhalten die *akute Intoxikation*, den *schädlichen Gebrauch*, das *Abhängigkeitssyndrom*, das *Entzugssyndrom (mit und ohne Delir)*, die *Psychotische Störung*, das *Amnestische Syndrom*, den *Restzustand und verzögert auftretende psychotische Störung* sowie *sonstige* und *nicht näher bezeichnete psychische und Verhaltensstörungen* und sind substanzspezifisch im Bereich F10–F19 differenziert (vgl. DIMDI 2004, 169 ff.). Im DSM-IV werden unter *Störungen durch Substanzkonsum* der *Substanzmissbrauch* und die *Substanzabhängigkeit* aufgeführt. Die Diagnosen können auch hier mit Ausnahme von Koffein auf jede Substanzklasse angewendet werden. Unter *substanzin-*

*duzierten Störungen* werden weiterhin die Klassifikationen *Substanzintoxikation, Substanzentzug und substanzinduzierte psychische Störungen* zusammengefasst (vgl. Saß et al. 2001). In der folgenden Tabelle beschränke ich mich auf die Darstellung der Störungen des *Schädlichen Gebrauchs* bzw. des *Substanzmissbrauchs* und des *Abhängigkeitssyndroms* bzw. der *Substanzabhängigkeit*.

Tabelle 1: Klassifikation von Missbrauch und Abhängigkeit nach ICD-10 und DSM-IV (vgl. DIMDI 2004; Saß et al. 2001)

| | Kriterien nach ICD-10 | | Kriterien nach DSM-IV | |
|---|---|---|---|---|
| | Substanzbezogene Differenzierung | Symptomkriterien | Substanzbezogene Differenzierung | Symptomkriterien |
| Schädlicher Gebrauch (F10.1–F19.1) bzw. Substanzmissbrauch (F1x.1) | Alkohol, Opioide, Cannabinoide, Sedativa und Hypnotica, Kokain, andere Stimulanzien, Halluzinogene, Tabak und flüchtige Lösungsmittel | Konsum psychotroper Substanzen, der zu Gesundheitsschädigung führt. Kann als körperliche oder psychische Störung auftreten und beinhaltet missbräuchlichen Konsum | Alkohol, Amphetamine, Cannabis, Halluzinogene, Inhalanzien, Kokain, Nikotin, Opiate, Sedativa, Hypnotika und Anxiolytika, multiple und unbekannte Substanzen | Wiederholter Gebrauch, der zu Versagen bei der Erfüllung von Pflichten führt, in gefährdenden Situationen stattfindet, wiederkehrende Probleme mit dem Gesetz zur Folge hat und trotz entstehender Probleme fortgesetzt wird |
| Abhängigkeitssyndrom (F10.2–F19.2) bzw. Substanzabhängigkeit (F1x.2) | Alkohol, Opioide, Cannabinoide, Sedativa und Hypnotica, Kokain, andere Stimulanzien, Halluzinogene, Tabak und flüchtige Lösungsmittel | Verhaltens-, kognitive und körperliche Phänomene nach wiederholtem Substanzgebrauch. Typischerweise starkes Verlangen nach der Substanz, Kontrollverlust im Konsum, Toleranzentwicklung, Vorrang der Substanz gegenüber anderer Aktivitäten und Verpflichtungen, anhaltender Gebrauch trotz schädlicher Folgen und ggf. Entzugssyndrom | Alkohol, Amphetamine, Cannabis, Halluzinogene, Inhalanzien, Kokain, Nikotin, Opiate, Sedativa, Hypnotika und Anxiolytika, multiple und unbekannte Substanzen | Hauptmerkmal sind Verhaltens-, kognitive und körperliche Symptome, die anzeigen, dass der Substanzgebrauch trotz einschneidender Probleme fortgesetzt wird. Kriterien wie Toleranzentwicklung, Entzugssymptome, Menge, Kontrollverlust, hoher Zeitaufwand für Beschaffung und Konsum, Aufgabe von sozialen, beruflichen oder Freizeitaktivitäten und fortgesetzter Konsum trotz körperlichen und psychischen Problemen liegen vor |

Als *Drogen* oder *psychoaktive Substanzen* werden in der Regel alle Stoffe bezeichnet, die in der Lage sind, die körperlichen oder psychischen Funktionen zu beeinflussen. Ein solches Begriffsverständnis ist sinnvoll, da es auch alltägliche Drogen wie Kaffee und Tee enthält. Damit kann aufgezeigt werden, dass auch die Grenzen zwischen Drogen, Genuss- und Lebensmitteln fließend sind. Der Blickwinkel bewegt sich damit vom Schädigungspotenzial spezieller Substanzen weg zur Betrachtung der Handlung des Konsumierens hin. Dieser verlagerte Fokus hat u. a. bedeutsame Auswirkungen auf die Entwicklung präventiver und intervenierender Maßnahmen. Merkmale von Drogen fallen sehr spezifisch aus. Sie beinhalten sehr unterschiedliche Wirkweisen und Risiken, die immer von der Persönlichkeitsstruktur des Konsumenten, von der Art des Konsumierens und von der Umgebung, in welcher der Konsum stattfindet, abhängig sind. Ein Überblick ist in der Tabelle 2 dargestellt, die sich auf Substanzen bezieht, die immer wieder von Jugendlichen konsumiert werden. Zur Erläuterung möchte ich dabei auf unseren Beitrag Schott/Ellinger (2008, 198 ff.) verweisen.

Tabelle 2: Klassifikation von Drogen nach Wirkung und Übersicht über deren spezifische Eigenschaften (vgl. Schott 2010)

| Substanz | Wirkung | Verbreitete Konsumformen | Spezifisches Einstiegs- und Gefahrenpotenzial |
|---|---|---|---|
| Sedierende Substanzen | | | |
| (Diazepam, Opiate, Morphin, Schlafmittel u. a.) | • Sedativa: beruhigend angstlösend<br>• Hypnotika: beruhigend schlaffördernd | • dominierende orale Konsumform: Tabletten, Kapseln, Tropfen<br>• intravenöse Konsumform: Injektionslösungen<br>weitere Konsumformen wie Pflaster und Zäpfchen | • insbesondere weibliche Konsumenten überwiegen<br>• Verfügbarkeit und gesellschaftliche Toleranz<br>• teilweise sehr hohes Abhängigkeitspotenzial und starke körperliche Schädigungen<br>• geschlechtsbezogene Rollenbilder als Konsummotivation (Anabolika, Appetitzügler) |
| Stimulierende Substanzen | | | |
| Koffein/ Tein | • anregend | • oral: in Form aufgebrühter Getränke | • Verfügbarkeit/Verbreitung/gesellschaftliche Toleranz<br>• körperliche Belastung bei zusätzlichem Konsum<br>• Abhängigkeitspotenzial |
| Amphetamine | • euphorisierend<br>• erregend<br>• aphrodisierend<br>• enthemmend<br>• gesteigertes Selbstvertrauen, Kommunikationsbedürfnis, Leistungsfähigkeit, Sinneswahrnehmung | • in Pulverform vorwiegend: geschnupft oder oral eingenommen<br>• intravenöse Injektion | • akute Vergiftungserscheinungen<br>• Flüssigkeitsverlust und Überhitzung<br>• geringe Einschätzbarkeit der Substanzzusammensetzung<br>• verringerte Wahrnehmung körperlicher Signale<br>• mögliche Beeinträchtigung der Feinmotorik, Konzentrations- und Urteilsfähigkeit<br>• Zustand nach dem Konsum<br>• schnelle Toleranzbildung und Abhängigkeitspotenzial<br>• bei langfristigem Konsum soziale und psychische Veränderungen und körperliche Schädigungen |

| Substanz | Wirkung | Verbreitete Konsumformen | Spezifisches Einstiegs- und Gefahrenpotenzial |
|---|---|---|---|
| Kokain/ Crack | • euphorisierend<br>• enthemmend<br>• erhöhte Kreativität, Sinneswahrnehmung, Leistungsfähigkeit, Selbstvertrauen, sexuelle Potenz | • Kokain: vorwiegend in Pulverform geschnupft intravenöse Injektion<br>• Crack: Rauchen der *Rocks* in Crackpfeifen | • Kokainschock und akute Vergiftungserscheinungen<br>• Selbstüberschätzung<br>• sehr hohes Abhängigkeitspotenzial<br>• bei langfristigem Konsum körperliche und psychische Veränderungen und körperliche Schädigungen |
| Ecstasy (z. T. Zuordnung zu Stimulanzien) | • »Innere Rührung verursachend« s. Amphetamine | • meistens oraler Konsum in Tablettenform | • vgl. Amphetamine (mit Ausnahme des Abhängigkeitspotenzials) |
| Halluzinogene | | | |
| LSD (Lysergsäurediethylamid) Psilocybin, Psilocyn, Meskalin u. a. | • gesteigerte/veränderte Sinneswahrnehmung (akustisch, optisch, taktil)<br>• Synästhesien<br>• mystische Erfahrungen<br>• evtl. euphorische Empfindungen | • synthetisch hergestellte Halluzinogene: oraler Konsum als Lösung auf Pappe, in Kapseln, Tabletten<br>• natürliche Halluzinogene: oraler Konsum von Pflanzen(teilen) oder als Tee aufbereitet Konsum durch Rauchen | • Selbstüberschätzung<br>• Gefahr von Horrortrips und Flashbacks<br>• schnelle Toleranzentwicklung (LSD)<br>• schwankender Wirkstoffgehalt und toxisches Potenzial bei halluzinogenen Pflanzen<br>• schizophrenieartige Erscheinungen bei entsprechender psychischer Disposition |
| Multiple Wirkungsweisen | | | |
| Alkohol (Äthanol) | • anregend<br>• entspannend<br>• enthemmend<br>• sedierend | • Oral in Form von Getränken | • Verfügbarkeit/Verbreitung/gesellschaftl. Toleranz<br>• Beeinträchtigung der Wahrnehmungs- und Reaktionsfähigkeit/Unfallgefahr und Kontrollverlust<br>• psychische u. körperliche Abhängigkeit<br>• vielfältige körperliche Schädigungen |
| Cannabis (Tetrahydrocannabinol) | • entspannend<br>• stimmungshebend<br>• intensivere/veränderte Sinneswahrnehmung<br>• appetitanregend<br>• bei hoher Dosis halluzinogen | • überwiegende Konsumform des Rauchens durch Joints, Sticks oder in (Wasser-)pfeifen<br>• oraler Konsum in Form von Gebäck und Getränken | • dominierende illegale Substanz<br>• Unterschiede in der THC-Konzentration<br>• Wahrnehmungs- und Denkstörungen/ Unfallgefahr/Kontrollverlust<br>• negatives Umschlagen der Stimmung<br>• psychische Veränderungen bei entsprechenden Risikofaktoren und langfristigem Gebrauch<br>• Illegalität/Etikettierung/Kriminalisierung |
| Tabak (Nikotin) | • stimulierend<br>• beruhigend | • dominante Konsumform des Rauchens (Zigaretten, Pfeife, Shisha u. a.)<br>• Kau- oder Schnupftabak | • Verfügbarkeit/Verbreitung/gesellschaftl. Toleranz<br>• hohes Abhängigkeitspotenzial<br>• vielfältige Erkrankungen bei Langzeitkonsum |

## 5.1.2 Epidemiologie und Komorbidität

Der Konsum legaler Drogen ist weitaus stärker verbreitet als der Konsum illegaler Drogen und erscheint im Jugendalter als alltägliches Phänomen: 90% aller Jugendlichen gibt an, Alkohol zumindest probiert zu haben. Mit ansteigendem Alter erhöht sich auch die Rate regelmäßiger Konsumenten. Zum Ende des Jugendalters erfüllen fast 17% der männlichen sowie 6% der weiblichen Jugendlichen die Kriterien für Alkoholmissbrauch bzw. Alkoholabhängigkeit. Damit geht auch eine Tendenz zur Zunahme gesundheitlich riskanter Konsummuster einher (vgl. Anderson 2007, Werse et al. 2007, Die Drogenbeauftragte der Bundesregierung 2008 u. a.). Der Konsum von illegalen Drogen verzeichnet in den letzten Jahren einen eher abnehmenden Trend, der bei gleichzeitigem Anstieg des Gebrauchs von Stimulanzien zu beobachten ist (vgl. Die Drogenbeauftragte der Bundesregierung 2008; Orth/Kraus 2009, 99 ff.). Nach der *Drogenaffinitätsstudie* der Bundeszentrale für gesundheitliche Aufklärung (BZgA) beträgt der Anteil der 12 bis 17-jährigen Jugendlichen, die mindestens einmal innerhalb der letzten zwölf Monate eine illegale Droge konsumiert haben aktuell 7,4%. Diese Angaben beinhalten überwiegend den Gebrauch von Cannabis. Männliche Jugendliche machen den höheren Anteil der Konsumenten illegaler Drogen aus (BZgA 2009). Insgesamt kann festgestellt werden, dass die Prävalenzraten für illegalen Substanzkonsum bei Jugendlichen während der letzten Jahre weitgehend stagnierten (vgl. Orth/Kraus 2009, 108 f.). Bedenklich ist, dass ein Trend zu riskanten Konsumformen beobachtet werden kann. Dieser zeigt sich z. B. in einem geringeren Einstiegsalter. Aus gesundheitlicher Sicht ist dieses Phänomen in doppelter Hinsicht bedenklich, da ein früher Einstieg eine Abhängigkeitsentwicklung begünstigt. Die Altersgruppe, in der Drogenkonsum am weitesten verbreitet ist, ist die der 18 bis 21-jährigen Jugendlichen. Während der Konsum illegaler Drogen nach dieser Altersspanne wieder abnimmt, bleibt legaler Konsum wie das Rauchen bis zum 35. Lebensjahr auf ähnlich hohem Niveau bestehen.

Daten, die zur Verteilung von Missbrauch und Abhängigkeit vorliegen, weisen ein hohes Maß an Ungenauigkeit auf. Sie gehen meistens von Hochrechnungen und Schätzungen aus. Im Bereich substanzbezogener Störungen dominieren bevölkerungsweit Störungen, die Cannabisgebrauch betreffen. So erfüllen nach der Einschätzung des *Epidemiologischen Suchtsurveys* 0,7% der Konsumenten im Alter zwischen 18 und 64 Jahren die DSM IV- Kriterien für Cannabismissbrauch und 0,4% dieser Gruppe für Cannabisabhängigkeit. Die Prävalenz im Alter zwischen 18 und 20 Jahren liegt dabei am höchsten. So geben Hochrechnungen für Störungen, die andere illegale Drogen betreffen, eine Prävalenzrate von 0,3 % an (vgl. Kraus et al. 2008). Im Auftreten substanzbezogener Störungen sind innerhalb der vergangenen 10 Jahre geringe Veränderungen zu beobachten, innerhalb derer ein leichter Anstieg zu verzeichnen ist (vgl. Orth/Kraus 2009, 110).

Regelmäßiger und riskanter Konsum wird in der Regel von weiteren Schwierigkeiten begleitet, wie Forschungsergebnisse verschiedentlich belegen. Darunter fallen nicht nur Phänomene wie riskantes Verhalten im Straßenverkehr und in der Sexualität (vgl. Wight et al. 2000, Health Education Authority 1997), sondern auch teilweise schwere kognitive, psychische und soziale Beeinträchtigungen und delinquentes Verhalten als Folge des Konsums (vgl. Johnston et al. 1998; Schulz/Remschmidt 1999). Exzessiver Substanzkonsum steht hier außerdem im Zusammenhang mit Beeinträchtigungen in der Bewältigung jugendtypischer Entwicklungsaufgaben. Erscheinungen wie schulischer Misserfolg, gescheiterte Partnerbeziehungen, Gewalttätigkeit in der Partnerbeziehung, instabile Ausbildungs- und Beschäftigungsverhältnisse, Teenager-Schwangerschaft und eine ungünstige Peergroup fallen in diesen Bereich (vgl. Laucht 2007a, 48 f.). Außerdem ist das komorbide Auftreten von substanzbezogenen Störungen mit anderen klassifizierten Störungsbildern bekannt. Im Bereich externalisierender Störungen ist hier die Kopplung von substanzbezogenen Störungen mit Störungen des Sozialverhaltens oder Hyperaktivität häufig. Externale Störungen gehen dem Konsum typischerweise voraus. Demgegenüber steigt die Inzidenzrate komorbider internalisierender Störungen im Jugendalter *während* des Konsumalters deutlich an: Vor allem Angststörungen oder depressive Störungen scheinen durch Substanzkonsum ausgelöst, begünstigt und verstärkt zu werden und treten damit ab einem gewissen Stadium häufig komorbid auf (vgl. Breslau et al. 2004).

### 5.1.3 Ansätze zur Erklärung von Drogenkonsum, -missbrauch und -abhängigkeit

Modelle zur Erklärung von Drogengebrauch, -missbrauch und -abhängigkeit sollten sich am Stadium bzw. am Ausprägungsgrad des Konsumverhaltens orientieren. Im Folgenden wird daher eine Unterscheidung nach experimentellem und dauerhaftem Drogenkonsum getroffen. Folgende Modelle eignen sich insbesondere zur Erklärung experimentellen Konsums.

Das Jugendalter gilt zunächst als kritische Lebensphase für die Entwicklung von Substanzkonsum. Unter entwicklungspsychologischer Perspektive kann er dabei zunächst als für Jugendliche funktional gelten, indem durch diesen Attribute des Erwachsenseins beansprucht werden (vgl. Oerter/Dreher 1995; Silbereisen 1999). Die *Maturity-Gap-Hypothese* (vgl. Moffitt 1993) trifft hier die Aussage, dass die Zeitspanne zwischen biologischer Reifung und dem Übergang vom Jugend- zum Erwachsenenstatus sich bedingt durch gesellschaftliche Umstände verlängert hat. Damit ist nach Jessor/Jessor (1977) auch die Zeitspanne größer, in der diese gewissermaßen darauf angewiesen sind, die genannten Attribute auf diesem Weg zu erlangen. Experimentieren mit psychoaktiven Substanzen kann daher als allgemeine Entwicklungsaufgabe gelten. Es ist weiterhin davon auszugehen, dass das Konsumverhalten stark durch Einstellungen und normative Erwartungen gegenüber dem Konsum beeinflusst ist. Nach der *Sozialen Lerntheorie* bzw. nach dem *Modell der sozialen Einflussnahme* (vgl. Bandura 1986, 1977; Evans et al. 1978) kommt es bei Jugendlichen zur Entwicklung solcher Einstellungen, indem besonders Modelle mit »hohem Status«, zu denen eine positive Beziehung besteht, Imitationsverhalten auslösen. Jugendliche, die positive Einstellungen gegenüber psychoaktiven Substanzen zeigen, bzw. Jugendliche, die Drogenkonsum in ihrer Peer-Group für ein normal auftretendes Phänomen halten, zeigen häufiger experimentellen Konsum als Gleichaltrige mit negativeren Einstellungen und Erwartungen. Nach der *Theorie des geplanten Verhaltens* (vgl. Ajzen 1988) spielen zwei Typen von Wirksamkeitserwartungen eine Rolle: Dazu gehört sowohl die Erwartung, Handlungen vollbringen zu können, als auch die Erwartung, dem Gebrauch einer Substanz und dem damit verbundenen Gruppendruck widerstehen zu können (vgl. DeVries et al. 1990). Der in der Prävention vielfach verwendeten Theorie der Sozialen Einflussnahme steht die Auffassung gegenüber, dass Jugendliche, die experimentell konsumieren, andere konsumierende Jugendliche aktiv auswählen, da diese deren Einstellungen teilen (vgl. Fisher/Bauman 1988).

Habitueller Konsum bzw. Formen des Missbrauchs und der Abhängigkeit von Drogen lassen sich mit anderen Modellen besser erklären. Diesen geht zunächst ein Entwicklungsverlauf voraus, der verschiedentlich formuliert wurde. Trotz einer hohen Zahl experimenteller Konsumenten mündet der Konsum nur bei einer geringen Anzahl in regelmäßigen Konsum. Experimenteller Konsum wird inzwischen als entwicklungsbedingtes Phänomen betrachtet. Damit ist weniger die Frage danach zu stellen, welche Ursachen jugendlichem Probierkonsum zugrunde liegen, sondern die Frage, in welchen Merkmalen sich vorübergehend und habituell konsumierende Jugendliche voneinander unterscheiden. Hier stößt man zunächst auf die *Theorie antisozialen Verhaltens,* die sich an den Entwicklungspfaden nach Moffitt (1993) orientiert. Dabei wird Problemverhalten, das auf das Jugendalter begrenzt ist, von einem über den gesamten Lebensverlauf bestehenden Problemverhalten abgegrenzt. Während der auf das Jugendalter begrenzte Typ eher als eine »Demonstration des Erwachsenseins« (Bühler/Kröger 2006, 29) verstanden wird, handelt es sich bei dem in der Anzahl weitaus geringer ausfallenden (5%) zweiten Typ um einen komplexen Entwicklungsverlauf, dessen Beginn bereits in frühkindlichen Auffälligkeiten gesehen wird. Dieser zweite Verlaufstyp vollzieht sich unter bestimmten Bedingungen, die in dieser Gruppe gehäuft auftreten und welche die Forschung als Risikofaktoren isolieren kann. Das *Modell der Risikofaktoren* beschreibt Risikofaktoren als Variablen, die Beginn, Schweregrad und Dauer einer Störung ungünstig beeinflussen, und ist stark empirisch orientiert (vgl. Rutter 1987). Risikofaktoren sollen ihren Einfluss auf unterschiedlichem Weg ausüben können (vgl. Coie et al. 1993). Dabei beeinflussen sie das unmittelbare soziale Umfeld des Konsumenten (sozial-interpersonaler Bereich), wirken sich verändernd auf die Einstellung des Konsumenten bzw. auf Faktoren aus, die diese Einstellung prägen (kultureller oder Einstellungsbereich), oder formen dessen direkte Persönlichkeitseigenschaften (intrapersonaler Bereich).

Petermann/Koglin (2006) fassen Risikofaktoren für Störungen durch Substanzkonsum in folgender Tabelle zusammen:

Tabelle 3:  Risikofaktoren für Störungen durch Substanzkonsum. In: Petermann/Koglin (2006)

| Kindliche Risiken | Familiäre Risiken | Risiken des sozialen Umfelds |
|---|---|---|
| • genetische Prädisposition<br>• physiologische Auffälligkeiten: vermehrt niedrig frequente Wellen im EEG, veränderte Neurotransmitteraktivität<br>• schwieriges Temperament: Irritabilität, mangelnde Verhaltenshemmung<br>• Verhaltensstörungen: aufsässiges, aggressiv-dissoziales Verhalten, emotionale Probleme<br>• geringes Selbstwertgefühl<br>• schulische Probleme<br>• Ablehnung durch Gleichaltrige<br>• Freunde mit massivem Problemverhalten | • dysfunktionale Eltern-Kind-Interaktionen: inkonsistente Erziehungspraktiken, geringe Supervision, körperliche Bestrafung, Misshandlung<br>• familiäre Konflikte<br>• Scheidung der Eltern<br>• psychische Störung der Eltern: Alkohol- oder Drogenmissbrauch und -abhängigkeit, Depression<br>• Kriminalität des Vaters<br>• geringe Schul- oder Berufsausbildung der Eltern<br>• finanzielle Probleme | • negatives Wohnumfeld: hohe Kriminalitätsrate, geringe Qualität nachbarschaftlicher Beziehungen<br>• leichte Verfügbarkeit von Alkohol und Drogen<br>• ungünstige Gesetze und Normen: niedrige Altersgrenze, niedrige Preise für alkoholische Getränke |

Welche Störung sich schließlich manifestiert, hängt wahrscheinlich von individuellen Mustern von Risiko- und Schutzfaktoren ab (z. B. Genetische Disposition + Broken-Home-Situation + suchtmittelfreundliche Peergroup). Bedeutsame Risikofaktoren scheinen in frühem Konsum und stabilem aggressiven Verhalten zu liegen. Komplementär zum Modell der Risikofaktoren steht das *Modell der Schutzfaktoren*. Durch Schutzfaktoren sollen vorliegende Risikofaktoren relativiert werden können, indem deren Wirkung herabgesetzt wird.

Sehr einflussreich unter den Erklärungsmodellen für missbräuchlichen und abhängigen Konsum wurde in den letzten Jahren der vom Modell der Risiko- und Schutzfaktoren und der *Theorie des Problemverhaltens* (vgl. Jessor/Jessor 1983) geprägte *Life-Skills-Ansatz* nach Botvin (1996). Hier wird der Zusammenhang zwischen verschiedenen Arten von Problemverhalten beschrieben, indem angenommen wird, dass Problemverhaltensweisen auf identische Faktoren (*Life Skills*) zurückzuführen sind, die sozialer oder psychologischer Natur sein können. Lebenskompetenzen beschreiben verschiedene Fähigkeiten wie die, empathisch zu sein, Anforderungen und negative Emotionen zu bewältigen, Beziehungen zu gestalten, zu kommunizieren und reflektierte Entscheidungen zu treffen. Wenn diese Kompetenzen nicht bestehen, soll sich das Risiko erhöhen, dass Drogenkonsum in eine Abhängigkeitsentwicklung mündet.

Erklärungsmodelle können nicht nur am Betroffenen, sondern auch am *Umfeld* des Betreffenden, beispielsweise des Schulsystems oder der Familie, ansetzen. So trifft die *Theorie der sozialen Kontrolle* (vgl. Elliott et al. 1989) die Aussage, dass die unzureichende Bindung an ein konventionelles Elternhaus bzw. an die Schule zu einer Beziehungsaufnahme mit unkonventionellen Gruppen führt, die dann als Modell für Substanzkonsum fungieren sollen. Das *sozialökologische Modell* (vgl. Kaplan et al. 1984) beschreibt demgegenüber die Abwendung der Betroffenen vom konventionellen Umfeld, die aus einer Überforderung desselben resultiert. Mit der Beziehungsaufnahme zu weniger konventionellen Gruppen ist dann das Ziel verbunden, in diesem Kontext Sicherheit und Selbstachtung zu erhalten. Zur weiteren Beschreibung von Erklärungsmodellen möchte ich auf unseren Übersichtsbeitrag Schott/Ellinger (2008) verweisen.

### 5.1.4 Prävention und Intervention

Nach meiner Ansicht sollte Schule nicht erst bei bestehender Drogenproblematik eingreifen. Dieses Umfeld eignet sich in besonderer Weise für vorbeugende Maßnahmen, da Kinder und Jugendliche hier langfristig, kontinuierlich und intensiv angesprochen werden können. Lehrkräfte sollten daher nicht nur die Bedeutung von eingreifenden Maßnahmen erwägen, sondern prinzipiell auch präventiv arbeiten, um möglichen ungünstigen Entwicklungsverläufen vorzubeugen. Prävention kann sowohl in verschiedenen Stadien des Konsums, als auch an gezielten Gruppen ansetzen. Die Begriffe der *Universellen, Selektiven* und *Indizierten Prävention* des US Institute of Medicine beschreiben verschiedene Präventionsformen, die unterschiedliche Zielsetzungen beinhalten. *Universelle Prävention* bezeichnet alle Maßnahmen, die sich frühzeitig an unspezifische Gruppen richten. Im schulischen Umfeld ist vor allem das Modell zur Förderung von Lebenskompetenzen angesehen, das die effektivsten Ergebnisse vorweisen kann. Diese Konzepte zielen auf die Entwicklung grundlegender prosozialer Kompetenzen wie Empathie, Kommunikations- und Konfliktfähigkeit bzw. auf die Förderung von Selbstkompetenz. Auf diese Weise kann es um die Stärkung der Selbstachtung und der Wahrnehmung von Emotionen gehen, um Stressbewältigung, Standfestigkeit und reflexives Denken. Lebenskompetenzen werden von Kindern am besten gelernt, wenn interaktive Methoden eingesetzt werden, in denen z. B. in Form von Rollenspielen Auseinandersetzungen mit Mitschülern geübt werden. Eine besondere Variante dieser Programme ist der Einsatz von Gleichaltrigen, die zuvor als Mediatoren von Fachkräften angeleitet wurden. Diese so genannten Peer-Projekte zeigen sie sich bei konsumierenden Schülern als effektiv, da Gleichaltrige von diesen als glaubwürdiger empfunden werden.

In Anlehnung an die Theorie der sozialen Kontrolle und an das ökologische Modell nimmt weiterhin die Gestaltung der Schulatmosphäre als Präventionsmaßnahme einen hohen Stellenwert ein. Schule sollte, da sie durch überhöhte Leistungsforderungen selbst einen Risikofaktor für Drogenkonsum darstellen kann, die Gestaltung einer entspannten und positiven Atmosphäre anstreben. Innerhalb des Unterrichts können beispielsweise Entspannungs- und Arbeitsphasen wechseln und positive Interaktionen zwischen Schülern gefördert werden. In Ruhephasen können gezielte Entspannungstrainings, wie das Muskelentspannungstraining nach Jacobsen (vgl. Petermann 2007, 98), angeleitet werden. Neben dem Unterricht hat auch die geeignete Gestaltung von Räumlichkeiten und Schulgelände präventive Effekte, die gleichzeitig anregend sein und Erholungspunkte bieten sollten. Einen weiteren Schwerpunkt in universellen Maßnahmen bilden freizeit- bzw. erlebnispädagogische Angebote, die u. a. Erlebnisalternativen bereitstellen sollen. Diese sind nicht als alleinige Form der Prävention ausreichend und sollten deshalb eher als zusätzliche Angebote eingeführt werden. Es bietet sich hier eine Organisation in Projektform an, in der z. B. Zirkus-, Theater- oder Sport-AGs, auch in Kooperation mit externen Partnern, angebahnt werden können. Die Besonderheit dieser Angebote liegt darin, dass sie auch risikobetont und abenteuerlich sein können, um sich vom Alltagsleben abzuheben. Gerade bei Kindern und Jugendlichen, die Problemverhalten zeigen und aus sozial belasteten Umgebungen kommen, scheinen ergänzende Alternativverfahrungen positive Wirkung zu zeigen, was u. a. damit zusammenhängt, dass diese positive Interaktionen fördern, die losgelöst von schulischen Anforderungen sind.

Im Rahmen der *Selektiven Prävention* wendet man sich an Risikogruppen, indem versucht wird, Schutzfaktoren zu stärken und Risikofaktoren zu reduzieren. Dabei werden dann nicht nur die Adressaten selbst, sondern auch deren Umfeld angesprochen. Bei Hochrisikogruppen wie extrem vernachlässigten Kindern oder Kindern suchtkranker Eltern kann insbesondere der Einsatz von sozialen Kompetenzprogrammen oder von so genannten Mentorenprogrammen empfohlen werden. Hier verbringen freiwillige nichtelterliche Erwachsene Zeit mit den Jugendlichen und unterstützen diese in verschiedenen Lebensbereichen, indem durch beziehungsorientiertes informelles Lernen Entwicklungsprozesse angeregt werden sollen. Mentorenprojekte werden von Vereinen oder von Universitäten organisiert (vgl. Schott 2009). Lehrer und Erzieher können hier vermittelnde Funktion haben, indem sie Vernetzungen mit entsprechenden Einrichtungen anstreben. Andererseits ist im Rahmen der Selektiven Prävention Elternarbeit besonders wichtig, in deren Rahmen z. B. eine Sensibilisierung für deren Vorbildfunktion erfolgen kann. Ansätze, die an Eltern und Kinder gerichtet sind, scheinen nicht nur Risikofaktoren für die Kinder zu mindern, sondern erreichen direkte vorbeugende Effekte auf das Konsumverhalten. Eventuell ist hier der Einbezug externer Fachkräfte in die Prävention erforderlich, da die methodische Umsetzung der Beratung spezifisches Fachwissen erforderlich macht.

*Indizierte Prävention* setzt ein, wenn bereits Risiken bzw. Drogenkonsum vorliegen. Hier ist es möglich, Konsummotive zum Thema zu machen bzw. eine gezielte Aufklärung durchzuführen. Es können außerdem in Gruppendiskussionen alternative Sichtweisen erarbeitet und bestehende Kognitionen ersetzt werden. Ebenfalls sollten Strategien erarbeitet werden, durch deren Hilfe das gewünschte Ziel (z. B.

Euphorie, Entspannung) auf gesundem Wege erreicht werden kann. Es bietet sich hier auch eine praktische Vermittlung von Strategien in AGs an.

Mit der Aufklärung über Drogen sollte immer die Vermittlung von Kompetenzen verknüpft sein. Indizierte Maßnahmen müssen nicht immer das Ziel der Abstinenz verfolgen. Abstinenz kann für Konsumierende eine unrealistische Forderung darstellen. Hier kann niedrigschwellig gearbeitet werden, indem die Reflexion spezifischer Risiken von Substanzen und Konsummustern in den Vordergrund gestellt wird, um bei den Konsumenten Risikokompetenz zu erzeugen. Risiken des Konsums ergeben sich weniger aus der spezifischen Substanz als aus der Art des Konsumierens. Hier gilt es dann entsprechend, einen verantwortungsvollen Umgang mit Substanzen zu erreichen. In diesem Bereich können z. B. die Risiken verschiedener Konsumformen thematisiert werden (Schädigungen des Atmungssystems durch Rauchen und der Schleimhäute durch Schnupfen, Risiko eines sehr unmittelbaren Wirkungseintritts und Gefahr von Infektionsübertragungen beim Injizieren). Bei der Arbeit an Risikokompetenzen ist eine *substanzspezifische* Aufklärung geeignet. Insbesondere bei legalen Drogen wie Alkohol zeigen substanzunspezifische Präventionsprogramme gegenteilige Wirkungen auf, da das Risikopotenzial legaler Drogen gering erscheinen kann, wenn es mit illegalen Drogen verglichen wird. Prävention, die sich auf legale Drogen richtet, ist zudem besonders wichtig, da legaler Substanzkonsum am meisten verbreitet ist. In diesem Bereich ist insbesondere an den häufig bestehenden Kognitionen über die Selbstverständlichkeit dieser Substanzen zu arbeiten. Präventionsprogramme zu legalen Drogen liegen zum Beispiel für Alkohol, Tabak und Arzneimittel als Lehrerhandreichungen von der BZgA vor. Diese enthalten Materialien für die Klassen 5–10 (vgl. BZgA 2003a, 2003b, 2004).

Bei fortgeschrittenem Abhängigkeitsstadium und hohem Risikoverhalten sollte in erster Linie eine Zusammenarbeit mit Schulpsychologen oder Experten aus spezifischen Beratungsstellen erfolgen, da hier besonderes Fachwissen erforderlich ist. Einige Angebote können aber auch durch Lehrkräfte und Erzieher gemacht werden. Schule bietet sich hier zunächst an, einen Rahmen für ein soziales Umfeld zu bieten, das sich von der Szene der Konsumenten abgrenzt. Um in diesem Umfeld befriedigende Beziehungen für die Konsumenten anzubahnen, sind alle Angebote angemessen, die zur Aufnahme und Festigung sozialer Beziehungen und zum persönlichen Wohlbefinden beitragen. Zusätzlich können Pädagogen Ansprechpartner und Berater für die Betreffenden sein, wenn es um Angelegenheiten geht, die begleitend zum Drogenkonsum auftreten (z. B. gesundheitliche, finanzielle und strafrechtliche Probleme). Hier können regelmäßige Gespräche vereinbart werden, in denen gemeinsam nach Lösungen gesucht werden kann. Im Rahmen solcher Beratungsgespräche kann man Jugendlichen auch einfache Instrumente an die Hand geben, die helfen können, das eigene Konsumverhalten zu beobachten bzw. zu kontrollieren. Hier möchte ich das Einführen eines tabellarischen *Konsumtagebuchs* vorschlagen, in dem der Konsument Art, Häufigkeit und Menge der konsumierten Substanz im

Verlauf aufzeichnen kann. In anderer Form kann man diese Dokumentationsart auch dafür verwenden, Konsumreduktionen zu erreichen, indem z. B. unterstützend Verstärker eingesetzt werden. Für die Durchführung von Beratungsgesprächen hat sich die Methode der Motivierenden Gesprächsführung (vgl. Miller/Rollnick 2002) in verschiedener Hinsicht als erfolgreich erwiesen. Diese wird in der Drogenarbeit eingesetzt, um Veränderungsmotivation bei Konsumenten zu fördern. Die Technik wird im Rahmen von Fortbildungen auch für Pädagogen angeboten. Um Effektivität bei präventiven und intervenierenden Maßnahmen zu erreichen, ist es immer wichtig, Angebote langfristig, kontinuierlich und intensiv durchzuführen. Um die schwer erreichbare Zielgruppe ansprechen zu können, ist dabei eine akzeptierende und ressourcenorientierte Haltung hilfreich, die dem Konsumenten Wertschätzung und Anerkennung signalisiert.

## Literatur

Ajzen I. (1985): From decisions to actions: A theory of planned behavior. In: Kuhl, J./Beckmann, J. (Hg.): Action-control: From cognition to behavior. New York, 11–39.

Andersen, P. (2007): The impact of alcohol advertising. ELSA project report on the evidence to strengthen regulation to protect young people. Utrecht.

Bandura, A. (1986): Social foundations of thought and action: A social kognitive theory. New York.

Botvin, G. (1996): Substance abuse prevention through Life Skills Training. In: Peters, R./DeV/McMahon, J.: Preventing childhood disorders. Substance abuse and delinquency. Sage, Newbury Park, 215–240.

Breslau, N./Novack, S. P./Kessler, R. C. (2004): Daily smoking and the subsequent onset of psychiatric disorders. In: Psychological Medicine 34, 323–333.

Bühler, A./Kröger, C. (2006): Expertise zur Prävention des Substanzmissbrauchs. Herausgegeben von der Bundeszentrale für gesundheitliche Aufklärung. Köln.

BZgA (Bundeszentrale für gesundheitliche Aufklärung) (2009): Die Drogenaffinität Jugendlicher in der Bundesrepublik Deutschland 2008. Verbreitung des Konsums illegaler Drogen bei Jugendlichen und Erwachsenen. Köln.

BZGA (Bundeszentrale für gesundheitliche Aufklärung) (2oo4) (Hg.): Alkohol. Materialien für die Suchtprävention in den Klassen 5–10. Köln.

BZGA (Bundeszentrale für gesundheitliche Aufklärung) (2oo3a) (Hg.): Rauchen. Materialien für die Suchtprävention in den Klassen 5–10. Köln.

BZGA (Bundeszentrale für gesundheitliche Aufklärung) (2oo3b) (Hg.): Arzneimittel. Materialien für die Suchtprävention in den Klassen 5–10. Köln.

Coie, J. D./Watt, N. F./West, S. G./Hawkins, J. D./Asarnow, J. R./Markman, H. J./Ramey, S. L./Shure, M. B./Long, B. (1993): The science of prevention: A conceptual framework and some directions for a national research program. In: American Psychologist 48 (10), 1013–1022.

Deutsches Institut für medizinische Dokumentation und Information (DIMDI) (Hg.) (2004): ICD-10. Internationale statistische Klassifikation der Krankheiten und verwandter Gesundheitsprobleme. Köln.

DeVries, H./Kok, G./Dijkstra, M. (1990): Self-efficacy as a determinant of the onset of smoking and interventions to prevent smoking in adolescents. European Perspectives in Psychology 2, 209–222.

Die Drogenbeauftragte der Bundesregierung (Hg.) (2008): Drogen- und Suchtbericht. Onlineartikel. In: www.drogenbeauftragte.de.

DIMDI (Deutsches Institut für medizinische Dokumentation und Information) (Hg.) 2004: ICD-10-GM. Internationale statistische Klassifikation der Krankheiten und verwandter Gesundheitsprobleme. Köln.

Elliot, D./Huizinga, D./Menard, S. (1989): Multiple problems youth: Delinquency, substance use and metal health problems. New York.

Evans, R. I./Rozelle, R. M./Mittelmark, M./Hansen, W. B./Bane, A. L./Havis, J. (1978): Deterring the onset of smoking in children: Knowledge of immediate psychological effects and coping with peer pressure, media pressure and parents modelling. Journal of Applied Social Psychology 8 (2), 126–135.

Fisher, L. A./Bauman, K. E. (1988): Influence and selection in the friend-adolescent relationship: Findings from studies of adolescent smoking and drinking. Journal of Applied Social Psychology 18, 289–314.

Health Education Authority (1997): Health update – alcohol. London.

Jessor, R./Jessor, S. (1983): Ein sozialpsychologisches Modell des Drogenkonsums. In: Lettlerl, D./Welz, R. (Hg.): Drogenabhängigkeit – Ursachen und Verlaufsformen. Weinheim.

Jessor, R./Jessor, S. (1977): Problem behavior and psychosocial development. New York.

Johnston, L. D./O'Malley, P. M./Bachman, J. G. (1998): National survey results on drug use from the Monitoring the Future Study 1975–1997. Rockville.

Kaplan, H./Martin, S./Robbins, C. (1984): Pathways to adolescent drug use: Self-derogation, peer influence, weakening of social controls and early substance use. Journal of Health and Social Behavior 25, 270–294.

Kemmesis, U. E. (2001): Zur Phänomenologie von Hamburgern und Drogenhilfe – einige unorthodoxe Beobachtung zur McDonaldisierung der Drogenhilfe. In: Schneider, W. (Hg.): Illegalisierte Drogen: Alte Mythen – Neue Akzeptanz. Berlin.

Körkel, J./Veltrup, C. (2003): Motivational Interviewing. Eine Übersicht. In: Suchttherapie 4, 115–124.

Kraus, L./Pfeiffer-Gerschel, T./Pabst, A. (2008): Cannabis und andere illegale Drogen. Prävalenz, Konsummuster und Trends. Ergebnisse des Epidemiologischen Suchtsurveys 2006. In: Sucht 54, Sonderheft 1, 16–25.

Laucht, M. (2007): Besondere Wirkungen des Substanzkonsums auf junge Menschen. In: Mann, K./Havemann-Reinecke, U./Gaßmann, R. (Hg.): Jugendliche und Suchtmittelkonsum. Trends – Grundlagen – Maßnahmen. Freiburg, 42–57.

Moffitt, T. E. (1993): Adolescence-Limited and Life-Course-persistent Antisocial Behavior: A Developmental Taxonomy. In: Psychological Review 100 (4), 674–701.

Oerter, R./Dreher, E.: Jugendalter. In: Oerter, R./Montada, L. (2002): Entwicklungspsychologie. 5. Auflage, Weinheim/Berlin, 258–318.

Orth, B./Kraus, L. (2009): Illegale Drogen – Zahlen und Fakten zum Konsum. In: Deutsche Hauptstelle für Suchtfragen (Hg.): Jahrbuch Sucht. Geesthacht, 99–111.

Petermann, U. (2007): Entspannungstechniken für Kinder und Jugendliche. Ein Praxisbuch. 5. Auflage, Weinheim/Basel.

Petermann, F./Koglin, U. (2006): Sucht- und Gewaltprävention im Kindergarten. In: Kindergartenpädagogik. Onlinehandbuch. Herausgegeben von M. R. Textor. In: www.kindergartenpaedagogik.de.

Rutter, M. (1987): Psychosocial resilience and protective mechanisms. In: American Journal of Orthopsychiatry 57, 316–331.

Saß, H./Wittchen, H.-U./Zaudig, M. (Hg.) (2001): DSM-IV. Diagnostisches und Statistisches Manual Psychischer Störungen. Deutsche Bearbeitung des Originals der American Psychiatric Association (1994). Göttingen/Bern u. a.

Schott, H. (2010): Sucht, Prävention und Intervention bei Jugendlichen – eine pädagogische Perspektive. In: Braune-Krickau, T./Ellinger, S. (Hg.): Handbuch Diakonische Jugendarbeit. (Im Druck).

Schott, H. (2009): *PrävMent*. Mentorenprojekt mit Jugendlichen. Onlinepublikation. URL: http://www.uni-frankfurt.de/fb/fb04/personen/ellingerweb/PraevMent/index.html (Stand: 01.05.2009).

Schott, H./Ellinger, S. (2008): Vorbeugend Möglichkeiten schaffen. Anregungen zur Drogenprävention an Förderschulen. In: Sonderpädagogische Förderung heute 53(2008)2, 196–215.

Schulz, E./Remschmidt, H. (1999): Substanzmissbrauch und Drogenabhängigkeit im Kindes- und Jugendalter. In: Deutsches Ärzteblatt 96, 302–306.

Silbereisen, R. K./Kastner, P. (1999): Jugend und Drogen. In: Oerter, R. (Hg.): Lebensbewältigung im Jugendalter. Weinheim, 192–219.

Werse, B./Müller, O./Bernard, C. (2007): Jahresbericht MoSyD: Drogentrends in Frankfurt am Main. Frankfurt a. M.

Wight, A. M./Henderson, M./Raab, G./Abraham, C./Buston, K./Scott, S./Hart, G. (2000): Extend of regretted sexual intercourse among young teenagers in Scotland: a cross sectional survey. In: BMJ 320, 1243–1244.

Hannah Schott

## 5.2 Angststörungen

### 5.2.1 Definition des Phänomens nach ICD-10 und DSM-IV

*Angst* kann zunächst als ein universeller, durch die Wahrnehmung von Gefahr ausgelöster Affektzustand beschrieben werden. Nach Stein stellt sie *die* grundlegende menschliche Emotion und gleichzeitig ein Konstrukt dar, das auf Basis manifester Anzeichen fassbar gemacht werden kann (vgl. Stein 2005, 59 ff.). Vom Angstbegriff, der ein eher diffuses, beengendes, lang anhaltendes und zukunftsorientiertes Gefühl beschreibt, ist die *Furcht* abzugrenzen, die sich als unmittelbare und kurzlebige Reaktion auf eine aktuelle Gefahr kennzeichnet. Die *Phobie* dagegen bezeichnet eine intensive Angstreaktion bei Konfrontation mit einem aversiven Reiz, die dieser Situation nicht angemessen ist.

Angst dient dem menschlichen Organismus als adaptives biologisches Warnsystem, indem sie diesen durch Aktivierung des sympathischen Nervensystems auf eine Schutzreaktion vorbereitet. Dabei wird der Körper durch die Ausschüttung der Botenstoffe Adrenalin und Noradrenalin in Aktionsbereitschaft versetzt. Dieser Zustand zeigt sich symptomatisch auf physischer, kognitiver und behavioraler Ebene (vgl. Essau 2003).

Tabelle 1: Kategorisierung von Angstsymptomen nach Symptomebenen (Essau 2003, 15)

| Körperlich | | |
|---|---|---|
| Erhöhte Herzfrequenz | Verstärkte Atmung | Magenbeschwerden |
| Erröten | Schwitzen | Mundtrockenheit |
| Müdigkeit | Muskuläre Anspannung | Erbrechen |
| Übelkeit | Taubheitsgefühle | Kopfschmerzen |
| Hitze- oder Kälteschauer | Urinieren | Getrübte Sicht |
| Kognitiv | | |
| Blackout oder Vergesslichkeit | Gedanken daran, verletzt zu werden | Konzentrationsschwierigkeiten |
| Gedanken an Verunreinigung | Gedanken daran, verrückt zu werden | Gedanken daran, dumm zu erscheinen |
| Gedanken an Gefahr | Gedankenrasen | Selbstkritische Gedanken |
| Behavioral | | |
| Vermeidungsverhalten | Zittern der Stimme | Daumenlutschen |
| Weinen oder Schreien | Zittern der Lippe | Vermeidung von Augenkontakt |
| Nägelkauen | Stottern | Verkrampfte Muskulatur |
| Starre Haltung | Zähneknirschen | |

Angst ist somit zunächst als adaptive, funktionale und allgemein menschliche Reaktion zu beschreiben. Stein fasst das Phänomen in einem bipolaren Kontinuum, in dem normale Angstreaktionen und Angststörungen die Eckpunkte bilden, die im Übergangsstatus der Ängstlichkeit gewissermaßen zusammen laufen. *Ängstlichkeit* kennzeichnet sich nach Krohne (1996) durch häufige Angstreaktionen in unterschiedlichen oder bestimmten Situationen (gelernte Angstreaktion), durch verstärkte Erwartungen, dass bestimmte Ereignisse negative Folgen nach sich ziehen könnten (Bedrohungserwartung) bzw. eigenes Verhalten diese Konsequenzen wenig beeinflussen kann (externale Kontroll-Überzeugungen), und schließlich durch die Selbsteinschätzung, dass es an Kompetenzen fehlt, Kontrollverhalten über Situationen und über Emotionen ausüben zu können. Von *Angststörungen* kann man sprechen, wenn Angstsymptome hinsichtlich ihrer Dauer und Intensität dem betreffenden Gefährdungspotenzial nicht angemessen sind, wenn diese chronisch oder in unangemessenen Situationen auftreten oder wenn der Betroffene nicht in der Lage ist, die Angst erklären oder bewältigen zu können, bzw. wenn dessen Lebensqualität bedeutend durch die Angst beeinträchtigt ist. Angststörungen dürfen nicht mit *entwicklungstypischen Ängsten* verwechselt werden, die altersbedingt auftreten. So ist im Alter 5 bis 7-jähriger Kinder eine alterstypische Angst vor Verletzungen, natürlichen Katastrophen und Tieren zu beobachten, während für 8 bis 11-Jährige die Angst, bei schulischen und sportlichen Leistungen zu versagen, bei Jugendlichen die Angst vor Zurückweisung durch Gleichaltrige in den Vordergrund tritt (vgl. Essau 2003, 204).

Die Klassifikationssysteme DSM-IV und ICD-10 unterscheiden kindspezifische von solchen Angststörungen, deren Ausdruck altersunabhängig ist. Die ICD-10 unterscheidet neben vier altersunspezifischen Kategorien von Angststörungen vier kind- und jugendspezifische Angststörungen, die der Kategorie *emotionale Störungen des Kindesalters* zugeordnet werden. Das DSM-IV differenziert zwischen einer für Erwachsene gültigen Kategorie von *Angststörungen* und einer kindspezifischen *Störung mit Trennungsangst*, die den *Anderen Störungen des Kleinkind-, Kindes- und Jugendalters* zugeordnet werden. Unterschiede in den Klassifikationssytemen bestehen insbesondere darin, dass die ICD-10 in *Phobische Angststörungen* und *Andere Angststörungen* unterteilt. Während sie außerdem zwischen Ängsten und Zwängen unterscheidet, wird im DSM-IV die *Zwangsstörung* als ein Subtyp von Angststörungen klassifiziert. In der folgenden Übersicht sollen Klassifikation und Kernsymptome im Vergleich der beiden Klassifikationssyteme dargestellt werden. Der Typus Zwangsstörungen wird dabei nicht berücksichtigt.

Tabelle 2: Klassifikation und Kernsymptome von Angststörungen im Vergleich der Klassifikationssysteme ICD-10 und DSM-IV (vgl. Petermann et al. 2002)

| | ICD-10 | Kurzbeschreibung d. Symptome n. ICD-10 | DSM-IV | Kurzbeschreibung d. Symptome n. DSM-IV |
|---|---|---|---|---|
| Kind- und jugendspezifische Ängste | *F 9* Verhaltens- und emotionale Störungen mit Beginn in der Kindheit und Jugend | | Störungen, die gewöhnlich im Kleinkindalter, in der Kindheit oder Adoleszenz diagnostiziert werden | |
| | *F 93* Emotionale Störungen des Kindesalters | | Andere Störungen im Kleinkindalter, in der Kindheit oder Adoleszenz | |
| | *F 93.0* Emotionale Störung mit Trennungsangst des Kindesalters (3 von 8 Symptome müssen zutreffen, Beginn vor dem 6. Lebensjahr, min. Dauer: 4 Wochen) | Anhaltende unrealistische Sorge um Bezugspersonen, Verweigerung, in die Schule oder alleine schlafen zu gehen und ohne Bezugsperson zu Hause zu bleiben, körperliche Symptome, Albträume und Schreien bei Trennung | *309.21* Störung mit Trennungsangst (3 von 8 Symptomen müssen zutreffen, Beginn vor dem 18. Lebensjahr, minimale Dauer: 4 Wochen) | Übermäßige und wiederkehrende Angst bei Trennung von Bezugspersonen oder vertrauten Orten, Verweigerung, in die Schule oder alleine schlafen zu gehen und ohne Bezugsperson zu Hause zu bleiben, körperliche Symptome und Albträume |
| | *F 93.1* Phobische Störung des Kindesalters (min. Dauer s. o.) | Übermäßige, andauernde und stark ausgeprägte entwicklungsphasenspezifische Angst, die sich auf spezifische Objekte oder Situationen bezieht und mit sozialen Beeinträchtigungen einhergeht | Kein Äquivalent, Überlappung zur spezifischen Phobie möglich (*300.29* bzw. *F 40.2*) | -- |
| | *F 93.2* Störung mit sozialer Ängstlichkeit des Kindesalters (Symptome und Dauer s. o.) | Anhaltende, übermäßige Ängstlichkeit in sozialen Situationen mit wenig vertrauten Personen, die von vermeidendem Verhalten, übertriebener Verlegenheit oder Scham, passivem oder weinendem Verhalten begleitet werden | Kein Äquivalent, Überlappung zur sozialen Phobie nach DSM-IV | -- |
| | *F 93.8* Sonstige emotionale Störungen des Kindesalters | | Kein Äquivalent | -- |
| | *F 93.80* Generalisierte Angststörung des Kindesalters (3 von 6 Symptomen müssen zutreffen, Beginn vor dem 18. Lebensjahr) | Intensive und übermäßige Angst bezüglich verschiedener in der Regel alltäglicher Situationen oder Ereignisse, die von Kontrollverlust und kindspezifischen Symptomen wie Sorgen über unzureichende Kompetenzen begleitet werden | Kein Äquivalent, jedoch identisch mit generalisierter Angststörung im Erwachsenenalter (*300.02*) | -- |

# Angststörungen

| ICD-10 | Kurzbeschreibung d. Symptome n. ICD-10 | DSM-IV | Kurzbeschreibung d. Symptome n. DSM-IV |
|---|---|---|---|
| | F 41 andere Angststörungen | | |
| F 41.0 Panikstörung (jugendtypische Angstsymptome) | Panikstörung: Auftreten wiederholter unerwarteter Panikattacken begleitet von der großen Sorge über weitere Attacken | 300.01 Panikstörung ohne Agoraphobie (jugendtypische Angstsymptome) | Panikstörung: Auftreten wiederholter unerwarteter Panikattacken begleitet von der großen Sorge über weitere Attacken |
| F 41.1 Generalisierte Angststörung (unterschiedliche Symptome zu F 93.80) | Intensive und übermäßige Angst bezüglich verschiedener in der Regel alltäglicher Situationen oder Ereignisse, die von Kontrollverlust begleitet werden | 300.02 Generalisierte Angststörung (bei Kindern muss eines von 6 Symptomen vorliegen) | Intensive und übermäßige Angst bezüglich verschiedener in der Regel alltäglicher Situationen oder Ereignisse, die von Kontrollverlust begleitet werden |
| F 41.2 Angst und depressive Störung, gemischt | Verhältnismäßig milde Angstsymptome in Kombination mit einer depressiven Störung | Kein Äquivalent | -- |
| F 41.3 Andere gemischte Angststörungen | Generalisierte Angststörung in Kopplung mit einer anderen Störung aus dem Bereich neurotischer, Belastungs- und somatoformer Störungen | Kein Äquivalent | -- |
| F 43.0 Akute Belastungsreaktion (Symptome verschwinden nach spätestens 2–3 Tagen) | Akutes Auftreten einer Reihe von Angstsymptomen als Reaktion auf eine außergewöhnliche ernsthafte Bedrohung evtl. begleitet von einer Amnesie | 308.3 Akute Belastungsreaktion (Symptome dauern 2 Tage – 4 Wochen an) | Akutes Auftreten einer Reihe von Angstsymptomen als Reaktion auf eine außergewöhnliche ernsthafte Bedrohung evtl. begleitet von einer Amnesie |
| F 43.1 Posttraumatische Belastungsstörung (differenziertes Wissen über kind- und jugendspezifische Symptome liegt nicht vor, vgl. aber Symptombeschreibung in Petermann et al. 2002, 239) | Intensive Furcht, Entsetzen oder Hilflosigkeit aufgrund eines oder mehrerer Ereignisse außergewöhnlicher Bedrohung (traumatische Situation), teilweise begleitet durch Wiedererleben/Neuinszenierung der Situation, Depression u. a. | 309.81 Posttraumatische Belastungsstörung (kind- und jugendspezifische Hinweise wie Reinszenierung im Spielverhalten liegen vor) | Intensive Furcht, Entsetzen oder Hilflosigkeit aufgrund eines oder mehrerer Ereignisse außergewöhnlicher Bedrohung (traumatische Situation), teilweise begleitet durch Wiedererleben/Neuinszenierung der Situation, Depression u. a. |

altersunspezifische Ängste

| ICD-10 | Kurzbeschreibung d. Symptome n. ICD-10 | DSM-IV | Kurzbeschreibung d. Symptome n. DSM-IV |
|---|---|---|---|
| *F 40-49* Neurotische, Belastungs- und somatoforme Störungen (Erwachsenenteil) | | Angststörungen (Erwachsenenteil) | |
| | | *F 40* Phobische Störungen | |
| F 40.00 Agoraphobie ohne Panikstörung (Kriterien für Panikstörung sind nicht erfüllt) | Angst, sich in einer Situation oder an einem Ort zu befinden, der nicht verlassen werden kann, und die von Vermeidungsverhalten begleitet ist | *300.22* Agoraphobie ohne Panikstörung in der Vorgeschichte (Kriterien für Panikstörung sind nicht erfüllt) | Angst, sich in einer Situation oder an einem Ort zu befinden, der nicht verlassen werden kann, und die von Vermeidungsverhalten begleitet ist |
| *F 40.01* Agoraphobie mit Panikstörung (Panikattacken müssen mindestens zweimal auftreten) | • Agoraphobie: Angst, sich in einer Situation oder an einem Ort zu befinden, der nicht verlassen werden kann (vgl. 40.00)<br>• Panikstörung: Auftreten wiederholter unerwarteter Panikattacken begleitet von der großen Sorge über weitere Attacken (vgl. 41.0) | *300.21* Panikstörung mit Agoraphobie (min. 4 von 13 Symptomen müssen plötzlich auftreten; Höhepunkt liegt innerhalb 10 Minuten) | • Panikstörung: Auftreten wiederholter unerwarteter Panikattacken begleitet von der großen Sorge über weitere Attacken (vgl. 300.01)<br>• Agoraphobie: Angst, sich in einer Situation oder an einem Ort zu befinden, der nicht verlassen werden kann (vgl. 300.22) |
| *F 40.1* Soziale Phobien (Vgl.: Störung mit sozialer Ängstlichkeit des Kindesalters) | Übermäßige und anhaltende Angst vor Bewertungen durch andere Personen oder Leistungssituationen, infolge derer u. a. öffentliches Sprechen und soziale Situationen gemieden werden und die von körperlichen Symptomen begleitet werden | *300.23* Soziale Phobie (Soziale Angststörung) (mindestens 6 Monate; kindspezifische Hinweise wie u. a. ein normaler Umgang mit vertrauten Personen und Symptomen wie weinen liegen vor) | Übermäßige und anhaltende Angst vor Bewertungen durch andere Personen, Leistungssituationen oder Konfrontation mit unbekannten Personen, infolge derer u. a. öffentliches Sprechen und soziale Situationen gemieden werden und die von körperlichen Symptomen begleitet werden |
| *F 40.2* Spezifische (isolierte) Phobien | Übermäßige und anhaltende Angst vor klar erkennbaren spezifischen Situationen oder Objekten, begleitet von starkem Flucht- und Vermeidungsverhalten (auch Panikattacke) und Einschränkungen im Alltag und in sozialen Kontakten | *300.29* Spezifische Phobie (bei Kindern unter 18 Jahren müssen Symptome mindestens 6 Monate auftreten) | Übermäßige und anhaltende Angst vor klar erkennbaren spezifischen Situationen oder Objekten, begleitet von starkem Flucht- und Vermeidungsverhalten (auch Panikattacke) und Einschränkungen im Alltag und in sozialen Kontakten |

altersunspezifische Ängste

Im Verlauf von Angststörungen besteht eine Tendenz zu einem sich stetig steigernden und generalisierenden Langzeitverlauf, der eine niedrige Spontanremissionsrate aufweist – d. h., dass es hier ohne Behandlung nur selten zur vollständigen Heilung kommt. Je langfristiger und generalisierender eine Angststörung vorliegt, desto massiver sind auch die damit verbundenen alltäglichen Beeinträchtigungen für das betroffene Kind. Da außerdem das Risiko von Generalisierungen der Angst auf weitere Lebensbereiche besteht, sollte die Diagnostik von Angststörungen möglichst frühzeitig erfolgen. Dabei sollte sie auf verschiedenen Ebenen mit Hilfe von Messinstrumenten durchgeführt werden. Im pädagogischen Alltag können bestimmte Messverfahren immer nur bedingt eingesetzt werden, die gleichzeitig notwendige aber keine hinreichenden Bedingungen für das Feststellen einer Störung darstellen und nur von Psychologen oder Sonderpädagogen angewendet werden dürfen. Standardisierte Verfahren liegen z. B. zur Erhebung des Selbsterlebens vor. Hier sind der AFS (Angstfragebogen für Schüler) nach Wieczerkowski et al. (1980) und der KAT II (Kinder-Angst-Test II) von Thurner/Tewes (2000) als viel verwendete Verfahren zu nennen. Der KAT untersucht einerseits die allgemeine dispositionelle Ängstlichkeit, zum anderen Zustandsängste, während der AFS zusätzlich Prüfungsangst und Schulunlust erhebt. Neben solchen standardisierten Verfahren sind Beobachtungen möglich, die sich von der physiologischen bis auf die Verhaltensebene erstrecken können und die zwar keine Diagnostik im engeren Sinne, jedoch eine erste Einschätzung des Bildes ermöglichen. Bei der Beobachtung physiologischer Reaktionen muss beachtet werden, dass es sich hier in der Regel um unspezifische Symptome handelt. Sie sollten daher in Verbindung mit Verhaltensbeobachtungen betrachtet werden. Hier kann insbesondere die Art zu kommunizieren Aufschluss über das Vorhandensein einer besonderen Form der Angst geben. Verhaltensbeobachtungen können auch mit Hilfe von Einschätzskalen und Kategoriensystemen durchgeführt werden. Der BSU (Beobachtungsbogen für sozial unsicheres Verhalten) (in Petermann/Petermann 2003) z. B. schätzt Verhalten auf einer fünfstufigen Skala ein, deren Kriterien Sprechen, Gesichtsausdruck und Bewegungen umfassen. Diagnostizierte Ängste sollten immer sowohl bezüglich ihrer Ausprägung als auch in Hinblick auf auslösende Bedingungen näher bestimmt werden.

### 5.2.2 Epidemiologie und Komorbidität

Angststörungen scheinen weit verbreitet zu sein. Allerdings existieren in epidemiologischen Studien uneinheitliche Angaben zu deren Prävalenz im Kindes- und Jugendalter, was u. a. mit unterschiedlichen Diagnosekriterien zusammenhängt. Bernstein et al. (1996) geben in einem auf mehrere Jahre angelegten Überblick eine Prävalenzrate von 15% an, die für das gesamte Spektrum von Angststörungen gelten soll. Studien, die ähnliche Ergebnisse zeigen, finden sich z. B. bei Poulton et al. (1997). Hinsichtlich geschlechtsspezifischer Prävalenzen bestehen im Kindesalter keine signifikanten Unterschiede, im Jugendalter dagegen tragen Mädchen ein etwa zweifach höheres Risiko als Jungen, an einer Angststörung zu erkranken (vgl. Poulton et al. 1997). Dieser Unterschied wird durch spezifische Wahrnehmungs- und Verhaltensmuster (z. B. Rollenverhalten) und eine voneinander abweichende Körperwahrnehmung erklärt. Mädchen weisen nicht nur häufiger Angststörungen auf, sondern unterscheiden sich auch hinsichtlich des Schweregrads der Störung (vgl. Lewinsohn et al. 1998).

Die Frage, welcher Typ von Angststörungen im Kindes- und Jugendalter am häufigsten auftritt, wird unterschiedlich beantwortet. Nach Petermann et al. (2002) tritt die Trennungsangst im Kindes- und Jugendalter mit einer Prävalenz von bis zu 4,5% am häufigsten auf, während Strauss (1994) in diesem Zusammenhang die *Generalisierende Angststörung* nennt, deren Prävalenzrate für Kinder bei 3%–4,5% und für Jugendliche bei 6%–7% liegen soll (vgl. Strauss 1994). Für die soziale Phobie variieren die Daten auffallend stark. Hier werden in verschiedenen Studien Angaben gemacht, die zwischen 1% und 7,6% für Kinder liegen (vgl. Petermann et al. (2002). Die *Spezifische Phobie* macht etwa eine Häufigkeit von 2%–3% aus (vgl. Silverman/ Rabian 1994), wobei bei dieser Angabe der Umstand zu berücksichtigen ist, dass die Betroffenen häufig nicht institutionell vorgestellt werden. Bei *Panikstörungen* fällt auf, dass diese sehr selten im Kindes- und Jugendalter auftreten (0,6%–1,6%), während *Panikattacken* bei Jugendlichen sehr häufig anzutreffen sind (nach Ollendick 1994: 40%–60%). Für die *Posttraumatische Belastungsstörung* werden Prävalenzwerte von 1,6% und 6% angegeben (vgl. Petermann et al. 2002).

Für alle Angststörungen besteht ein erhebliches Risiko für komorbide Störungen. Fast ein Drittel der Betroffenen weist dabei verschiedene Formen von Angststörungen auf. Vor allem bei der *Generalisierenden Angststörung* liegen bei 90% der Betroffenen noch weitere Angststörungen vor. Besonders häufig ist das komorbide Auftreten von *Panikstörungen* mit *Agoraphobie* und *Spezifischen Phobien* festzustellen. Es besteht wissenschaftlicher Konsens darüber, dass alle Angststörungen starke Risikofaktoren für depressive Erkrankungen, Substanzmissbrauch und Abhängigkeit darstellen. Daher dürfen auch bei leichten Angststörungen die Risiken der sekundären Folgeerscheinungen nicht unterschätzt werden.

Angststörungen können zeitgleich mit einer *Depression* auftreten oder später im Rahmen des Entwicklungsverlaufs. Hier tritt häufig die *Panikstörung* komorbid zur *Major Depression*, aber auch die Störung mit Überängstlichkeit in Kopplung mit einer Depression auf. Im Entwicklungsverlauf erscheinen Depressionen in der Regel als Folge auf die Angststörung, wobei das Komorbiditätsrisiko im Verlauf zunimmt. Es besteht je nach Art der Störung ein dreifach bis sechsfach erhöhtes Risiko, eine sekundäre Depression zu entwickeln. Während das gemeinsame Auftreten mit der Depression naheliegend ist, erscheint die Kopplung von Angststörungen an *aggressives Verhalten* erst einmal erstaunlich. Tatsächlich können diese Störungen gekoppelt auftreten, wobei die Aggression dann meist nicht ausagiert wird, da die Angststörung dominant ist. Das gemeinsame Auftreten mit *Oppositionellem Trotzverhalten* wird bei 36%–62,4% eingeschätzt (vgl. Petermann et al. 2002, 244). Angststörungen können auch komorbid zu *Hyperaktivität* auftreten, was vor allem beim Typ *Trennungsangst* und bei *Generalisierenden Angststörungen* auftritt. Bei Mädchen treten schließlich gehäuft körperliche Symptome auf wie Schwindelgefühl oder Übelkeit (vgl. ebd., 45).

5.2.3   Analyse und Erklärung vor dem Hintergrund verschiedener Theorieansätze

Die Ursachen von Angststörungen konnten bislang nur ansatzweise geklärt werden. Zur Erklärung werden verschiedene Theorien in Betracht gezogen, die teilweise für unterschiedliche Subtypen spezifisch herangezogen werden. Allgemein wird angenommen, dass Angststörungen eine Fehlsteuerung des Angst-Stress-Mechanismus zugrunde liegt, durch den das mit der Angst auftretende Vermeidungsverhalten zu einer Verfestigung der ersten Angstreaktionen führt. Für unterschiedliche Angststörungen scheinen dabei jedoch verschiedene Ursachen- und Risikokonstellationen vorzuliegen.

Zur Ursachenerklärung von Angststörungen werden psychosoziale, psychologische, genetische und biologische Ansätze diskutiert, die sich bei genauerer Betrachtung zu einem multifaktoriellen Bedingungsgefüge schließen. Meistens zeigen die Kinder schon früh eine erhöhte Sensibilität gegenüber Belastungssituationen (Temperament mit erhöhter negativer Affektivität) (vgl. Lonigan/Phillips 2001), bei der man von einer genetischen Übertragung ausgeht. Der *Verlauf* der Symptomatik scheint dabei maßgeblich von Umgebungsfaktoren wie dem familiären Einfluss abhängig zu sein. Durch die Familie werden ungünstige, auf Fehleinschätzungen von Gefahren basierende Kognitionen wie Denkstile, Einstellungen und Fehlannahmen vermittelt, die sich dann in überzogenem Sicherheitsdenken und erhöhter Sensibilität für bestimmte Situationen niederschlagen. Dabei scheint einer vorliegenden psychischen Problematik der Mutter eine große Bedeutung zuzukommen (vgl. Eley 2001). Eltern, die im Umgang mit Belastungen eigene Ängste zeigen, wirken hier als angstförderndes Modell. Ebenso kann ein besonders kritischer und abweisender, aber auch ein zu stark kontrollierender und überfürsorglicher Erziehungsstil das Entstehen von Angst begünstigen (vgl. Rapee 2001). Andere Umgebungsfaktoren können sich z. B. als chronische Belastungen im Umfeld oder akute erschreckende Ereignisse wie Todesfälle oder Krankheit darstellen. Kinder mit Angststörungen berichten häufiger von kritischen Lebensereignissen, wobei auch chronische Lebensbelastungen häufig eine Rolle spielen (vgl. Essau 2003, 196 f.).

Neben diesem multifaktoriellen Bedingungsmodell werden verschiedene Ursachenerklärungen für das Entstehen von Angststörungen diskutiert. Nach Rachman (1977) können neben der Übertragung von Angst durch Informationen, die eine Situation oder einen Gegenstand bedrohlich erscheinen lassen, auch Konditionierungs- und Koppelungsprozesse als Ursache für Angstreaktionen in Frage kommen: Damit befinden wir uns im Bereich der Lerntheorien. Bei der *Klassischen Konditionierung* übernimmt ein zuvor nicht Angst auslösender Reiz durch Koppelung mit einem Angst auslösenden Reiz dessen Angst auslösenden Charakter. Verwandt mit diesem Mechanismus ist die *Stellvertretende Konditionierung*, in der die Koppelung über Beobachtungslernen erfolgt. Während das Klassische Konditionieren Bezug auf die Entstehung der Störung nimmt, erklärt das Operante Konditionieren eher das Entstehen des Vermeidungsverhaltens: In Erwartung einer negativen Konsequenz (= Bestrafung) werden bestimmte Situationen und Handlungen vom Betroffenen vermieden. Eine Verbindung zwischen diesen beiden Ansätzen schaffte Mowrer (1969) mit seiner *Zweiprozesstheorie*, in der davon ausgegangen wird, dass sich zunächst auf einen bestimmten Reiz hin eine Angstreaktion entwickelt, die dann in der Folge durch Vermeidung des Reizes negativ verstärkt wird. Durch diesen Mechanismus können Generalisierungen und immer weitergehende Einschränkungen im Leben der betroffenen Person erfolgen.

Seit den achtziger Jahren wird das Augenmerk eher auf die *kognitive Informationsverarbeitung* gerichtet. Hier stehen insbesondere die Kognitionen der Erwartung und der Bewertung im Vordergrund. Es sollen danach bei Angststörungen Verzerrungen in der Wahrnehmung, Beurteilung sowie der Einschätzung eigener Bewältigungskompetenzen vorliegen, indem die Aufmerksamkeit unwillkürlich Aspekte aus einer Situation selektiert, die als beängstigend wahrgenommen werden. Die *Angstkontrolltheorie* nach Epstein z. B. stellt die Erwartungen von Menschen an eine Situation in den Vordergrund. Eine Situation, die nicht eingeschätzt werden kann, ruft dabei eine diffuse Form der Angst hervor. Diese unklaren Erwartungen sollen die Person zu extremen »Alles-oder-Nichts-Reaktionen« veranlassen. Lazarus stellt dagegen in seiner *Stressbewältigungstheorie* die Bedeutung von Bewertungen ins Zentrum der Betrachtung. Hier wird davon ausgegangen, dass auf die negative Bewertung einer Situation durch eine Person ein zweiter Bewertungsprozess folgt, in dessen Rahmen die Möglichkeiten abgeschätzt werden, mit der Situation umzugehen. Angst entsteht dabei dann, wenn diese Möglichkeiten als unzureichend eingeschätzt werden (vgl. Stein 2005). Hinsichtlich des Umgangs mit der Situation (Coping) bestehen dann verschiedene Möglichkeiten der Reaktion, die adaptiv oder kontraproduktiv sein können. Diese Theorie kann eine große Zahl von Angstreaktionen erklären, eignet sich aber wenig zur Erklärung von automatisiert auftretenden Ängsten.

Die *attributionstheoretische Forschung* verweist auf die Bedeutung kausaler Attributionen für das Entstehen von Ängstlichkeit. Attributionen als Ursachenzuschreibungen von Geschehnissen, Verhaltensweisen oder Ergebnissen beinhalten häufig kognitive Verzerrungen. Ängstliche Menschen sind gekennzeichnet durch typische Attributionsstile, die bei Erfolg external (das erfolgreiche Bewältigen einer Aufgaben wird mit günstigen Umständen assoziiert), bei Misserfolg internal (das nicht erfolgreiche Bewältigen der Aufgabe wird mit mangelnder Begabung assoziiert) erklärt werden. Dadurch wird die allgemeine Besorgnis an zu bewältigende Situationen erhöht und spielt sowohl für das Entstehen als auch für das Aufrechterhalten von Ängsten eine Rolle (vgl. Heckhausen/Heckhausen 2006).

Für einige Angststörungen dominieren genetische Erklärungsansätze. Dies ist u. a. bei der *Panikstörung*, der *Sozialen Phobie* und der *Generalisierten Angststörung* der Fall. Hier können Veränderungen im *Transmittersystem*, wie sie häufig auch bei Depressionen auftreten, beobachtet werden. So wird bei der *Panikstörung* eine erhöhte Sensibilität von Rezeptoren für Atemmangel diskutiert, der prädisponierend auf das Auslösen von Panikattacken wirkt. Einige Untersuchungen zeigen außerdem, dass genetische Faktoren 1/3 der individuellen Varianz ausmachen. Der genetische Einfluss scheint bei Mädchen dominanter zu sein (vgl. Eley 2001).

Schließlich müssen im Kontext von Angststörungen psychoanalytische Erklärungsansätze erwähnt werden. Bereits Freud entwickelte in diesem Bereich unterschiedliche Konzeptionen. In der zweiten Fassung wird das Entstehen von Angst durch einen Konflikt erklärt, in dem die nach Befriedigung drängenden persönlichen Bedürfnisse mit dem Gewissen kollidieren sollen und der ins Unbewusste verdrängt wird. Aus der Verdrängung soll dann die Symptombildung erwachsen, infolge derer die Angst an ein bestimmtes Objekt geknüpft wird. Daraus können sich dann Störungen, die sog. Neurosen, entwickeln, die sich in eine überdauernde Beeinträchtigung auswachsen.

### 5.2.4 Erscheinungsformen in Schulen

Nach Stein ist im schulischen Kontext zunächst die Frage zu stellen, inwiefern Angst oder Ängstlichkeit überhaupt zum pädagogischen Problem werden kann. Angst muss dabei als ein Zustand betrachtet werden, der universell und alltäglich erfahrbar ist und der nur in besonderer Ausprägung als Auffälligkeit betrachtet werden kann. Man muss hier außerdem eine Differenzierung zu entwicklungsspezifischen Ängsten vornehmen, deren Auftreten im pädagogischen Rahmen sehr häufig ist. In Bezug auf Angststörungen selbst treten im Rahmen der Schule *Leistungsängste* und *soziale Ängste* am häufigsten auf, wobei diese hier nicht nur in Erscheinung treten, sondern durch genau dieses Umfeld mitbedingt oder ausgelöst sein können. Man unterscheidet hinsichtlich der Ängste im schulischen Kontext drei verschiedene Grundformen. Die *Schulangst* beschreibt hier das Phänomen des Auslösens von Angst durch die besondere Situation der Schule, wobei Ängste vor Leistungsanforderungen, Überforderung, Ablehnung durch Mitschüler oder Lehrer im Vordergrund stehen. Angst liegt hier also im *Umfeld* der Schule begründet. Die betroffenen Kinder verlassen häufig den Unterricht oder versuchen zu Hause zu bleiben, um die bedrohliche Situation zu vermeiden, teilweise treten auch körperliche Beschwerden auf (vgl. Oelsner/Lehmkuhl 2002, 16). Bei der *Schulphobie* handelt es sich meist um eine Form der Trennungsangst oder um situationsspezifische Ängste (z. B. allein im Bus fahren). Hier besteht eine hochgradig erlebte Angst, die den Schulbesuch oft unmöglich macht. Die betroffenen Kinder verweigern vehement den Schulbesuch und klagen über vielfältige körperliche Beschwerden, durch die sie in der Nähe der Mutter bleiben können. Charakteristischerweise kommt es hier zu dauerhaften Fehlzeiten, einer traurigen Grundstimmung bzw. zu Stimmungsschwankungen. Bezeichnend ist außerdem ein Teufelskreis aus Misserfolgserfahrung, die aus nicht erreichbaren guten Vorsätzen resultieren, und der bestehenden Angst. Da der Angstaffekt morgens stärker auftreten kann, kann es sein, dass dennoch entspannte Situationen am Nachmittag möglich sind. Von den beschriebenen Formen von Ängsten in der Schule ist das *Schuleschwänzen* abzugrenzen, bei dem keine Angst vor dem Schulbesuch, sondern lediglich eine diesbezügliche Unlust besteht, die häufig auch von aggressiven und sozial auffälligen Verhaltensweisen begleitet ist.

In der Schule treten außerdem Ängste und Angststörungen auf, die nicht direkt auf diesen Kontext bezogen sind. Z. B. kann die *Trennungsangst* in Erscheinung treten, die sich in der Schule zeigt, indem das betroffene Kind die Eltern nicht gehen lassen will oder den Schulbesuch verweigert. Bei einer Trennung von den Eltern treten dann Beschwerden auf wie Bauch- oder Kopfschmerzen, die Kinder ziehen sich zurück und haben auch häufig Konzentrationsschwierigkeiten, da sie mit dem Gedanken an die Bezugsperson beschäftigt sind. In extremen Fällen treten hier auch Appetitlosigkeit, Schlafstörungen und apathische Zustände auf. Trennungsangst kann auch im Rahmen der *Posttraumatischen Belastungsstörung*, also als Reaktion auf ein traumatisches Erlebnis auftreten. Dieses Symptom ist auch bei Jugendlichen bekannt und wird von schulisch relevanten Symptomen begleitet: Durch wiederholte lebhafte Erinnerungen an das Erlebte zeigen sich hier vor allem Konzentrations- und Gedächtnisschwierigkeiten. In vielen Fällen treten daneben Schlafstörungen, Schuldgefühle sowie auch depressive Verstimmungen auf, die manchmal suizidales Ausmaß annehmen können und eine therapeutische Intervention erforderlich machen. Die *Generalisierte Angststörung* bzw. die *Übermäßige Ängstlichkeit und Besorgtheit bei Kindern* zeigt sich im Schulalter vor allem in Form von Besorgnis über Schularbeiten, schulische Ereignisse, soziale Kontakte und Leistungen, hinsichtlich derer auch Misserfolgserfahrungen eine Rolle spielen können. Auf Symptomebene zeigen sich derartige Störungen neben den üblichen körperlichen Symptomen in einem starken Perfektionismus, der auch auf andere Lebensbereiche bezogen sein kann. Häufig vermeiden diese Kinder Kontakte mit Gleichaltrigen und ertragen es nicht, wenn die Aufmerksamkeit auf sie gerichtet ist. Sie benötigen ein hohes Maß an Ermutigung und Bestätigung. Unter Erwachsenen allein fühlen sie sich oftmals wohler und suchen gehäuft Kontakt zu diesen, um sich zu versichern, dass alles in Ordnung ist. In ähnlicher Weise verhalten sich Kinder mit einer *Sozialphobie* bzw. einer *Störung mit sozialer Ängstlichkeit des Kindesalters*. Diese Kinder zeigen eine starke Angst vor der Bewertung durch andere, beschämt oder gedemütigt zu werden. Am deutlichsten schlägt sich diese Angst hinsichtlich des Sprechens vor einer Gruppe nieder, tritt aber auch als Unbehagen auf, wenn diese Kinder beim Schreiben beobachtet werden, im Gespräch mit Gleichaltrigen oder bei dem Besuch von Veranstaltungen, bei denen viele Menschen anzutreffen sind. Im Gegensatz zu dem generell häufig auftretenden Unbehagen beim öffentlichen Vortragen zeichnen sich diese Kinder durch die Häufigkeit und Intensität dieser Symptome aus, die bereits bei geringen Anlässen wie beim Vorlesen auftreten. Die unmittelbaren körperlichen und psychischen Beschwerden werden häufig von allgemeinen sozialen Anpassungsleistungen begleitet: Betroffene Kinder fallen durch gehemmtes Verhalten, soziale Zurückgezogenheit und Isolation auf. Diese Symptome bergen ein besonderes Risiko, dass sich sekundäre Störungen wie generalisierende Angststörungen und Depressionen entwickeln. Als Ausdruck erhöhter sozialer Ängstlichkeit kann außerdem der *Elektive Mutismus* auftreten, der die Unfähigkeit beschreibt, in bestimmten Situationen zu sprechen (vgl. Essau 2003, 81). Ängste im Rahmen der Schule können schließlich auch in Form *Spezifischer Phobien* auftreten. Die Angstreaktionen bei Phobien sind auf allen Symptomebenen sehr massiv und können sich durch Weinen oder Schreien bei Konfrontation mit dem aversiven Reiz zeigen bzw. zur vollkommenen Vermeidung des Reizes führen.

Obwohl Angststörungen in der Schule somit in sehr heterogenen Formen in Erscheinung treten, kennzeichnen sie sich durch ein entscheidendes zentrales Merkmal: Das Phänomen der *Vermeidung* des gefürchteten Reizes bzw. der gefürchteten Situation, durch welche die Angst weiter verstärkt wird. Hier entsteht typischerweise ein Teufelskreis aus Vermeidungsverhalten und Angstempfinden, das häufig generalisierende Formen annimmt und zu einer zunehmend eingeschränkten Lebensweise führen kann. Eine entsprechende Förderung sollte daher möglichst frühzeitig erfolgen. Eine Gefahr besteht darin, dass Angststörungen als internalisierende Störungen im Schulgeschehen weniger als störend empfunden und daher häufig nicht gleich wahrgenommen werden. Tendenziell sind Kinder mit Angststörungen zurückgezogen und wirken eher angepasst – im Trubel des Klassengeschehens gehen sie oft unter. Ein frühzeitiges Intervenieren ist aber nicht nur in Hinblick auf schulische Leistungen bedeutsam, sondern kann einen ungünstigen Störungsverlauf vorbeugen helfen, der sich auf vielfältige Lebensbereiche ausweiten und die gesamte Lebensqualität des betroffenen Kindes massiv herabsetzen kann.

### 5.2.5 Interventionsmöglichkeiten

Für das Ansetzen geeigneter Interventionen ist zunächst die Unterscheidung von Bedeutung, ob bei dem betreffenden Kind eine normale, situations- oder entwicklungsbezogene Angst vorliegt oder ob es sich um Ängstlichkeit oder eine Angststörung im engeren Sinne handelt. Während das pädagogische Setting umfangreiche Möglichkeiten der Prävention und Intervention hinsichtlich der beiden erstgenannten Formen bietet, sollte bei manifesten Angststörungen auf therapeutische Unterstützung zurückgegriffen werden. Eine (pädagogische) Intervention ist aber bei vorliegender Ängstlichkeit gleichermaßen wichtig, da eine Angststörung zwar für die betroffene

Person belastender ist als ein ängstlicher Charakterzug, diese sich aber auf einen umschriebenen Bereich begrenzen kann, während die Ängstlichkeit als Charakterzug den gesamten Bereich emotionalen Erlebens beeinflusst.

Pädagogische Interventionen können am Umfeld der Schule selbst oder am Kind angesetzt werden, das eine Störung aufzeigt. Zunächst möchte ich in Anlehnung an Stein (2005) auf die Möglichkeiten *situativer Veränderungen* zu sprechen kommen. Hier hat Strittmatter (1997) ein Programm zur Reduktion von Schulangst vorgelegt, nach dem zunächst eine Lernatmosphäre, die sich durch Empathie, Akzeptanz und Kongruenz kennzeichnet, entscheidend zu einer angstreduzierenden Atmosphäre beiträgt. Hier wird auf die Bedeutung schülerzentrierten Arbeitens und auf die sensible Wahrnehmungskompetenz der Lehrkraft verwiesen. In diesem Bereich spielt auch die Persönlichkeit des Lehrers eine große Rolle. So können eigene Unsicherheiten nach Stein (2005, 77) »ansteckend« wirken oder auch kompensierende Verhaltensweisen des Lehrers nach sich ziehen. In Hinblick auf die Vermittlung des Lernstoffes führt Stein an, dass die Strukturierung des Unterrichts Einfluss auf die Entwicklung von Schulangst hat, da Undurchsichtigkeit das Gefühl der Nichtkontrollierbarkeit nach sich zieht. Regelmäßige und klare Informationen über die Unterrichtsplanung sind hier hilfreich, um die Situation für Schüler überschaubar und kontrollierbar zu gestalten. Hinsichtlich der Leistungsbewertung sollte nach Stein zwischen Lernleistung, Arbeitsleistung und Testleistung differenziert werden, da Ängste sich in diesen Bereichen sehr unterschiedlich auswirken können. In Hinblick auf die häufig angstbesetzten Prüfungssituationen ist es außerdem hilfreich, anstelle weniger stark bedeutsamer Situationen verschiedene Prüfungssituationen mit geringerer Leistungsrelevanz anzubieten. Außerdem erscheint die Schaffung von Transparenz (z. B. in Bewertungsrichtlinien oder in Form klarer Rückmeldungen) in Prüfungssituationen als ein wichtiger Faktor für die Schüler, klare Erwartungen von der Situation aufbauen zu können. Hier kann auch empfohlen werden, dass die Lehrkraft in Modellfunktion die Lösung einer Aufgabe übernimmt, indem sie die Lösungswege oder Strategien vorspricht. Wichtig ist es insbesondere, den Schülern positive Erfolgserfahrungen und ein vertrauensvolles Verhältnis zur Lehrkraft zu ermöglichen. Schließlich können auch die Schülerverhältnisse untereinander angstauslösend oder -verstärkend wirken. Rivalität, Isolierung, Bloßstellung und Mobbing tragen entscheidend zur Entstehung von Angst in der Schule bei. Die Klassenatmosphäre bzw. ein angemessenes Gruppenklima kann hier einen Beitrag zur Reduktion von Angst leisten. Im Sinne der Überschaubarkeit bieten sich hier alltägliche ritualisierte Einrichtungen wie ein gemeinsames Frühstück oder Mittagessen an, bei dem auch gezielt Interaktionen mit Mitschülern angebahnt werden. Zur Stärkung einer förderlichen Klassenatmosphäre möchte ich auch freizeitpädagogische Projekte vorschlagen, die außerhalb der Klasse stattfinden und z. B. als Klassenfahrten, Ausflüge, in Form von Nachmittags-AGs oder Projekten organisiert werden können. Hier sind alle Möglichkeiten gefragt, die den Aufbau sozialer Interaktionen fördern. Losgelöst von schulischen

Anforderungen können solche Aktivitäten außerdem ein wichtiges Erfahrungsfeld darstellen, in dem ängstliche Kinder Erfolgs- und Selbstwirksamkeitserfahrungen in weniger angstbesetzten Lebensfeldern sammeln können. Hierbei ist allerdings in besonderer Weise darauf zu achten, dass diese Angebote keinen angstauslösenden Reiz für die betroffenen Kinder darstellen und dass auftretende Herausforderungen zu bewältigen sind. Freizeitpädagogische Aktivitäten können gezielt als *Gruppenaktivitäten* ausgerichtet werden, in denen Zusammenarbeit und gegenseitige Unterstützung gefordert sind. Beispiele für diesbezügliche, einfach durchführbare Aktivitäten finden sich u. a. als Aktivität *Insel, Rollmops, Vertrauenswanderung, Blinde Schlange, Spinnennetz* oder *Vertrauensfall* bei Kölsch/Wagner (2004, 62 ff.). Begleitend bietet sich Schule auch für die Durchführung von Entspannungsverfahren in der Gruppe an, wie das *Progressive Muskelentspannungstraining* nach Jacobsen (vgl. Essau 2003, 205), Phantasiereisen oder Autogenes Training, die z. B. regelmäßig in ritualisierter Form durchgeführt werden können.

Pädagogische Interventionen, die sich an die Adressaten wenden, können unterschiedliche Aspekte fokussieren. Über die Wirksamkeit in der Behandlung von Phobien bei Kindern existieren wenige vergleichbare Evaluationsstudien, allerdings liegen verschiedene theoretisch fundierte Interventionsansätze vor, die teilweise typspezifisch angewendet werden müssen. Wenn eine Ängstlichkeit oder Angststörung entdeckt wurde, sollte zunächst eine Leistungsdiagnostik erfolgen, anhand derer mögliche Überforderungen oder (Teilleistungs-)Schwächen ausgeschlossen werden können. Ebenso sollte nach Oelsner/Lehmkuhl (2002, 125) eine soziale Analyse erfolgen, in der Schwierigkeiten in Freundschaften, Mobbing oder Ausschlüsse aus der Gemeinschaft sichtbar gemacht werden können. Auf Basis einer Analyse des häuslichen Umfelds kann außerdem Elternberatung angesetzt werden, da, wie erwähnt wurde, sowohl mangelnde Unterstützung im häuslichen Umfeld als auch ein überprotektiver Erziehungsstil oder ängstliche Vorbilder das Entstehen von Angststörungen begünstigen bzw. zum Aufrechterhalten dieser beitragen können.

Die Grundhaltung von Fachkräften in Bezug auf Angststörungen sollte eine verstehende, aber nicht unbedingt eine akzeptierende sein (vgl. ebd.): Im schulischen Alltag ist ein hohes Maß an *Verständnis*, aber auch an *Konsequenz* notwendig, um dysfunktionalem Vermeidungsverhalten und damit einem problematischen Störungsverlauf vorzubeugen. Fehlzeiten sollten hier nicht toleriert werden und keine Sonderregeln für die betroffenen Kinder erfolgen. Dabei ist aber gleichzeitig ein *hohes Maß an Unterstützung* besonders wichtig. Zum Beispiel kann es hilfreich sein, das Kind am Schultor abzuholen oder Patenschaften mit älteren Schülern anzubahnen, die das Kind in den Pausen stärken und unterstützen können.

Neben diesen eher umfeldbezogenen Maßnahmen sollen an dieser Stelle auch kindbezogene Möglichkeiten der Intervention besprochen werden. Der Einsatz dieser ist teilweise nur für spezifische Typen von Angststörungen indiziert. Mit Blick auf das problematische Vermeidungsverhalten können zunächst lerntheoretische Interventionen eingesetzt werden. Hierbei muss jedoch sichergestellt sein, dass es sich bei der Angst um eine automatisierte Form handelt (z. B. bei *Spezifischer Phobie*). Dann können auch pädagogische Situationen genutzt werden, um dem Kind eine Annäherung an den gefürchteten Reiz zu verschaffen. Zur Behandlung werden hier üblicherweise zwei Vorgehensweisen praktiziert. Dabei geht es einmal um die Aufklärung der Angst auslösenden Situation in Verbindung mit dem Aufstellen einer *Angsthierarchie,* die stufenweise an die Konfrontation mit dem gefürchteten Reiz heranführen soll (vgl. Essau 2003, 205). Man beginnt hier stufenweise mit geringeren Anforderungen *(= Systematische Desensibilisierung),* deren angstauslösende Reaktion dann mit Hilfe von Entspannungstechniken auf physiologischer Ebene kompensiert werden. Da bei den Betroffenen eine große Scheu vor der Konfrontation mit dem Angst auslösenden Reiz besteht, müssen dabei häufig zusätzliche entlastende Methoden verwendet werden, die das Vertrauen in die Fähigkeit, mit der Situation fertig zu werden, stärken. Hier können die Methode des Modellernens (z. B. durch Video oder als reales Modell), Entspannungstechniken, Verstärkermethoden oder Strategien, negative Gedanken durch positive zu ersetzen (vgl. Klicpera/Gasteiger-Klicpera 2007, 36) eingesetzt werden. Hier kann auch die Arbeit mit Mitschülern empfohlen werden, die für das ängstliche Kind möglicherweise ein greifbareres Modell darstellen.

In Orientierung an kognitive Erklärungsansätze bzw. an die attributionstheoretische Forschung steht die Förderung von Selbstwirksamkeitserwartungen im Mittelpunkt, indem die erlebte Kompetenz des Betreffenden subjektiv erhöht wird. Einerseits kann hier durch entsprechende Programme trainiert werden, dass der Betreffende sich stärker als Verursacher seiner Handlung bzw. seines Handlungsergebnisses wahrnimmt (vgl. DeCharms 1973), andererseits können ungünstige Attributionsstile schon durch konstante gezielte Rückmeldungen der Lehrkraft aufgebrochen werden. Diese Rückmeldungen müssen immer wieder sich vom Schüler unterscheidende Ursachenzuschreibungen für Erfolge und Misserfolge beinhalten. Bei älteren Schülern ist auch eine gezielte Aufklärung über die Wirkung von Attributionsmustern zu empfehlen. Die Schüler können dann selbstständig versuchen, diese zu hinterfragen und zu ersetzen. Attributionstheoretische Ansätze können für verschiedene Formen von Angststörungen teilweise sehr spezifisch eingesetzt werden. In Hinblick auf soziale Ängste ist beispielsweise die Arbeit am Selbstkonzept hoch bedeutsam, das in der Regel bei ängstlichen Kindern stark negativ geprägt ist. Man kann hier z. B. mit Instruktionskarten arbeiten, die passende Sätze enthalten (z. B. »Ich kann vieles, wenn ich mich nur ran traue …«, »ich kann nachfragen, wenn ich etwas nicht verstanden habe«) (vgl. Stein 2005, 82). Verschiedene Studien zeigen, dass in dieser Weise Zuschreibungsmuster trainiert werden können (vgl. Dweck 1975; Krug/Hanel 1976).

Petermann/Petermann (1994) zeigen weiterhin die Möglichkeit von Rollenspielen für das Üben alternativer Handlungsweisen auf. Da betroffenen Kindern vor allem in sozialen Situationen oftmals ein eingeschränktes Verhaltensrepertoire zur Verfügung steht (das dann noch zusätzlich verunsichert), eignet sich diese Methode insbesondere für Kinder mit *sozialen Ängsten*. Die Schüler dürfen im Rollenspiel keinesfalls überfordert werden und sollten eine Reflexion darüber erhalten, durch welche Faktoren die Angst hervorgerufen wird und wie andere Schüler auf deren Verhalten reagieren bzw. über sie denken könnten. Da das Rollenspiel selbst einen angstauslösenden Faktor darstellen kann, ist vorsichtig an dieses heranzuführen. Es scheint sinnvoll, dass schwierige Situationen erst einmal gedanklich durchgespielt werden, bis das Kind sich die reale Situation zumutet.

Bei der *Posttraumatischen Belastungsstörung* hat sich wiederholt gezeigt, dass eine verbale Reflexion der erlebten Belastung das Auftreten quälender Gedanken reduziert und dazu beitragen kann, die Angstsymptome als natürliche Reaktion anzuerkennen. Diese Unterstützung zur Verarbeitung der Erfahrung muss in Form von Einzel- oder Gruppentherapie von therapeutisch ausgebildeten Fachkräften durchgeführt werden. Damit eine Desensibilisierung erfolgen kann, müssen die Sitzungen ausreichend lange angesetzt werden, da sonst eine unverarbeitete Steigerung der negativen Emotion stattfinden kann (vgl. Klicpera/Gasteiger-Klicpera 2007, 39). Im pädagogischen Alltag können begleitend unterstützende Gesprächsangebote gemacht werden, wenn das Kind diese beanspruchen möchte. Hier können z. B. Themen wie Schlaflosigkeit oder Konzentrationsschwierigkeiten besprochen werden oder – in Absprache mit dem behandelnden Therapeuten – Entspannungsverfahren eingeübt werden. Nach Yule (2002) sollte Schule außerdem die präventive Aufgabe wahrnehmen, auf belastende Ereignisse, von denen Schüler betroffen sein könnten, vorzubereiten und vorzeitig entsprechende Pläne zu entwickeln. Gerade bei diesen oder ähnlichen Formen von Angststörungen – z. B. bei Störungen mit schwerwiegenden inneren Spannungen – heißt professionell handeln auch, die Grenzen der pädagogischen Handlungsmöglichkeiten anzuerkennen und frühzeitig Unterstützung bei weiteren Fachkräften zu suchen bzw. Austausch mit diesen zu pflegen. Diese können dann in ergänzender Form (als begleitende Therapie) oder ersetzend (in Form eines psychiatrischen Aufenthaltes) neben den pädagogischen Interventionen eingeführt werden.

## Literatur

Bernstein, G. A./Borchard, C. M./Perwien, A. R. (1996): Anxiety disorders in children and adolescents: A review of the past 10 years. In: Journal of the American Academy of Child and Adolescent Psychiatry 35, 1110–1119.

DeCharms, R. (1973): Trainingsprogramm zum Erleben eigener Verursachung. In: Edelstein, W./Hopf, D. (Hg.): Bedingungen des Bildungsprozesses. Stuttgart, 60–78.

Dweck, C. S. (1975): The Role of Expectations and attributions in the evaluation of learned helplessless. In: Journal of Personality and Social Psychology 27, 614–635.

Eley, T. C. (2001): Contributions of behavioral genetics research: Quantifying genetic, shared environmental and nonshared environmental influences. In: Vasey, M. W./Dadds, M. R. (Hg.): The developmental psychopathology of anxiety. Oxford, 45–59.

Essau, C. A. (2003): Angst bei Kindern und Jugendlichen. München.

Fittkau, B./Langer, H. (1974): Auswirkungen schriftlicher Ermutigungen auf Angst und Leistungen der Schüler. In: Psychologie in Erziehung und Unterricht 21, 15–21.

Heckhausen, J./Heckhausen, H. (2006): Motivation und Handeln. 3. Auflage, Heidelberg.

Klicpera, C./Gasteiger-Klicpera, B. (2007): Psychische Störungen im Kindes- und Jugendalter. Wien.

Kölsch, H./Wagner, F. J. (2004): Erlebnispädagogik in der Natur. Praxisbuch für Einsteiger. München.

Krug, S./Hanel, J. (1976): Motivänderung: Erprobung eines theoriegeleiteten Trainingsprogramms. In: Zeitschrift für Entwicklungspsychologie und Pädagogische Psychologie 8, 274–287.

Krohne, H. W. (1996): Angst und Angstbewältigung. Stuttgart.

Lewinsohn, P. M./Gotlib, I. H./Lewinsohn, M./Seeley, J. R./Allen, N. B. (1998): Gender differences in anxiety disorders and anxiety symptoms in adolescents. Journal of abnormal Psychology 107, 109–117.

Lonigan, C. J./Phillips, B. M. (2001): Temperamental influences on the development of anxiety disorders. In: Vasey, M. W./Dadds, M. R. (Hg.): The developmental psychopathology of anxiety. Oxford, 60–91.

Mowrer, O. H. (1969): Learning theory and behaviour. New York.

Petermann, U./Essau, C. A./Petermann, F. (2002): Angststörungen. In: Petermann, F. (Hg.): Lehrbuch der Klinischen Kinderpsychologie und -psychotherapie. Göttingen u. a., 227–270.

Petermann, U./Petermann, F. (2003). *Training mit sozial unsicheren Kindern* (8., korrigierte Auflage). Weinheim.

Poulton, R./Trainor, P./Stanton, W./McGee, R./Davis, S./Silva, P. (1997): The (in)stability of adolescent fears. In: Behavior Research and Therapy 35, 159–163.

Rachman, S. (1977): The conditioning theory of fear acquisition: A critical examination. In: Behavior Research and Therapy 15 (1977), 375–387.

Rapee, R. M. (2001): The development of generalized anxiety. In: Vasey, M. W./Dadds, M. R. (Hg.): The developmental psychopathology of anxiety. Oxford, 481–503.

Silverman, W. K./Rabian, B. (1994): Specific phobias. In: Ollendick, T. H./King, N. J./Yule, W. (Hg.): International handbook of phobic and anxiety disorders in children and adolescents. New York, 87–109.

Stein, R. (2005): Ängstlichkeit als pädagogisches Problem. In: Ellinger, S./Wittrock, M. (Hg.): Sonderpädagogik in der Regelschule. Stuttgart, 59–85.

Strauss, C. C. (1994): Overanxious disorder. In: Ollendick, T. H./King, N. J./Yule, W. (Hg.): International handbook of phobic and anxiety disorders in children and adolescents. New York, 187–206.

Strittmatter, P. (1993): Schulangstreduktion. Praxishilfen Schule. Neuwied.

Thurner, F./Tewes, U. (2000). Der Kinder-Angst-Test-II. Fragebogen zur Erfassung der Ängstlichkeit und von Zustandsängsten bei Kindern ab 9 Jahren. Göttingen.

Wieczerkowski, W./Nickel, H./Janowski, A./Fittkau, B./Rauer, W. (1980): Angstfragebogen für Schüler (AFS). Braunschweig.

Wieczerkowski, W./Bastine, R./Fittkau, B./Nickel, H./Tausch, R./Tewes, U. (1969): Verminderung von Angst und Neurotizismus durch positive Bekräftigung von Lehrern im Schulunterricht.

Yule, W. (2002): Post-traumatic stress disorder. In: Rutter, M./Taylor, E. (Hg.): Child and adolescent psychiatry: 4. Ed. Oxford, 520–528.

# III

Förderliche Rahmenbedingungen
für erfolgreiches Lernen in der Ganztagsschule

Stephan Ellinger

# 1 Förderliche Organisationsstrukturen einer Ganztagsschule für traumatisierte Kinder und Jugendliche

## 1.1 Kooperationsmodelle im Vergleich

Bei einem flüchtigen Blick in die Geschichte könnte man leicht den Eindruck gewinnen, dass die Sonderschulen in Deutschland seit ihrem Bestehen (im 19. Jahrhundert) vorwiegend in Ganztagsform organisiert gewesen sind. So wird auch im Zwölften Kinder- und Jugendbericht angedeutet, dass sonderpädagogische Betreuung von benachteiligten Kindern schon immer ganztägig erfolgt sei (BFSFJ 2005, 484). Allerdings entspricht dies nur zum Teil den Tatsachen. Die so genannten »Tagesanstalten« und »Tagesheimschulen«, wie sie Bachmann (1968) in seiner geschichtlichen Darstellung beschreibt, sind Einrichtungen, die eine Kombination aus vormittäglichem Unterricht und nachmittäglichen Sonderaktionen in Form von Therapie, Arbeitsgemeinschaften, Nachhilfe oder organisierter Freizeitgestaltung darstellen. Es »findet« also wirklich den ganzen Tag »etwas statt«. Ob dies jedoch als eine Ganztagsbeschulung bezeichnet werden kann, darf in Zweifel gezogen werden. Zudem weist Schroeder (2007) zu Recht darauf hin, dass es sich bei diesen Ganztagsangeboten nahezu ausschließlich um Initiativen für Kinder mit geistiger oder körperlicher Behinderung handelte, die Beschulung von Kindern mit Lernbehinderung oder Verhaltensstörungen (also ohne organisch bedingte Einschränkung) fand und findet bis heute vorwiegend im Rahmen einer Halbtagsschule statt (Schroeder 2007, 14).

Im erwähnten Zwölften Kinder- und Jugendbericht ist erstmals von der »neuen Form der Kooperation von Lehrpersonal und sozialpädagogischen Fachkräften« die Rede und wird darauf verwiesen, dass »ein neues Verhältnis von Unterricht und anderen Aufgaben« nötig sei. Einerseits solle die Lehrerausbildung besser auf die Zusammenarbeit mit der Jugendhilfe ausgerichtet und andererseits sollten sozialpädagogische Fachkräfte intensiver auf ihre Bildungsaufgaben in Zusammenarbeit mit der Schule vorbereitet werden (BMFSFJ 2005, 565). In diesem Zusammenhang eröffnet sich die Perspektive von gebundenen Ganztagsschulen, die mehr sein müssen als eine Halbtagsschule mit Suppenküche und angehängter Nachmittagsbetreuung. Die Kultusministerkonferenz unterscheidet drei Formen einer Ganztagsschule (KMK 2004):

Von einer *gebundenen Ganztagsschule* wird gesprochen, wenn alle Schülerinnen und Schüler an allen Tagen der Woche zur Teilnahme am ganztägigen Angebot der Einrichtung verpflichtet sind. Hierdurch können die Lerninhalte, Freizeitaktivitäten, Praxisphasen, Essenszeiten und die so genannten ungebundenen Lernzeiten flexibel und inhaltslogisch über den ganzen Tag verteilt und verbindlich gemeinsam erlebt werden.

In der *teil-gebundenen Ganztagsschule* ist die Schülerschaft in zwei Gruppen aufgeteilt, wobei der einen Teilgruppe verbindliches Ganztagsprogramm angeboten wird. Der zweite Schülerteil nimmt lediglich am Halbtagsunterricht teil. Gemeinsame Lernzeiten der beiden Gruppen finden vormittags statt.

Die *offene Ganztagsschule* bietet ein ganztägiges Programm an, dieses ist jedoch für keine Schülergruppe verpflichtend. Je nach Schulorganisation können sich die Schülerinnen und Schüler mehr oder weniger kurzfristig in die jeweiligen Angebote einwählen. Unterrichtliches Lernen ist auf den Vormittag konzentriert, die Nachmittagsangebote stellen eine häufig freizeitbetonte Ergänzung des Vormittags dar.

Die Anlässe für eine Kooperation zwischen Schule und Jugendhilfe können vielfältig sein.

Förderschulen mit den Schwerpunkten *Lernen* sowie *emotionale und soziale Entwicklung* sind häufig bestrebt, durch die Kooperation mit Einrichtungen der Jugendhilfe Konfliktlösungen, soziale Eingliederung und Unterstützung der Jugendlichen zu erreichen. Im Falle besonderer und schwerwiegender Problemlagen sind familienunterstützende, familienergänzende und familienersetzende Hilfeangebote (§§ 11–60 SGB VIII) vorgesehen, in welche dann sowohl Jugendhilfe als auch Schule einbezogen ist. Grundsätzlich sind Träger der Jugendhilfe aufgefordert, »mit anderen Stellen und öffentlichen Einrichtungen, deren Tätigkeit sich auf die Lebenssituation junger Menschen und ihre Familien auswirkt, insbesondere […] mit Schulen und Stellen der Schulverwaltung im Rahmen ihrer Aufgaben zusammenzuarbeiten« (§ 81 Abs. 1, 1 SGB VIII). Dabei haben Jugendhilfeträger das Recht, schulisch aktiv zu werden. Sie haben sogar die Pflicht, mit den Schulen zusammen zu arbeiten. § 10 SGB VIII betont jedoch zugleich die Nachrangigkeit der Jugendhilfe – und damit die Vorrangstellung der Schule. Schulen sind grundsätzlich nicht verpflichtet, mit Jugendhilfeträgern zu kooperieren, wenn sie im Stande sind, ihren Pflichten auch ohne eine solche Zusammenarbeit nachzukommen.

Grundsätzlich werden drei Modelle der Kooperation von Schule und Jugendhilfe unterschieden:

a) Im *additiven Kooperationsmodell*
laufen unterschiedliche Angebote weitgehend unverbunden nebeneinander. Während in der Regel die Schule das Vormittagsprogramm und Jugendhilfe das Nachmittagsprogramm oder ein paralleles Vormittagsprogramm organisiert, existieren weitestgehend keine inhaltlichen oder konzeptionellen Absprachen zwischen diesen Bereichen. Ziel der Jugendhilfe im additiven Kooperationsmodell ist es, Betreuung

und Therapieangebote zu ermöglichen, Organisationsentwicklung spielt keine Rolle.

In seiner 2007 durchgeführten Studie fand Ellinger (2009) neben den drei theoretischen Kooperationsmodellen auch jeweilige Konkretionen alltäglicher Kooperation zwischen Jugendhilfe und Schule. Zu den Alltagsformen des additiven Kooperationsmodells ist z. B. die *Jugendsozialarbeit an Schulen (JAS)* zu zählen. Hierbei handelt es sich um ein spezifisches, im Schulgebäude verortetes Angebot der Jugendsozialarbeit (gemäß § 13 SGB VIII). Jugendhilfemitarbeiter (in der Regel Sozialpädagogen) verwirklichen ihre präventiven und intervenierenden Maßnahmen, indem sie Ausgrenzung durch zeitnahes Lösen von Problemen vermeiden, Vernetzung mit anderen Fachdiensten anbahnen, beraten und nicht zuletzt Lehrer-Schüler-Eltern-Interaktionen ermöglichen (vgl. Nörber 2007). Nach § 11 SGB VIII besteht Schulsozialarbeit neben den genannten schulbezogenen Formen der Jugendsozialarbeit auch in der Mitwirkung bei Klassenfahrten und Exkursionen, in Stadtteilarbeit und in der Vorbereitung und Durchführung von schulergänzenden Freizeit-, Kultur- und Bildungsangeboten. In der Diskussion um Ansätze in der Schulsozialarbeit wird dabei zwischen dem Typus *problembezogener fürsorglicher Projekte* (nach § 13 SGB VIII), dem Typus *freizeitpädagogischer Projekte* (nach § 13 SGB VIII) und schließlich dem Typus eines *integrierten sozialpädagogischen Ansatzes* (§§ 11 und 13 SGB VIII, in enger Absprache zwischen Schule und JH) unterschieden (Olk et al. 2000, 185).

Als eine weitere Alltagsform des additiven Kooperationsmodells wird die *Schulstation* gezählt. Es handelt sich dabei um eine niederschwellige Form der schulbezogenen Sozialarbeit. Schulstationen sollen als Standard allen Schülerinnen und Schülern bei persönlichen Problemen innerhalb des Schulgebäudes eine dauernde Anlaufstelle bieten. Hier ergibt sich die Möglichkeit, ein vertrauliches Gespräch zu führen, Ängste zu besprechen und Konflikte selbstständig rechtzeitig anzugehen. Unterschiedliche Träger haben in den letzten Jahren spezielle Arbeitsschwerpunkte entwickelt und ihr Profil spezifiziert. Insbesondere als Präventivmaßnahme im Zusammenhang mit schulaversiven Verhaltensweisen wird der Schulstation als Kooperationsprojekt viel Bedeutung beigemessen (vgl. Streblow 2006).

b) Das *kooperative Kooperationsmodell*
sieht die Vernetzung und das verbindliche Zusammenspiel eigenständiger Angebote von Schule und Jugendhilfe vor und bewirkt mittelfristig eine Veränderung der Schule durch gezielte Kooperationen mit nicht-schulischen Akteuren (Laien, Sozialpädagogen, Therapeuten etc.). Folge ist die zunehmende Abstimmung von schulischen und außerschulischen Angeboten, die häufig auch Kooperationsverträge zwischen den Partnern einschließt.

Zu den Alltagsformen des kooperativen Kooperationsmodells werden zum einen Formen der Zusammenarbeit von *Tagesstätte und Schule* gezählt. Im Sinne des § 22 SGB VIII entwickeln viele Förderschulen mit Trägern der Jugendhilfe sozialpädagogische Kooperationskonzepte zur halb-und-halbtägigen Betreuung von »gemeinsamen Schulkindern«. Ideal ist die baulich gemeinsame Gestaltung, so dass auch in eventuellen Fehlstunden oder bei Fehlverhalten dichte Betreuung möglich ist. Zum anderen wird eine Alltagsform des kooperativen Kooperationsmodells in der Zusammenarbeit von *Heim und Schule* beschrieben: Neben den Sonderschulen für sehbehinderte, körperbehinderte und geistig behinderte Kinder wachsen zunehmend auch im Bereich Erziehungshilfe und Lernhilfe Schulen mit angegliederten Heimen (§§ 34, 42, 43 SGB VIII) zusammen, bzw. erweitern Heime ihre Konzeption um eine Schule für Erziehungshilfe. Im Bayerischen Unterrichts- und Erziehungsgesetz (BayEuG) sind auch *Heimschulen* vorgesehen. Diese Entwicklung ist einerseits pädagogisch und organisatorisch sinnvoll, andererseits im Blick auf die Diskussion um Ganztagsschulen politisch gewollt. Dabei eröffnen sich für Krisensituationen im Unterricht Chancen, der betroffenen Schülerin oder dem Schüler eine betreute Auszeit im Heimbereich zu ermöglichen, in der sie bzw. er nicht lediglich »vor die Tür gesetzt« oder in einen Wartebereich abgeschoben wird, sondern eventuell sogar (abhängig von der Größe des JH-Verbundes) im Rahmen eines eigenen Angebots für nur kurz beschulbare Kinder- und Jugendliche betreut und gefördert werden kann. Anderseits können im Rahmen einer solchen Kooperation auch so genannte unbeschulbare Jugendliche behutsam wieder an die Institution Schule herangeführt werden.

c) Das *integrative Kooperationsmodell*
versteht die Zusammenarbeit von Schule und Jugendhilfe als gleichberechtigte Kooperation. Die Verantwortung für die Integration der Angebote in ein gemeinsames Konzept wird geteilt und formal wie realiter werden Schule und Jugendhilfe in gleichem Maße in die Gesamtverantwortung der Planungs-, Leitungs- und Verwaltungsstrukturen einbezogen.

Die zum *a) additiven* und *b) kooperativen Kooperationsmodell* dargestellten Alltagsformen der Kooperation zwischen Jugendhilfe und Schule dürfen nicht mit einer konsequent entwickelten gebundenen Ganztagsschule verwechselt werden, da die beteiligten Teams aus Schule und Jugendhilfe jeweils halbtags bzw. in Schichten beschäftigt sind und nicht als festes Team agieren können, wie es das Konzept der gebundenen Ganztagsschule vorsieht. Eine solche Ganztagsschule ist unabdingbar an das *c) integrative Kooperationsmodell* gebunden. Hierzu gehören im Wesentlichen a) das feste multiprofessionelle Team bestehend aus Lehrkräften, Soz.-Päd, Erziehern, Praktikanten und Therapeuten und b) ganztägige verpflichtende Betreuungszeit.

## 1.2    Strukturelle Fördermöglichkeiten in einer gebundenen Ganztagsschule

Grundsätzlich weisen Ganztagsschulen – auch ohne die Verortung innerhalb eines Jugendhilfewerkes – entscheidende strukturelle Fördermöglichkeiten auf. Die Organisationsstruktur des SchulCHEN (vgl. auch Hoffart et al. 2008) schafft als gebundene Ganztagsschule in der Form des integrativen Kooperationsmodells von Jugendhilfe und Schule die Voraussetzungen optimaler Förderbedingungen für traumatisierte Kinder und Jugendliche, die im Folgenden kurz dargestellt werden sollen:

*a) Der sichere Ort als geschützter Handlungsraum*
ermöglicht den Kindern ein Leben ohne Furcht vor der plötzlichen Konfrontation mit Traumatisierungsquellen (Personen) oder mit Assoziationen (z. B. vollbärtige Männer, die an den missbrauchenden Onkel erinnern, oder assoziativ besetzte Nahrungsmittel). Traumatisierte Kinder leben auch nach der Verarbeitung ihrer schrecklichen Erfahrungen in ständiger Gefahr. So kann z. B. plötzlich ein Mann mit Vollbart vor dem Kind stehen, der (z. B. von hinten betrachtet) dem früheren Peiniger sehr ähnlich sieht. Die entstehenden Assoziationen erzeugen womöglich ein unheilvolles *flashback*, das die neu gewonnene innere Sicherheit schlagartig und nachhaltig erschüttert und damit erzielte Heilungserfolg in kürzester Zeit nivelliert. Die gebundene und *gesicherte* Ganztagsschule kann maximale Abschirmung und zugleich normales und regelmäßiges Leben ermöglichen. Sie schafft als ein sicherer Ort und geschützter Handlungsraum Vertrauen und vermittelt dem Kind nicht nur die Gewissheit, dass es zunehmend die Lebensaufgaben bewältigen wird, sondern lässt es die Umwelt als etwas einschätzbares, verlässliches, geschlossenes, kontrolliertes und gleichbleibendes erkennen. Kühn (2008, 323) zieht letztendlich den Schluss, dass Pädagoginnen und Pädagogen bei der Betreuung von traumatisierten Kindern und Jugendlichen »Sicherheitsbeauftragte« seien: Es muss gelingen, eine geschlossene Gesellschaft zu werden, die sicher genug ist, um vor den Spuren und Manifestationen der früheren Traumatisierung geschützt zu sein. Eine wichtige Voraussetzung hierfür scheint mit der festen Mitarbeiterstruktur und der lebensräumlichen Kombination (Schule, Freizeit, Mahlzeiten, Schlafen) erfüllt zu sein.

*b) Der emotional orientierte Dialog*
als Grundlage für neues Denken durch neues Fühlen (Kühn 2008, 324): Traumatisierte Kinder haben in ihren Verhaltensweisen Lösungsstrategien gefunden, die ihnen helfen, mit den entstandenen Verletzungen und Verunsicherungen umzugehen. Dies bedeutet, dass die betreffenden Kinder durch die Abspaltung der schrecklichen Erlebnisse ins Unbewusste überleben können. Naturgemäß haben sie keinen sprachlichen Zugang mehr zu diesem Teil ihrer Gefühle – und im Laufe der Zeit womöglich überhaupt zu ihren Gefühlen. Wenn sie neuen Zugang zu ihren Emotionen finden sollen, so läuft dies über neues Denken, das durch emotionale Dialoge mit den Mitarbeitern angebahnt wird. Solche emotionalen Dialoge erfordern eine neue gemeinsame Sprache, die Vergangenes behutsam zu beschreiben und Verschlossenes aufzuschließen vermag. Zentrale Elemente hierfür sind neben einer ausgeprägten Sensibilität insbesondere Transparenz und Einschätzbarkeit der Fachkräfte sowie Individualisierung und Wertschätzung der Besonderheit des Kindes durch die Mitarbeiter (Lang et al. 2009, 108). Durch eine derart geprägte Kommunikationsstruktur

erleben sich auch die Mitarbeiter selbst als Teil der inneren Sicherheit und können sich die Kinder auf einen neuen Dialog einlassen.

*c) Proaktives statt vorwiegend reaktives Handeln der Pädagogen wird möglich*
Ein drittes grundlegendes Merkmal der Pädagogik innerhalb einer geschlossenen Ganztagsschule ist in ihrem proaktiven Charakter zu sehen. Lohmann (2003) beschreibt in seiner Studie zu Unterrichtsstörungen und Disziplinproblemen vier grundlegende Handlungsformen des Lehrers, die auf drei unterschiedlichen Ebenen Abbildung finden. Lehrkräfte (und im Fall der gebundenen Ganztagsschule allgemein Pädagoginnen und Pädagogen) können Interaktionsprobleme auf der Beziehungsebene, auf der Ebene von Disziplinierung und auf unterrichtsmethodisch/didaktischer Ebene begegnen und werden dabei entweder proaktiv oder reaktiv vorgehen. Zu den häufig diskutierten reaktiven Handlungsformen sind Interventionen unterschiedlicher Art zu zählen, die – werden sie z. B. auf der Ebene der Disziplinierung angesetzt – in Form eines »Regelsystems« (Regeln abschreiben etc.) greifen können und für geordneten Unterricht wirksam sein sollen. Eine weitere reaktive Handlungsform besteht z. B. in der lediglich mittelfristigen, anstelle der sofortigen Problembearbeitung. Für Mitarbeiterteams in gebundenen Ganztagsschulen eröffnen sich jedoch grundsätzlich auch proaktive Handlungsformen, die es den Pädagogen ermöglichen, nicht nur antizipierend den berühmten »Schritt voraus zu sehen, was passieren wird«, sondern vielmehr präventiv Abläufe, Umgangsformen und individuelle Tagesprogramme so zu gestalten, dass Disziplinprobleme und innere Abwendung (Schulaversionen) möglichst in kalkulierbaren Bahnen entstehen bzw. gut bearbeitet werden können. Greifen wir als Beispiel erneut die Dimension der Disziplinierung heraus, lässt sich das alltägliche Einüben von sozial angemessenem und regelkonformem Verhalten ganztags z. B. auch unter Einbeziehung der Mitschülerinnen und Mitschüler begleiten, überwachen und diskutieren, wenn nicht nur ein gedrängter Unterrichtsvormittag oder ein freizeitgeprägter Nachmittag für soziales Lernen zur Verfügung stehen. Hier können dann auch pädagogische Organisationsformen wie beispielsweise der Klassenrat (vgl. Kiper 1997) strukturell proaktive Pädagogik stützen.

*d) Schulischer und außerschulischer Lebensraum gehen ineinander über*
Durch die gemeinsame Gestaltung des Tages – einschließlich der Essenszeiten, der Projektphasen, der Erkundungen, der Spaziergänge, der Erlebniswerte und der Krisenzeiten – können Unterrichtsgegenstände und Problemfelder lebensnah sein, weil sie durch das Leben vorgegeben sind. Die Schüler und Lehrer, Betreuer und Mitarbeiter besitzen eine gemeinsame Erlebniswelt, was in der herkömmlichen Schule abnehmend zu beobachten ist. Häufig entsprechen sich die Lebenswelten von Pädagogen und Schülern dort nur noch minimal.

Weiterhin ermöglicht das Erleben stressorenreicher Situationen im geschützten Raum (sicheren Ort) dem Jugendlichen, außerhalb der Herkunftsfamilie und außerhalb des Herkunftsmilieus interne und externe Ressourcen zu erschließen und zu pflegen. Auf diese Weise bleibt der Jugendliche nicht zeitlebens auf die ursprünglichen Netzwerke angewiesen und muss sich so nicht dauerhaft der strukturellen Gefährdung familialer und milieuspezifischer Risikofaktoren aussetzen.

Tabelle 1: Beispiele für proaktive und reaktive Handlungsoptionen in der gebundenen Ganztagsschule (Ellinger 2007a, 186; vgl. auch Lohmann 2003)

|  | Proaktives Handeln | | Reaktives Handeln | |
|---|---|---|---|---|
|  | Prävention | Antizipation | Intervention | Problembearbeitung |
| Beziehungsarbeit | Gesprächsangebote, gute Atmosphäre, Verstärkung erwünschten Verhaltens, Zeitfenster für Gespräch | Beobachten der Erregungskurve, Konfliktvermeidung, Arbeit an der Streitkultur, Unterstützen der Schüler zur Verbesserung ihrer Artikulationsfähigkeit | Eingriff bei Streit, Trost, Tadel, Ermutigung | Nacharbeit, Auswertung des Konflikts, Strafe, Belohnung |
| Disziplinierung | Pflichten, regelmäßige Aufgaben, Gruppenbedeutung | Verstärkersystem, Verträge, Klassenrat | Strafe gemäß Regelsystem, evtl. Ausschluss, Schlichtung | Konsequenzen (z. B. Entzug bzw. Einräumen eines Privilegs) |
| Unterrichtsorganisation | Rituale, Gewohnheiten, feste Abläufe. Unterrichtsstrukturen können den jeweiligen Bedürfnissen der Kinder angepasst werden | Rhythmisierung, Flexibilität, Individualisierung | Unterbrechung, Stuhlkreis, unechte Unterrichtszeit | Themenwahl, Individualisierung, Unterrichtsgespräch |

Und ein drittes ergibt sich aus dem Verschmelzen des schulischen und außerschulischen Lebensraumes: Schuldistanzierte, lustlose oder unengagierte Lehrer werden im Alltag entweder durch das Team gestützt oder dauerhaft nicht geduldet, so dass deren Unzuverlässigkeiten nicht auf Kosten der Schüler gehen, die sich ja mitunter sogar daran ein Vorbild nehmen.

*e) Familienersatz durch die Ganztagsschulgemeinschaft*
Die Aufnahme in das Heim und die Betreuung in der gebundenen Ganztagsschule SchulCHEN bringen eine Herausnahme des Kindes aus der Familie, der Wohngegend und dem Freundeskreis mit sich. Das betreffende Kind soll allerdings nicht weniger, sondern nach Möglichkeit ein Plus an Familie erleben. Aus diesem Grund ist darauf zu achten, dass familiäre Atmosphäre, eine ausgeprägte Vertrauensbasis und ein offenes Miteinander entstehen können. Hierin hat sich jede gebundene Ganztagsschule unbedingt von Halbtagsformen zu unterscheiden. Eine wesentliche Hilfe stellen Formen institutionalisierter Kommunikation dar, das heißt feste Verabredun-

gen und liebevolle Interaktionsrituale (Kleinigkeiten wie ein zweites Frühstück um 10 Uhr, ein süßes Teilchen zum Nachmittagskakao oder die Treppenhausparty am Freitagnachmittag).

*f) Die freie Einteilung des Lerntages nimmt Lerndruck*

Traumatisierende Erlebnisse in der Herkunftsfamilie führen im Allgemeinen u. a. zu Widerstand gegen alles, was mit Bildung und Schule zusammenhängt. Eine solche, über längere Zeit gewachsene Haltung kann schrittweise überwunden werden, wenn das Zusammenleben im Klassenrahmen und mit dem Team vorübergehend auch ohne schulische Anteile oder mit geringen schulischen Anteilen möglich ist. Die freie Einteilung der Lernphasen und die individuelle Festlegung der Lernziele ermöglichen das schonende Wiedereinführen von Unterricht, von Konfrontation mit Nichtwissen und Umgang mit Lernwiderständen. Dies setzt zwingend voraus, dass die Ganztagsschule in der Verteilung von Lern-, Freizeit-, Projekt- und Alltagsphasen strukturell nicht »verkrustet« ist, d. h. die zentrale Ressource ihrer *strukturellen Flexibilität* erhält. Die Einteilung der Phasen muss in das Ermessen des jeweiligen Teams gestellt bleiben.

Heilpädagogische Beziehungsarbeit ist die Voraussetzung für die Erziehung unter erschwerten Bedingungen. Die Arbeit mit traumatisierten Kindern setzt eine Beziehung voraus, in der sie vorbehaltlos angenommen, in ihrer Einzigartigkeit akzeptiert und verstanden werden. Diese intensive Erziehungsarbeit ist nur in einem eng vernetzten Miteinander aller Professionellen durchführbar. Die tragfähige Beziehung des Lehrers und der Jugendhilfemitarbeiter untereinander hat Vorbildfunktion für die Kinder und Jugendlichen.

## 1.3 Veränderte Berufsbilder in einer gebundenen Ganztagsschule

In ihrer umfangreichen qualitativ-empirischen Erhebung ermittelt Szczyrba (2003) die gegenseitige Einschätzung und das Bild vom jeweils anderen unter Lehrern und Sozialpädagogen. Szczyrba befragte Sozialpädaginnen und Sozialpädagogen, was sie über Lehrerinnen und Lehrer denken, und umgekehrt Lehrerinnen und Lehrer, was diese über Sozialpädagoginnen und Sozialpädagogen denken. Weiterhin: Welche Berufsrolle nehmen die anderen ein? Und: Unter welchen Arbeitsbedingungen arbeiten die anderen? Besonders interessant ist dabei eine Fragevariante in der Untersuchung: Szczyrba fragt auch, was Sozialpädagogen denken, wie wohl die Lehrer sie sehen, und umgekehrt. Einige Stichworte zu den Ergebnissen (vgl. Szczybra 2003, 158 ff.; ausführlich in Ellinger 2009):

Für die Zusammenarbeit im Team einer gebundenen Ganztagsschule sind von den beteiligten Professionen gravierendere Einstellungsveränderungen zu erwarten, als dies im Falle von *additiven* oder *kooperativen Kooperationsmodellen* notwendig ist. Organisatorisch muss dieser Einstellungsveränderung auf unterschiedlichen Ebenen zugearbeitet werden.

a) Unter welchen Bedingungen arbeiten die anderen?

| Sozialpädagogen über Lehrer | Lehrer über Sozialpädagogen |
|---|---|
| • Der Zeitdruck im Lehrerberuf ist destruktiv<br>• Erforderliche Disziplin geht auf Kosten zwischenmenschlicher Beziehungen<br>• In der Schule herrscht keine kooperative Grundstimmung, Kooperation kostet die Lehrer viel Kraft | • Kein Zeitdruck<br>• Vertrauen und Ganzheitlichkeit als Basis professionellen Arbeitens<br>• Der Mensch darf als Beziehungswesen behandelt werden und muss nicht unter dem Diktat der Leistungskontrolle Beurteilung finden |

b) Welche Berufsrolle nehmen die anderen ein?

| Lehrer über Sozialpädagogen | Sozialpädagogen über Lehrer |
|---|---|
| • Spielen eine positive Rolle, sind angenehme Kooperationspartner<br>• Hilfemotiv ist dominant<br>• Nützlicher Wunsch nach Beziehungsvielfalt<br>• Orientierung am Individuum<br>• Räumliche und zeitliche Flexibilität ist positiv<br>• Es gibt zwei Typen von Sozialpädagogen:<br>A Der partnerschaftliche Typ<br>B Der Spezialist für Soziales. In puncto Wissensvermittlung besteht eine unüberwindbare Grenze | • Lehrerhabitus stellt einen Belastungsfaktor in möglichen Kooperationsmodellen dar<br>• Mangelnde Passung von erworbenen Fähigkeiten in konkrete Anforderungen<br>• Funktionalisierung der Interaktionspartner ist Gewohnheit<br>• Positive Rolle einiger Lehrer: Sehen das Ziel ihres Handelns im Erreichen einer Balance zwischen kognitiven und sozialen Kompetenzen bei den Schülern<br>• Es gibt zwei Typen von Lehrern:<br>A Der verhinderte Pädagoge, der sich institutionell bedingt auf Wissensvermittlung beschränken muss<br>B Der ausgebrannte Pädagoge, der mittlerweile blind ist für die Wirklichkeit von sozialer Benachteiligung und aus diesem Grund auch bei der Wissensvermittlung zu scheitern droht |

c) Wie sehen uns wohl die anderen?

| Was Lehrer glauben, wie Sozialpädagogen Lehrer sehen | Was Sozialpädagogen glauben, wie Lehrer Sozialpädagogen sehen |
|---|---|
| • Empfinden Lehrer als unsicher im Umgang mit anderen Professionellen, weil die vielleicht ihre Leistungen kritisch bewerten<br>• Lehrer wirken wahrscheinlich verschlossen und ablehnend<br>• Lehrer wirken rivalisierend<br>• Lehrer wirken arrogant | • Lehrer entwerten den Berufsstand der Sozialpädagogen und anderer Kollegen<br>• Sozialpädagogik erfordert aus der Sicht des Lehrers wahrscheinlich keine hohen intellektuellen Fähigkeiten und ist im Anforderungsprofil beliebig<br>• Das Berufswahlmotiv der Sozialpädagogen wird von den Lehrern sicherlich im Bereich der Selbsthilfe und der eigenen Vergangenheitsbewältigung gesehen<br>• Lehrer sehen den Nutzen der Sozialpädagogen insbesondere darin, dass sie schnell und unproblematisch den Unterricht von störenden Kindern befreien |

Das Team einer gebundenen Ganztagsschule sollte
a) gemeinsam eine verbindliche Konzeption erarbeiten, die einer nachvollziehbaren Gleichstellung sozialpädagogischer, schulischer und therapeutischer Ziele dient,
b) durch regelmäßige Sitzungen und Besprechungen institutionalisierte Kommunikation pflegen und darüber eine konstruktive Streitkultur entwickeln und
c) durchgängig an der kreativen Weiterentwicklung des Projektes arbeiten. Dies wird angeregt durch gemeinsame Veröffentlichungen, Teilnahme an Wettbewerben, freiwilligen Präsentationen etc.

Wenden wir uns den Veränderungen im beruflichen Alltag innerhalb einer gebundenen Ganztagschule zu. Ellinger (2007b, 202 f.) stellt zusammen, was die Mitarbeit in einer gebundenen Ganztagsschule für den beruflichen Alltag der Sonderschullehrkraft und für den beruflichen Alltag der/des klassischen Sozialpädagogin/-pädagogen bzw. Erziehers/Erzieherin bedeutet.

Der Tag im Ganztagsschulteam bringt für den Lehrer folgende zusätzliche Tätigkeiten mit sich:

Arbeitszeiten von morgens bis ca. 17.00 Uhr plus einzelne Zusatztermine in den Schulferien und am Wochenende. Die in verschiedenen Forschungsprojekten befragten Lehrer zeigen sich äußerst zufrieden mit der Erfahrung, Interaktionsprozesse mit Schülern nicht mittags bei »Schulschluss« abbrechen zu müssen, und zum andern damit, zuhause »dienstfrei« sein zu können, weil die Vorbereitungen erledigt sind.

Der Lehrer bringt sich auf verschiedenen Ebenen in die Gestaltung des vielseitigen Schultages ein und ist nicht »beschränkt« auf Unterricht. Das bedeutet, dass auch handwerkliche, künstlerische, atmosphärische und körperliche Beiträge notwendig sind.

Vereinbarungen und Regelungen werden aufgrund pädagogischer Notwendigkeiten getroffen und nicht infolge struktureller Zwänge. Das bringt mit sich, dass ausgebildete Streitkultur und symmetrische Kooperationsfähigkeit Konsensbildung im Team ermöglichen müssen.

Klare und transparente Rollen sind im Rahmen der Ganztagsschule weniger gefragt als die Fähigkeit, soziale Bindungen in der Schule aufzubauen, Vertrauensperson zu werden und in der täglichen Arbeit neben der Sach- vor allem auch die Beziehungsebene zu fokussieren.

Der klassische Beruf eines Sozialpädagogen oder Erziehers in der Jugendhilfe sieht vielseitige Tätigkeiten mit zum Teil komplexen Anforderungen vor. Das Kinder- und Jugendhilfegesetz als grundlegendes Gesetzeswerk schließt familienunterstützende, familienergänzende und familienersetzende Hilfeangebote ein, deren Umfang z. B. von praktischen Hilfen beim Einkaufen (§ 31 KJHG) bis hin zur Akutbetreuung in einer Schutzstelle (§ 42 KJHG) reichen. Die verschiedenen Aufgaben der JH stellen zugleich einen Erziehungsauftrag dar, der in der Regel anstelle oder in Unterstützung der Erziehungsberechtigten wahrgenommen werden soll. Dies gilt gleichermaßen für eine Mitarbeit in ambulanten, teilstationären oder stationären Arbeitsbereichen der Jugendhilfe. Im Blick auf die Mitarbeit im Ganztagsschulteam erschließen sich den Erziehern und Sozialpädagogen insbesondere durch die Anforderungen einer ausbildungsorientierten Einrichtung neue Tätigkeitsanforderungen:

Als gleichberechtigtes Mitglied im Team trägt jeder Mitarbeiter Verantwortung für die kognitive Entwicklung der Schüler und beobachtet und plant die schulischen Fortschritte. Hierzu ist nicht selten ein Perspektivenwechsel »auf die andere Seite« notwendig.

Einzelförderungen, Unterrichtseinheiten und praktische Unterweisungen in einem Projekt, bei einer Erkundung oder nach einer Exkursion sind auch für den Erzieher und Sozialpädagogen vorgesehen.

Neben der didaktischen Reflexion sind für Unterrichtsvorbereitungen konkrete Recherchen und theoretische Stoffaneignung vonnöten, die nicht jedem »Vollblutpraktiker« von Anfang an leicht von der Hand gehen.

Die enge Zusammenarbeit mit besser bezahlten und statusmäßig höher angesiedelten Kollegen stellt bisweilen eine Herausforderung dar und bedarf konsequenter Reflexion, Selbstbeobachtung und Bereitschaft zum offenen Gespräch.

Verbindliches Leben und effektive Arbeit im Team stellen von den neuen Aufgaben, die in Zusammenhang mit der Ganztagsschule auf jeden einzelnen Mitarbeiter zukommen, zweifellos die größte Herausforderung dar. Für alle Berufsgruppen gilt, dass die enge Zusammenarbeit mit Kollegen, die eine milieuspezifisch unterschiedliche Sozialisationen genossen haben, ein bewusstes Einlassen auf andere Bewertungsgrundlagen, Erziehungsgrundsätze, Begründungsfiguren und ästhetische Prinzipien fordert. Mit anderen Worten treffen im Ganztagsschulteam aufgrund der unterschiedlichen beruflichen Werdegänge und Sozialisationshintergründe verschiedene milieuspezifische Plausibilitätsstrukturen aufeinander. Sie fordern die Teammitglieder zum offenen Umgang mit den Maßstäben der Kollegen auf. Das Bemühen um gegenseitiges Eintauchen in die z. T. stark differierenden Plausibilitätsstrukturen innerhalb eines heterogenen Kollegiums erhöht den Wert der Professionalität im erziehenden Beruf, da es alternative Denk- und Interpretationsmöglichkeiten aufzeigt und zudem am Modell des eigenen Kollegen die Fähigkeit schult, den Prozess der Erziehung als einen Prozess des immer wieder neuen Aushandelns zwischen Erzieher und Edukand zu begreifen.

Tabelle 2: Wechsel der Berufsbilder innerhalb der gebundenen Ganztagsschule im Rahmen eines *integrativen Kooperationsmodells*

| Sozialpädagoge und Erzieher | | |
|---|---|---|
| | Traditionelles Berufsbild | *Verändertes Berufsbild* |
| Alltagsversorgung der Schüler | Versorgung mit Lebensnotwendigem auf emotionaler, physischer und psychischer Ebene. | Die ganzheitliche Versorgung wird jetzt mit den Kollegen geteilt, d. h. es tritt eine Entlastung ein. |
| Erziehungsaufgaben | Erziehung ist in verschiedener Hinsicht ein zentraler Bereich der Arbeit. | Abstimmungsnotwendigkeit mit Kollegen, die womöglich andere milieuspezifische Prägungen haben. |
| Emotionale Betreuung | Sozialpädagoge und Erzieher sind durchgängig Ansprechpartner für Beziehungsaspekte. Bindungsfigur für die Klientel. | Unverändert |
| Begleitung des kognitiven Lernprozesses | Unklarer Rahmen, eventuell Vermittler zwischen schulischen Hilfen und Eltern. | Beschäftigung mit Theorie und Didaktik, Beteiligung an Unterricht und Einzelförderungen, Austausch mit dem Lehrer über Lernstrategien. |
| Kooperation | Kooperation mit Vereinen, Beratungsstellen, Jugendamt, Jugendheimen. | Kooperation innerhalb des Teams: Strukturen schaffen Verlässlichkeiten. Kooperation mit statushöheren Lehrern. Kommunikationskultur und Selbstbewusstsein anderer Art. |
| Elternarbeit | Elternberatung und Elternarbeit wesentlich im Blick auf emotionale und soziale Entwicklung, häufig gemeinsame »Front« gegen Schule. | Delegation schulischer Problemfelder an die Lehrer nicht mehr möglich. Perspektivenwechsel in mancherlei Hinsicht notwendig. |
| Selbstverständnis | Helfer, Vertrauensperson, Partner, Praktiker (flache Hierarchie). | Lernförderer, Wissensvermittler, Intellektueller. |

| Sonderpädagoge/Sonderschullehrer | | |
|---|---|---|
| | Traditionelles Berufsbild | *Verändertes Berufsbild* |
| Alltagsversorgung der Schüler | Alltagsversorgung im Sinne der Entwicklungsförderung und schulischer Förderung auch mit schwierigem familiärem Hintergrund. | Durch die Betreuung von morgens bis nachmittags ist Alltagsversorgung in allen praktischen Bereichen vorgesehen. |
| Erziehungsaufgaben | Unterricht und Erziehung gehören zu den zentralen Aufgaben. | Unterricht und Erziehung gehören nach wie vor zu den zentralen Aufgaben, allerdings nunmehr in Absprache mit anderen milieuspezifischen Plausibilitätsstrukturen. |
| Emotionale Betreuung | Wichtiger Bestandteil z. B. im Umgang mit Schülern mit Förderschwerpunkt soziale und emotionale Entwicklung. | Wichtiger Bestandteil im Umgang mit allen Kindern und mit den Kollegen, da bindungsgestörte Kinder mitunter intensiv beobachten. |

# Förderliche Organisationsstrukturen einer Ganztagsschule für traumatisierte Kinder

| Sonderpädagoge/Sonderschullehrer | | |
|---|---|---|
| | Traditionelles Berufsbild | *Verändertes Berufsbild* |
| Begleitung des kognitiven Lernprozesses | Beschäftigung mit Theorie und Didaktik, Veranstalter von Unterricht, Einzelkämpfer. | Abstimmung mit Kollegen notwendig – wird hinterfragt werden. Aber auch Entlastung durch Kollegen. |
| Kooperation | Kaum Kooperation. Bisweilen mit Kollegen aus anderen Klassen: Gemeinsamer Unterricht. | Kooperation im früheren Kerngeschäft und in anderen Bereichen. |
| Elternarbeit | Im Wesentlichen auf Sprechstunde und Elternbrief beschränkt. | Kooperation mit den Eltern viel umfangreicher und nahbarer. Außerdem findet sie auch in der Freizeit statt. |
| Selbstverständnis | Helfer, Vertrauensperson, Partner (flache Hierarchie). | Lernförderer, Wissensvermittler |

| Ergotherapeut/Physiotherapeut/Mototherapeut | | |
|---|---|---|
| | Traditionelles Berufsbild | *Verändertes Berufsbild* |
| Alltagsversorgung der Schüler | Sind nicht in den Alltag mit eingebunden. | Im Rahmen der Betreuung von morgens bis nachmittags ist Alltagsversorgung in allen praktischen Bereichen vorgesehen. |
| Erziehungsaufgaben | Erziehung ist keine Aufgabe des Therapeuten, Therapie findet außerhalb des Erziehungsalltages statt. | Unterricht und Erziehung gehören in Absprache mit den Kollegen zu den Aufgaben. |
| Emotionale Betreuung | Emotionaler Bezug zeitlich begrenzt, eher Ansprechpartner für Probleme im Bereich Beziehungen. | Therapeuten sind durchgängig Ansprechpartner für Beziehungsaspekte. Bindungsfigur für Klientel. |
| Begleitung des kognitiven Lernprozesses | Je nach Profession Vermittlung von Lernstrategien und Lernhilfen. | Beschäftigung mit Theorie und Didaktik, Beteiligung an Unterricht und Einzelförderung, Austausch mit dem Lehrer über Lernstrategien. |
| Kooperation | Kooperation in erster Linie mit Erziehungsberechtigten, auf Wunsch der Erziehungsberechtigten auch mit Lehrern und Mitarbeitern der Jugendhilfe. | Kooperation innerhalb des Teams, Therapiestunden sind Gesamtentscheidung des Teams, dann werden eventuell Erziehungsberechtigte einbezogen. |
| Elternarbeit | Elternarbeit und Elternberatung eingebettet in Therapie. | Therapeut ist in allen Bereichen mit eingebunden. |
| Selbstverständnis | Vertrauensperson, Helfer, Lernförderer, klinische Situation | Vertrauensperson, Helfer, Partner, Wissensvermittler, Praktiker (flache Hierarchie). |

Das pädagogische Gelingen einer gebundenen Ganztagsschule – und damit auch des vorgestellten SchulCHENs – steht und fällt mit der Bereitschaft jedes Teammitgliedes, sich in seiner Persönlichkeit und hinsichtlich seines Professionsverständnisses weiter zu entwickeln.

## Literatur

Bachmann, W. (1968): Sonderschulen als Ganztagesschulen. In: Zeitschrift für Heilpädagogik. 7, 353–364.

BFSFJ (2005): Bundesministerium für Familie, Senioren, Frauen und Jugend: Zwölfter Kinder- und Jugendbericht. Berlin.

Ellinger, S. (2007a): Schulaversives Verhalten. In: Ellinger, S./Koch, K./Schroeder, J.: Risikokinder in der Ganztagsschule. Ein Praxishandbuch. Stuttgart, 171–192.

Ellinger, S. (2007b): Veränderte Berufsbilder. In: Ellinger, S./Koch, K./Schroeder, J.: Risikokinder in der Ganztagsschule. Ein Praxishandbuch. Stuttgart, 194–209.

Ellinger, S. (2009): Schulische Förderung im Rahmen unterschiedlicher Kooperationsformen. In: Stein, R./Orthmann Bless, D. (Hg.): Basiswissen Sonderpädagogik. Band 2: Schulische Förderung bei Behinderung und Benachteiligung. Baltmannsweiler, 214–246.

Ellinger, S./Hoffart, E./Möhrlein, G. (2007): Jugendhilfe macht Schule: Zwischenbericht einer Organisationsentwicklung. In: Dialog Erziehungshilfe 3, 27–35.

Hoffart, E./Möhrlein, G./Ellinger, S. (2008): Schule abschaffen, um Schule zu ermöglichen. In: Spuren 1, 6–18.

Kiper, H. (1997): Selbst- und Mitbestimmung in der Schule. Das Beispiel Klassenrat. Hohengehren.

KMK (2004): Kultusministerkonferenz: Bericht über die allgemein bildenden Schulen in Ganztagsform in den Ländern in der Bundesrepublik Deutschland – Schuljahr 2002/03. Bonn.

Kolk, B. A. van der (1995): Psychologische, biologische und soziale Aspekte der PTSD. In: http://www.traumatherapie.de, 11.08.2009.

Kühn, M. (2008): Wieso brauchen wir eine Traumapädagogik? Annäherung an einen neuen Fachbegriff. In: Trauma & Gewalt 4, 318–327.

Lang, B./Wiesinger, D./Schmid, M. (2009): Das traumapädagogische Konzept der Wohngruppe »Greccio« in der Umsetzung. In: Trauma & Gewalt. 2, 106–115.

Lohmann, G. (2003): Mit Schülern klarkommen. Professioneller Umgang mit Unterrichtsstörungen und Disziplinproblemen. Berlin.

Nörber, M. (2007): Schulsozialarbeit. In: Feuerheim, W. (Hg.): Taschenlexikon der Sozialarbeit und Sozialpädagogik. 5. Auflage. Wiebelsheim, 522.

Olk, T./Bathke, G.-W./Hartnuss, B. (2000): Jugendhilfe und Schule. München.

Schroeder, J. (2007): Was ist eine Ganztagsschule für Risikokinder? In: Ellinger, S./Koch, K./Schroeder, J.: Risikokinder in der Ganztagsschule. Ein Praxishandbuch. Stuttgart, 9–36.

Streblow, C. (2006): Schulstationsarbeit zwischen schulischer Vorder- und Hinterbühne. In: Deinet, U./Icking, M. (Hg.): Jugendhilfe und Schule: Analysen und Konzepte für die kommunale Kooperation. Opladen, 139–155.

Szcyrba, B. (2003): Rollenkonstellationen in der pädagogischen Beziehungsarbeit – Neue Ansätze zur professionellen Kooperation. Bad Heilbrunn.

Eva-Maria Hoffart und Gerald Möhrlein

## 2 Erfolgreiches Lernen in der Ganztagsschule: Was ist das und wie geht das?

Konzept des Projektes »SchulCHEN«
Das eigene Zuhause ist die erste Schule eines jeden Kindes. Dort lernt es die ersten wichtigen Zusammenhänge im Leben, es wagt die ersten Schritte und entdeckt und erforscht die Welt. Damit entstehen wichtige Fähigkeiten und Kompetenzen für die Entwicklung des Kindes. Ist die Förderung in den ersten Lebensjahren so beeinträchtigt, massiv gestört oder nicht vorhanden, wie bei den bei uns lebenden Kindern und Jugendlichen, dann fällt es später oft schwer, zum richtigen Zeitpunkt die geforderten schulischen Leistungen zu erbringen. Den meisten Kindern im Erich Kästner Kinderdorf gelingt ein erfolgreicher Schulbesuch erst dann, wenn sie nicht mehr durch belastende Faktoren (akute und/oder chronische psychische oder physische Belastungen) an ihrer Leistungsfähigkeit gehindert werden. Bildung darf nicht daran scheitern, dass traumatisierte Kinder und Jugendliche mit dem Trauma und dessen Folgen so viel zu tun haben, dass sie in der Schule versagen.

Im Mittelpunkt der Überlegungen steht das Kind mit seinen besonderen Bedürfnissen – das nicht in eine Struktur passen muss, sondern für das eine passende Struktur gebaut wurde. Nicht das Kind muss sich in das System integrieren, sondern das System und die Rahmenbedingungen richten sich nach den Bedürfnissen des Kindes. Der Grundgedanke ist die »Inklusion«. Kinder und Jugendliche haben gemeinsame und individuelle Bildungsbedürfnisse. Besondere Bedürfnisse erfordern die Bereitstellung spezieller Methoden und Mittel. Im Vordergrund steht das Grundrecht auf Bildung, das jeder Mensch hat. Ziel ist immer die gesellschaftliche Teilhabe.

Die gängigen Strukturen eines Neben- und Miteinanders von Jugendhilfe und Schule konnten diesen Kindern bisher nicht gerecht werden, da sie trotz aller Bemühungen als unbeschulbar galten und weiterhin unter zum Teil erheblichen Schwierigkeiten im Bereich ihres Bindungsverhaltens etc. litten. Schule muss ein Ort sein, an dem diese Kinder die Möglichkeit haben, innerhalb des schützenden Rahmens ihre Lern- und Leistungsfähigkeit zu entdecken und zu entwickeln, um somit überhaupt die Voraussetzung für einen erfolgreichen Schulbesuch zu schaffen.

*Formale Organisation*
Das SchulCHEN bietet diese Voraussetzungen. Obwohl es keine eigenständige Schule ist, ist das SchulCHEN in der Vorstellung der Kinder und der Erwachsenen doch eine Schule.

Formal ist das SchulCHEN ein modellhaftes Kooperationsprojekt des Erich Kästner Kinderdorfs und der Franz-Ludwig-von-Erthal-Schule (Sonderpädagogisches Förderzentrum Haßfurt). Es stellt eine heilpädagogische Beschulungsmaßnahme innerhalb des Erich Kästner Kinderdorfs dar. Es können Kinder des Erich Kästner Kinderdorfes im Alter von 6–18 aller Schultypen unterrichtet und betreut werden. Ziel ist die Reintegration ins Regelschulsystem oder in Ausbildung/Maßnahmen zur Berufsvorbereitung.

Organisatorisch gibt es keine Trennung zwischen »Schule« und »Jugendhilfe«. Demnach existiert auch keine Trennung zwischen Schule und Tagesstätte. Das SchulCHEN ist eine Ganztagsschule, die von 08.00 bis 15.30 Uhr geöffnet hat und in der die Betreuung durch ein konstantes Team stattfindet. Der Begriff »Unterricht« ist insofern neu definiert, als es keine klassischen Unterrichtszeiten, keine klassischen Pausenzeiten und keine klassischen Freizeiten gibt. Ebenso arbeiten die Mitarbeiter – ob Lehrer, Sozialpädagoge, Erzieher oder Praktikanten – nicht in Schichten, zu unterschiedlichen Tageszeiten oder in bestimmten Phasen, sondern gestalten den gesamten Tag gemeinsam und sind immer mindestens zu zweit anwesend. Das bedeutet selbstverständlich für die einzelne Lehrkraft, dass sie ihren« Unterricht« in der Regel im Büro innerhalb der Einrichtung vor- und nachbereitet und jederzeit ansprechbar ist. Das Denken in Unterrichtsstunden, die der Lehrer halten muss, fällt der Vollzeitstundenberechnung zum Opfer. Eine Umstellung, die sich als wesentlich weniger problematisch erwies, als von außen vermutet werden könnte. Oft werden die Zeitfenster in den Pausen – nach dem gemeinsamen Frühstück und dem Mittagessen – für Einzelgespräche mit den Schülern genutzt. Nicht immer muss eine Einzelarbeitsstunde dafür im Stundenplan ausgewiesen werden.

Die Räumlichkeiten sind nach heilpädagogischen Aspekten gestaltet. Äußere Struktur soll den Aufbau innerer unterstützen. Es wurde bewusst auf eine liebevoll gestaltete Umgebung Wert gelegt. Die Unterrichts- und Gemeinschaftsräume besitzen Wohncharakter und entsprechen in keiner Weise einer »typischen Schule«. Die Umgebung soll bewirken, dass sich die Kinder angstfrei auf das Lernen einlassen können und Reinszenierungen traumatisierender Situationen vermieden werden.

In einzelnen Fächern, beispielsweise Sachkunde, findet jahrgangsübergreifender Gruppenunterricht statt. Schüler zwischen 6 und 18 Jahren erörtern gemeinsam ein Thema und die Gruppe profitiert von den unterschiedlichen Herangehensweisen.

*Wann besucht ein Kind das SchulCHEN?*
Die Aufnahme beginnt für uns mit der Feststellung eines besonderen Entwicklungsverlaufes im Hilfeplanverfahren. Der Förderbedarf der Schüler wird durch ein Sonderpädagogisches Gutachten (BayEUG Art 41/3 (3)) beschrieben. Bedarfsbegründung für die Aufnahme ist gegeben, wenn die Kinder und Jugendlichen aufgrund ihrer Belastungen und/oder Auffälligkeiten am Regelschulbesuch zu scheitern drohen oder bereits gescheitert sind und/oder der Heilungsprozess durch die aktuelle schulische Situation gefährdet wird (vgl. Punkt 4 Klientel und Indikation).

Die Entscheidung der Beschulung in der heilpädagogischen Integrationseinrichtung fällt im Einvernehmen mit der Stammschule, dem Erich Kästner Kinderdorf, der Projektleitung und dem jeweils zuständigen Jugendamt. Der Schüler bleibt Schüler seiner Stammschule. Eine Umschulung ist nicht notwendig.

Die Aufnahme ins SchulCHEN kann sowohl bei der Neuaufnahme eines jungen Menschen ins Erich Kästner Kinderdorf, als auch während des Aufenthaltes z. B. nach emotionalen Einbrüchen und Krisen nötig werden. Die Schüler bleiben aber immer Schüler der »externen« Schulen. Somit ist keine Umschulung nötig und wir können das Spektrum von der Schule mit dem Förderschwerpunkt geistige Entwicklung bis zum Gymnasium abdecken.

Die Dauer dieser Maßnahme orientiert sich an den Bedürfnissen und dem Förderbedarf des Kindes oder des Jugendlichen. Prinzipiell gilt, dass die Wiedereingliederung ins Regelschulsystem so schnell wie möglich erfolgen soll: *So lange wie nötig und so kurz wie möglich.* Im Vordergrund stehen hierbei immer die Bedürfnisse und der Entwicklungsstand des Kindes. Der Schüler bewegt sich in einem ausgewogenen Lernfeld zwischen Fördern und Fordern. Die Benotung beschränkt sich auf die Erteilung von pädagogischen Noten, die keine interindividuellen Vergleiche zulassen, sondern vielmehr der Ausdruck eines intraindividuellen Fortschritts sind.

Nach unseren bisherigen Erfahrungen benötigen wir dazu in der Regel zwei bis drei Schuljahre, bei Bedarf kann verlängert werden. Traumatisierte Kinder benötigen Zeit und Sicherheit.

Die meisten Lerninhalte sind in einen lebenspraktischen Sinnzusammenhang eingebettet und an den Interessen der Schüler orientiert. Dadurch erkennen die Schüler die Notwendigkeit von Lernen und entwickeln gleichzeitig Freude am Lernen und an der erbrachten Leistung. Im Projekt »Schülerübungsfirma« wickeln die Schüler Aufträge des Kinderdorfs von der Auftragserfassung über die Planung und Durchführung bis hin zur Abrechnung ab. Aufträge sind beispielsweise der technische Support der Kleinbusse, das Reinigen der Straße, Einkaufen und Rasen mähen. Es können aber auch Arbeiten für die Schule übernommen werden, beispielsweise: Bewirtschaftung des Schulgartens, einen Grillplatz bauen, Mobiliar reparieren.

Die ganze Schule beteiligt sich auch realitätsnah bei Veranstaltungen und Aktionen des Kinderdorfes, bei der Vorbereitung, der Durchführung und dem Aufräumen (Herbstmarkt, Kästnerwoche, Jubiläum etc.).

Die Wiedereingliederung ins Schulsystem wird eng von der heilpädagogischen Integrationseinrichtung begleitet. Die Maßnahme endet nach dem erfolgreichen Absolvieren eines Probeunterrichts in der öffentlichen Schule. Der Förderbedarf wird durch ein sonderpädagogisches Gutachten (erneut) beschrieben.

Die Dauer des Probeunterrichts wird individuell mit der aufnehmenden Schule abgestimmt. Das SchulCHEN steht aber auch nach dem Ende des Probeunterrichts der öffentlichen Schule beratend zur Verfügung und wird gegebenenfalls auch Kontakt mit dem zuständigen Mobilen Sonderpädagogischen Dienst aufnehmen.

Die Zeugnisse werden von der Schule ausgestellt, an der der Schüler geführt wird, und von der jeweiligen Schulleitung unterschrieben. Für den Klassenlehrer kann auch der zuständige Sonderschullehrer unterzeichnen. Im Zeugnisformular wird folgende Formulierung eingedruckt: »Der Schüler/die Schülerin wird zurzeit in der heilpädagogischen Integrationseinrichtung des Erich Kästner Kinderdorfes vorübergehend unterrichtet (siehe beiliegender Bericht). Auf eine Benotung wird im Sinne von Art. 41 Abs. 1 BayEUG und § 44 VSO verzichtet.« Dem Zeugnis liegt eine Beschreibung (Bericht) über den betreffenden Schüler bei, der von der Integrationseinrichtung verfasst wird und verantwortlich von der Projektleitung (Sonderschullehrer und Sozialpädagogin) unterzeichnet wird.

Jeder Schüler erhält ein persönliches, an ihn gerichtetes Zeugnis, das ihn direkt anspricht und seine Fortschritte und die schulischen Erwartungen beschreibt. Es enthält Noten, die sich aus rein pädagogischen und erzieherischen Überlegungen ergeben und schulrechtlich keine Relevanz haben.

*Voraussetzung für eine gelungene Kooperation*
Eine der wichtigsten Bedingungen für die erfolgreiche Umsetzung unseres Konzeptes ist die gelingende Kooperation zwischen Schule und Jugendhilfe. Kooperation (lat. *cooperatio*: »Zusammenarbeit, Mitwirkung«) ist das Zusammenwirken von Handlungen zweier oder mehrerer Lebewesen, Personen oder Systeme. Im Sinne einer synergetischen Kooperation wurde aus den Bereichen Schule und Jugendhilfe etwas Neues geschaffen: Das SchulCHEN. Den Einzelteilen wäre es in dieser Form nicht möglich gewesen, auf die Bedürfnisse der Kinder so individuell eingehen zu können. Es stellt sich nicht die Frage, wer etwas entscheidet, sondern was das Beste ist für die uns anvertrauten Kinder, welchen Bedarf sie haben. Die Erfahrung zeigt, dass die Sichtweisen zwischen Schule und Jugendhilfe oftmals unterschiedlich sind. In vielen Projekten wurde es nötig einen Partner festzulegen, der die Entscheidungskompetenz hat (vgl. Gesetzgebung Ganztagsschule).

Im SchulCHEN gibt es ein Projektleitungsteam, bestehend aus dem Sonderschullehrer und der Sozialpädagogin, das gemeinsam entscheidet. Natürlich bringt jeder auf dem Hintergrund seiner Profession die entsprechenden Kompetenzen in die Förderplanung mit ein. Genauso wichtig ist es aber, sich den jeweilig anderen Blickwinkel zu Eigen zu machen und die Entscheidung über die Phasenverläufe und die Rückführung nur im Hinblick auf die Gesamtentwicklung (schulisch/sozial/emotional) des Schülers zu fällen.

Voraussetzung hierfür ist unserer Ansicht nach vor allem die Freiwilligkeit der Projektmitglieder. Sie müssen für sich selber die Entscheidung treffen können, ob sie nach diesem Konzept arbeiten wollen und es entsprechend den Erfordernissen des Alltags weiter fortschreiben und entwickeln möchten. Neben der Freiwilligkeit steht das partnerschaftliche Miteinander. Die verschiedenen Professionen beggnen sich auf gleicher Augenhöhe. Die gängigen Strukturen von einem Neben- und Miteinander wurden ersetzt durch ein »zusammen sind wir eins«. Klassisch schulische Inhalte können in Projekte eingebunden sein, die eher im Bereich Jugendhilfe zu erwarten sind. Genauso kann die klassische sozial-emotionale Förderung im Unterricht thematisiert werden, je nachdem was für unsere Schüler besser geeignet ist.

Neben diesen Grundsätzen des Miteinanders ist die soziale Kompetenz der Teammitglieder von entscheidender Bedeutung. »Eine brauchbare Definition des Begriffes ›soziale Kompetenz‹ zu entwickeln, wird nach Zimmer (1978a,1978b) durch den Umstand erschwert, dass er nicht nur vom Individuum her, sondern auch mit Rücksicht auf soziale Anforderungen und Situationsmerkmale bestimmt werden muss. Im Gegensatz zu Begriffen wie seelische Gesundheit oder Krankheit, besitzt der Begriff der sozialen Kompetenz nicht nur eine Beziehung zum Funktionieren eines Individuums, sondern parallel dazu auch eine Beziehung zu den situativen Anforderungen. Eine alternative Definition sozialer Kompetenz ist bei Jens Asendorpf im Lehrbuch *Psychologie der Persönlichkeit* nachzulesen: Demnach setze sich die soziale Kompetenz aus zwei Komponenten zusammen, Konfliktfähigkeit und Kooperationsbereitschaft. Sozial kompetente Menschen verfügten demnach über die seltene Gabe, diese zwei eher gegensätzlich scheinenden Verhaltensweisen situativ so einzusetzen, dass es ihnen möglich wird, eigene Ziele innerhalb sozialer Beziehungen zu erreichen, ohne die Beziehung zu gefährden. Somit sei soziale Kompetenz als der optimale Kompromiss zwischen Selbstverwirklichung und sozialer Verträglichkeit zu sehen« (vgl. Wikipedia 7/2009). Das heißt übertragen für uns auf die Praxis, dass nicht nur die soft skills der Teammitglieder entscheidend sind, sondern zudem, ob es gelingt, sie im Rahmen unserer Organisation »SchulCHEN« auch situativ angemessen einzusetzen. Wichtig ist, dass die Teammitglieder auf einer persönlichen Ebene miteinander harmonieren und gleichzeitig ihre eigene Position einbringen können, ohne die Beziehungsebene damit in Frage zu stellen. Aufgrund dieses Wissens ist es wichtig, die Teamentwicklung entsprechend durch gemeinsame Fortbildungen, Supervisionen und Unternehmungen zu fördern. Der Umgang der Teammitglieder untereinander hat wiederum wichtige Vorbildfunktion für die Schüler (Lernen am Modell). Das SchulCHEN hat seine eigene Organisationsform gefunden, in der die klassischen Bereiche Schule und Jugendhilfe aufgelöst wurden, zugunsten einer individuell zugeschnitten Lösung für jedes einzelne Kind. Die tragfähige Beziehung des Lehrers und der Jugendhilfemitarbeiter untereinander hat Vorbildfunktion für die Kinder und Jugendlichen.

Der Umgang mit traumatisierten Kindern und Jugendlichen ist für alle beteiligten Mitarbeiter eine große Herausforderung. Es besteht die große Gefahr der Überforderung. Durch die übermäßige Konfrontation mit Leid, dem eigenen Kindheitserleben, belastenden Übertragungen und ständigen Grenzsituationen kann es zu einer Sekundärtraumatisierung kommen. Jeder Mitarbeiter muss eine Distanzierungsfähigkeit entwickeln, er benötigt regelmäßige Selbstfürsorge und Psychoedukation. Dazu sind wichtige Rahmenbedingungen notwendig. Wir haben klare Strukturen und Konzepte, auch zum Umgang mit Aggression und sexualisiertem Verhalten. Die

Mitarbeiter im SchulCHEN müssen über Psychotraumatologie Bescheid wissen und Möglichkeiten im Umgang mit Flashbacks, Albträumen, Selbst- und Fremdverletzungen kennen, um auf das originelle, oft zunächst unverständliche Verhalten der Kinder angemessen reagieren zu können: Dazu ist beispielsweise das »Ankommen« in der Morgenrunde wichtig. In regelmäßigen Fallbesprechungen wird das Verhalten der Kinder kategorisiert: War der Wutausbruch oder das Kriechen auf dem Boden vielleicht eine Schutzreaktion? So kann man Verständnis aufbringen und seine eigene Handlungsfähigkeit erhöhen. Die Psychohygiene der Mitarbeiterinnen und Mitarbeiter stellt eine wichtige Grundvoraussetzung im Umgang mit traumatisierten Kindern dar. Supervisionssitzungen zum Umgang mit der Spaltungsdynamik von Traumafolgestörungen sind hier ein geeignetes Mittel.

In regelmäßigen Teamsitzungen werden Krisenpläne für Notfälle entwickelt. Wir legen klare Zuständigkeiten und Handlungsanleitungen fest. Dies gibt nicht nur den Schülern, sondern auch uns Sicherheit.

*Was brauchen unsere Kinder?*
Der wohl wichtigste Punkt ist die Stabilisierung unsere Kinder. Stabilisierung beinhaltet zum einen, dass wir den Kindern die größtmögliche Sicherheit geben. Sicherheit bekommen sie durch den formal klar strukturierten und immer konstanten Tagesablauf und das permanente Beziehungsangebot der Pädagogen. Zum anderen beinhaltet Stabilisierung, dass unsere Kinder schlicht und einfach Zeit benötigen. Zeit, ihre dramatischen Biographien zu verarbeiten, Zeit sich in Sicherheit zu fühlen und Zeit, ihre individuelle Lernwege angstfrei zu finden und mutig zu gehen.

Um diese notwendige Stabilisierung zu erreichen, muss das SchulCHEN ein Schonraum sein. Der Schonraum soll den Schülern zeitlich begrenzt zur Verfügung stehen, allerdings so kurz wie möglich, aber so lang wie nötig. Dafür muss sich das System Schule an die Bedürfnisse der Kinder anpassen. Wenn die Kinder sich stabilisiert haben und wieder ins Regelschulsystem integriert werden, ändert sich der Blickwinkel: Dann müssen die Kinder sich an das bestehende Schulsystem anpassen und es »aushalten« können.

*Konzept*
Das Konzept des SchulCHENs beruht auf zwei wesentlichen Bausteinen: Auf der Lösungsorientierung und der heilpädagogischen Beziehungsarbeit. Ganz bewusst wird bei den Stärken der Kinder angesetzt. Sie sollen Erfolgserlebnisse haben. Ihr Verhalten soll nicht problematisiert werden, vielmehr wird der Blick auf die Fähigkeiten gerichtet, die noch erworben werden müssen. Dies fällt leichter, wenn der Tagesablauf nicht in Schule und Nicht-Schule zerfällt (vgl. Ellinger 2007).

Die Basis dafür ist die Beziehung. Der Pädagoge muss sich in eine Beziehung einlassen und diese durchtragen können. Dies ist der erste Schritt in der Verhaltensänderung der Kinder. Wenn sie Leistung erbringen um der Liebe und Anerkennung willen, verinnerlichen sie dieses Verhalten Schritt für Schritt, so dass funktionale Verhaltensweisen zur Selbstverständlichkeit werden. Dann können sich die Kinder auch den schulischen Inhalten zuwenden. Zuerst kommt die Beziehung, dann die Erziehung und dann der Unterricht.

So ist eine wesentliche Voraussetzung zur Verwirklichung der heilpädagogischen Beziehungsarbeit die Kooperation zwischen der Lehrkraft und den pädagogischen Fachkräften, um Lernerfahrungen zu vermitteln, die sich nicht widersprechen. Diese intensive Erziehungsarbeit mit den Kindern ist nur im eng vernetzten Miteinander durchführbar. Die tragfähige Beziehung der Jugendhilfemitarbeiter und des Lehrers untereinander hat Vorbildfunktion für die Kinder und Jugendlichen (Lernen am Modell).

In regelmäßigen gemeinsamen Fallbesprechungen legen die Beteiligten die Unterrichts- und die individuelle Förderplanung für den einzelnen Schüler fest. In festgelegten Zeitabständen wird die Planung reflektiert, um jeweils den aktuellen Bedürfnissen der Kinder und Jugendlichen zu entsprechen. Nachfolgend beschriebene Arbeitsweisen und Methoden kommen dabei in erster Linie zum Einsatz.

Heilpädagogische Beziehungsarbeit ist die Voraussetzung für die Erziehung unter erschwerten Bedingungen. Die Arbeit mit den Kindern setzt eine Beziehung voraus, in der sie vorbehaltlos angenommen, in ihrer Einzigartigkeit akzeptiert und verstanden werden. Durch das Wachsen der Beziehungsfähigkeit werden die Kinder gemeinschaftsfähig und schließlich fähig, die schulischen Anforderungen zu erfüllen. Die z. T. schwer traumatisierten Kinder sind nicht in der Lage, sich selbst zu verändern. Sie verändern sich lediglich für eine Bezugsperson oder schlicht für die soziale Anerkennung ihres Umfeldes. Sie erbringen die Leistung um der Beachtung und der Liebe zum anderen willen.

Traumatisierte Kinder müssen in einem System der Stabilisierung leben. Die Stabilisierung ist der erste und zugleich wichtigste Punkt im Drei-Phasen-Modell der Traumabehandlung nach Pierre Janet. Hier liegt unser Schwerpunkt. Die anderen beiden Bereiche Traumabegegnung, -rekonstruktion und Integration sowie Trauer und Neuorientierung müssen therapeutisch und nicht schulisch angeboten werden. Wir schaffen zuerst eine äußere Sicherheit: Das Beenden von Täterkontakt ist durch die Heimaufnahme gesichert. Wir müssen erkennen, wo das Grenzen setzen notwendig ist, um das »Traumatalking«, das thematisieren des Traumas, zu verhindern. Äußere Sicherheit ist die Voraussetzung von innerer Sicherheit. Traumatisierte Kinder können, wenn sie in einer sicheren, stabilen und verlässlichen Umgebung sind, die Umwelt wieder erkunden. Wir geben diesen Kindern immer wiederkehrende Gegebenheiten, inhaltlicher und struktureller Art.

Die Hirnforschung bei traumatisierten Menschen zeigt, dass die Bereiche, die für das Erleben positiver Emotionen zuständig sind (linker präfrontaler Cortex) verkümmert sind. Es ist zu wenig Kapazität da, um Angstreaktionen zu hemmen. Sie besitzen hingegen eine gute Verbindung der Amygdala zum ventriomedialen Teil des rechten präfrontalen Cortex und zu den Gehirnregionen, die für Angst und Vermeidung stehen. Es ist deshalb absolut erforderlich, die verkümmerten Regionen im

Gehirn, die für positives Erleben zuständig sind, auszubauen, eine Balance zwischen rechtem und linkem Cortex zu schaffen. Es muss darum gehen, ein Gegengewicht zu den Schreckenswelten aufzubauen.

Im SchulCHEN ist deshalb eine der vornehmsten Aufgaben die Resilienz unserer Schüler zu fördern. Wir suchen ihre Stärken, entwickeln sie und machen sie im Alltag nutzbar. Wir stimulieren ihre Wahrnehmungsfähigkeit, damit sie positive emotionale Zustände bewusst wahrnehmen, z. B. mit dem »Licht des Tages« (Was hat mir heute am Besten gefallen?). Ebenso werden Erfahrungen stimuliert die positive Zustände hervorrufen (Gestaltung der Schulräume, gemeinsame schöne Erlebnisse, die gleichzeitig die Beziehungsebene fördern, Schatzkiste packen, etwas Schönes mit den Händen schaffen, Kaba und Plätzchen am Morgen etc.). Wir finden mit ihnen gemeinsam heraus, was bisher geholfen hat, was ihnen Mut gemacht hat. Basis ist immer die wertschätzende Beziehung, die Sicherheit und das Angenommensein der Kinder. Wir nehmen sie vorbehaltlos in ihrem »So-Sein« an und wertschätzen es als Lösung, die schrecklichen Geschehnisse dadurch überlebt zu haben. Wir vermitteln ihnen Schutz und geben ihnen die Zeit, die nötig ist, um von den in der Vergangenheit wirksamen Lösungswegen Abstand nehmen zu können und geben durch den Ausbau einer positiven Lebenswelt die Chance, neue Handlungsstrategien, die in der neuen, sicheren Situation angemessen sind, aufzubauen.

Kinder müssen lernen, den physiologischen Stress nach unten zu regulieren, d. h. den Umgang mit schwierigen Gefühlen zu lernen, ohne sich oder andere zu verletzen. Wichtig ist in dem Zusammenhang das Vermeiden von Retraumatisierungen und das Steuern gegen Reinzenierungen, wobei immer auf die Grenzen der Kinder geachtet werden muss. Es besteht die Gefahr, dass der Lehrer durch zu strenges Verhalten eine Retraumatisierung hervorruft, da die Erlebnisse der Kinder und Jugendlichen in ihren psychischen Strukturen so tiefe Spuren hinterlassen haben.

*Tagesablauf*
Traumatisierte Kinder benötigen Sicherheit, um den Schulalltag meistern zu können. Deshalb ist unser formaler Rahmen immer gleich. Ausnahmen bilden Projekttage, Ausflugs- und Wandertage, Schulfeste oder krankheitsbedingte Ausfälle.

Jeder Schultag beginnt mit einer gemeinsamen Morgenrunde, der Tagesablauf ist gleich strukturiert und jeder Schultag endet mit dem »Licht des Tages«.

Die gemeinsame Morgenrunde dient dem stressfreien »Ankommen« in der Schule. Die Schüler können sich behutsam auf den Tag vorbereiten. Oft haben unsere Kinder unruhige Nächte hinter sich, da sie in Albträumen an ihre schrecklichen Erlebnisse erinnert wurden. Die Pädagogen haben die Gelegenheit, in aller Besonnenheit auf die Kinder einzugehen und gegebenenfalls die Tagesplanung in Sinne des Bedürfnisses des Kindes zu verändern. Die Morgenrunde hat nicht nur therapeutischen Charakter. Es darf auch gelacht werden und es dürfen angenehme Dinge angesprochen werden. Traumatisierte Kinder leben oft in der Vergangenheit, in der Zeit ihrer Traumatisierung. Sie müssen in die Gegenwart geholt werden. Deshalb ist es unbedingt erforderlich, während der Morgenrunde und zu Beginn der ersten Stunde einzufordern, dass sie ihren Aufenthaltsort, das aktuelle Datum und ihre Gruppenmitglieder verbalisieren: »*Ich bin im SchulCHEN. Heute ist der 17.3.2009. In meiner Gruppe arbeiten Anton, Antonia und Monique.*« So vermeiden wir Regression und Dissoziation. Die Morgenrunde dient zusätzlich zur Stimulierung der Wahrnehmung, um positive emotionale Zuständen hervorrufen. Es duftet nach Kakao, Kerzenlicht sorgt für Wärme und Obst und Kekse runden das körperliche Wohlbefinden ab.

Bei Veränderungen im Tagesablauf gibt es einen Vertretungsplan, der in der Morgenrunde besprochen und für jeden sichtbar ausgehängt wird.

Jeder Schüler hat einen individuellen Stundenplan. Der Stundenplan ist so gestaltet, dass die Schüler immer wissen, in welchem Raum sie sind (WO), welchen Inhalt sie bearbeiten sollen (WAS) und welcher Pädagoge für die zuständig ist (WER). Zu Beginn jeder Stunde äußert der Lehrer klar seine Erwartungen, die ggf. nur das Unterstreichen der Überschrift und das Aufschreiben des richtigen Datums beinhalten können bis hin zu der konkreten Ansage: »*Du sollst im Buch auf der Seite 78 die Aufgaben 1 bis 4 lösen ...*«.

Nach der Morgenrunde beginnt die erste Lerneinheit in Kleingruppen. Sie umfasst 90 Minuten. Das Datum wird an der Flipchart bzw. Tafel notiert und von den Schülern wiederholt. Jeder Tag fängt mit einer Mathematikstunde an und jede Mathematikstunde beginnt mit einer Kopfrecheneinheit, bevor die Schüler anhand ihres individuellen Lernplans ihre Aufgaben bearbeiten. In der zweiten Stunde folgt Deutsch bzw. bei den älteren Schülern Englisch. Unterrichtsinhalte können auch, sofern erforderlich, im Einzelbezug vermittelt werden. Parallel wird Ergotherapie, Entspannungstherapie und Sandspieltherapie nach einem festen Plan angeboten. Montags notiert jeder Schüler seinen selbst gewählten Wochenvorsatz und positioniert diesen sichtbar an seinem Arbeitsplatz.

Nach der ersten Lerneinheit kommen alle in der Küche zusammen und frühstücken gemeinsam. Ritualisierte Abläufe wie Händewaschen, gemeinsames Anfangen und in angemessener Lautstärke sprechen sind selbstverständlich. Im Anschluss kommt eine Bewegungsphase außerhalb des Schulgebäudes, während der Schülerküchendienst Ordnung schafft. Jetzt ist ein kurzes Fußballspiel, Trampolinspringen oder das Nutzen des öffentlichen Spielplatzes möglich. Danach kommt der zweite Unterrichtsblock mit 90 Minuten. Es findet projektorientiertes oder fächerübergreifendes Lernen statt (Werken, Kunsterziehung, Sachkunde, Klassenrat, therapeutisches Reiten, soziales oder kognitives Kompetenztraining, Lernen lernen etc.). Die Gesamtgruppe wird je nach Angebot aufgeteilt. Diese Einteilung wird pro Trimester geändert, sodass jeder Schüler im Schuljahr den Genuss aller Angebote bekommen kann. Die dritte Einheit dauert 45 Minuten. Inhalte sind Freiarbeit und Hauswirtschaft. Im hauswirtschaftlichen Bereich bereitet eine Dreigruppe so selbstständig wie möglich das Mittagessen vor. Die anderen Schüler können in der Freiarbeitsstunde

Lernmaterialien wählen, an der Klassenlektüre weiterarbeiten oder am Computer arbeiten. Wichtig ist, dass sie ihre Leistung dokumentieren. Montags geht immer eine Kleingruppe zum Einkaufen, die anderen säubern das Schulgebäude, was zusätzlich dem verantwortlichen Umgang mit und in den Schulräumen fördert. Anschließend findet das gemeinsame Mittagessen statt. Die Grundversorgung der Schüler ist immer gewährleistet. Auch wenn ein Schüler mit seinen Aufgaben noch nicht fertig ist, nimmt er aber selbstverständlich am Mittagessen teil. Diese offenkundige Grundversorgung ist für traumatisierte Kinder besonders wichtig. Bevor die vierte Lerneinheit beginnt, findet die Ruhephase statt. Die Schüler wählen sich eine Beschäftigung, der sie ruhig nachgehen. Um dem Bewegungsdrang gerecht zu werden, besteht das Angebot, auf den Bolzplatz bzw. im Wechsel auf den Spielplatz zu gehen. Nach dieser Phase finden Übungsstunden, Sportstunden oder Projekte statt. Auch hier gibt es feste Gruppen, die für ein Trimester fest zusammengesetzt sind. Am Ende jedes Schultages findet das »Licht des Tages« statt. Sowohl Schüler als auch Lehrer bilden einen Sitzkreis und jeder darf berichten, was ihm an diesem Tage besonders gut gelungen ist oder außerordentlich gut gefallen hat. Kritik ist hier nicht zulässig. Der Schultag soll mit einem positiven Gefühl und bejahenden Eindrücken beendet werden. Somit werden die Schüler (und Lehrer) den nächsten freudiger beginnen können. Zum Abschluss wird der nächste Tag besprochen und evtl. Abweichungen bekannt gegeben.

Freitags schließt die Schule schon um 12.30 Uhr. In der letzten Stunde findet anstelle des »Licht des Tages« die Wochenreflexion statt. Hier wird die Woche unter bestimmten Kriterien nachbereitet. Folgende Fragen helfen dabei: Was habe ich Neues gelernt? Was ist mir gut gelungen? Was hat mir Spaß gemacht? Wer hat mir geholfen? Wem habe ich geholfen? Was kann ich nächste Woche besser machen?

Grundsätzlich richten wir das System an den Bedürfnissen der Kinder aus. Hier sind einige Beispiele:

Alle Eingangsinformationen werden gesammelt und aktiviert und daraus wird ein Korsett für das Kind geschnürt. Wenn ein Kind beispielsweise sehr ängstlich ist, werden die Bedingungen im SchulCHEN so geschaffen, dass es keine Angst zu haben braucht. Für ein Mädchen hatten wir zum Beispiel die Schultafel abgeschafft, weil diese so negativ behaftet war und das Mädchen in seiner schulischen Entwicklung blockierte – eine Maßnahme, die in allgemeinbildenden Schulen nicht ganz einfach umzusetzen wäre.

Das SchulCHEN ist eine »Optimistenschule«. Wir sind davon überzeugt, dass unsere Schüler über eine Vielzahl von Fähigkeiten verfügen, und diese Stärken stehen zu Beginn im Vordergrund. Die Schwächen, d. h. die Fähigkeiten welche die Kinder noch erwerben müssen, treten zu Beginn in den Hintergrund und spielen keine Rolle (siehe Integrationsstufen).

Das Kind soll sich als selbstwirksam erleben, erfahren, dass es etwas kann und einen Wert besitzt. Das bedeutet, ein Schüler, der über eineinhalb Jahre hinweg kaum den Unterricht besucht hat, macht einen großen Schritt, wenn er regelmäßig zum Unterricht erscheint. Dass er seine Materialien nicht organisieren kann und ständig Hefte und Stifte fehlen, tritt so lange in den Hintergrund, bis er die eigene Motivation aufgebaut hat, am Unterricht, an Schule, teilhaben zu wollen.

Wir sprechen alle Sinne bei unseren Kindern an. Sie erfahren und be-greifen die Unterrichtsinhalte. So wird Unterricht anschaulich und für die Kinder nachvollziehbar.

Wir stricken für jedes Kind individuelle Lösungen. Nicht das Kind muss sich unserem »Schulbetrieb« anpassen, sondern wir passen uns dem Kind an, um ihm erste Schritte der Anpassung überhaupt zu ermöglichen.

Wir suchen nach Möglichkeiten, bei denen sich ein Schüler über die Lehrer/Betreuer stellen kann, beispielsweise beim Klettern. »Ich habe etwas geschafft, was sich der/die nicht zutraut«.

Wir gehen sehr behutsam auf die Gefühle der Kinder ein und verschaffen beispielsweise einem sexuell missbrauchten Mädchen so viel Schutzraum wie nur möglich, damit es in die Lage versetzt wird anzukommen, Vertrauen zu gewinnen und das Gefühl hat, es ist gut so wie es ist und wir achten ihre Persönlichkeit.

Wir geben dem Kind das, was es braucht um lernen zu können. Ein Junge mit stark aggressiven, kaum kontrollierbaren Ausbrüchen bekommt ein Indianerzelt, in das er sich zurückziehen kann, wenn die Wut in ihm aufsteigt und er eine Auszeit benötigt.

Es gibt verschiedene Formen von Intelligenz und speziell unsere Kinder zeichnen sich auf den ersten Blick manchmal nicht durch die klassische »schulische« Intelligenz aus. Wir schaffen Erfahrungsfelder innerhalb derer sie feststellen, dass auch sie etwas können, auch wenn sie in Mathematik oder Deutsch versagen.

Wir haben Visionen und fordern die Kinder auf, ihre eigenen zu entwickeln (Wunschfee, Zauberkugel etc.). Was willst Du erreichen? Was soll in zwei Jahren anders sein? Wenn eine Fee kommen würde, was würdest Du dir wünschen? Und wir nehmen die Wünsche der Kinder ernst und helfen ihnen, erste Schritte bei der Umsetzung zu gehen.

Im Vordergrund steht der Weg des Lernens. Der Schüler soll erkennen, WIE er etwas gelernt hat und wie er dieses Prozesswissen anwenden kann.

Beschreibung der fünf Integrationsstufen
Die Beschulung im SchulCHEN vollzieht sich in fünf Integrationsstufen. Für diese Stufen gibt es keine zeitlichen Bestimmungen.

In der ersten Phase, noch vor der Aufnahme ins SchulCHEN, gewinnen wir einen Überblick über den Förderbedarf und die Ressourcen des Kindes. Wir erfassen die Ausgangssituation, sammeln Daten (falls vorhanden) und gleichen sie ab. Dies gestaltet sich oft als schwierig, da einerseits Unterlagen teilweise verschwunden sind und andererseits die Kinder noch nicht diagnosefähig sind. Die Indikation »SchulCHEN« wird in einem Sonderpädagogischen Gutachten festgestellt.

| Name: | Michael | | | Stundenplan Schuljahr 08/09 Stand: April | |
|---|---|---|---|---|---|
| | Montag | Dienstag | Mittwoch | Donnerstag | Freitag |
| 8.00–8.15 Uhr | Morgenrunde | Morgenrunde | Morgenrunde | Morgenrunde | Morgenrunde |
| 8.15–9.00 Uhr 1. Stunde | Mathe | Mathe | Mathe | Mathe | Ergo-Therapie |
| | Klassenzimmer | Klassenzimmer | Klassenzimmer | Klassenzimmer | Ergo-Raum |
| Lehrer | Gerald | Gerald | Gerald | Gerald | Gabi |
| 9.00–9.45 Uhr 2. Stunde | Deutsch | Deutsch | Deutsch | Deutsch | Deutsch |
| | Klassenzimmer | Klassenzimmer | Klassenzimmer | Klassenzimmer | Klassenzimmer |
| Lehrer | Gerald | Gerald | Gerald | Gerald/Eva | Gerald |
| 9.45–10.45 Uhr Frühstück | Frühstück/ Pause | Frühstück/ Pause | Frühstück/ Pause | Frühstück/ Pause | Frühstück/ Pause |
| Pause | Küche/Spiel-platz | Küche/Spiel-platz | Küche/Spiel-platz | Küche/Spiel-platz | Küche/Spiel-platz |
| Lehrer | Sine | Gerald | Eva | Gabi | Andreas |
| 10.45–11.30 Uhr 3. Stunde | Werken/Kunst | progressive Muskel-entspannung | Lerntraining | Klassenrat | Ordnungs-training |
| | Klassenzimmer | Ergo-Raum | Klassenzimmer | Saal | Schule |
| Lehrer | Gerald/Eva | Gabi | Gabi und Gerald | Präsidium | Andreas und Sine |
| 11.30–12.15 Uhr 4. Stunde | Werken/Kunst | Sachkunde | Spielestunde | Sachkunde | 11.30–12.00 Uhr U-Film/ Sachkunde |
| | Klassenzimmer | Saal | Saal | Klassenzimmer | Klassenzimmer |
| Lehrer | Gerald/Eva | Gerald | Sine/Andreas | Sine und Gabi | Gerald |
| 12.15–13.00 Uhr 5. Stunde | Das tägliche Leben (Putzen/ Einkaufen) | Hauswirtschaft | Mittagessen | Freiarbeit | Reflexion der Woche Licht des Tages bis 12.30 Uhr |
| | Schule | Küche | Küche | Saal | Schule |
| Lehrer | Sine, Gabi, Andreas | Eva | ALLE | Gabi | Eva und Gerald |
| 13.00–14.00 Uhr Mittagessen und Ruhephase | Mittagessen und Pause/ Ruhephase | Mittagessen und Pause/ Ruhephase | Pause/ Schwimmen oder Sport ab 13.30 Uhr | Mittagessen und Pause/ Ruhephase | |
| 14.15–15.15 Uhr | Projekt Holz | Förderunter-richt Mathe/ Deutsch | Sport/Schwim-men | Förderunter-richt Mathe/ Deutsch | |
| 6./7. Stunde | Schule | Klassenzimmer | Turnhalle/ Schwimmbad | Klassenzimmer | |
| Lehrer | Andreas/ Ge-rald | Gerald | Sine/Andreas | Sine | |
| 15.15–15.30 Uhr | Licht des Tages | Licht des Tages | Licht des Tages | Licht des Tages | |

Die zweite Phase steht für Schutz und Entlastung. Wir finden Stärken und Interessen des Kindes heraus und lernen die Grenzen der Kinder kennen und achten. In dieser Phase wird die notwendige und unabdingbare vertrauensvolle Beziehung zum Kind als Basis einer ersten Arbeitshaltung aufgebaut. Schulische Inhalte sind sekundär. Wenn nötig, verzichten wir völlig auf Leistungsanforderung schulischer Art.

Auf der dritten Stufe setzt sich der Schüler mit den lehrplanmäßigen Inhalten auseinander, allerdings bezogen auf seine aktuelle Leistungs- und Arbeitsfähigkeit. Er arbeitet an der so genannten »Null-Fehler-Grenze«: Die Anforderungen an die Schüler sind knapp über dem, was jeder Schüler individuell leisten kann. So sind die Aufgaben erfüllbar, aber nicht langweilig oder monoton. Im Vordergrund steht das, was das Kind bewältigen kann. Stärken kompensieren Schwächen. Erfolgserlebnisse motivieren den Schüler.

Die vierte Stufe führt den Schüler an die Leistungserwartungen der externen Schule heran. Die Anforderungen des amtlichen Lehrplans gewinnen immer mehr an Bedeutung. Eigenverantwortliches Lernen und die Heranführung an die Selbstständigkeit sind erklärte Ziele, die mit den betreffenden Schülern gemeinsam formuliert werden.

Hält das Kind den Ansprüchen stand, nehmen wir mit der zuständigen Sprengelschule (Schulleitung) Kontakt auf. Die fünfte und letzte Phase hat begonnen. Ein Abgleich bezüglich der Lerninhalte und der sozialen Klassenregeln erfolgt. Die betreffende Klassenleitung besucht dann den Schüler in der sicheren Umgebung des SchulCHENs. Aus der stabilen Situation heraus soll der Schüler an veränderte Bedingungen der aufnehmenden Schule herangeführt werden. Der Schüler besucht die »externe« Schule zur Probe. Bei stabiler Situation in der Schule wird die »Maßnahme« SchulCHEN beendet.

Beispiel zu Selbstwirksamkeitserfahrung: Der Klassenrat
Der Klassenrat soll die Selbstwirksamkeitserfahrung der Schüler erlebbar machen. Sie sollen lernen, ihre Bedürfnisse zu äußern und sollen die Gesprächsregeln einhalten. Sie müssen Kritik aushalten und diese positiv umsetzen können. Der Klassenrat findet wöchentlich statt und ist im Stundenplan ausgewiesen. Beim Klassenrat sollen und dürfen prinzipiell alle Schüler und pädagogischen Mitarbeiter teilnehmen. Wer sich nicht an die vereinbarten Regeln hält, wird für eine oder mehrere Sitzungen ausgeschlossen (dies entscheidet das »Präsidium«). Der Klassenrat ist dazu da, Anliegen und Wünsche der Schüler zu besprechen und darüber abzustimmen. Außerdem darf Kritik geäußert werden. Jeder Schüler darf je einen Punkt anbringen: Eine Beschwerde, einen Wunsch, einen Essenswunsch und einen Sachkundewunsch (mit Name und Datum). Die Zettel werden in den Pausen geschrieben. Der Klassenrat wird von einem »Präsidium« geleitet. Dies setzt sich aus einem Lehrer und einem Schüler zusammen. Der Schüler wird von seinen Mitschülern auf die Dauer von vier Wochen gewählt.

Das Präsidium bereitet den Klassenrat vor. Es leitet die Sitzungen und achtet auf die Einhaltung der Gesprächsregeln. Protokoll führt ein Erwachsener. Das Protokoll wird vom Präsidium unterschrieben. Es gibt eine Klassenrat-Pinnwand, an der die Beschlüsse ausgehängt werden. Dafür ist das Präsidium verantwortlich. Die Überwachung und die Umsetzung der Beschlüsse des Klassenrats obliegen dem Präsidium.

Ablauf des Klassenrats:
- Das Präsidium stellt die Tagesordnung vor.
- Bei Streitigkeiten werden die Betroffenen auf Stühle gesetzt und dürfen sich jeweils einen Verteidiger nehmen (Schüler oder Erwachsener).
- Ist nur ein Schüler angesprochen, setzt dieser sich auf den »Heißen Stuhl« und darf sich zwei Anwälte nehmen.

1. Bei Kritikpunkten (Beschwerden) ist folgendes Vorgehen einzuhalten:
- Die Kritik muss sachlich und in angemessenem Ton vorgetragen werden.
- Die Beschwerde wird vom Ankläger vorgetragen. Er muss sein Anliegen in der Ich-Form formulieren: »Ich finde es nicht in Ordnung, dass du mich bei anderen Schülern schlecht machst. Ich wünsche mir von dir ...«
- Der Adressat kann dazu Stellung nehmen, den Wunsch berücksichtigen oder einen anderen Vorschlag machen.
- Eine Lösung/ein Ergebnis muss gefunden und formuliert werden.
- Das Ergebnis kommt an die Pinnwand.
2. Die Wünsche werden vorgetragen und eventuell vom Verfasser erläutert.
3. Essenswünsche werden vorgelesen und dann darüber abgestimmt.
4. Sachkundewünsche werden vorgelesen und eventuell vom Verfasser erläutert. Danach wird darüber abgestimmt.

Beispiel: Schullandheimaufenthalt
Im Juni waren wir eine Woche im Schullandheim. Trotz großer Bedenken wollten wir dieses Wagnis. Nach einer Planungsfahrt und intensiver Vorbereitung, sowohl in der Schule als auch im Kinderdorfhaus, konnte Hans sich überwinden mitzufahren. Wir mussten ihm jedoch versprechen, ihn bereits am Freitag wieder nach Hause zu fahren, damit er das Wochenende in gewohnter Umgebung verbringen konnte. Hans zeigte sich in dieser Woche kontaktfreudig und sehr interessiert an den Angeboten. Die nötigen Stützmaßnahmen halfen ihm dabei und gaben ihm die gewünschte Sicherheit: Kiste mit Süßigkeiten, Spieluhr, Angstbär, Schlafdecke, Handy, Kissen, Socken mit Sprüchen für jeden Tag, Grußkarten für jeden Morgen mit sicherheitsstiftenden Sprüchen etc. So war es Hans möglich, den Schullandheimaufenthalt zu meistern. In der ersten Nacht weinte er vor dem Einschlafen, wollte aber im Schullandheim bleiben. Am Donnerstag äußerte er, er benötige seine Kiste mit Süßigkeiten nicht mehr im Bett. Wir sind stolz auf Hans. (Auszug aus einem Bericht für das Jugendamt)

Erfolgreiches Lernen in der Ganztagsschule: Was ist das und wie geht das? 277

Beispiel: Tokensystem
Nicht nur im Klassenrat bekommen die Schüler eine Rückmeldung über ihr Verhalten. Zu Beginn der Woche erhalten sie einen leeren Wochenplan, in den sie nach jeder Stunde ihre Aufgaben eintragen. Der Pädagoge gibt über ein Punkteverstärkungssystem direkte Rückmeldung. Die Schüler sammeln die erworbenen Punkte und tauschen sie ein. Die Bandbreite geht hier von einer kleinen Süßigkeit bis hin zum Besuch eines Erlebnisbads.

Die Schüler wissen so über ihre Leistungen und die Inhalte Bescheid. Art und Inhalt der zu erledigenden Aufgaben gibt der Lehrer/Erzieher vor, je nach Integrationsstufe des Kindes.

Die Schüler lernen hier, dass Leistung belohnt wird und sie selbstbestimmt regulieren und beeinflussen können, welche Art von Belohnung sie erhalten.

Ergebnisse und Erfahrungen

Rückschulungsquoten
Insgesamt werden/wurden seit 2001 *32 Kinder und Jugendliche* betreut.

Die meisten der bei uns beschulten Schüler besuchten vorher eine Grundschule. Danach folgen Schüler aus Hauptschulen.

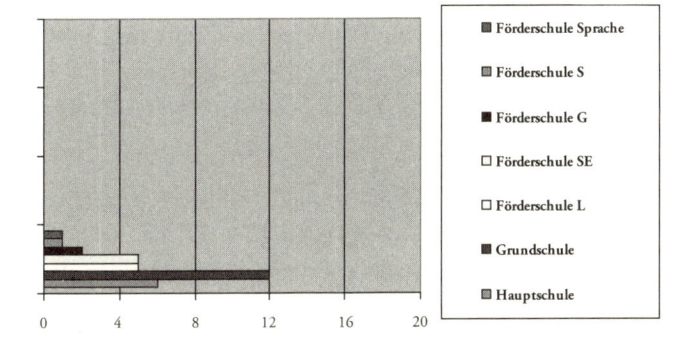

Vierzehn Jungs und sieben Mädchen haben bisher das SchulCHEN wieder verlassen. 19 Schüler wurden erfolgreich wiedereingliedert. Bei einem Jungen wurde die Heimmaßnahme abgebrochen. Zwei der 21 Schüler konnten unter anderem aufgrund der Erfolge im SchulCHEN nach Hause integriert werden. Ein Schüler der zwischenzeitlich für zwei Jahre an einer Schule mit Förderschwerpunkt geistige Entwicklung beschult wurde kehrte nach einem langen Psychiatrieaufenthalt ins SchulCHEN zurück und wird aktuell dort beschult.

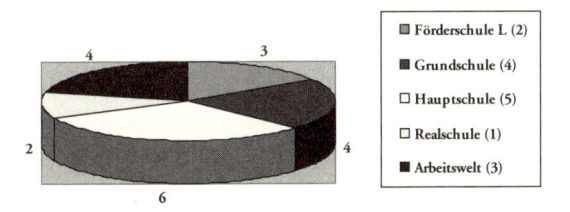

## Biographie und Lebensgeschichten

*Antonia* … fängt der Schatten immer wieder. Zu tief sitzt das Erlebte, als dass eine Heilung stattfinden kann. Antonia hat gelernt, mit ihrer Krankheit so gut wie möglich zu leben. Es gibt Notfallpläne die sie manchmal sogar einhalten kann, wenn die Schatten herauf ziehen. Sie hat eine Ausbildung zur Einzelhandelskauffrau begonnen. Ihre Leistungen sind gut. Das kleine Unternehmen, in dem sie arbeitet, weiß um ihre Problematik. Das Arbeitsamt unterstützt die Ausbildung finanziell. Antonia lebt mittlerweile in einer Wohngemeinschaft und wird noch in Form eines Betreuten Wohnens begleitet. Immer wieder kommt es zu Psychiatrieaufenthalten. Antonia kann ihr eigenes Verhalten aber nun besser verstehen und ab und an gelingt es ihr schon, sich rechtzeitig Hilfe zu holen.

*Anton* möchte leben. Er hat viel erreicht und dazu gelernt. Die Frage bleibt, wie sein Leben einmal aussehen kann. Er ist stark gefährdet, auf die schiefe Bahn zu geraten, und inwieweit ein eigen gestaltetes Leben in Selbstverantwortung realisierbar ist, kann derzeit niemand beantworten. Im Moment bringt er sich immer wieder in Gefahrensituationen und braucht eine enge Begleitung über den gesamten Tag hinweg. Anton besucht seit fünf Jahren unser SchulCHEN.

*Klaus* konnte seinen Kreislauf aus Angst und Wut durchbrechen. Er hat den Schritt in die örtliche Hauptschule geschafft und besucht derzeit die 8. Jahrgangsstufe. Er ist auf einem guten Weg und stolz auf seine Erfolge. Zu Schuljahresende kommt er spätestens im SchulCHEN vorbei und präsentiert stolz sein Zeugnis.

*Monique* lebt derzeit beim Vater. Nach zwei Jahren SchulCHEN wechselte sie zunächst an die örtliche Grundschule und dann wie geplant ab der 7. Klasse in die Förderschule. Nach Beendigung der Schulzeit kam das Jugendamt auf die Idee, dass sie nun zu Hause bei der Mutter leben könne. Diese hatte sich in den letzten Jahren kaum um sie gekümmert, jetzt aber ihr Interesse an der Tochter angemeldet. Ein halbes Jahr blieb sie dort, dann eskalierte die Situation erneut. Monique wurde vom Jugendamt an den Vater verwiesen. Der Kontakt ist abgebrochen.

*Sabine* ist erfolgreich. Die Angst ist ein Stück in den Hintergrund getreten. Die enge Begleitung im Kinderdorfhaus hat es ihr ermöglicht, die Schule gut zu meistern. Sie wird im nächsten Jahr ihren qualifizierenden Hauptschulabschluss machen und ist derzeit auf der Suche nach einer Lehrstelle als Tierpflegerin.

Eva-Maria Hoffart, Gerald Möhrlein,
Stephan Ellinger

# 3 Ergebnisse und Erfahrungen

Aktuell werden 12 und wurden seit 2001 insgesamt 32 Kinder und Jugendliche beschult. Zwei Schüler konnten unter anderem aufgrund der Erfolge im SchulCHEN nach Hause integriert werden. Ein Schüler, der zwischenzeitlich für zwei Jahre an einer Schule mit Förderschwerpunkt geistige Entwicklung beschult wurde, kehrte nach einem langen Psychiatrieaufenthalt ins SchulCHEN zurück und wird aktuell dort beschult. Die meisten der Schülerinnen und Schüler besuchten vorher eine Grundschule. Die zweitgrößte Gruppe waren Schüler aus Hauptschulen. Die Anzahl der Schulentlassenen verteilt sich wie aus der Tabelle 1 zu entnehmen.

Tabelle 1: Herkunftsschulen und Rückführungsschulen seit 2001 (vgl. auch Hoffart et al. 2008).

| Schulform | Herkunftsschule | Rückführungsschulen |
|---|---|---|
| Förderschule (G, L, S) | 13 | 2 |
| Grundschule | 12 | 4 |
| Hauptschule | 6 | 6 |
| Realschule | 1 | 2 |
| Gymnasium | - | - |
| Berufsbildende Schule | - | 3 |

Das durchschnittliche Aufnahmealter lag bei 10,7 Jahren. Der Älteste war bei Aufnahme 15, der Jüngste 6 Jahre alt. Die durchschnittliche Aufenthaltsdauer liegt bei 14 Monaten. Der längste Aufenthalt betrug 25 Monate, der kürzeste 8 Monate.

14 Jungen und 7 Mädchen haben bisher das SchulCHEN wieder verlassen. 19 Schüler wurden erfolgreich wiedereingliedert. Bei einem Jungen wurde die Heimmaßnahme abgebrochen. Ein Junge kam nach Aufenthalt in der Psychiatrie ins SchulCHEN zurück. Zwei der Schüler konnten u. a. aufgrund der Schulerfolge aus der stationären Jugendhilfe nach Hause integriert werden.

Neben den bisherigen Erfolgen zeigt die Erfahrung, dass manchen Kindern durch äußere Gegebenheiten und das Ausmaß der Beeinträchtigungen Entwicklungsgrenzen gesetzt sind. Anonymisiert lassen sich folgende Skizzen erzählen:

»Martin« z. B. leidet unter der Kluft zwischen den zu hohen Erwartungen seiner Eltern (Gymnasium) und seinen tatsächlichen Ressourcen. Obwohl das Engagement seiner Eltern lobenswert ist, wird es seinem Förderbedarf nicht gerecht und erweist sich als schwerwiegende psychische Belastung. Nach jedem Elternkontakt fällt er in einen Zustand psychischer Orientierungslosigkeit. Mitunter sind erzielte Fortschritte nicht mehr wahrnehmbar und erlernte Verhaltensweisen nicht mehr abrufbar. Häufig wecken allein Begegnungen mit den Eltern Assoziationen, die negative Gedankenschemata in Gang setzen. Und dies selbst dann, wenn sich die Eltern zurückhalten.

Bei »Martina« entsteht durch das alleinige Gewahrwerden eines Mannes mit Vollbart eine Retraumatisierung aufgrund ihrer Missbrauchserfahrungen. Ein ähnliches Muster ist bei

»Michaela« zu beschreiben: Aus den gleichen Gründen kotet sie ein und übergibt sich, sobald es Spaghetti oder Schokoladenpudding gibt.

»Susanne« leidet nach wie vor unter der Unzuverlässigkeit ihrer Eltern. Versprechungen wie Besuche oder Telefonate werden nicht eingehalten. Das verinnerlichte Deutungsmuster der Wertlosigkeit und des Nicht-Geliebt-Werdens drängt sich regelmäßig bei Besuchswochenende, an Weihnachten oder Geburtstagen wieder in ihr Bewusstsein. Dann verliert sie auch den Glauben an ihre schulische Leistungsfähigkeit.

»Antonia« fängt der Schatten des Borderline-Syndroms immer wieder. Zu tief sitzt das Erlebte, als dass eine Heilung stattfinden kann. Antonia hat gelernt mit ihrer Krankheit so gut wie möglich zu leben. Allerdings kommt es immer wieder zu Psychiatrieaufenthalten. Antonia kann ihr eigenes Verhalten aber nun besser verstehen und ab und an gelingt es ihr schon, sich rechtzeitig Hilfe zu holen.

»Anton« möchte leben. Er hat viel erreicht und dazu gelernt. Er bleibt jedoch stark gefährdet, auf die schiefe Bahn zu geraten. Im Moment bringt er sich immer wieder in Gefahrensituationen und braucht eine enge Begleitung über den gesamten Tag hinweg.

»Klaus« konnte seinen Kreislauf aus Angst und Wut durchbrechen. Er hat den Schritt in die örtliche Hauptschule geschafft und besucht derzeit die 8. Jahrgangsstufe. Obwohl er auf einem guten Weg und stolz auf seine Erfolge ist, braucht er weiterhin regelmäßige Unterstützung. Weiterhin plagen ihn Albträume.

»Monique« lebt derzeit beim Vater. Nach zwei Jahren SchulCHEN wechselte sie zunächst an die örtliche Grundschule und dann wie geplant ab der 7. Klasse in die Förderschule. Nach Beendigung der Schulzeit beendete das Jugendamt die stationäre

Maßname und veranlasste die Rückführung zur Mutter, die sich in den letzten Jahren allerdings kaum um sie gekümmert hatte. Nach einem halben Jahr eskalierte die Situation und Monique wurde vom Jugendamt an den Vater verwiesen. Der Kontakt ist abgebrochen.

»Sabine« ist erfolgreich. Die Angst ist ein Stück in den Hintergrund getreten. Die enge Begleitung im Kinderdorfhaus hat es ihr ermöglicht, die Schule gut zu meistern. Sie wird im nächsten Jahr ihren qualifizierenden Hauptschulabschluss machen und ist derzeit auf der Suche nach einer Lehrstelle als Tierpflegerin.

Angesichts des dargestellten Aufwandes liegt die Frage nach der Legitimation nahe. Ausgangspunkt unserer Überlegungen war, dass traumatisierte Kinder und Jugendliche einen Ort brauchen, an dem sie wieder Freude an ihrer Leistung erleben können, Zeit haben, ihre Stärken zu finden und wieder lernen, neugierig zu sein. Einen solchen Ort stellt das SchulCHEN in seiner besonderen Organisationsstruktur und der spezifischen inhaltlichen Ausgestaltung dar. Das SchulCHEN verfolgt eine Abkehr von der so genannten »maßgeschneiderten Lego-Pädagogik« (Wiesinger et al. 2009), in der für jede Teilleistungsstörung, jedes einzelne Phänomen eine jeweils einzelne Maßnahme »verordnet« wird. Vielmehr hat sich die pädagogische Betreuung im Sinne einer Ganzheitlichkeit bewährt, die nicht (Verhaltens-)Trainings für einzelne Schwächen anbietet, sondern den ganzen Menschen nach pädagogischen Maßstäben in den Blick nimmt. Eine »technokratische Steuerung von Entwicklungsprozessen« wie sie auch Detlev Wiesinger et al. (2009, 99) ablehnen, stellt keine angemessene traumapädagogische Förderung dar. Die Nachhaltigkeit der erworbenen schulischen Basisfertigkeiten und des emotionalen Entwicklungsniveaus kann allerdings bei schwerer Traumatisierung nach Betreuung im SchulCHEN nur durch weitergehende Einbindung in ein stationäres Jugendhilfesetting gewährleistet werden. Einschlägige Untersuchungen belegen die große Bedeutung eines solchen »sicheren Ortes«, der neben dem emotional orientierten Dialog und einem geschützten Handlungsraum wesentlich zur konstruktiven Verarbeitung eines Traumas beiträgt (vgl. Kühn 2009, 324).

## Literatur

Ellinger, S./Hoffart, E./Möhrlein, G. (2007): Jugendhilfe macht Schule: Zwischenbericht einer Organisationsentwicklung. In: Dialog Erziehungshilfe 3, 27–35.

Hoffart, E./Möhrlein, G./Ellinger, S. (2008): Schule abschaffen, um Schule zu ermöglichen. In: Spuren 1, 6–18.

Kühn, M. (2009): Wieso brauchen wir eine Traumapädagogik? Annäherung an einen neuen Fachbegriff. In: Trauma & Gewalt 4, 318–327.

Wiesinger, D./Lang, B./Jaszkowic, K./Schmid, M. (2009): Das traumapädagogische Konzept der Wohngruppe »Greccio«. Strukturelle Voraussetzungen, Rahmenbedingungen, Personalentwicklung und Leitungskultur. In: Trauma & Gewalt 2, 98–115.

Reddemann, L. (2008): Würde – Annäherung an einen vergessenen Wert in der Psychotherapie. Stuttgart.

SchulCHEN macht Schule

SchulCHEN – Eine kleine Schule? Eine niedliche Schule? Eine Schule?

Das SchulCHEN ist anders, keine Frage. Es soll auch anders sein. Es soll so sein, dass Kinder und Jugendliche einen Zugang zum schulischen Lernen finden, der ihnen ohne SchulCHEN verwehrt bliebe.

Es bietet also Lernmöglichkeiten, die so in einer herkömmlichen Schule nicht zu finden, auch nicht zu bieten sind.

Insofern ist auch der Unterricht anders. Es ist ein Unterricht, der auf-richtet, der die Kinder und Jugendlichen groß werden lässt. So groß, dass sie nach Möglichkeit und zu gegebener Zeit in die Regelschule wechseln können.

Das SchulCHen – Keine kleine, sondern eine große Sache.

Thomas Sicheneder, Sonderschulrektor und Leiter
Franz-Ludwig-von-Erthal-Schule
(Sonderpädagogisches Förderzentrum in Haßfurt)

Herausgeber, Autorinnen und Autoren

Stephan Ellinger, Prof. Dr. phil., Dipl.-Päd., Soziologe (M. A), ev. Theologe, ist Professor für Erziehungswissenschaften an der Goethe-Universität Frankfurt, Institut für Sonderpädagogik.

Eva-Maria Hoffart, Dipl.-Soz. Päd. (FH), ist Leiterin des Projekts SchulCHEN.

Gerald Möhrlein, Dipl.-Päd., Sonderschullehrer, ist Leiter des Projekts SchulCHEN.

Bernhard Klostermann, Dipl.-Psych., Psychologischer Psychotherapeut ist beratender Psychologe im Erich Kästner Kinderdorf.

Hannah Schott, Dipl.-Päd. und Förderschullehrerin, ist wissenschaftliche Mitarbeiterin an der Goethe-Universität Frankfurt, Institut für Sonderpädagogik.

Isolde Simon, Dipl.-Päd. und Soz.-Päd. (FH), ist wissenschaftliche Hilfskraft an der Goethe-Universität Frankfurt, Institut für Sonderpädagogik.

Pierre Walther, Förderschullehrer, ist wissenschaftlicher Mitarbeiter an der Goethe-Universität Frankfurt, Institut für Sonderpädagogik.

Laura Villalba y Weinberg, stud. phil., ist studentische Hilfskraft an der Goethe-Universität Frankfurt, Institut für Sonderpädagogik.

Kontakte

Sternstunden SchulCHEN, Bimbach 3, 97357 Prichsenstadt
Internet: http://www.schulchen.de

Institut für Sonderpädagogik. Fachbereich Erziehungswissenschaften, Goethe-Universität Frankfurt, Senckenberganlage 15, 60054 Frankfurt.